THE PROMISED NEVERLAND

5

FLUCHT

STORY:	KAIU SHIRAI
ZEICHNUNGEN:	POSUKA DEMIZU

DIE KINDER VON GRACE FIELD HOUSE

CHARAKTERE

SIE WOLLEN AUS DEM WAISENHAUS FLIEHEN.

EMMA

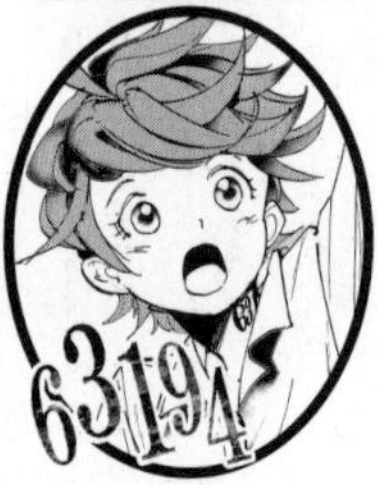

EXTREM SPORTLICH, MIT SCHNELLER AUFFASSUNGSGABE. EINE STIMMUNGSMACHERIN.

RAY

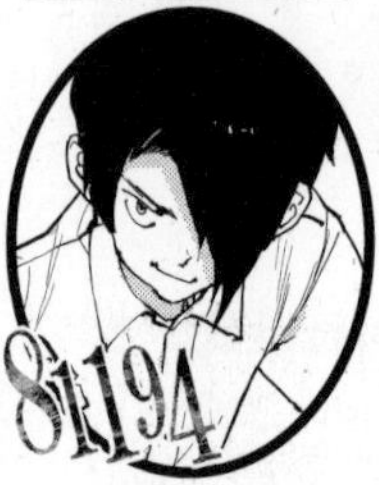

NUR DER KLUGE UND BELESENE RAY KANN ES MIT NORMANS INTELLEKT AUFNEHMEN.

NORMAN

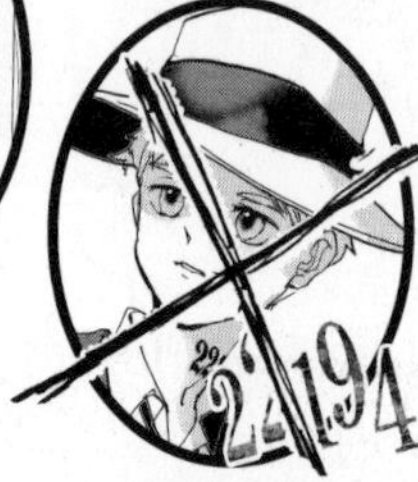

AUSGEZEICHNETER ANALYTIKER MIT KÜHLEM VERSTAND. DAS GENIE VON GRACE FIELD HOUSE. SEIN LETZTER WUNSCH WAR, DASS DIE FLUCHT GELINGT.

PHIL

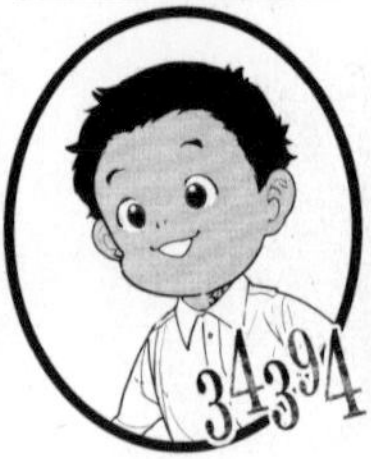

FRÖHLICHER JUNGE, DER EMMA ÜBER ALLES LIEBT

GILDA

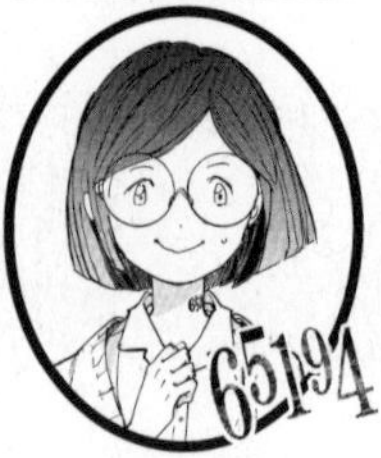

SCHARFSINNIGES MÄDCHEN, DAS WOHLÜBERLEGT HANDELT

DON

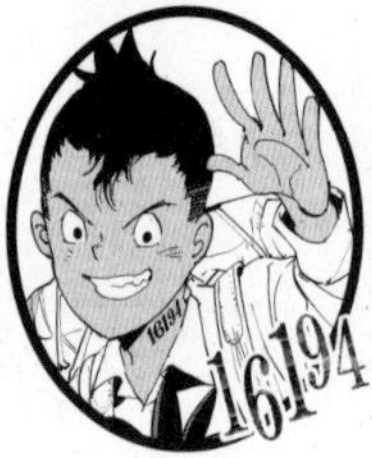

FRÖHLICHER, ÜBERMÜTIGER JUNGE, DER NICHT GUT VERLIEREN KANN

LANNION

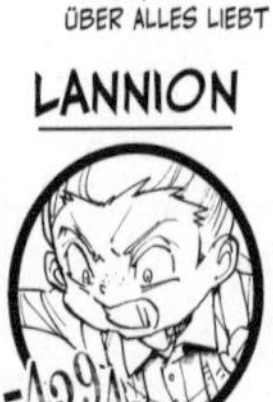

EIN HERZ UND EINE SEELE MIT THOMA

THOMA

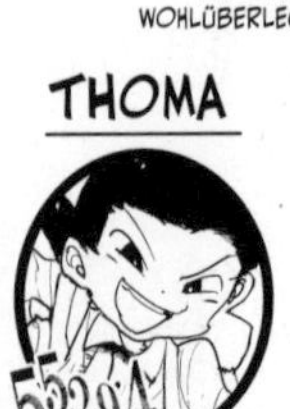

ER UND SEIN FREUND LANNION SIND UNZERTRENNLICH.

NAT

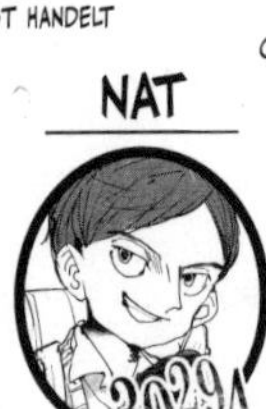

EIN LEICHT SELBSTVERLIEBTER ANGSTHASE

ANNA

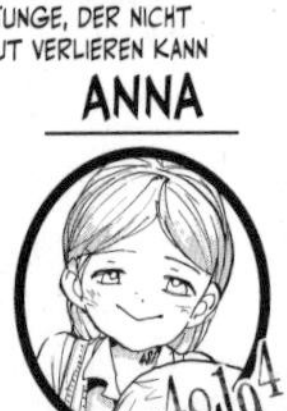

EIN RUHIGES MÄDCHEN MIT GROSSER INNERER STÄRKE. SORGT SICH UM IHRE GESCHWISTER.

DIE ERWACHSENEN VON GRACE FIELD HOUSE

WERDEN AM LEBEN GELASSEN, UM DIE KINDER ALS NAHRUNG FÜR DIE MONSTER HERANZUZÜCHTEN.

KRONE

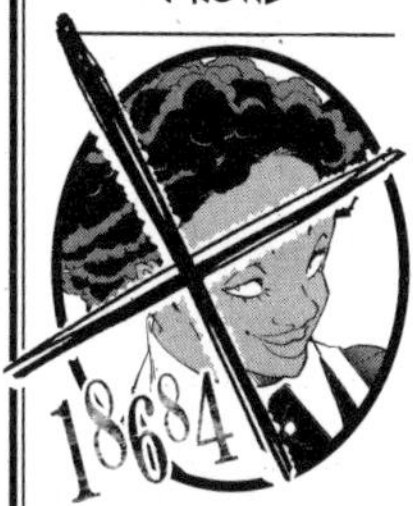

ISABELLAS GEHILFIN UND EINE HANDLANGERIN DER MONSTER

GROSSMUTTER

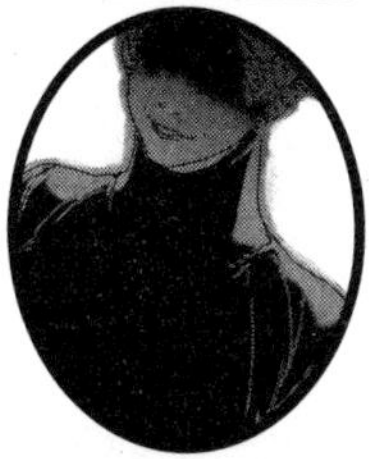

LEITERIN DER ERWACHSENEN VON GRACE FIELD HOUSE

ISABELLA

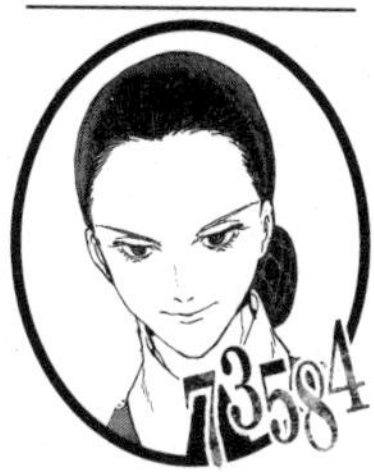

FÄHIGE ZUCHTLEITERIN. HAT EMMA UND IHRE GESCHWISTER GROSSGEZOGEN

???

W. MINERVA

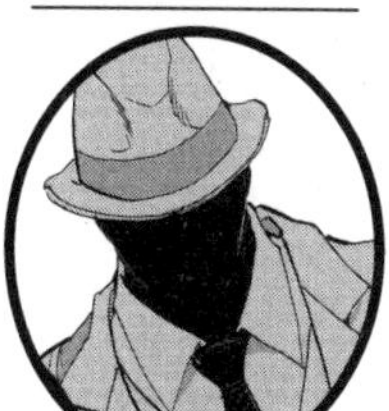

HAT DEN KINDERN GEGENSTÄNDE HINTERLASSEN, DIE IHNEN HELFEN SOLLEN, VON DER FARM ZU FLIEHEN

DIE MONSTER VON GRACE FIELD HOUSE

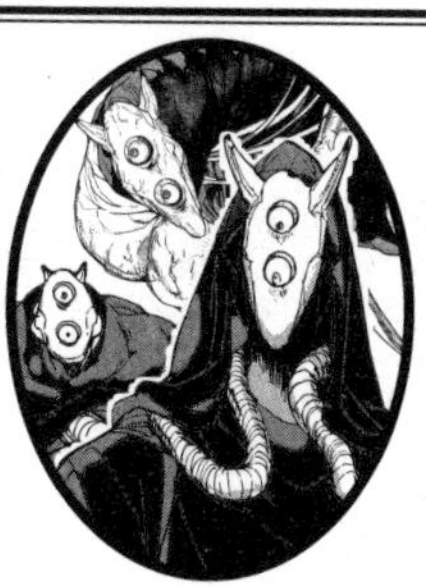

ZÜCHTEN KINDER MIT BESONDERS WEIT ENTWICKELTEN GEHIRNEN HERAN, UM SIE ZU ESSEN

WAS BISHER GESCHAH

IN »GRACE FIELD HOUSE« FÜHREN 38 WAISENKINDER MIT IHRER BETREUERIN ISABELLA, DIE SIE WIE EINE WIRKLICHE MUTTER LIEBEN, EIN GLÜCKLICHES LEBEN. EINES TAGES MÜSSEN EMMA UND NORMAN JEDOCH FESTSTELLEN, DASS IHRE »MAMA« SIE IN WIRKLICHKEIT ALS NAHRUNG FÜR MONSTER HERANZÜCHTET. UM NICHT GEFRESSEN ZU WERDEN, BEREITEN SIE EINE FLUCHT VOR, BEI DER SIE ALLE IHRE GESCHWISTER MITNEHMEN WOLLEN. SIE WEIHEN RAY, DON UND GILDA IN IHR VORHABEN EIN. DOCH KURZ VOR DER FLUCHT WIRD NORMAN, DER KOPF DER GRUPPE, AN DIE MONSTER AUSGELIEFERT. EMMA UND IHRE GESCHWISTER SIND AM BODEN ZERSTÖRT, GEBEN DEN FLUCHTPLAN, DEN NORMAN IHNEN VOR SEINEM TOD HINTERLASSEN HAT, ABER NICHT AUF. ES GELINGT IHNEN, ISABELLA AUSZUTRICKSEN UND ZU DER MAUER ZU LAUFEN, DIE DAS GELÄNDE UMSCHLIESST...

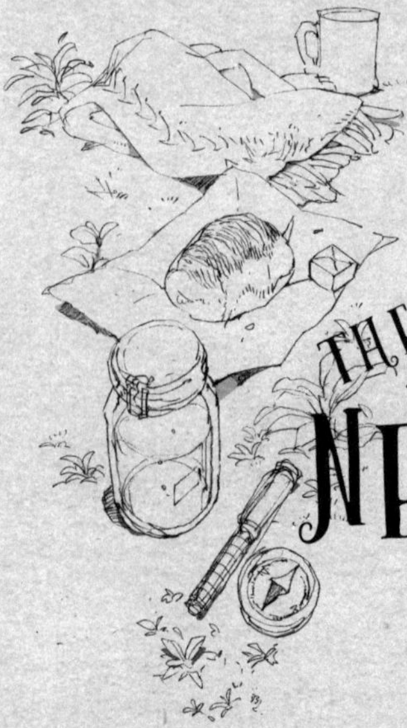

THE PROMISED NEVERLAND

5

FLUCHT

Inhalt

Kapitel 35 Flucht ④

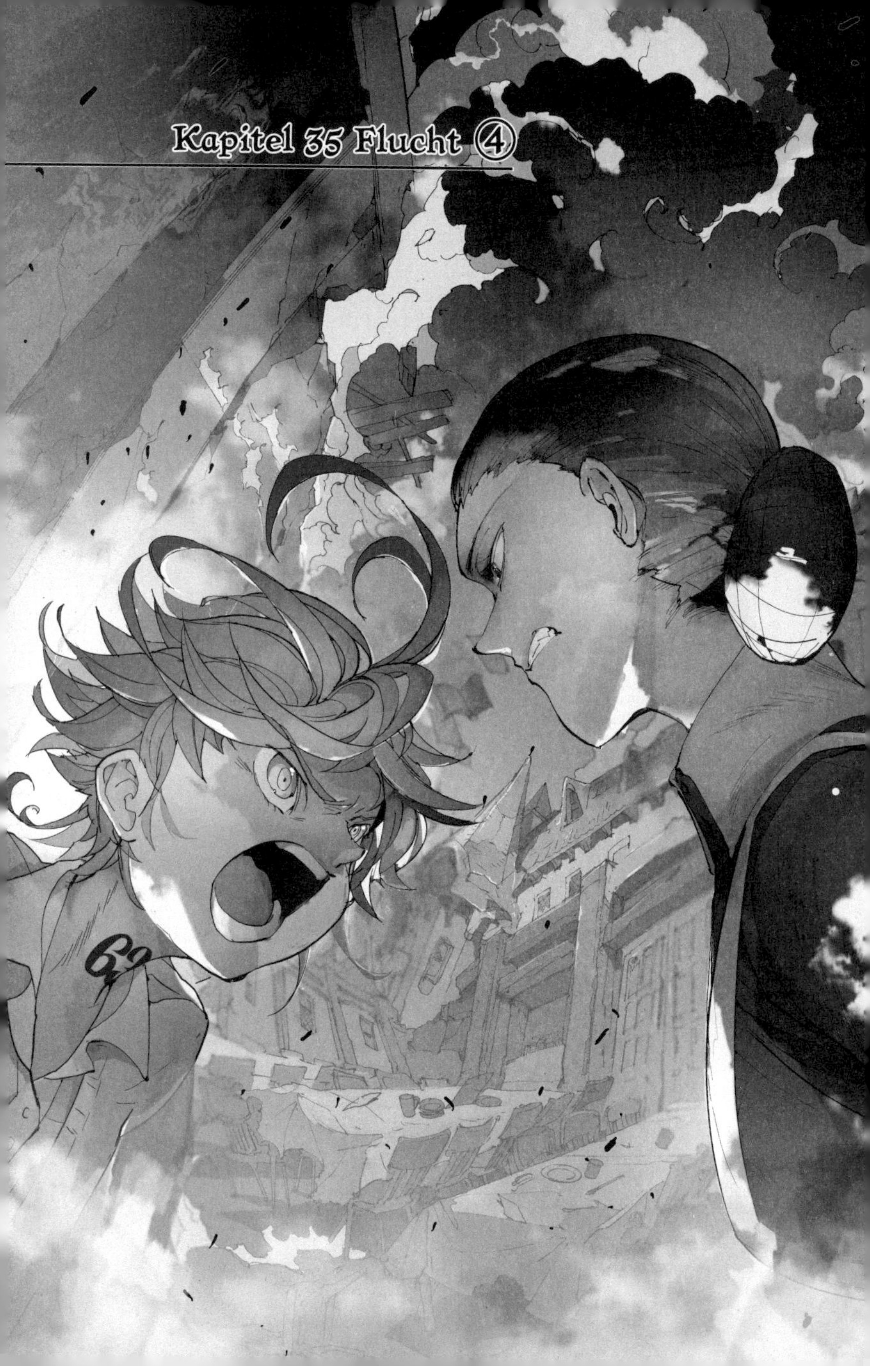

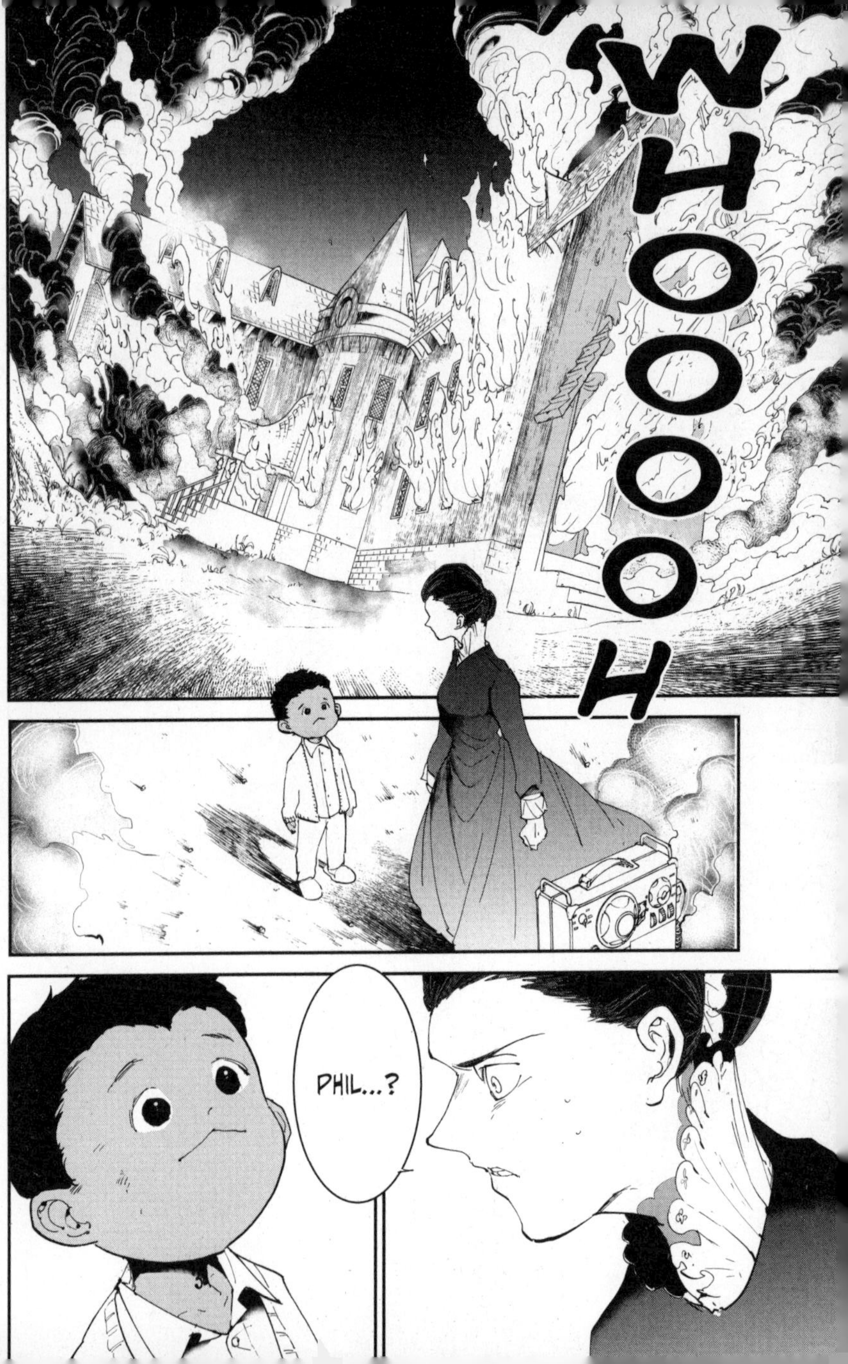
WHOOOOH
PHIL...?

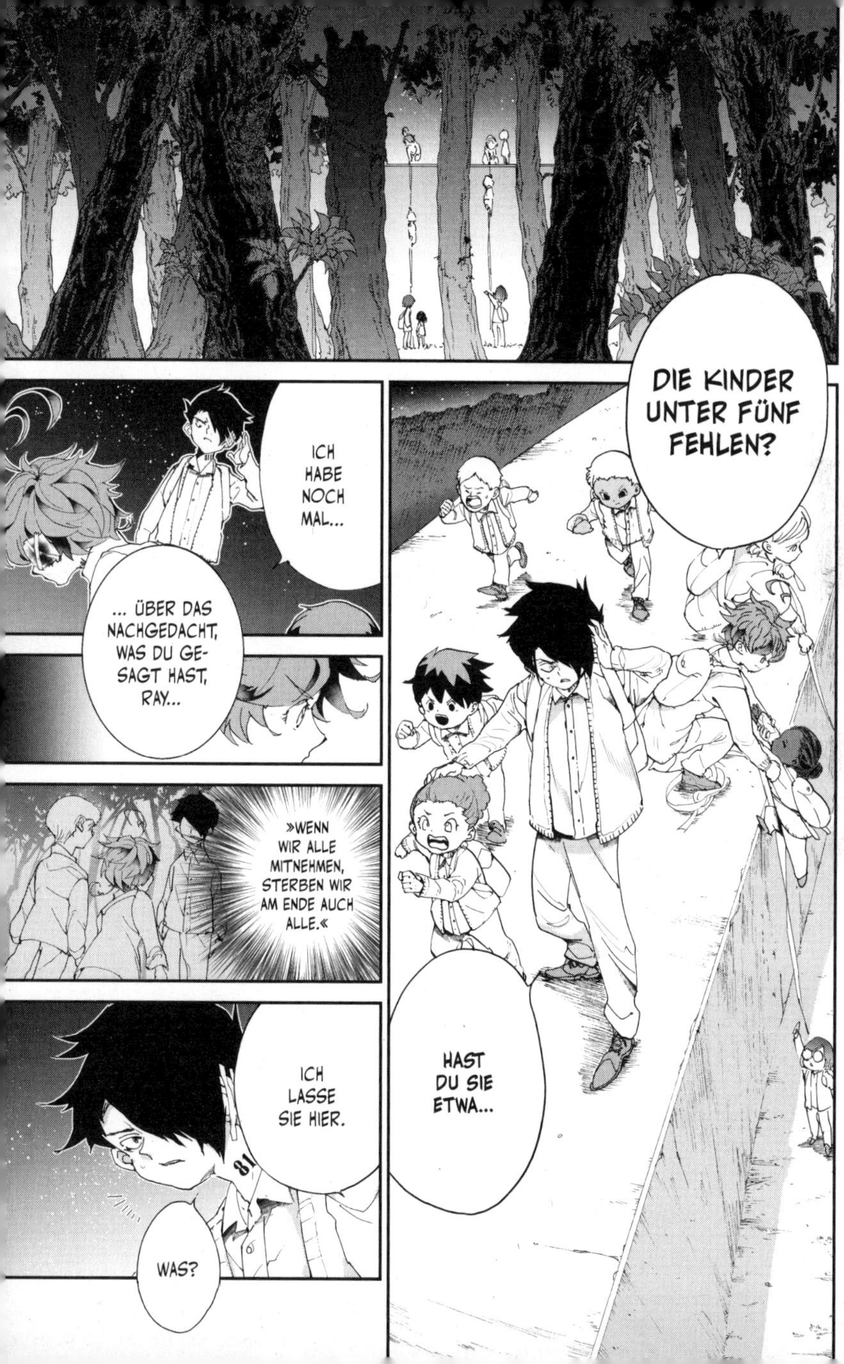
DIE KINDER UNTER FÜNF FEHLEN?
HAST DU SIE ETWA...
ICH HABE NOCH MAL...
... ÜBER DAS NACHGEDACHT, WAS DU GE-SAGT HAST, RAY...
»WENN WIR ALLE MITNEHMEN, STERBEN WIR AM ENDE AUCH ALLE.«
ICH LASSE SIE HIER.
WAS?

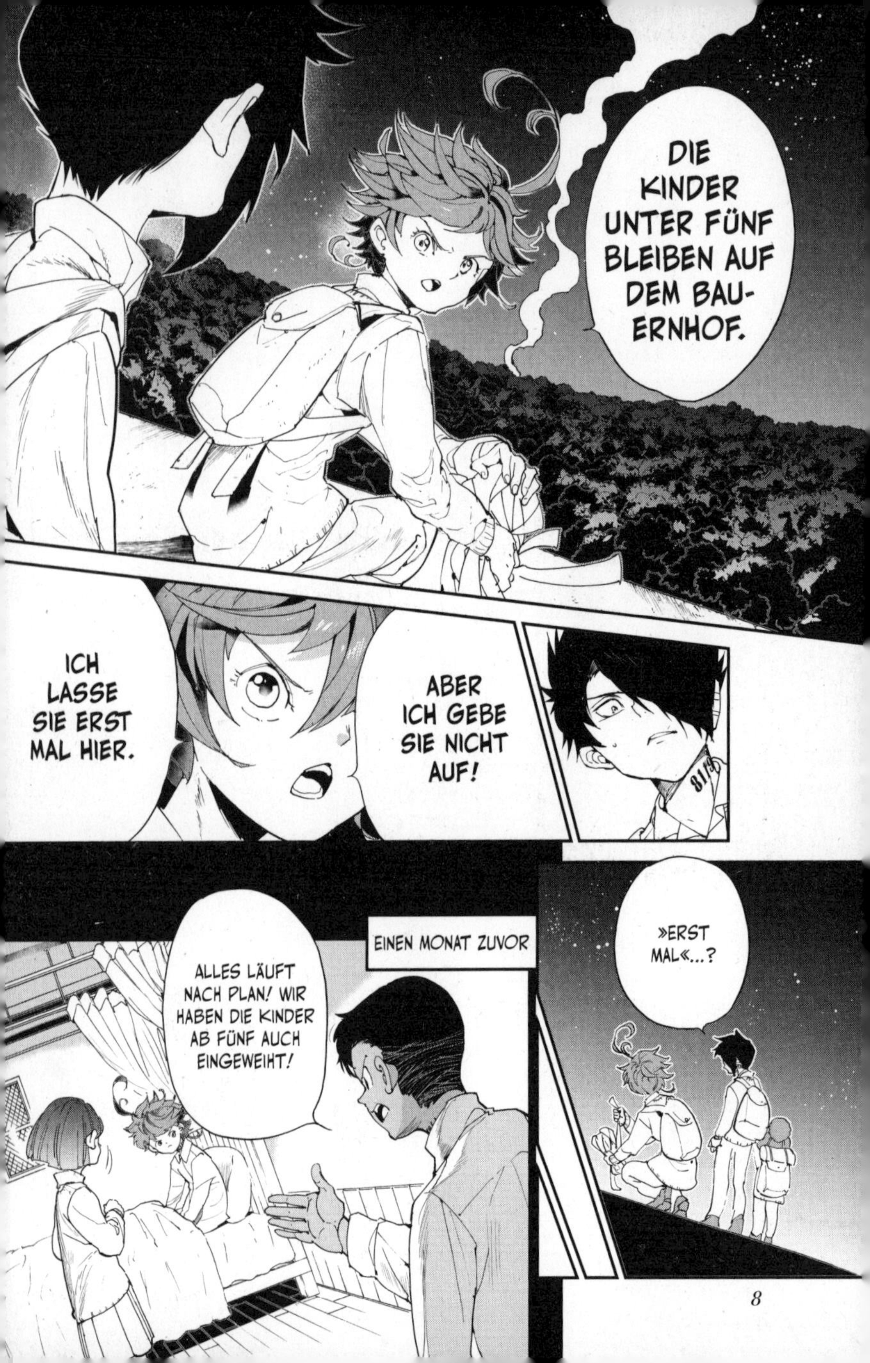
DIE KINDER UNTER FÜNF BLEIBEN AUF DEM BAUERNHOF.
ABER ICH GEBE SIE NICHT AUF!
ICH LASSE SIE ERST MAL HIER.
»ERST MAL«...?
EINEN MONAT ZUVOR
ALLES LÄUFT NACH PLAN! WIR HABEN DIE KINDER AB FÜNF AUCH EINGEWEIHT!

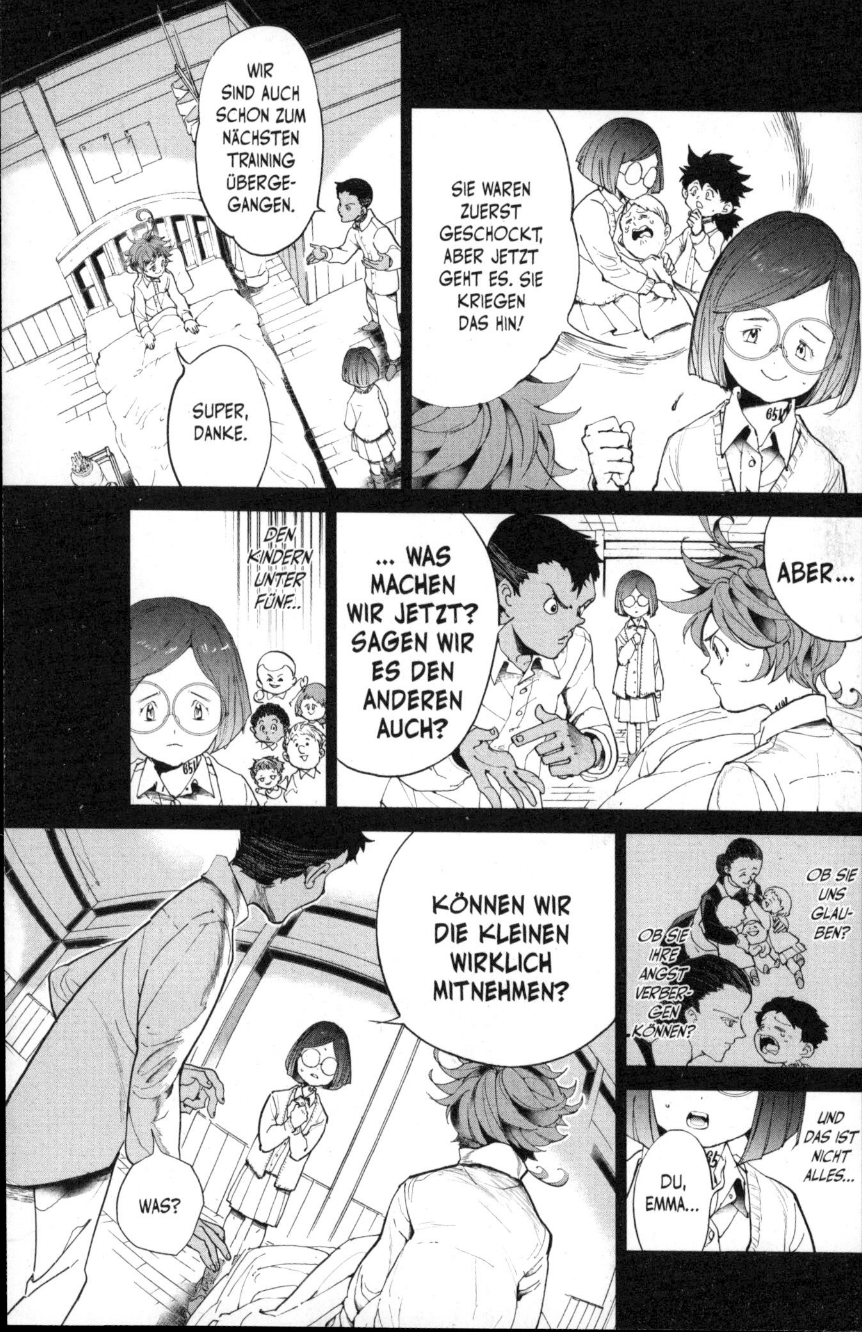
SIE WAREN ZUERST GESCHOCKT, ABER JETZT GEHT ES. SIE KRIEGEN DAS HIN!
WIR SIND AUCH SCHON ZUM NÄCHSTEN TRAINING ÜBERGEGANGEN.
SUPER, DANKE.
ABER...
... WAS MACHEN WIR JETZT? SAGEN WIR ES DEN ANDEREN AUCH?
DEN KINDERN UNTER FÜNF...
KÖNNEN WIR DIE KLEINEN WIRKLICH MITNEHMEN?
WAS?
OB SIE UNS GLAUBEN?
OB SIE IHRE ANGST VERBERGEN KÖNNEN?
UND DAS IST NICHT ALLES...
DU, EMMA...

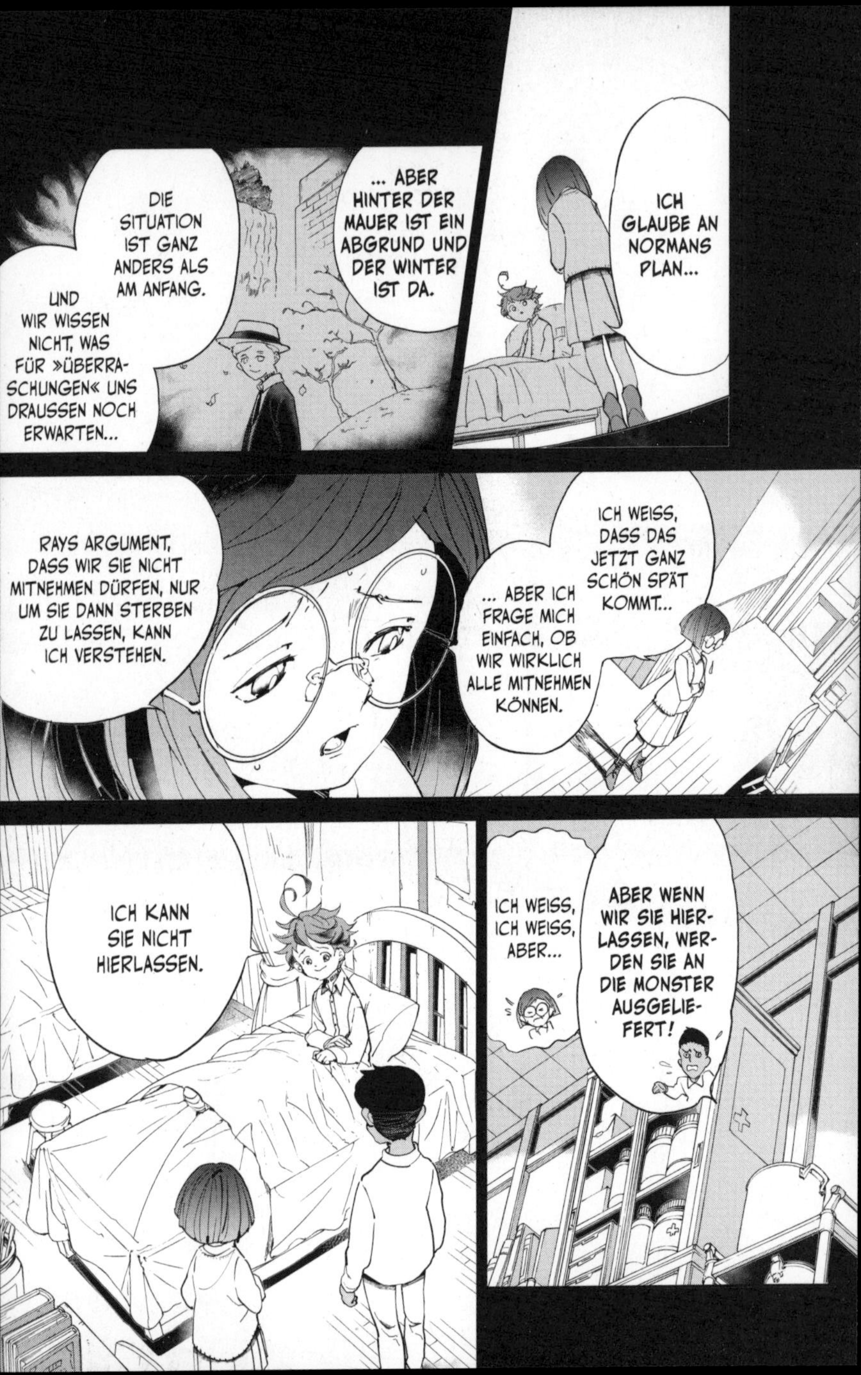
ICH GLAUBE AN NORMANS PLAN...
... ABER HINTER DER MAUER IST EIN ABGRUND UND DER WINTER IST DA.
DIE SITUATION IST GANZ ANDERS ALS AM ANFANG.
UND WIR WISSEN NICHT, WAS FÜR »ÜBERRASCHUNGEN« UNS DRAUSSEN NOCH ERWARTEN...
ICH WEISS, DASS DAS JETZT GANZ SCHÖN SPÄT KOMMT...
... ABER ICH FRAGE MICH EINFACH, OB WIR WIRKLICH ALLE MITNEHMEN KÖNNEN.
RAYS ARGUMENT, DASS WIR SIE NICHT MITNEHMEN DÜRFEN, NUR UM SIE DANN STERBEN ZU LASSEN, KANN ICH VERSTEHEN.
ABER WENN WIR SIE HIERLASSEN, WERDEN SIE AN DIE MONSTER AUSGELIEFERT!
ICH WEISS, ICH WEISS, ABER...
ICH KANN SIE NICHT HIERLASSEN.

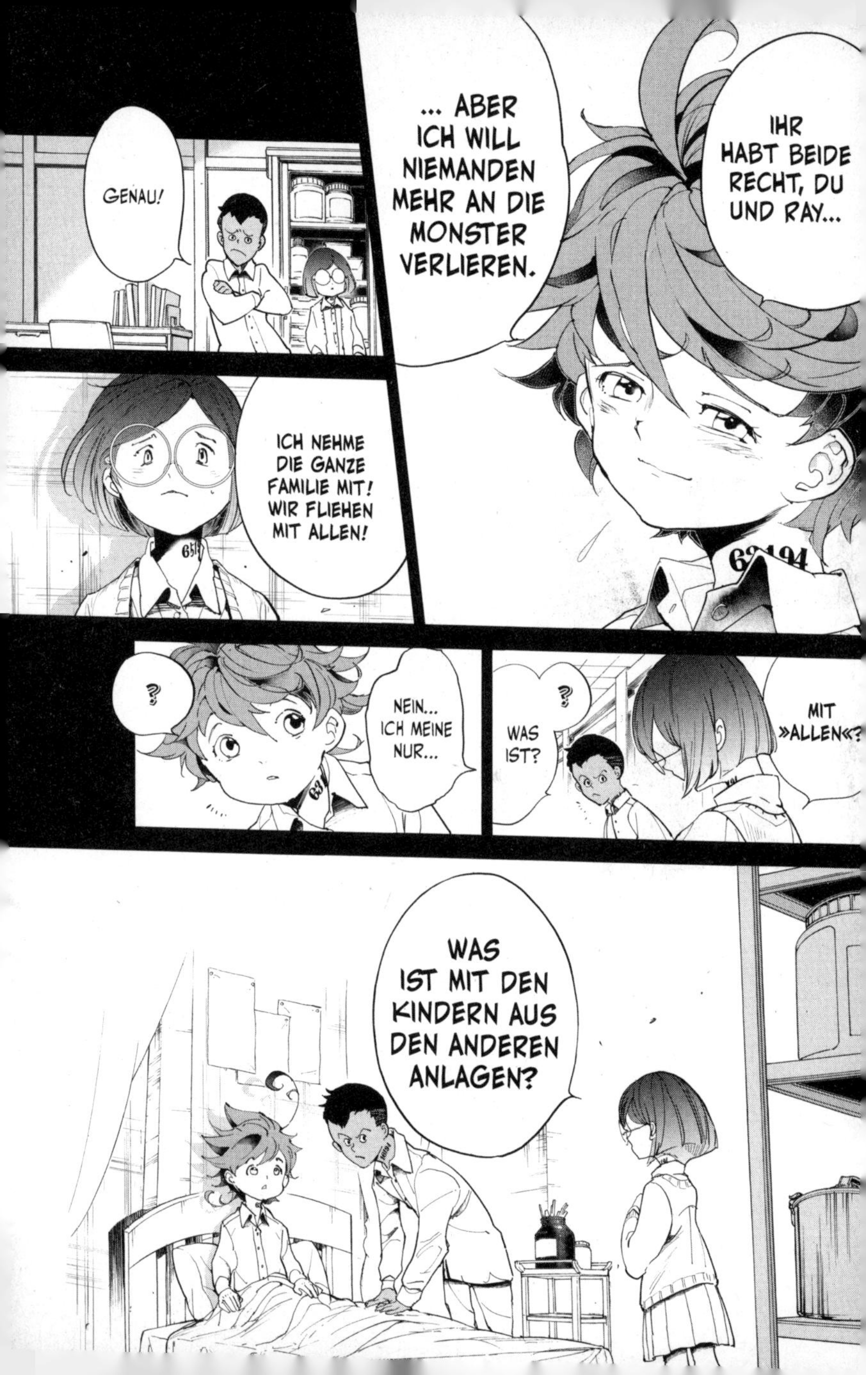
IHR HABT BEIDE RECHT, DU UND RAY...
... ABER ICH WILL NIEMANDEN MEHR AN DIE MONSTER VERLIEREN.
GENAU!
ICH NEHME DIE GANZE FAMILIE MIT! WIR FLIEHEN MIT ALLEN!
MIT »ALLEN«?
?
WAS IST?
NEIN... ICH MEINE NUR...
?
WAS IST MIT DEN KINDERN AUS DEN ANDEREN ANLAGEN?

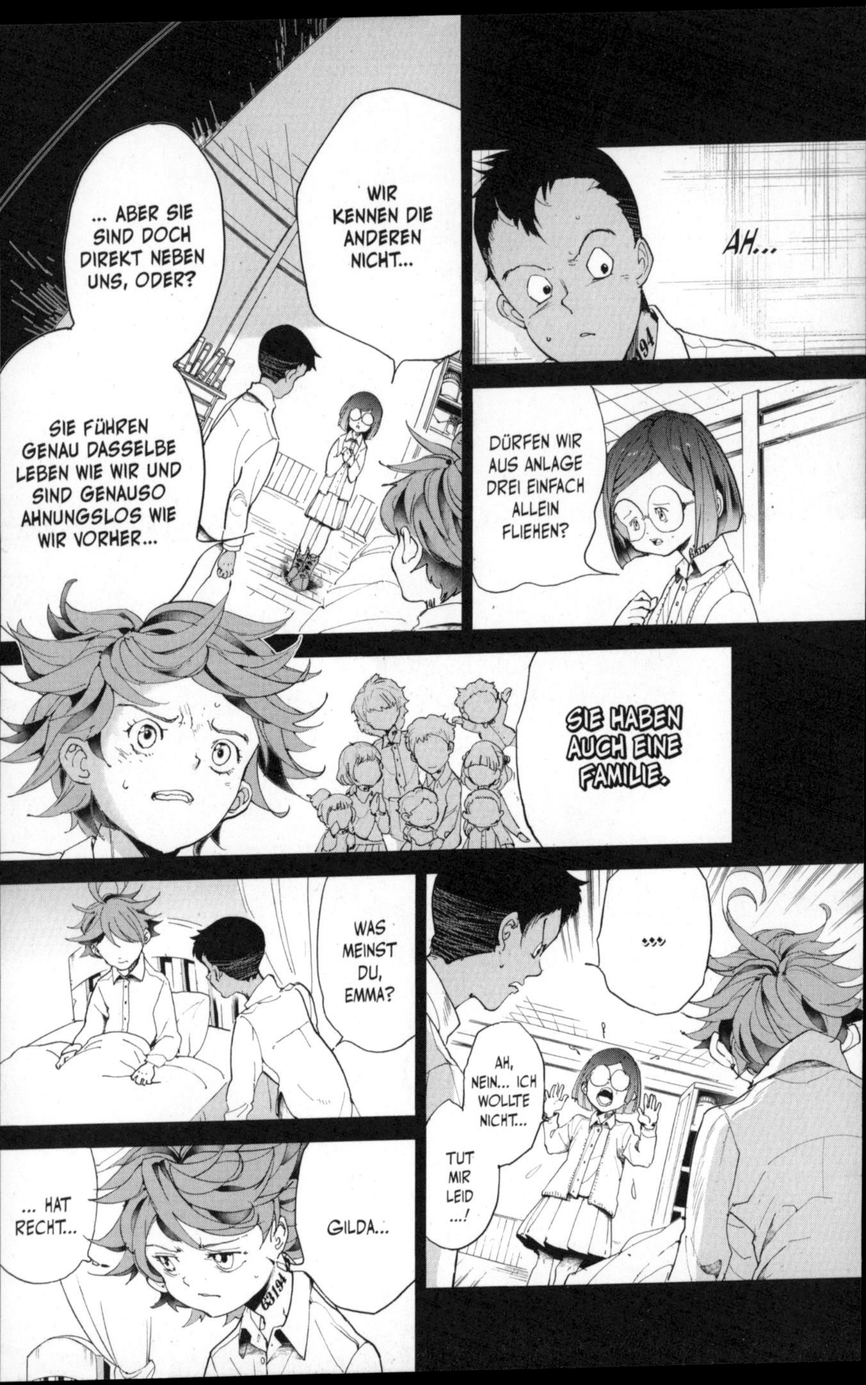
AH...
DÜRFEN WIR AUS ANLAGE DREI EINFACH ALLEIN FLIEHEN?
WIR KENNEN DIE ANDEREN NICHT...
... ABER SIE SIND DOCH DIREKT NEBEN UNS, ODER?
SIE FÜHREN GENAU DASSELBE LEBEN WIE WIR UND SIND GENAUSO AHNUNGSLOS WIE WIR VORHER...
SIE HABEN AUCH EINE FAMILIE.
...
AH, NEIN... ICH WOLLTE NICHT...
TUT MIR LEID ...!
WAS MEINST DU, EMMA?
GILDA...
... HAT RECHT...

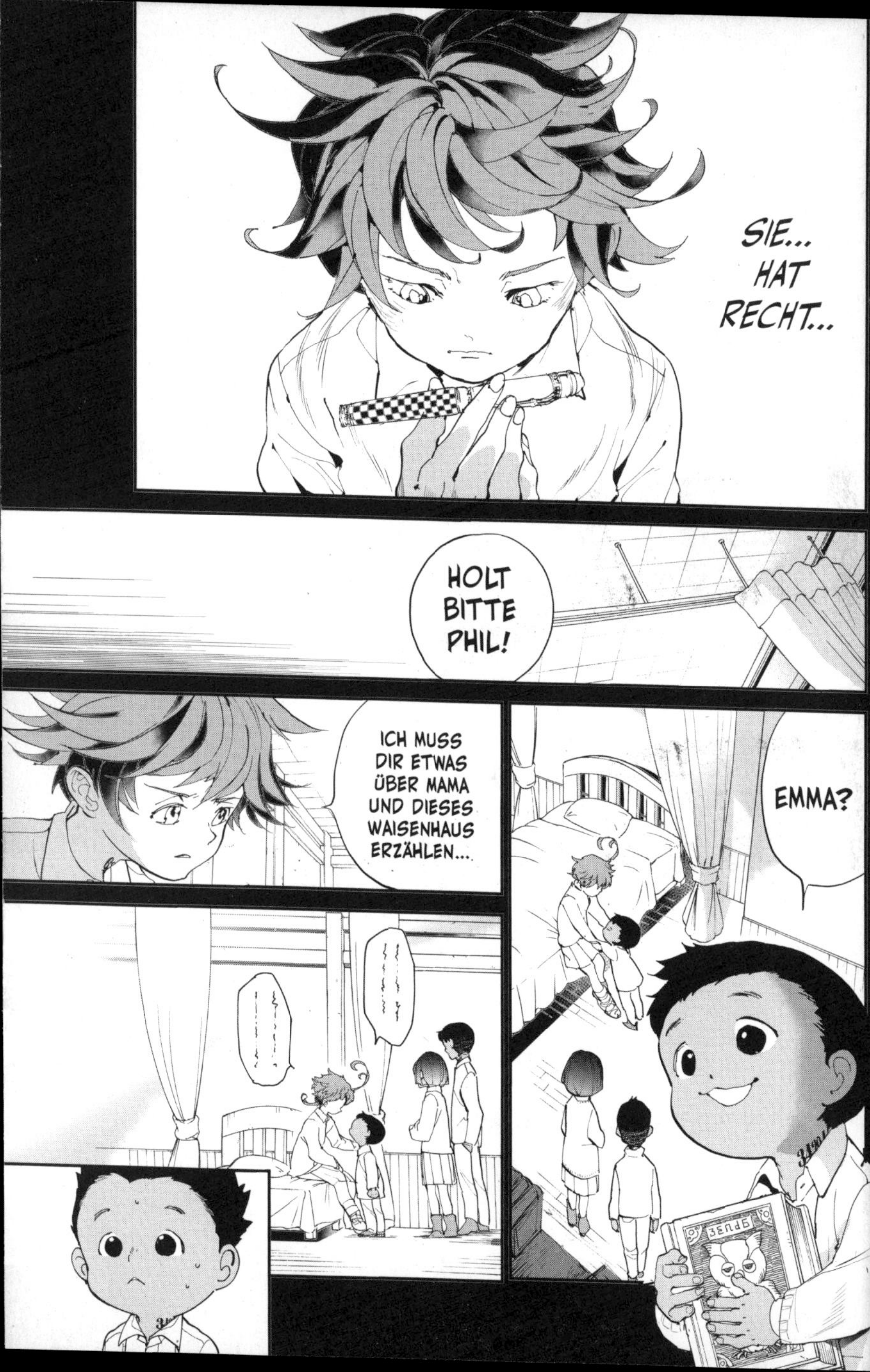
SIE... HAT RECHT...
HOLT BITTE PHIL!
EMMA?
ICH MUSS DIR ETWAS ÜBER MAMA UND DIESES WAISENHAUS ERZÄHLEN...

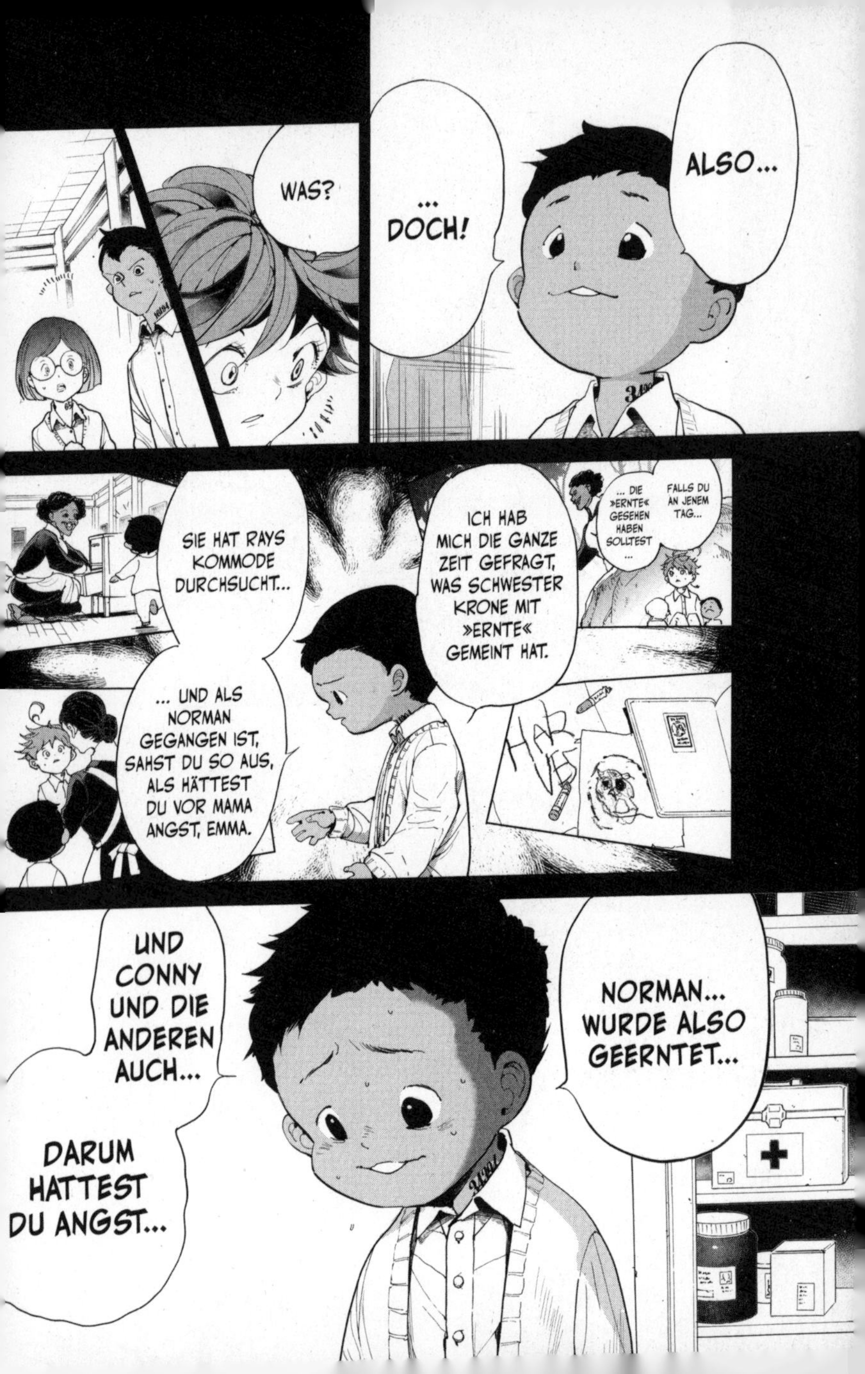
ALSO...
... DOCH!
WAS?
FALLS DU AN JENEM TAG...
... DIE »ERNTE« GESEHEN HABEN SOLLTEST ...
ICH HAB MICH DIE GANZE ZEIT GEFRAGT, WAS SCHWESTER KRONE MIT »ERNTE« GEMEINT HAT.
SIE HAT RAYS KOMMODE DURCHSUCHT...
... UND ALS NORMAN GEGANGEN IST, SAHST DU SO AUS, ALS HÄTTEST DU VOR MAMA ANGST, EMMA.
NORMAN... WURDE ALSO GEERNTET...
UND CONNY UND DIE ANDEREN AUCH...
DARUM HATTEST DU ANGST...

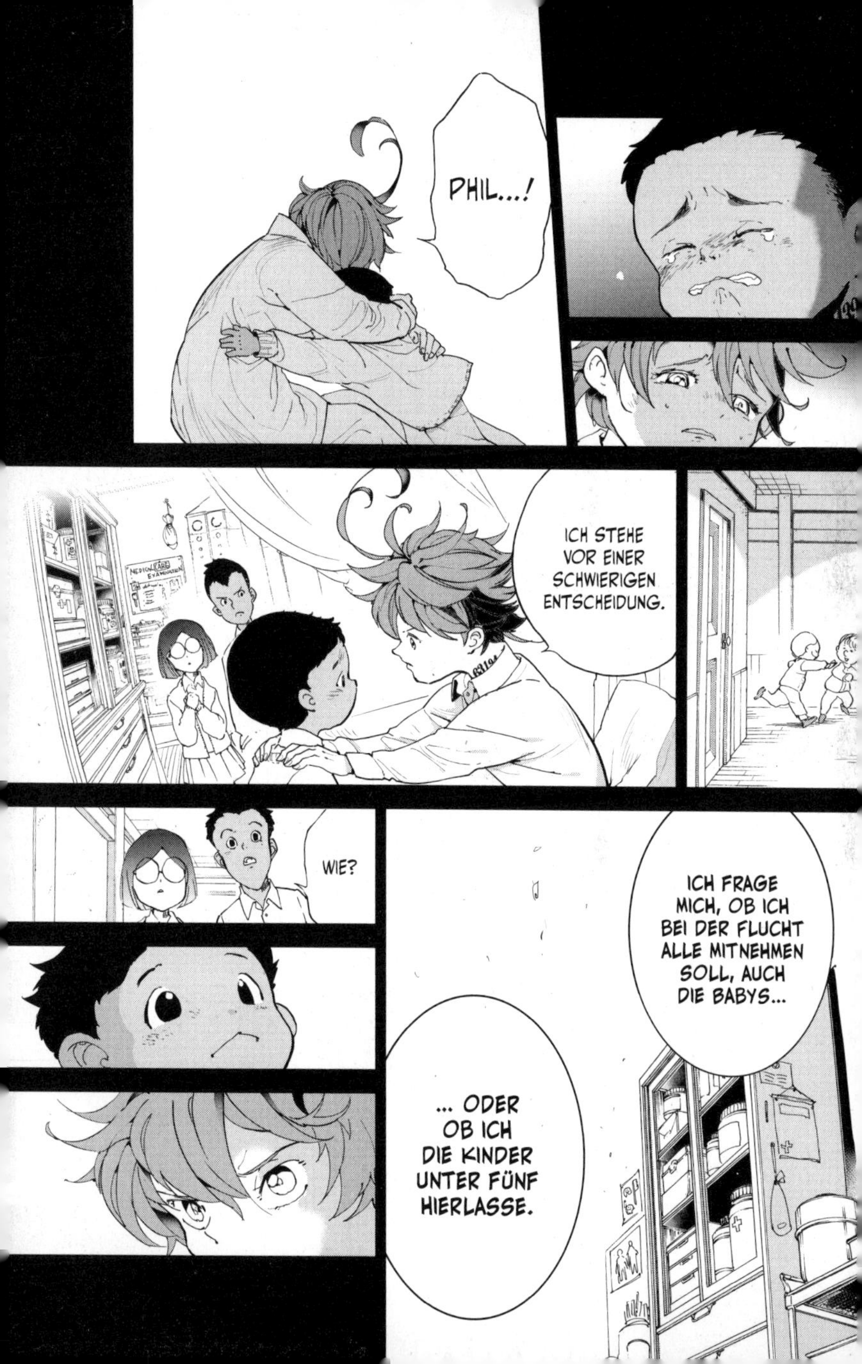
PHIL...!
ICH STEHE VOR EINER SCHWIERIGEN ENTSCHEIDUNG.
WIE?
ICH FRAGE MICH, OB ICH BEI DER FLUCHT ALLE MITNEHMEN SOLL, AUCH DIE BABYS...
... ODER OB ICH DIE KINDER UNTER FÜNF HIERLASSE.

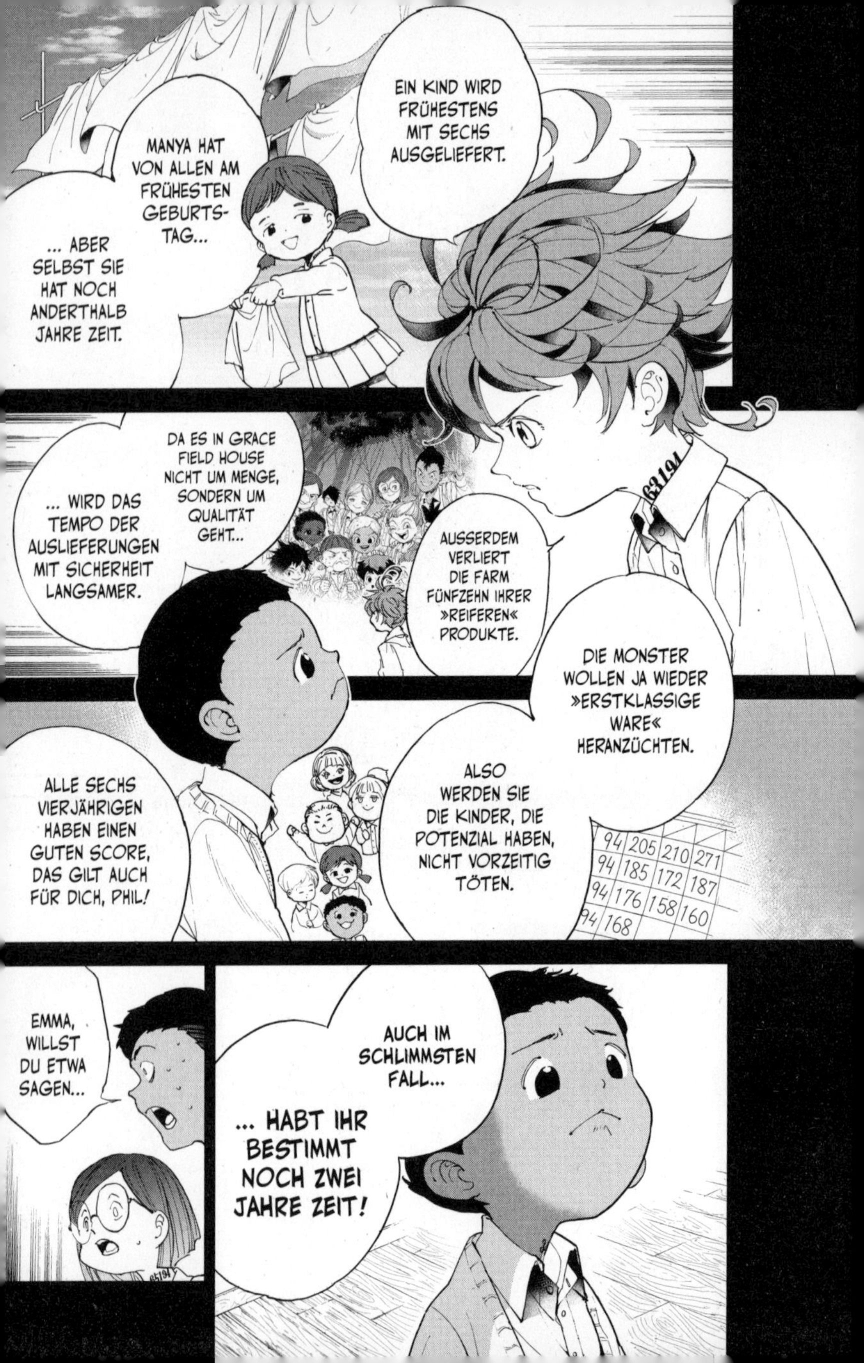
EIN KIND WIRD FRÜHESTENS MIT SECHS AUSGELIEFERT.
MANYA HAT VON ALLEN AM FRÜHESTEN GEBURTSTAG...
... ABER SELBST SIE HAT NOCH ANDERTHALB JAHRE ZEIT.
DA ES IN GRACE FIELD HOUSE NICHT UM MENGE, SONDERN UM QUALITÄT GEHT...
... WIRD DAS TEMPO DER AUSLIEFERUNGEN MIT SICHERHEIT LANGSAMER.
AUSSERDEM VERLIERT DIE FARM FÜNFZEHN IHRER »REIFEREN« PRODUKTE.
DIE MONSTER WOLLEN JA WIEDER »ERSTKLASSIGE WARE« HERANZÜCHTEN.
ALSO WERDEN SIE DIE KINDER, DIE POTENZIAL HABEN, NICHT VORZEITIG TÖTEN.
ALLE SECHS VIERJÄHRIGEN HABEN EINEN GUTEN SCORE, DAS GILT AUCH FÜR DICH, PHIL!
AUCH IM SCHLIMMSTEN FALL...
... HABT IHR BESTIMMT NOCH ZWEI JAHRE ZEIT!
EMMA, WILLST DU ETWA SAGEN...

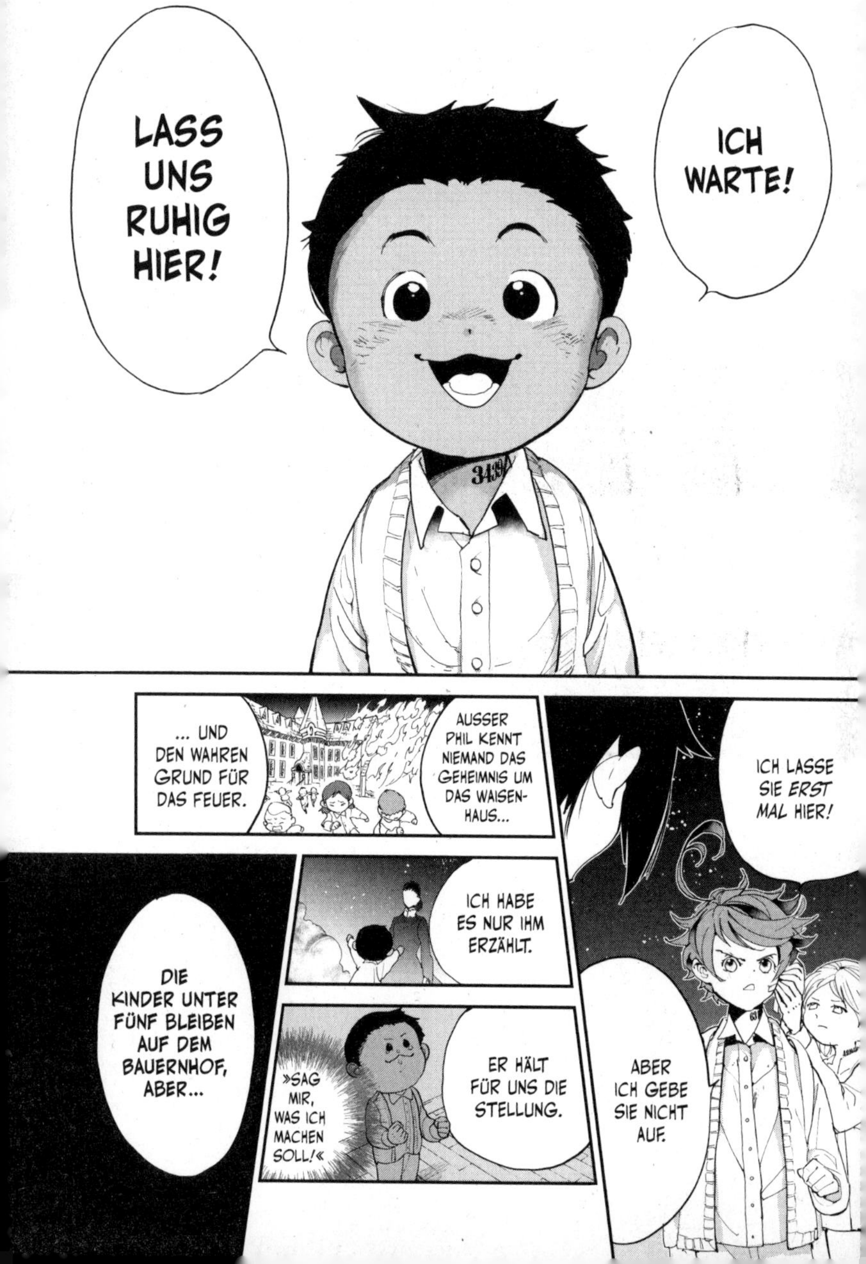
ICH WARTE!
LASS UNS RUHIG HIER!
ICH LASSE SIE ERST MAL HIER!
AUSSER PHIL KENNT NIEMAND DAS GEHEIMNIS UM DAS WAISEN-HAUS...
... UND DEN WAHREN GRUND FÜR DAS FEUER.
ICH HABE ES NUR IHM ERZÄHLT.
ABER ICH GEBE SIE NICHT AUF.
ER HÄLT FÜR UNS DIE STELLUNG.
»SAG MIR, WAS ICH MACHEN SOLL!«
DIE KINDER UNTER FÜNF BLEIBEN AUF DEM BAUERNHOF, ABER...

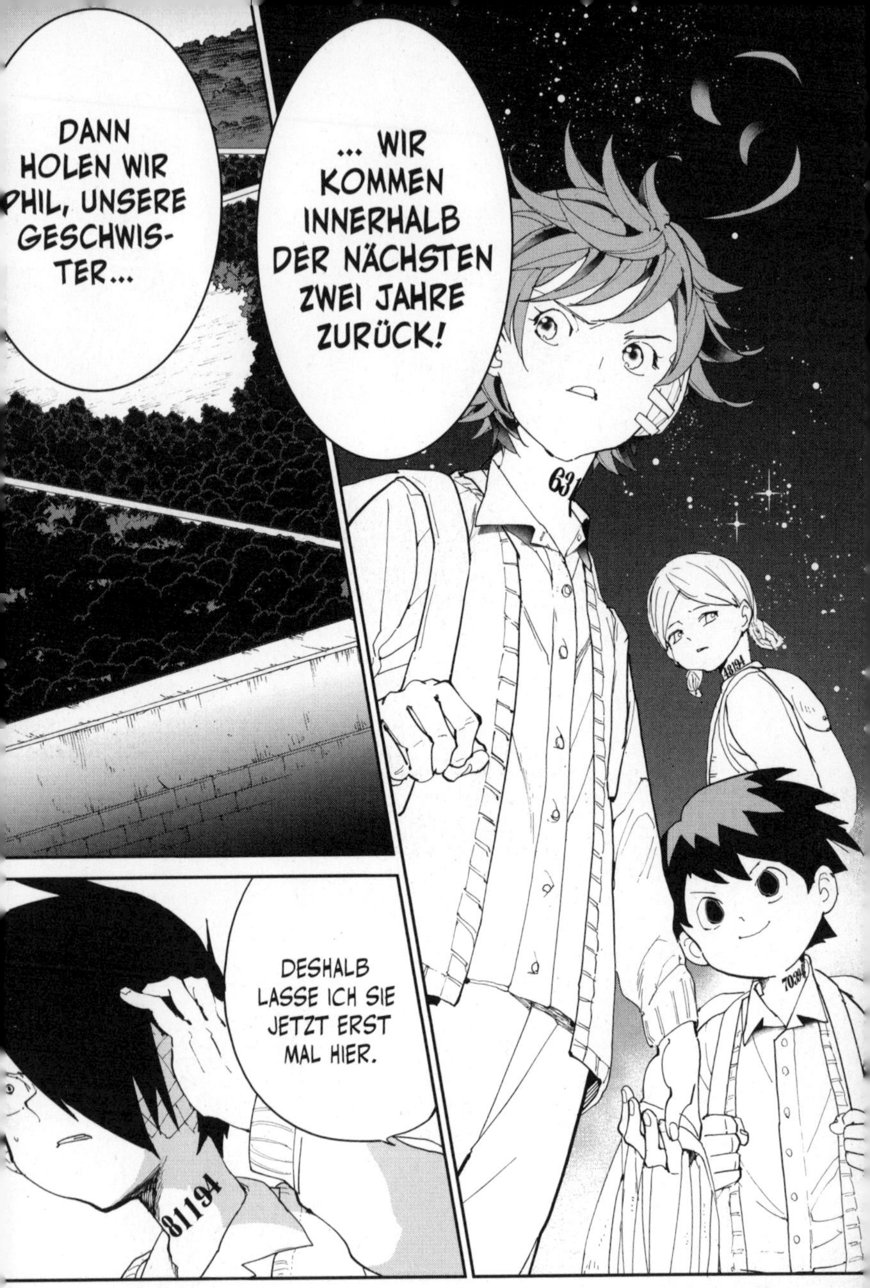
... WIR KOMMEN INNERHALB DER NÄCHSTEN ZWEI JAHRE ZURÜCK!
DANN HOLEN WIR PHIL, UNSERE GESCHWIS-TER...
DESHALB LASSE ICH SIE JETZT ERST MAL HIER.

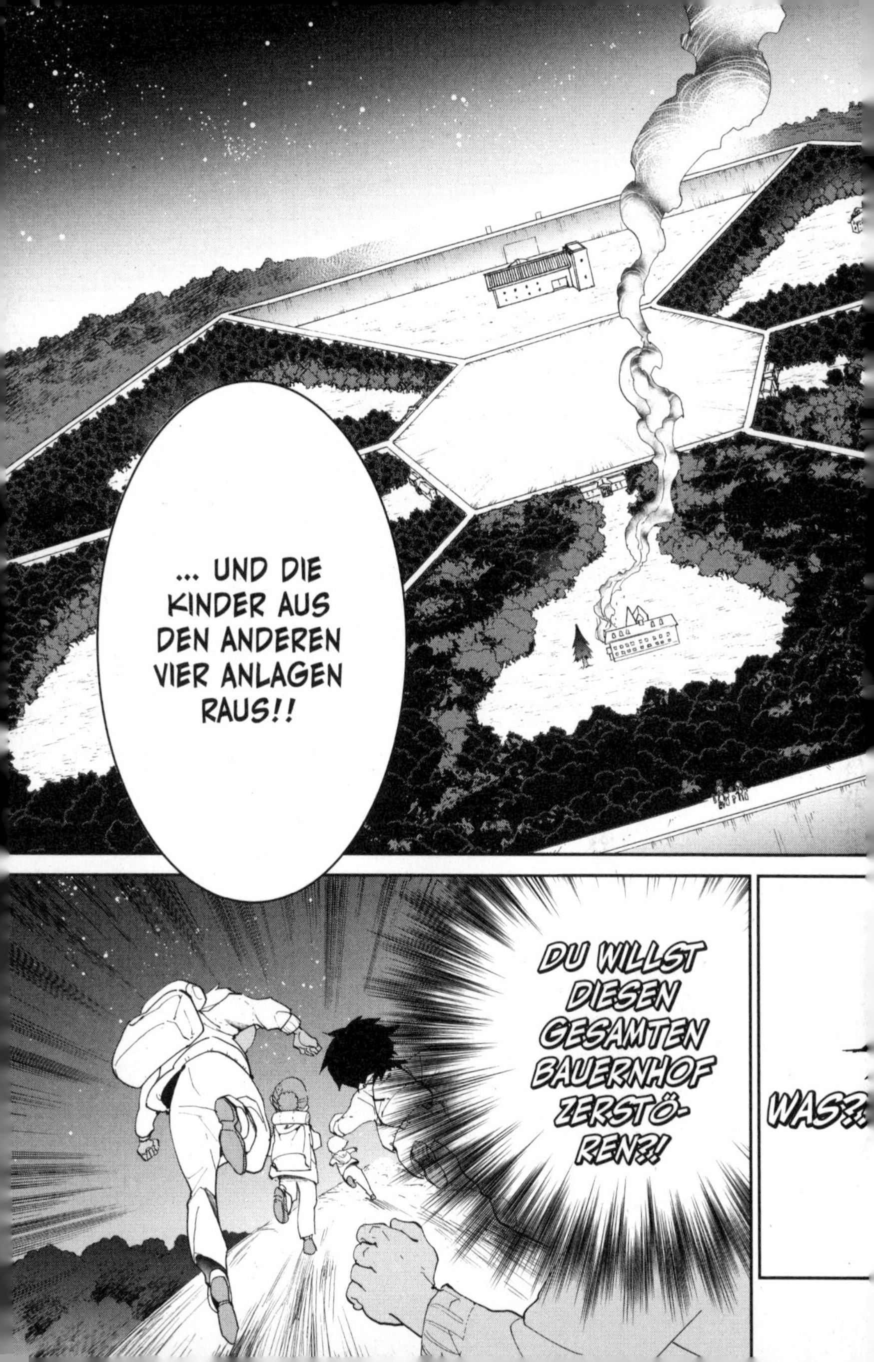
... UND DIE KINDER AUS DEN ANDEREN VIER ANLAGEN RAUS!!
WAS?!
DU WILLST DIESEN GESAMTEN BAUERNHOF ZERSTÖ-REN?!

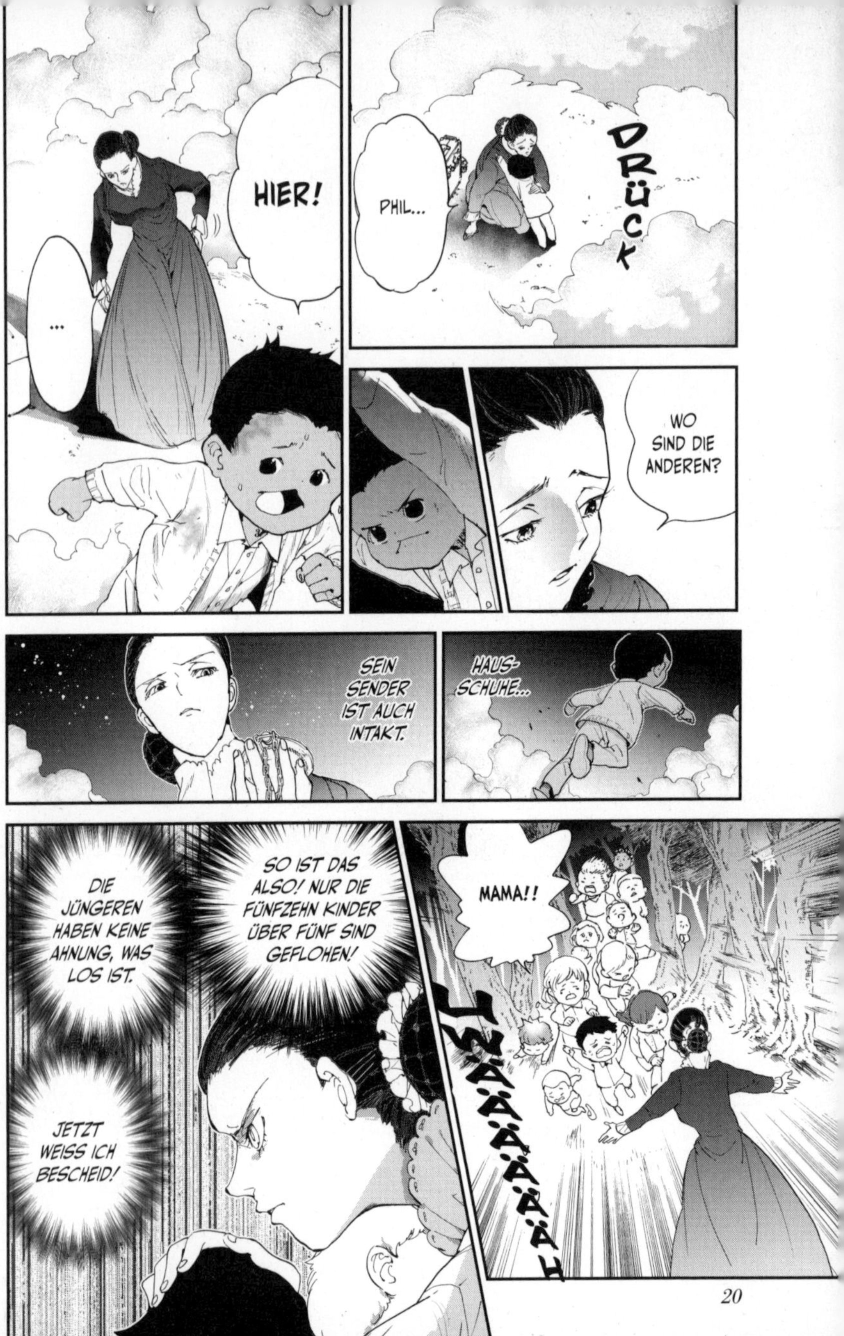
PHIL...
DRÜCK
WO SIND DIE ANDEREN?
...
HIER!
HAUS-SCHUHE...
SEIN SENDER IST AUCH INTAKT.
MAMA!!
WAÄÄÄÄÄÄH
SO IST DAS ALSO! NUR DIE FÜNFZEHN KINDER ÜBER FÜNF SIND GEFLOHEN!
DIE JÜNGEREN HABEN KEINE AHNUNG, WAS LOS IST.
JETZT WEISS ICH BESCHEID!

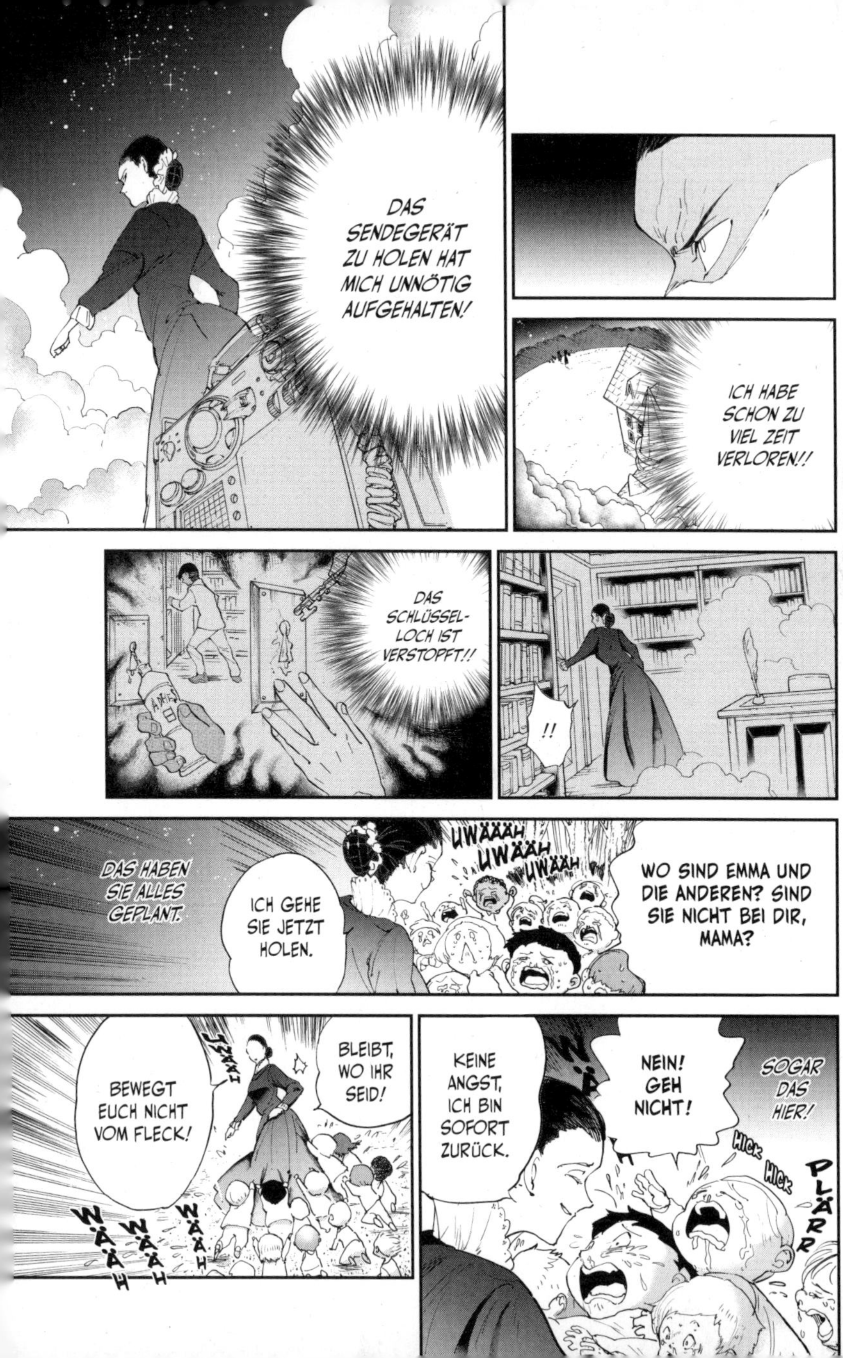
DAS SENDEGERÄT ZU HOLEN HAT MICH UNNÖTIG AUFGEHALTEN!
ICH HABE SCHON ZU VIEL ZEIT VERLOREN!!
!!
DAS SCHLÜSSEL-LOCH IST VERSTOPFT!!
WO SIND EMMA UND DIE ANDEREN? SIND SIE NICHT BEI DIR, MAMA?
UWÄÄÄH UWÄÄH UWÄÄH
ICH GEHE SIE JETZT HOLEN.
DAS HABEN SIE ALLES GEPLANT.
SOGAR DAS HIER!
NEIN! GEH NICHT!
HICK HICK
PLÄRR
KEINE ANGST, ICH BIN SOFORT ZURÜCK.
BLEIBT, WO IHR SEID!
UWÄÄH
BEWEGT EUCH NICHT VOM FLECK!
WÄÄH WÄÄH WÄÄH

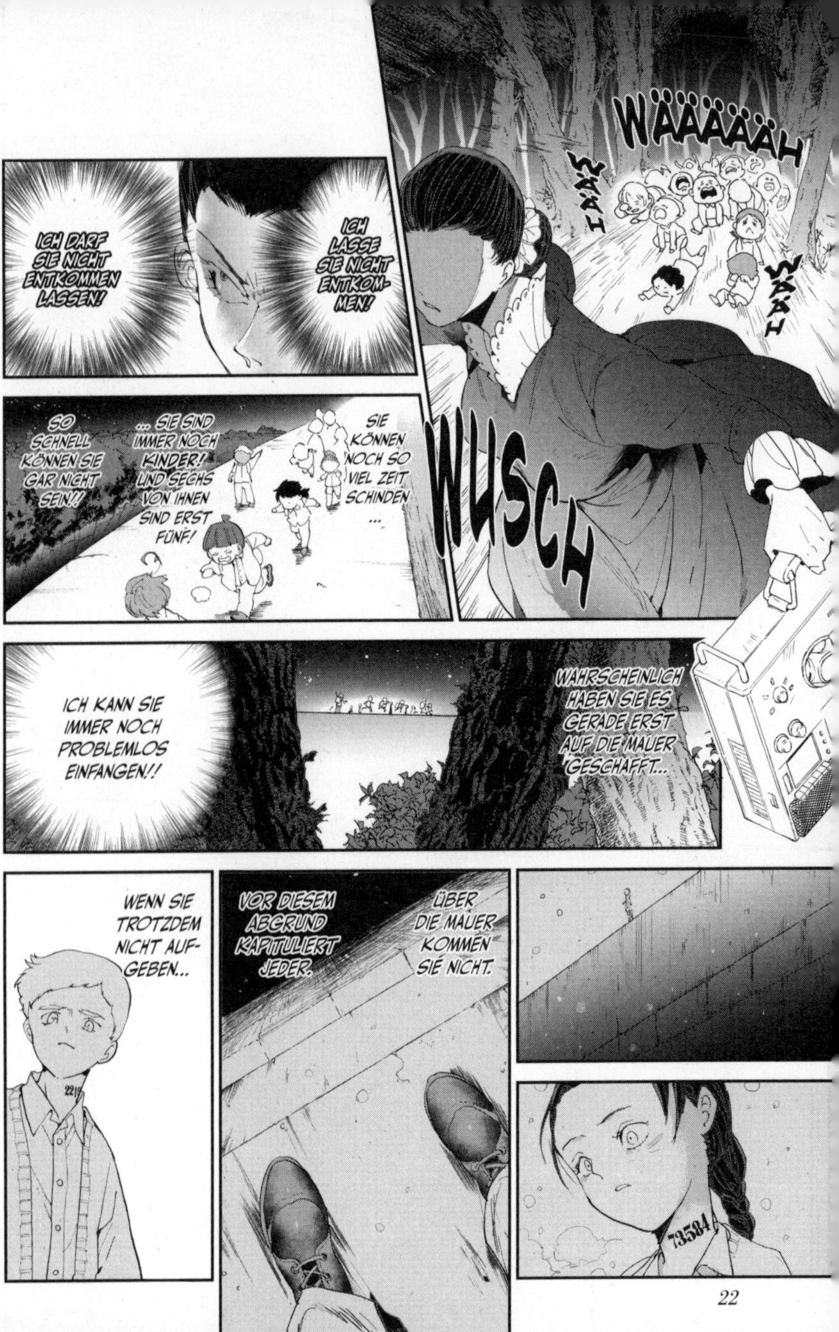
WÄÄÄÄÄH
WÄÄH
WÄÄH
ICH LASSE SIE NICHT ENTKOMMEN!
ICH DARF SIE NICHT ENTKOMMEN LASSEN!
WUSCH
SIE KÖNNEN NOCH SO VIEL ZEIT SCHINDEN ...
... SIE SIND IMMER NOCH KINDER! UND SECHS VON IHNEN SIND ERST FÜNF!
SO SCHNELL KÖNNEN SIE GAR NICHT SEIN!!
WAHRSCHEINLICH HABEN SIE ES GERADE ERST AUF DIE MAUER GESCHAFFT...
ICH KANN SIE IMMER NOCH PROBLEMLOS EINFANGEN!!
73584
ÜBER DIE MAUER KOMMEN SIE NICHT.
VOR DIESEM ABGRUND KAPITULIERT JEDER.
WENN SIE TROTZDEM NICHT AUFGEBEN...

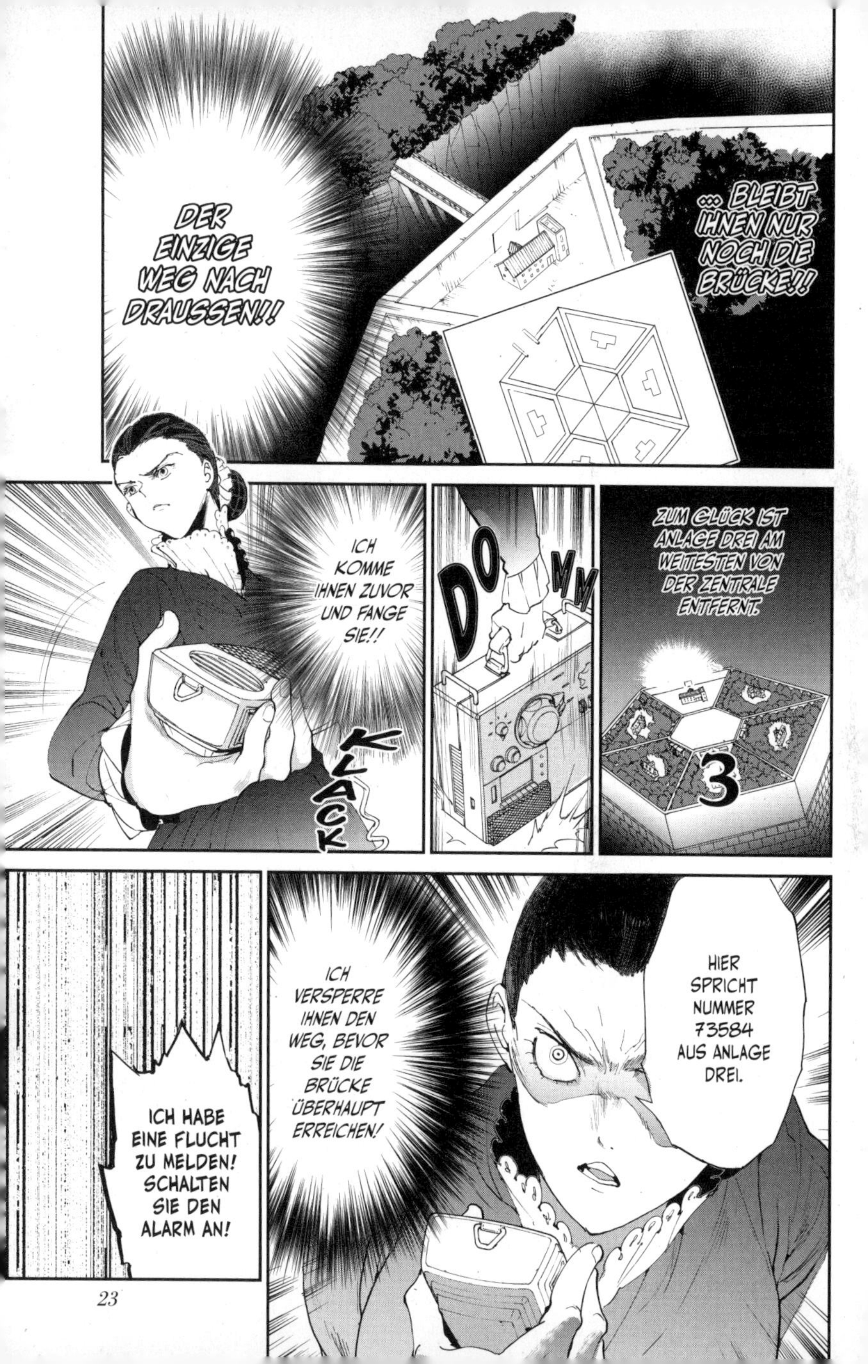
... BLEIBT IHNEN NUR NOCH DIE BRÜCKE!!
DER EINZIGE WEG NACH DRAUSSEN!!
ZUM GLÜCK IST ANLAGE DREI AM WEITESTEN VON DER ZENTRALE ENTFERNT.
3
DOMM
ICH KOMME IHNEN ZUVOR UND FANGE SIE!!
KLACK
HIER SPRICHT NUMMER 73584 AUS ANLAGE DREI.
ICH VERSPERRE IHNEN DEN WEG, BEVOR SIE DIE BRÜCKE ÜBERHAUPT ERREICHEN!
ICH HABE EINE FLUCHT ZU MELDEN! SCHALTEN SIE DEN ALARM AN!

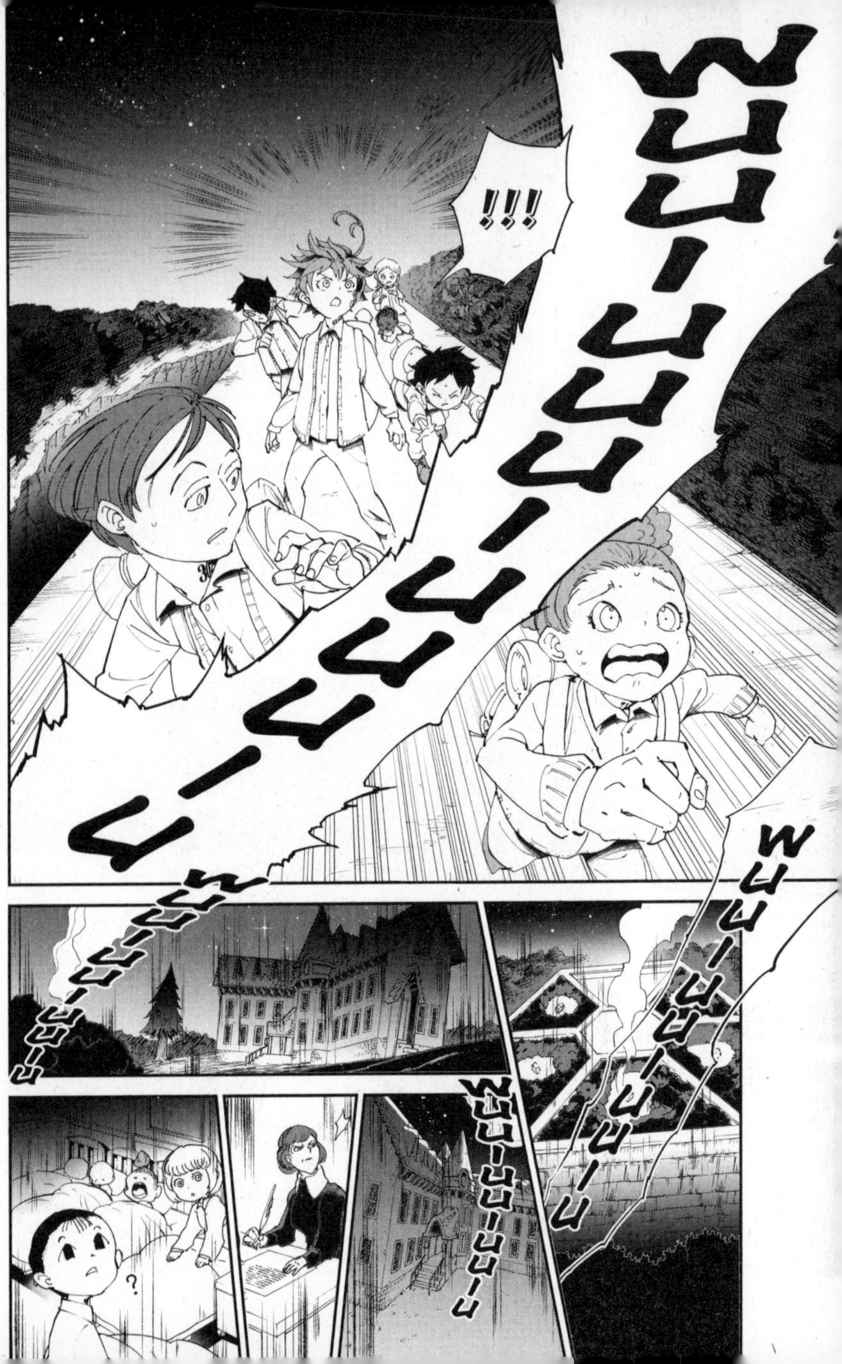

พนน-นนน-นนน-นน-น
!!!
?

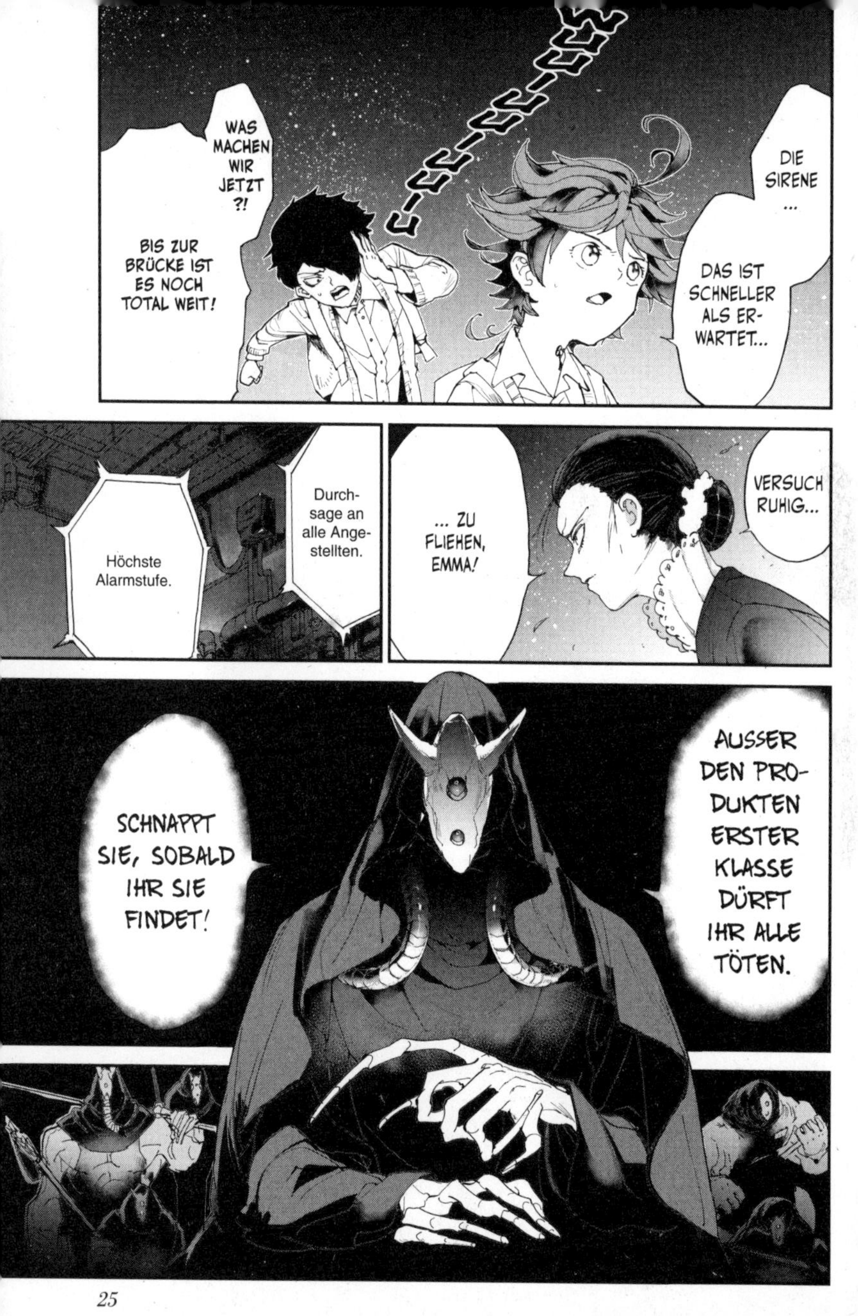
DIE SIRENE ...
DAS IST SCHNELLER ALS ER-WARTET...
WAS MACHEN WIR JETZT ?!
BIS ZUR BRÜCKE IST ES NOCH TOTAL WEIT!
VERSUCH RUHIG...
... ZU FLIEHEN, EMMA!
Durchsage an alle Angestellten.
Höchste Alarmstufe.
AUSSER DEN PRODUKTEN ERSTER KLASSE DÜRFT IHR ALLE TÖTEN.
SCHNAPPT SIE, SOBALD IHR SIE FINDET!

Hinter den Kulissen von The Promised Neverland

009

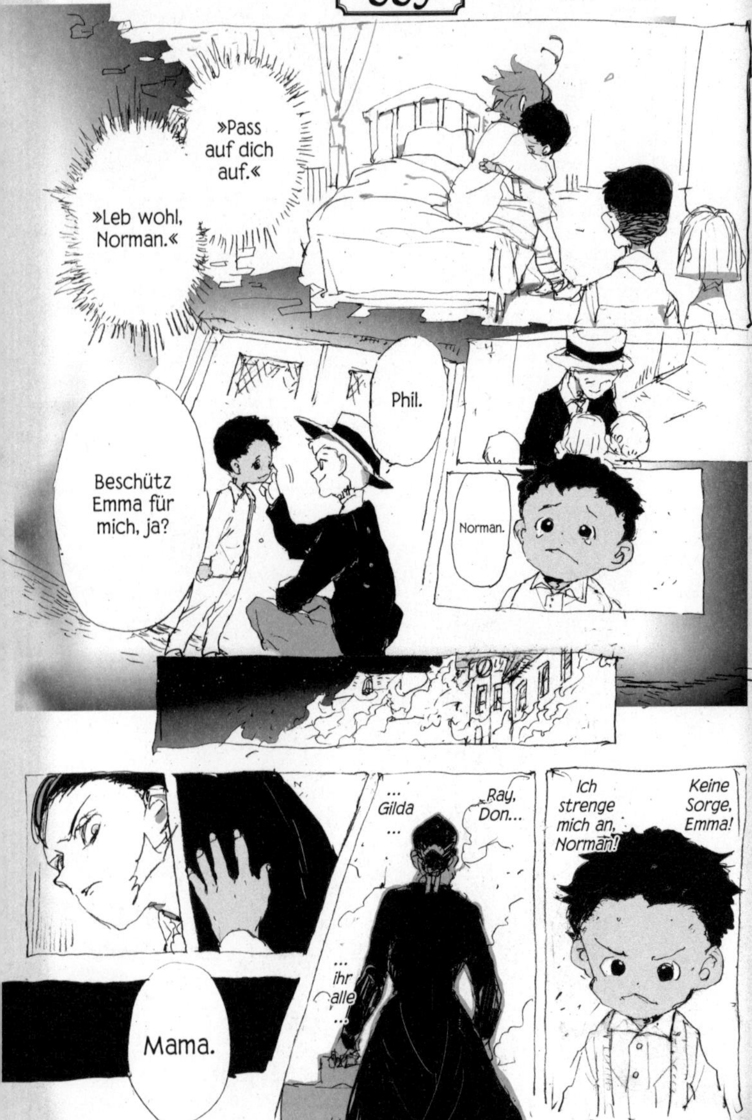

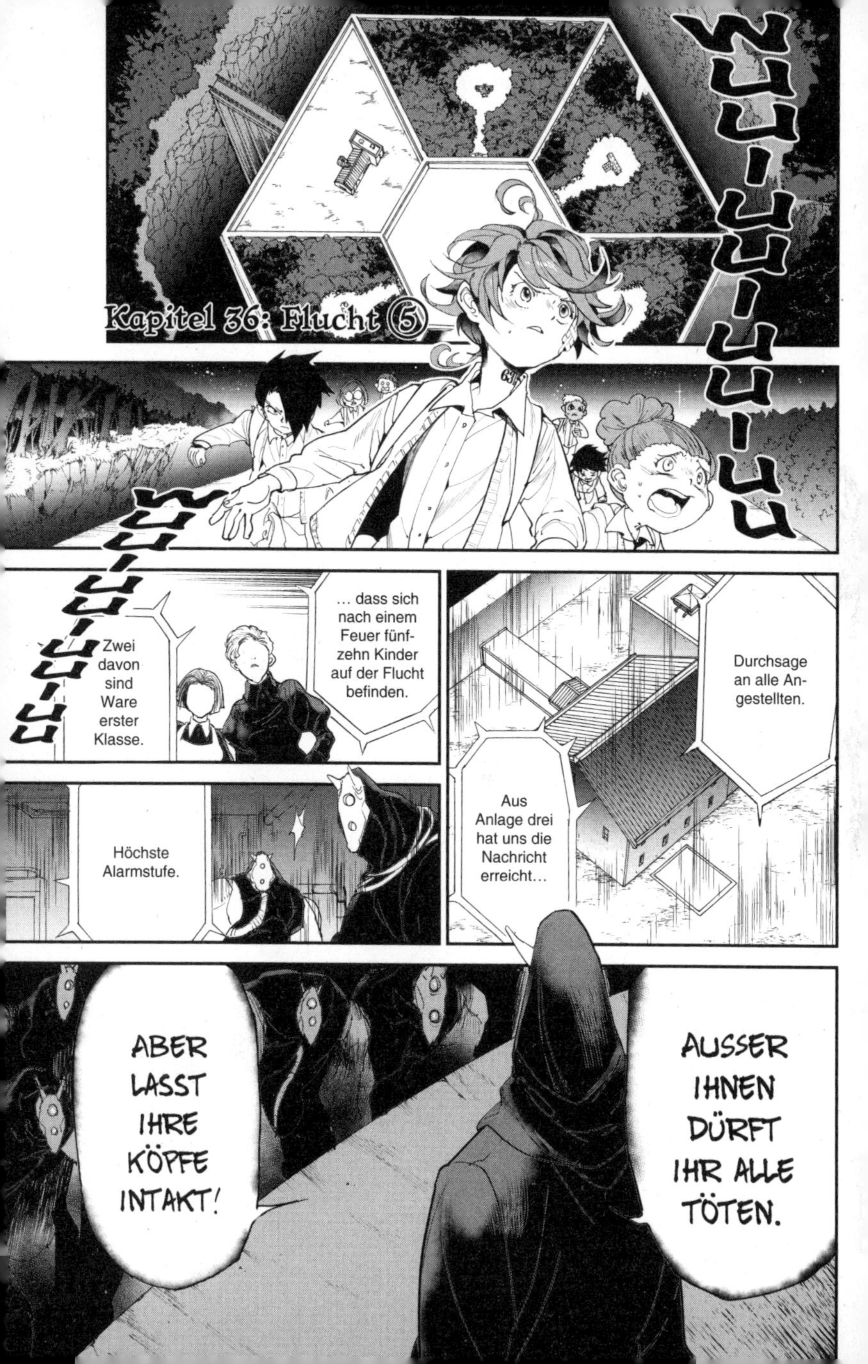

WUU-UU-UU-UU
Kapitel 36: Flucht ⑤
WUU-UU-UU-UU
Durchsage an alle Angestellten.
Aus Anlage drei hat uns die Nachricht erreicht…
… dass sich nach einem Feuer fünfzehn Kinder auf der Flucht befinden.
Zwei davon sind Ware erster Klasse.
Höchste Alarmstufe.
AUSSER IHNEN DÜRFT IHR ALLE TÖTEN.
ABER LASST IHRE KÖPFE INTAKT!

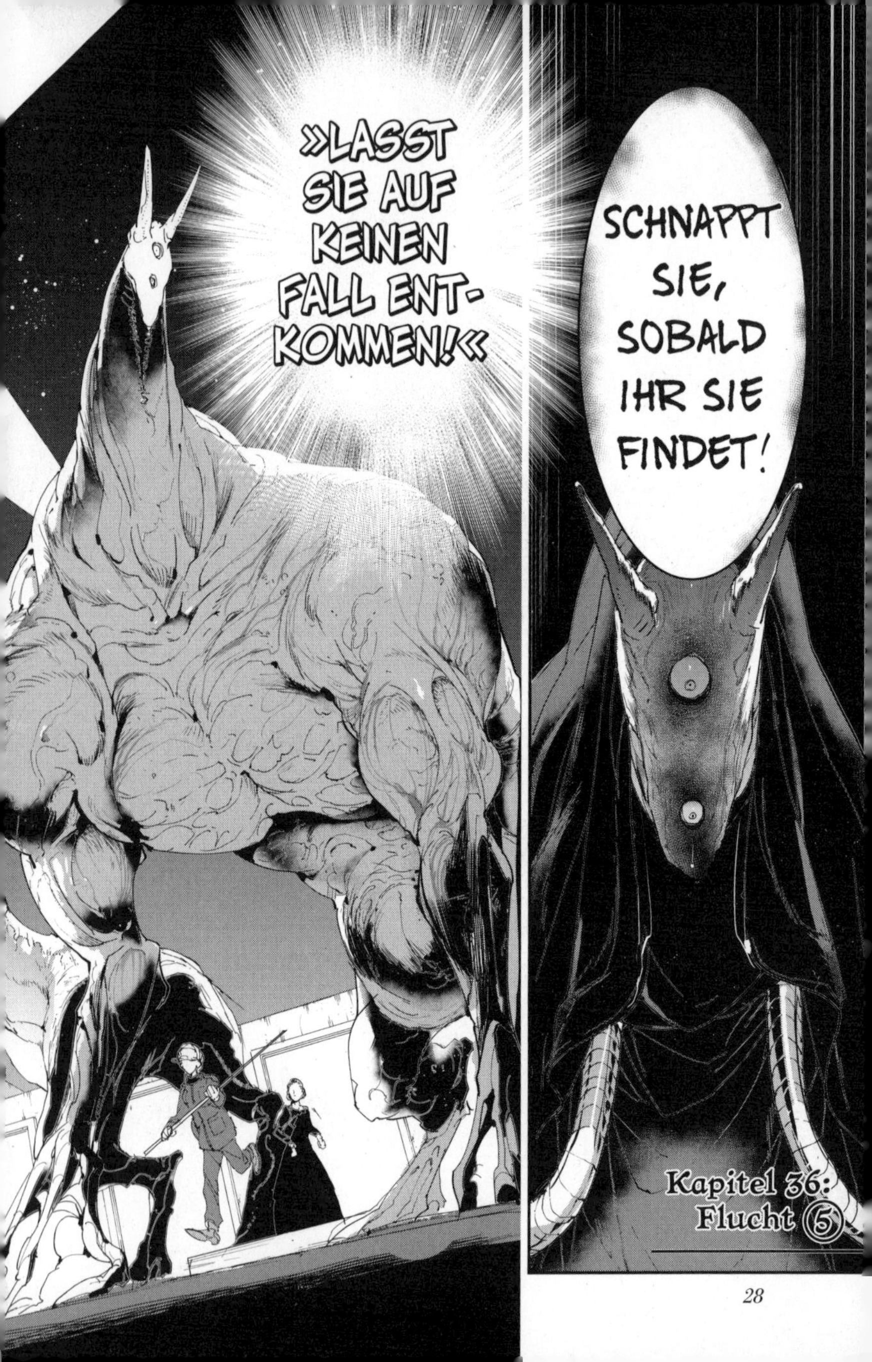
SCHNAPPT SIE, SOBALD IHR SIE FINDET!
»LASST SIE AUF KEINEN FALL ENT-KOMMEN!«
Kapitel 36: Flucht ⑤

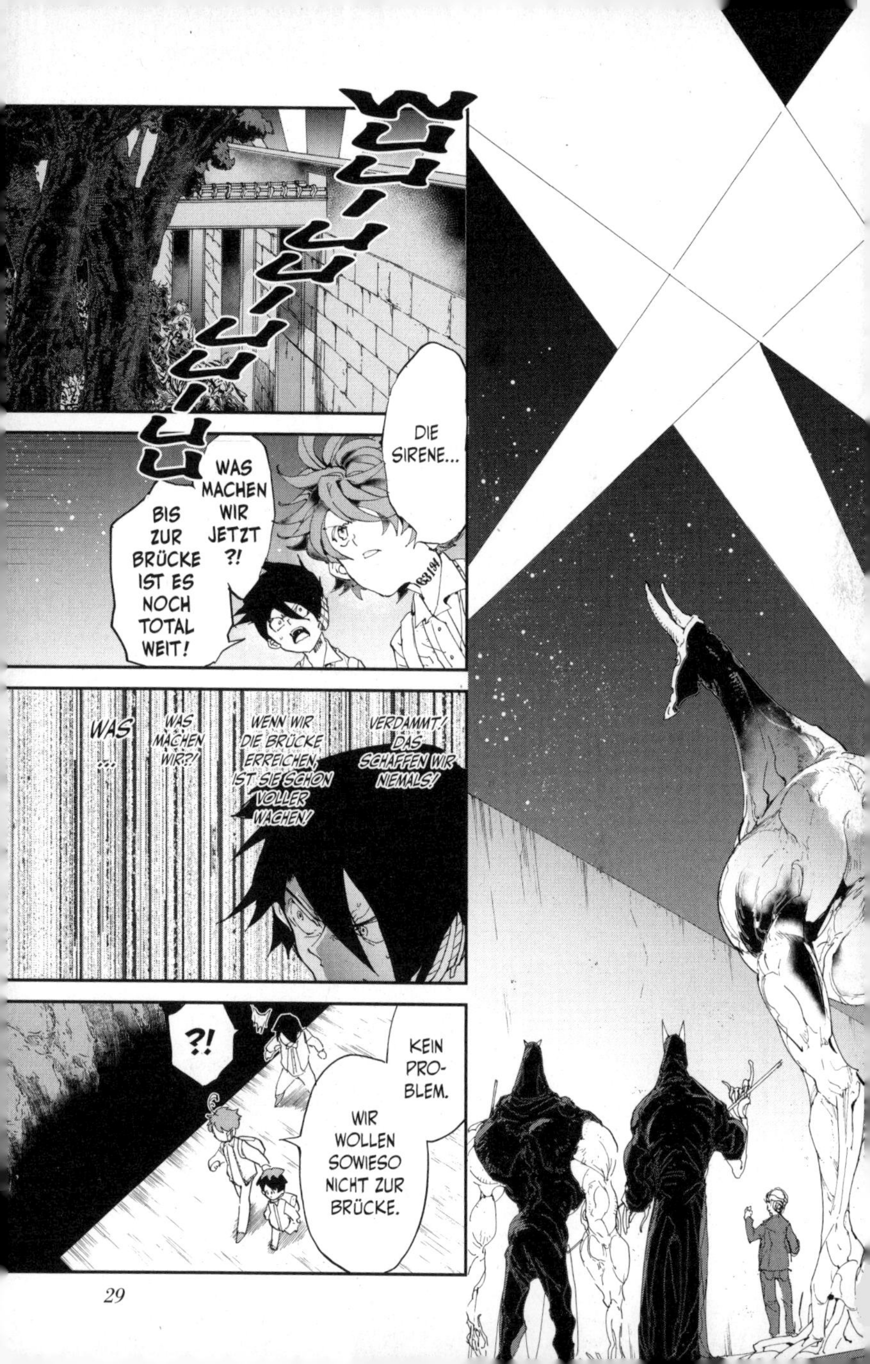

ÜUUUUUUUUU
DIE SIRENE...
WAS MACHEN WIR JETZT ?!
BIS ZUR BRÜCKE IST ES NOCH TOTAL WEIT!
VERDAMMT! DAS SCHAFFEN WIR NIEMALS!
WENN WIR DIE BRÜCKE ERREICHEN, IST SIE SCHON VOLLER WACHEN!
WAS MACHEN WIR?!
WAS ...
?!
KEIN PRO-BLEM.
WIR WOLLEN SOWIESO NICHT ZUR BRÜCKE.

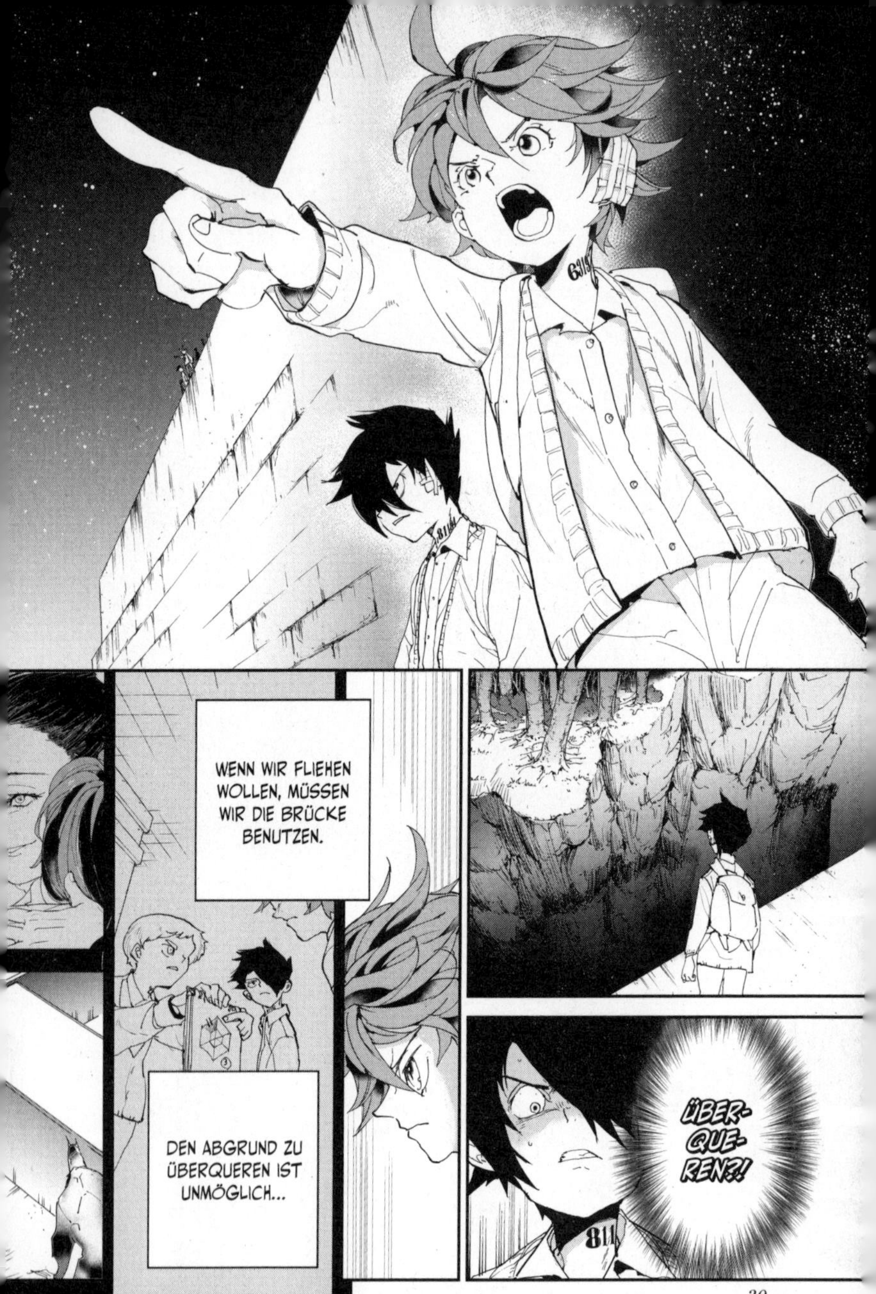
WENN WIR FLIEHEN WOLLEN, MÜSSEN WIR DIE BRÜCKE BENUTZEN.
DEN ABGRUND ZU ÜBERQUEREN IST UNMÖGLICH...
ÜBER-QUE-REN?!

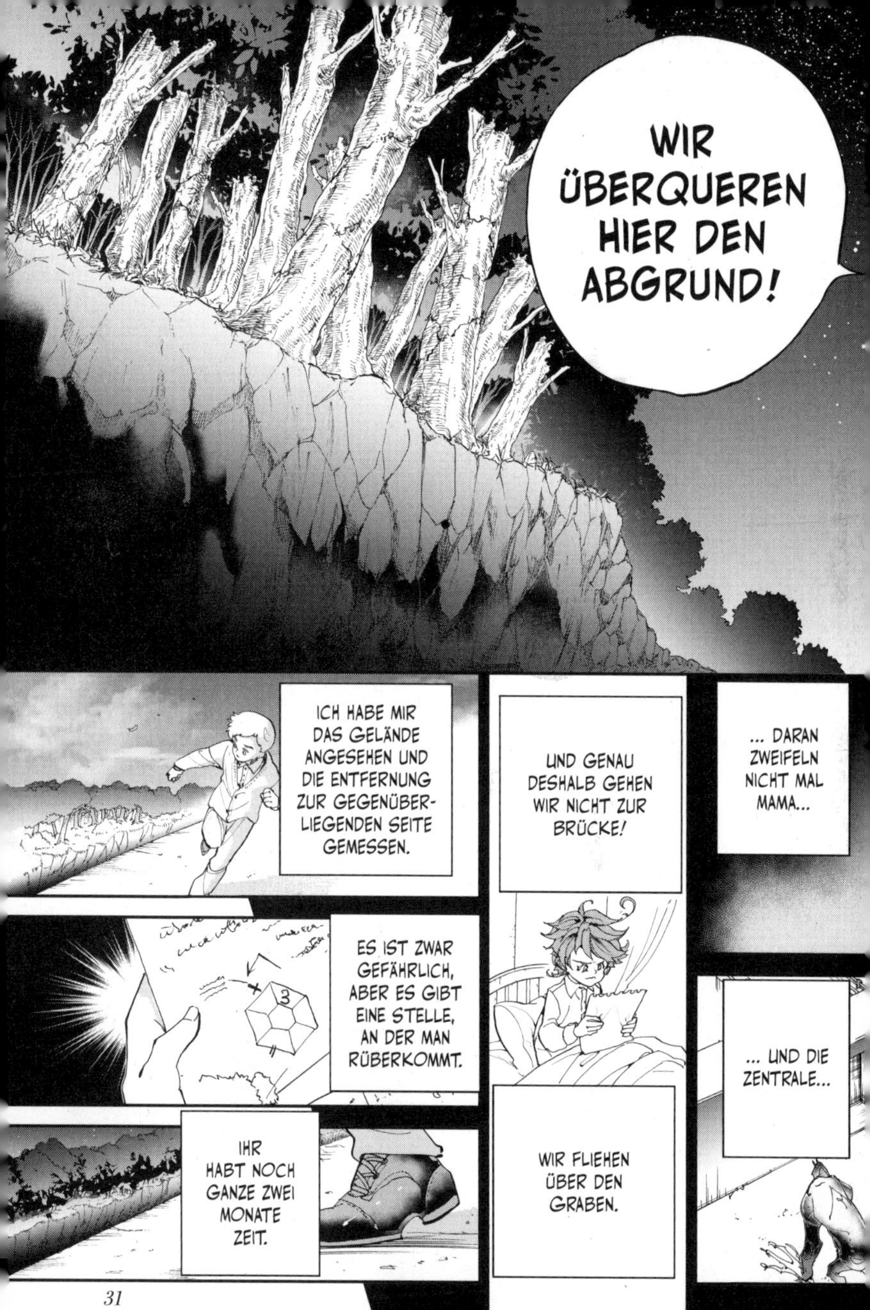
WIR ÜBERQUEREN HIER DEN ABGRUND!
... DARAN ZWEIFELN NICHT MAL MAMA...
... UND DIE ZENTRALE...
UND GENAU DESHALB GEHEN WIR NICHT ZUR BRÜCKE!
WIR FLIEHEN ÜBER DEN GRABEN.
ICH HABE MIR DAS GELÄNDE ANGESEHEN UND DIE ENTFERNUNG ZUR GEGENÜBERLIEGENDEN SEITE GEMESSEN.
ES IST ZWAR GEFÄHRLICH, ABER ES GIBT EINE STELLE, AN DER MAN RÜBERKOMMT.
IHR HABT NOCH GANZE ZWEI MONATE ZEIT.

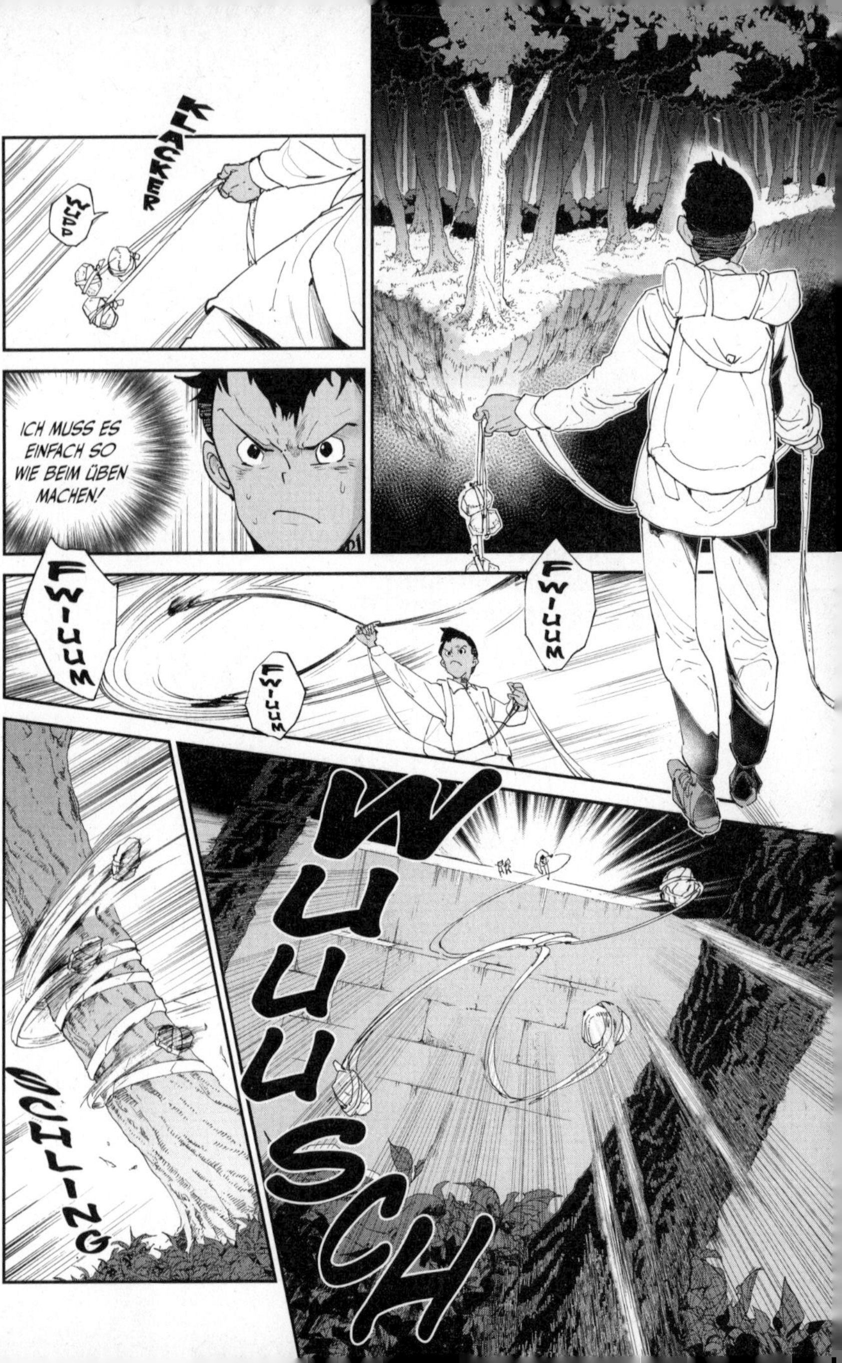
KLACKER
WUPP
ICH MUSS ES EINFACH SO WIE BEIM ÜBEN MACHEN!
FWIUUM
FWIUUM
FWIUUM
WUUUSCH
SCHLING

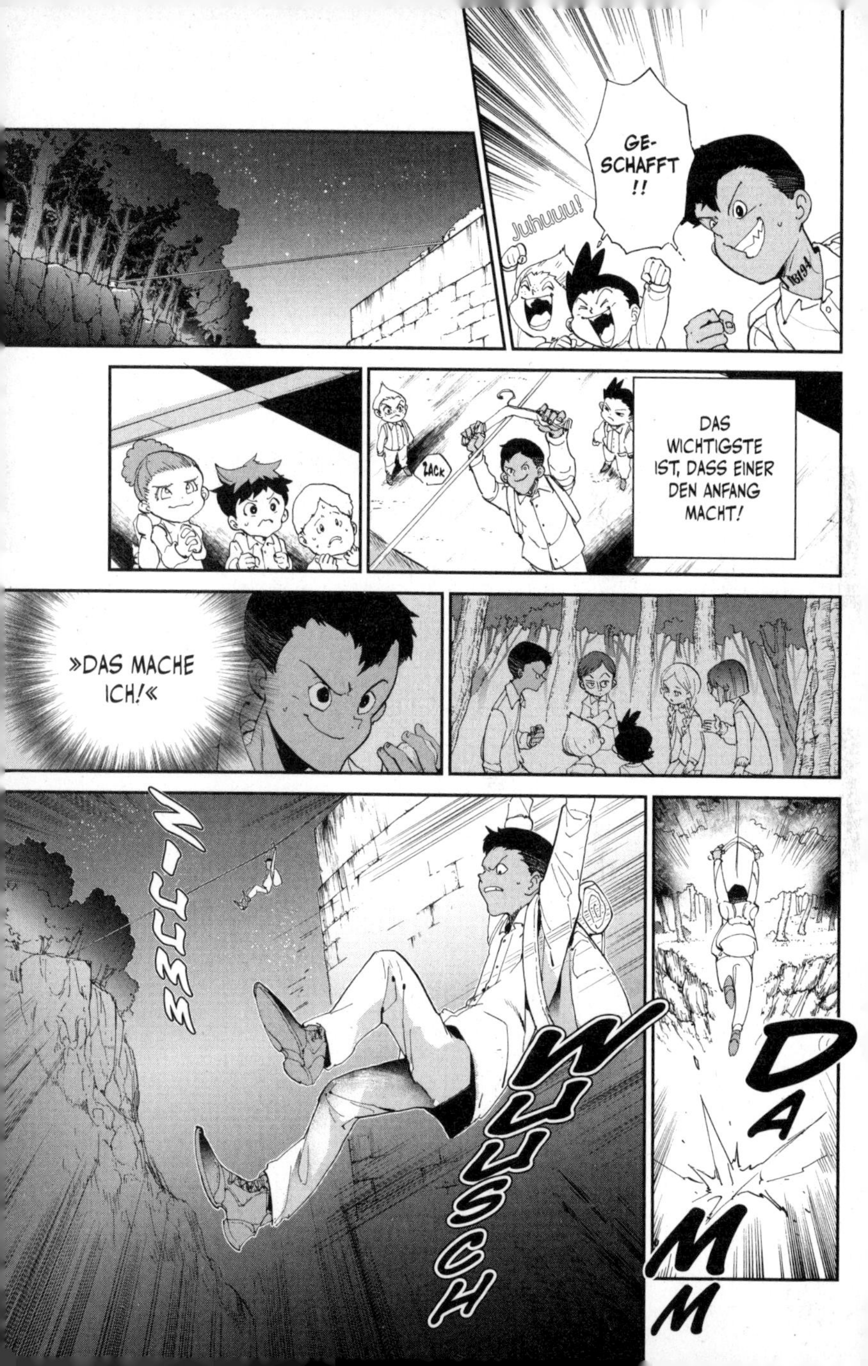
GE-
SCHAFFT
!!
Juhuuuu!
DAS WICHTIGSTE IST, DASS EINER DEN ANFANG MACHT!
ZACK
»DAS MACHE ICH!«
WUUSCH
N-JUMM
DAMMM

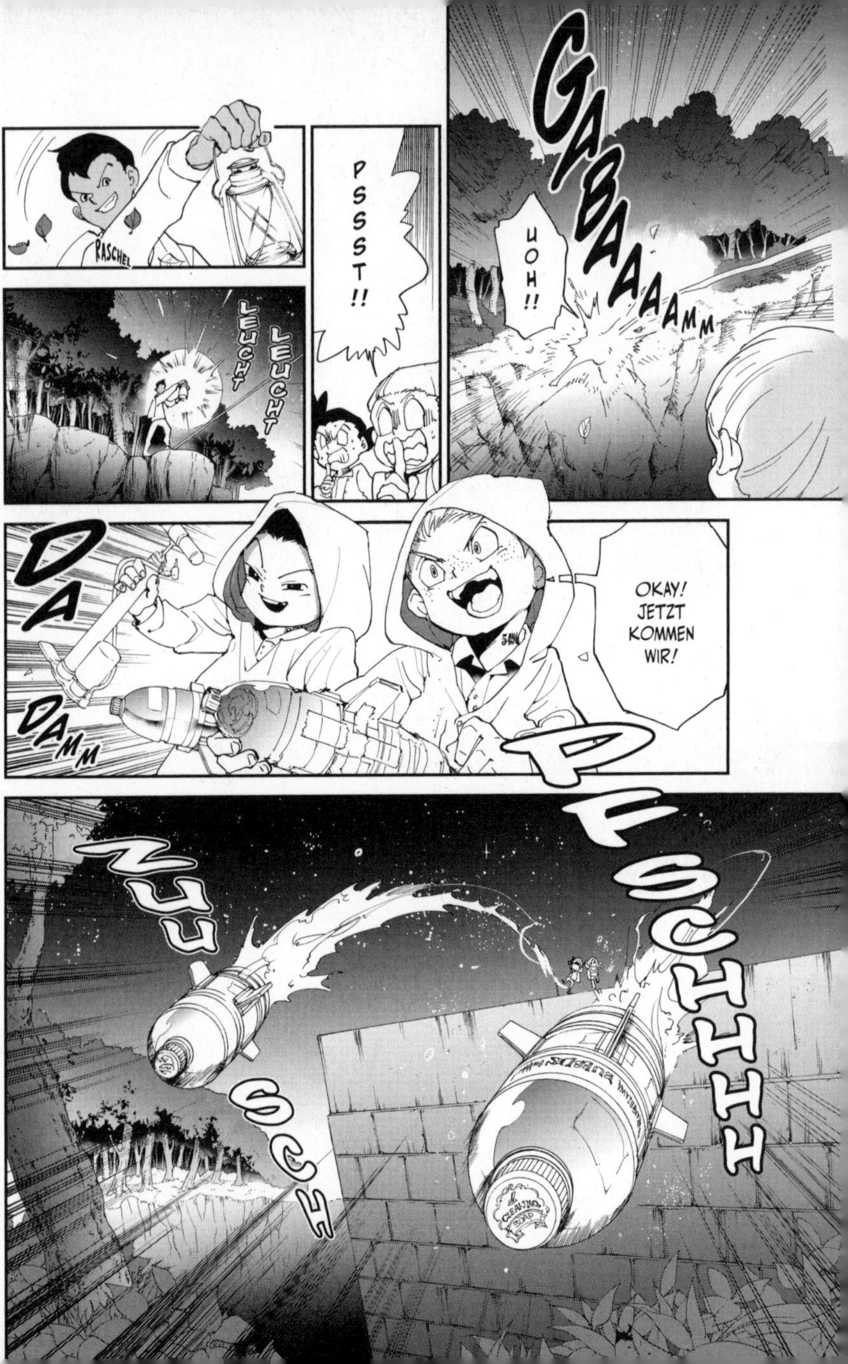
GABAAAAAMM
UOH!!
PSSST!!
RASCHEL
LEUCHT
LEUCHT
OKAY! JETZT KOMMEN WIR!
DA
DAMM
PFSCHHHHH
NUUU
SCH

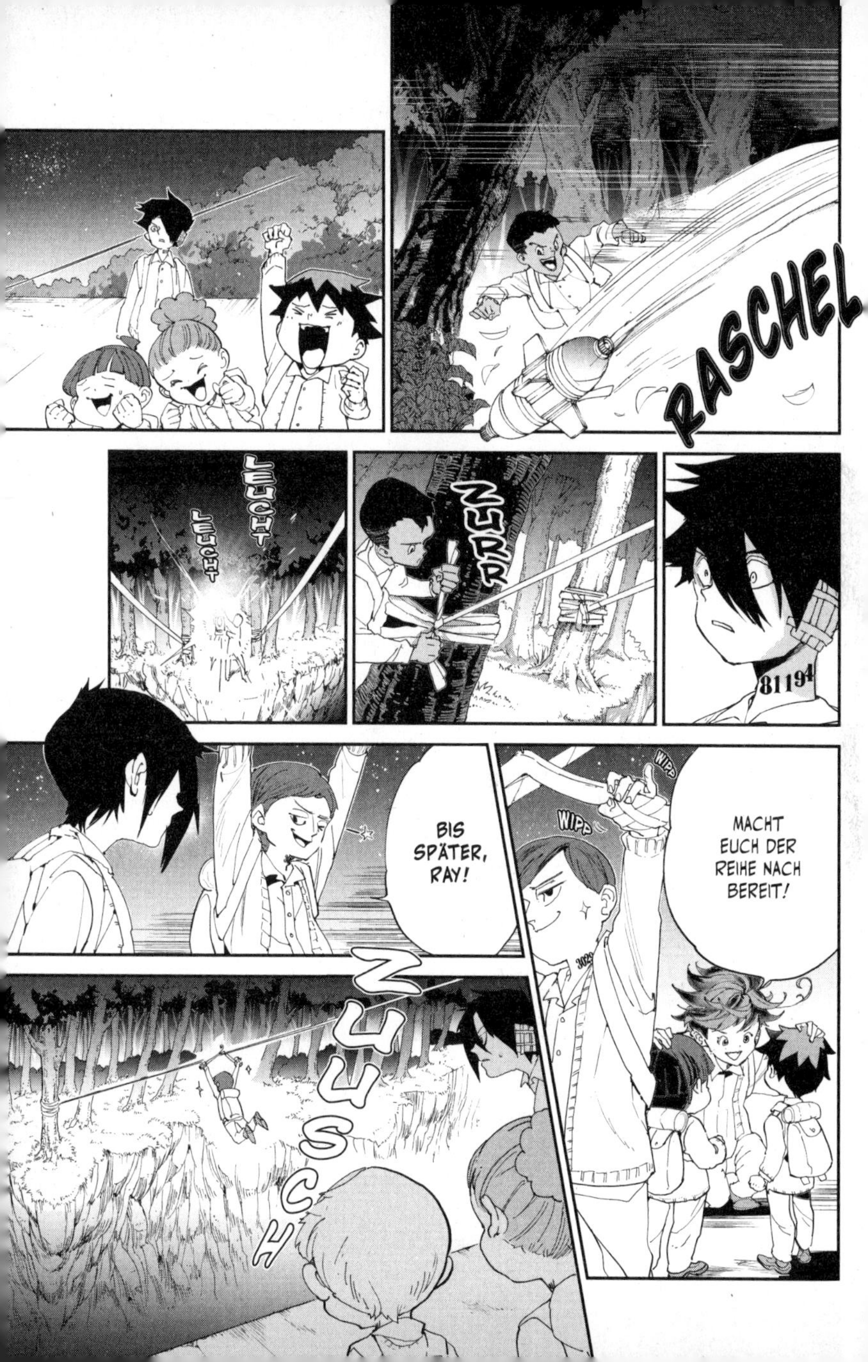

RASCHEL
81194
ZURRR
LEUCHT
LEUCHT
WIPP
WIPP
MACHT EUCH DER REIHE NACH BEREIT!
BIS SPÄTER, RAY!
ZUUSCH

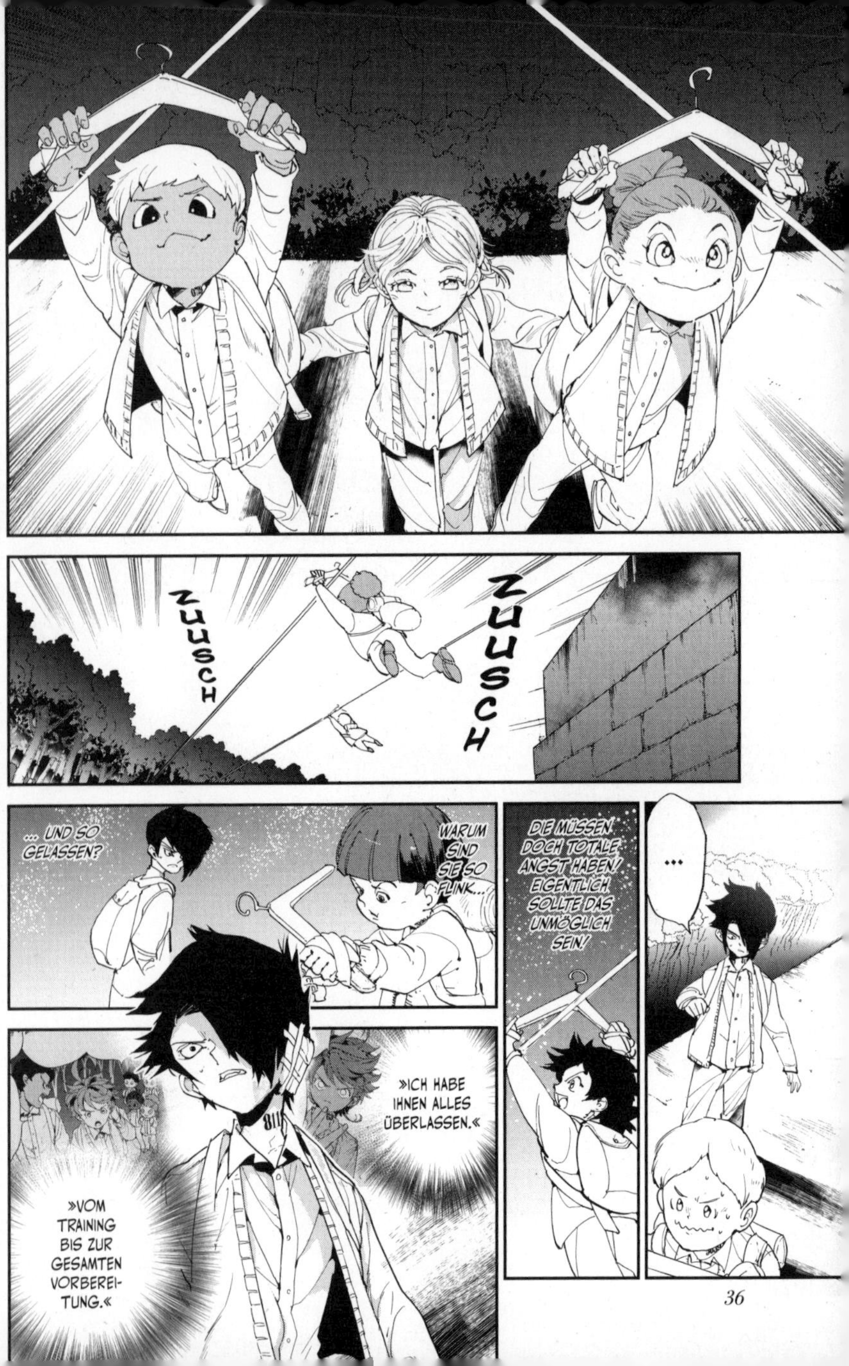
ZUUSCH
ZUUSCH
...
DIE MÜSSEN DOCH TOTALE ANGST HABEN! EIGENTLICH SOLLTE DAS UNMÖGLICH SEIN!
WARUM SIND SIE SO FLINK...
... UND SO GELASSEN?
»ICH HABE IHNEN ALLES ÜBERLASSEN.«
»VOM TRAINING BIS ZUR GESAMTEN VORBEREI-TUNG.«

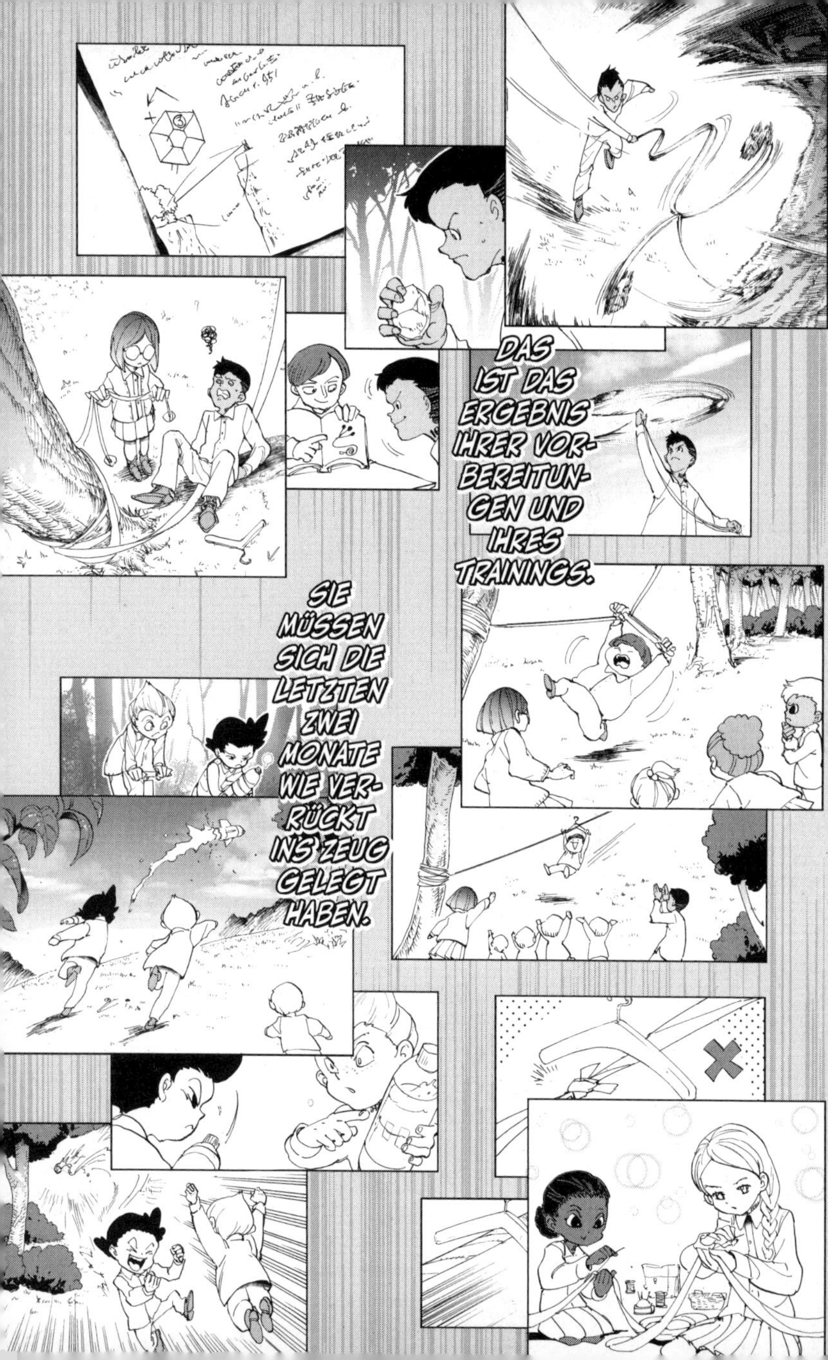
DAS IST DAS ERGEBNIS IHRER VORBEREITUNGEN UND IHRES TRAININGS.
SIE MÜSSEN SICH DIE LETZTEN ZWEI MONATE WIE VERRÜCKT INS ZEUG GELEGT HABEN.

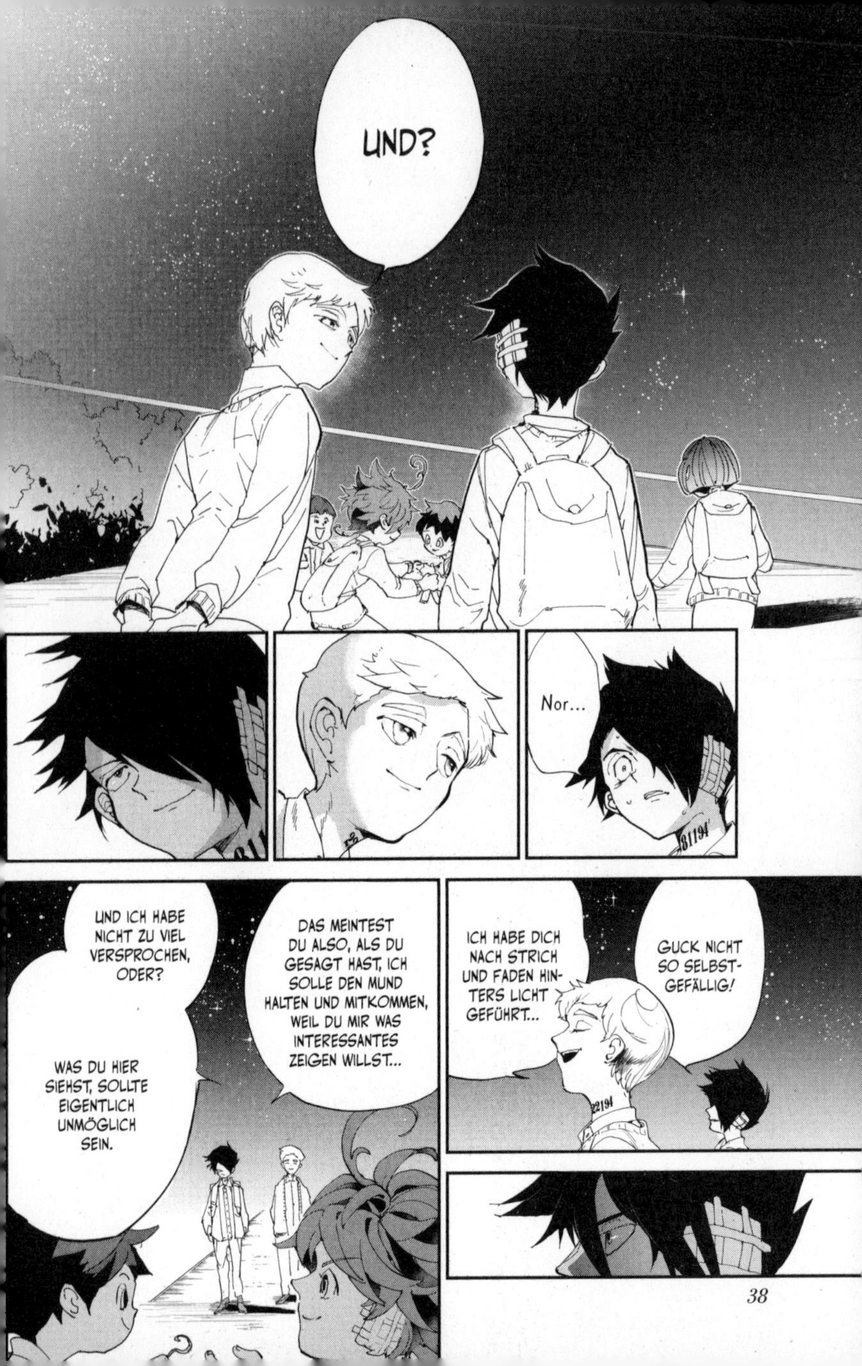
UND?
Nor...
GUCK NICHT SO SELBST-GEFÄLLIG!
ICH HABE DICH NACH STRICH UND FADEN HIN-TERS LICHT GEFÜHRT...
DAS MEINTEST DU ALSO, ALS DU GESAGT HAST, ICH SOLLE DEN MUND HALTEN UND MITKOMMEN, WEIL DU MIR WAS INTERESSANTES ZEIGEN WILLST...
UND ICH HABE NICHT ZU VIEL VERSPROCHEN, ODER?
WAS DU HIER SIEHST, SOLLTE EIGENTLICH UNMÖGLICH SEIN.

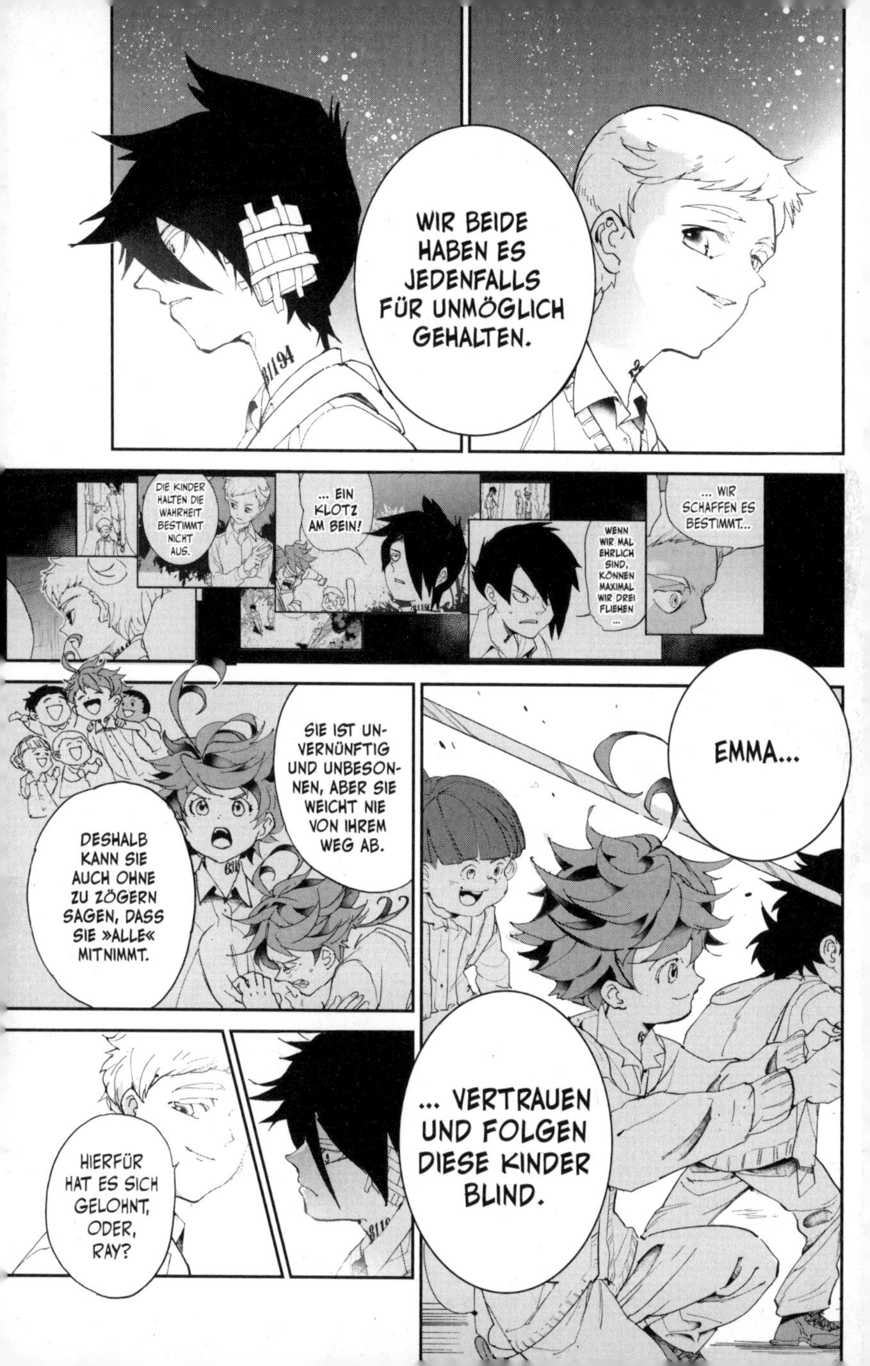
WIR BEIDE HABEN ES JEDENFALLS FÜR UNMÖGLICH GEHALTEN.
... WIR SCHAFFEN ES BESTIMMT...
WENN WIR MAL EHRLICH SIND, KÖNNEN MAXIMAL WIR DREI FLIEHEN ...
... EIN KLOTZ AM BEIN!
DIE KINDER HALTEN DIE WAHRHEIT BESTIMMT NICHT AUS.
EMMA...
SIE IST UNVERNÜNFTIG UND UNBESONNEN, ABER SIE WEICHT NIE VON IHREM WEG AB.
DESHALB KANN SIE AUCH OHNE ZU ZÖGERN SAGEN, DASS SIE »ALLE« MITNIMMT.
... VERTRAUEN UND FOLGEN DIESE KINDER BLIND.
HIERFÜR HAT ES SICH GELOHNT, ODER, RAY?

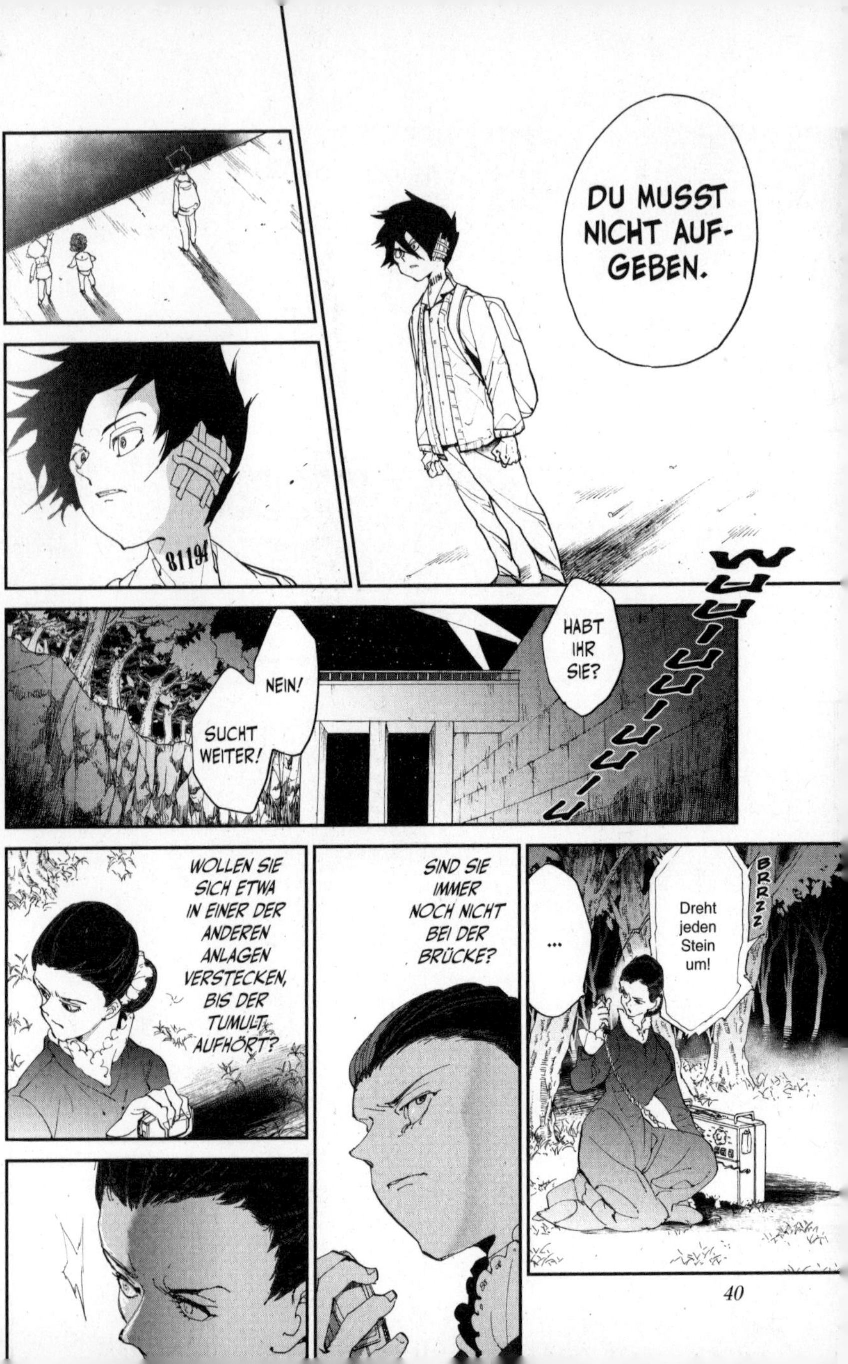
DU MUSST NICHT AUF-GEBEN.
WUUU-UUU-UUU-U
HABT IHR SIE?
NEIN!
SUCHT WEITER!
BRRZZ
Dreht jeden Stein um!
...
SIND SIE IMMER NOCH NICHT BEI DER BRÜCKE?
WOLLEN SIE SICH ETWA IN EINER DER ANDEREN ANLAGEN VERSTECKEN, BIS DER TUMULT AUFHÖRT?

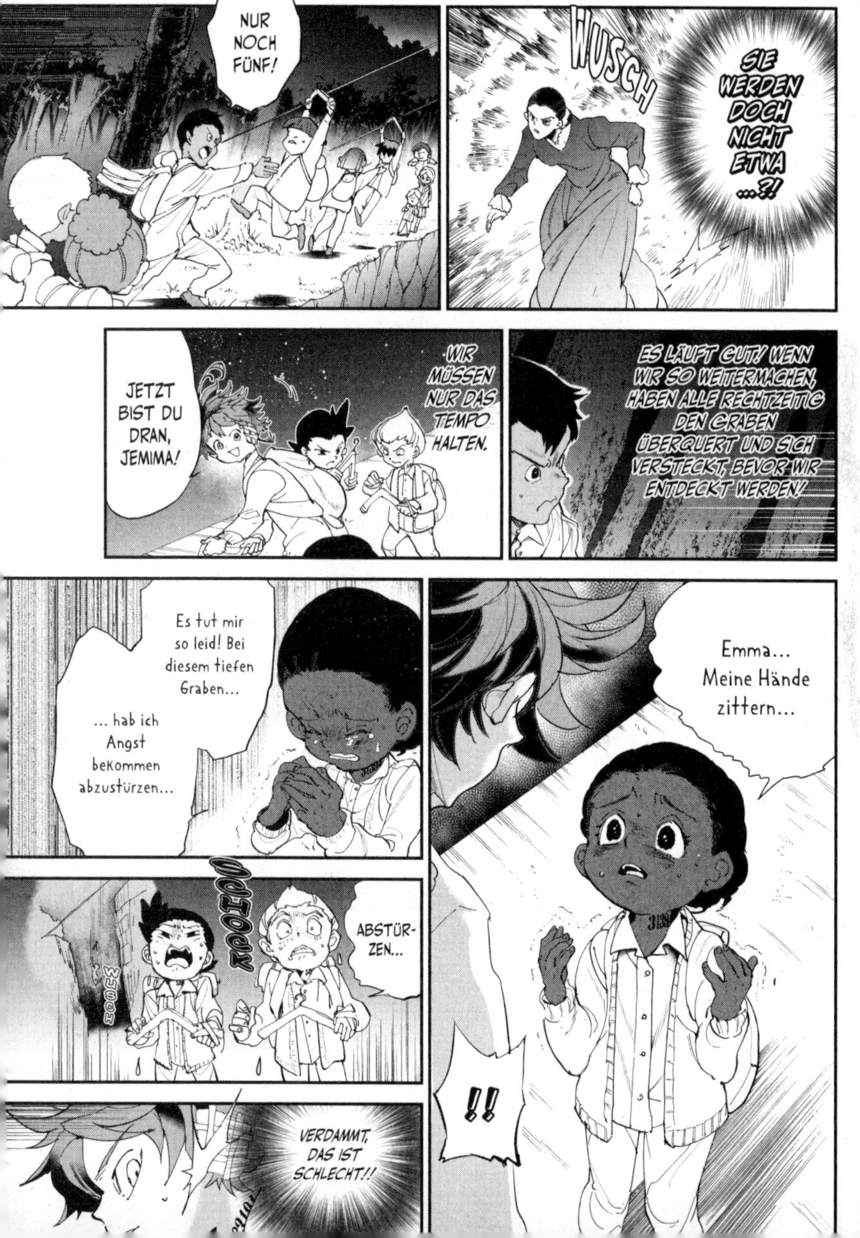
WUSCH
SIE WERDEN DOCH NICHT ETWA ...?!
NUR NOCH FÜNF!
ES LÄUFT GUT! WENN WIR SO WEITERMACHEN, HABEN ALLE RECHTZEITIG DEN GRABEN ÜBERQUERT UND SICH VERSTECKT, BEVOR WIR ENTDECKT WERDEN!
WIR MÜSSEN NUR DAS TEMPO HALTEN.
JETZT BIST DU DRAN, JEMIMA!
Emma... Meine Hände zittern...
Es tut mir so leid! Bei diesem tiefen Graben...
... hab ich Angst bekommen abzustürzen...
SCHOCK
WUSCH
ABSTÜR-ZEN...
!!
VERDAMMT, DAS IST SCHLECHT!!

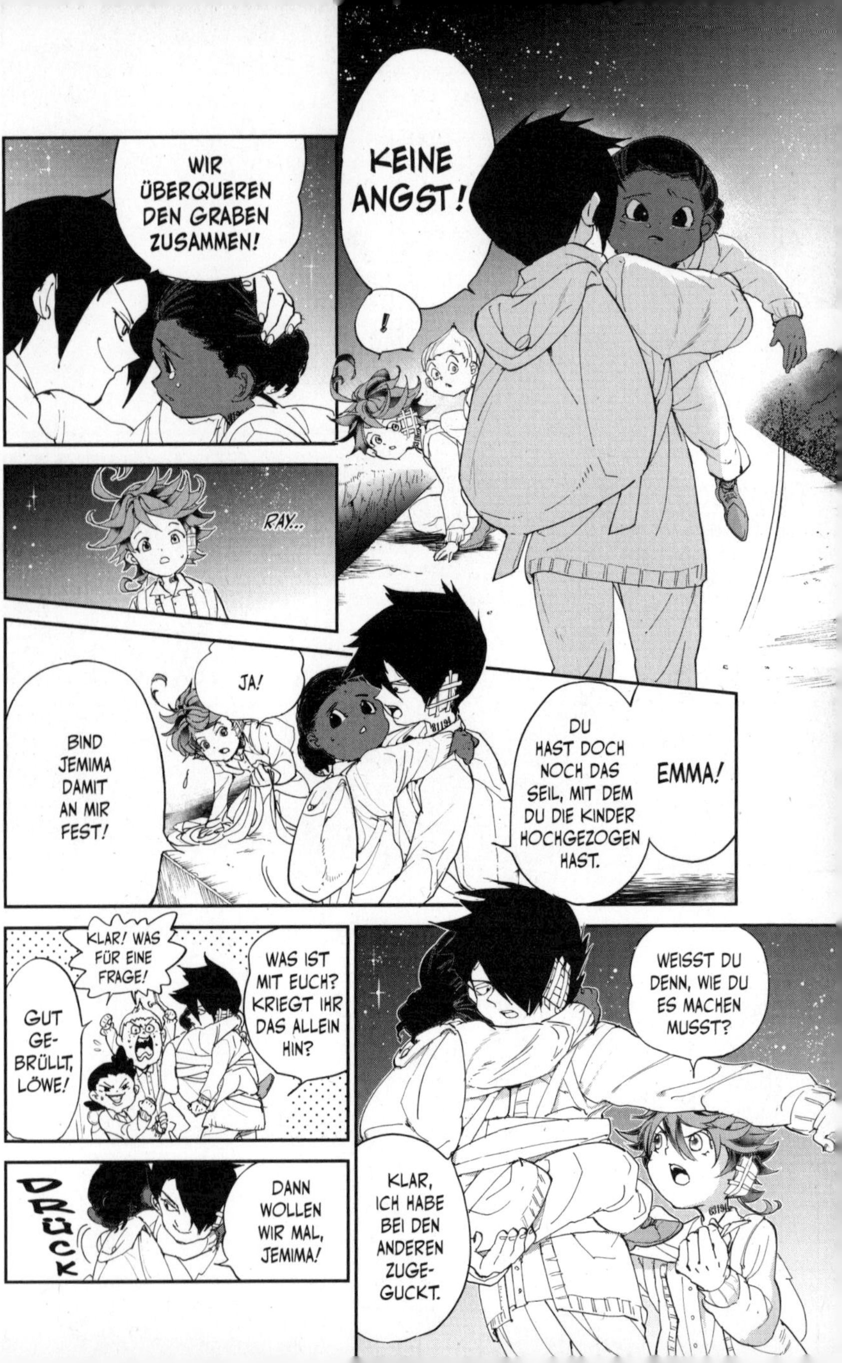
KEINE ANGST!
!
WIR ÜBERQUEREN DEN GRABEN ZUSAMMEN!
RAY...
EMMA!
DU HAST DOCH NOCH DAS SEIL, MIT DEM DU DIE KINDER HOCHGEZOGEN HAST.
BIND JEMIMA DAMIT AN MIR FEST!
JA!
WEISST DU DENN, WIE DU ES MACHEN MUSST?
KLAR, ICH HABE BEI DEN ANDEREN ZUGE-GUCKT.
WAS IST MIT EUCH? KRIEGT IHR DAS ALLEIN HIN?
KLAR! WAS FÜR EINE FRAGE!
GUT GE-BRÜLLT, LÖWE!
DANN WOLLEN WIR MAL, JEMIMA!
DRÜCK

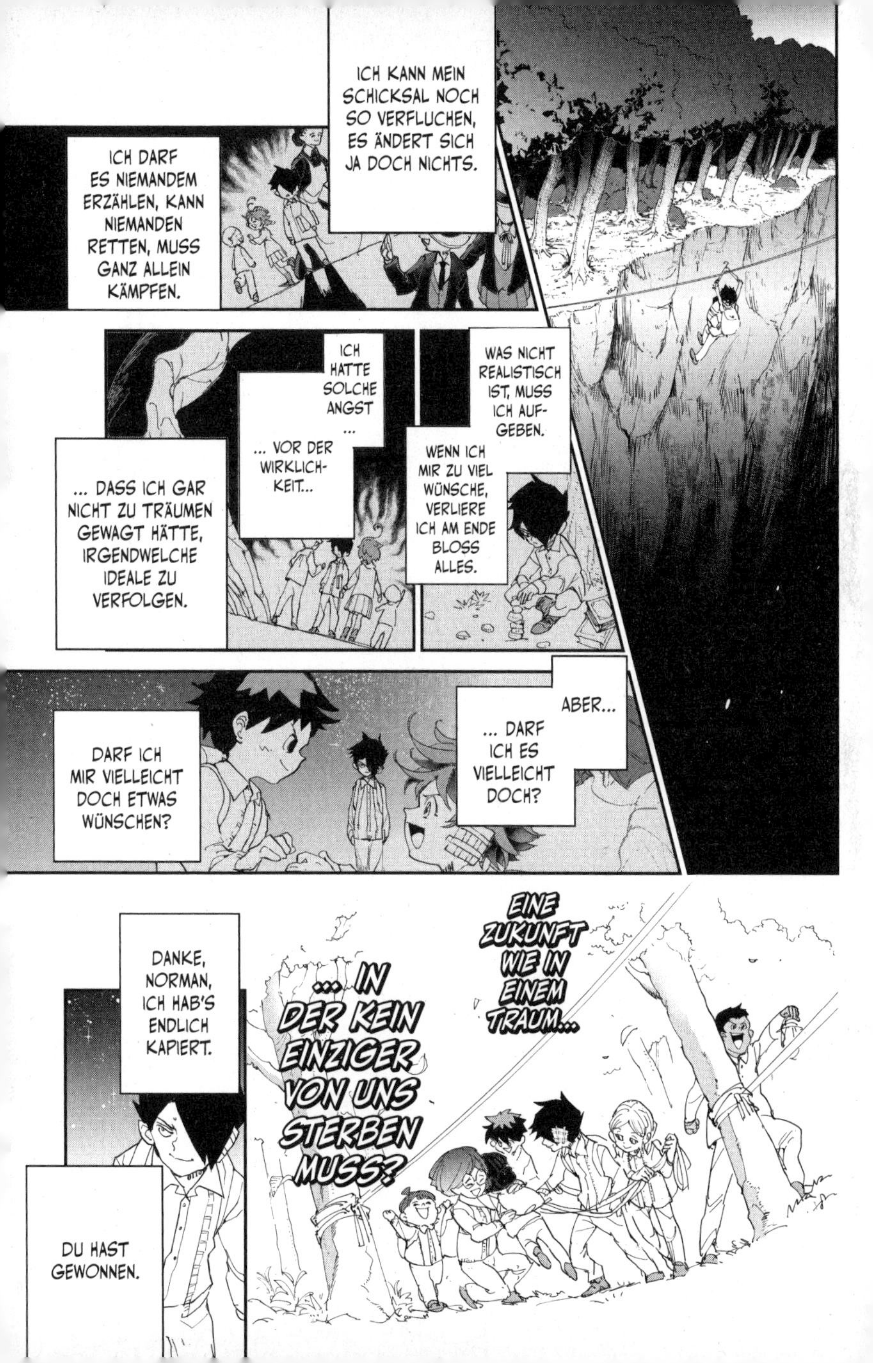
ICH KANN MEIN SCHICKSAL NOCH SO VERFLUCHEN, ES ÄNDERT SICH JA DOCH NICHTS.
ICH DARF ES NIEMANDEM ERZÄHLEN, KANN NIEMANDEN RETTEN, MUSS GANZ ALLEIN KÄMPFEN.
WAS NICHT REALISTISCH IST, MUSS ICH AUF-GEBEN.
WENN ICH MIR ZU VIEL WÜNSCHE, VERLIERE ICH AM ENDE BLOSS ALLES.
ICH HATTE SOLCHE ANGST ...
... VOR DER WIRKLICH-KEIT...
... DASS ICH GAR NICHT ZU TRÄUMEN GEWAGT HÄTTE, IRGENDWELCHE IDEALE ZU VERFOLGEN.
ABER...
... DARF ICH ES VIELLEICHT DOCH?
DARF ICH MIR VIELLEICHT DOCH ETWAS WÜNSCHEN?
EINE ZUKUNFT WIE IN EINEM TRAUM...
... IN DER KEIN EINZIGER VON UNS STERBEN MUSS?
DANKE, NORMAN, ICH HAB'S ENDLICH KAPIERT.
DU HAST GEWONNEN.

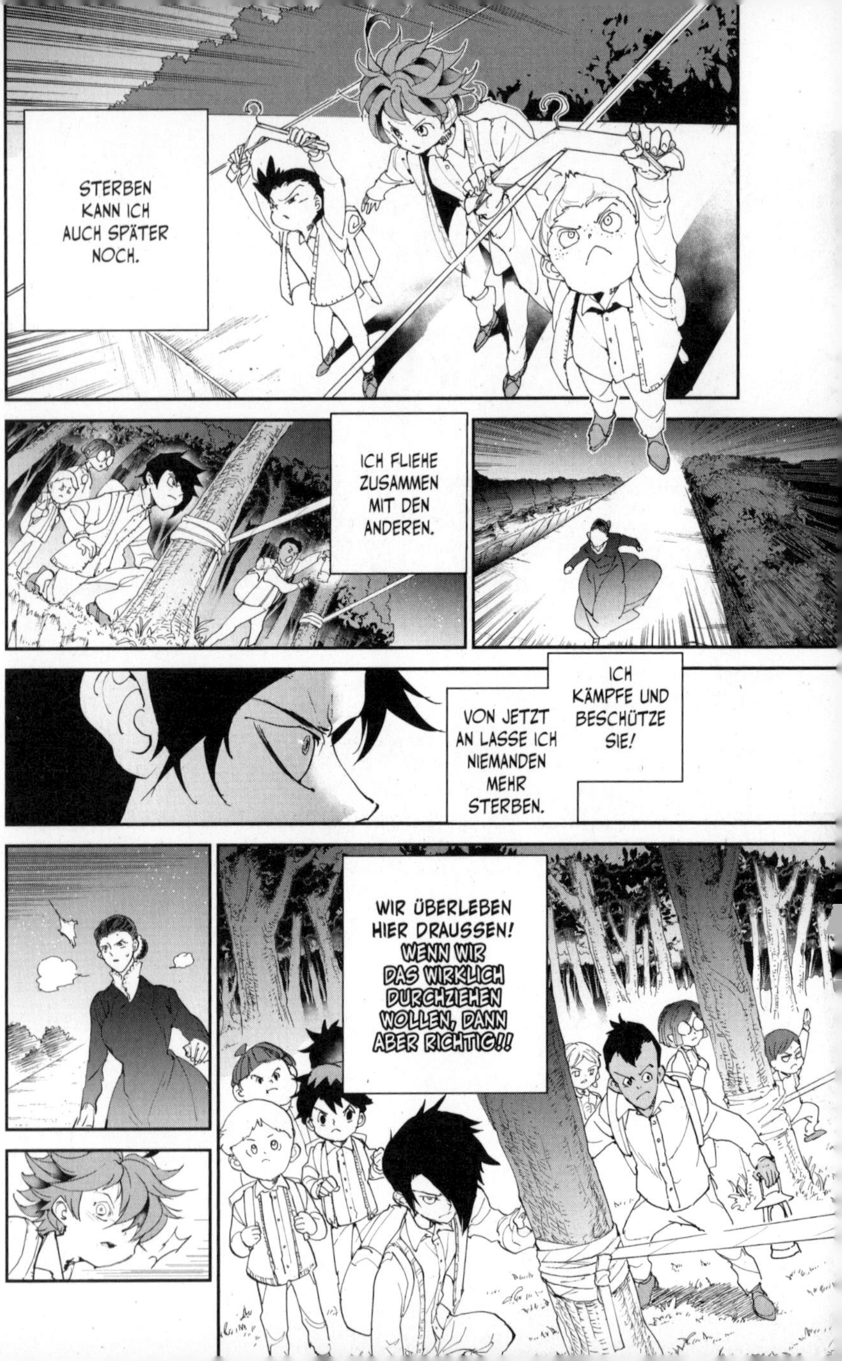
STERBEN KANN ICH AUCH SPÄTER NOCH.
ICH FLIEHE ZUSAMMEN MIT DEN ANDEREN.
ICH KÄMPFE UND BESCHÜTZE SIE!
VON JETZT AN LASSE ICH NIEMANDEN MEHR STERBEN.
WIR ÜBERLEBEN HIER DRAUSSEN!
WENN WIR DAS WIRKLICH DURCHZIEHEN WOLLEN, DANN ABER RICHTIG!!

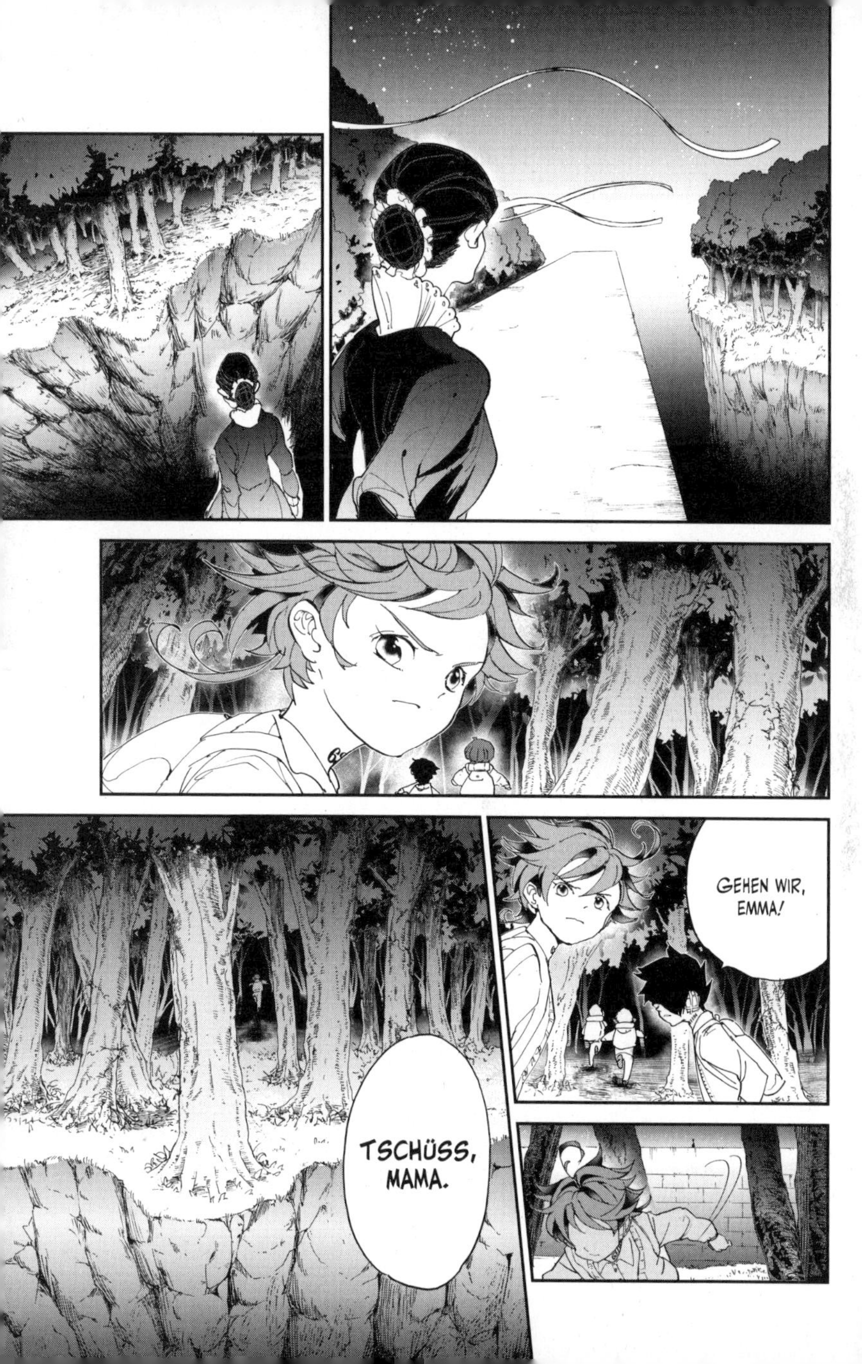
GEHEN WIR, EMMA!
TSCHÜSS, MAMA.

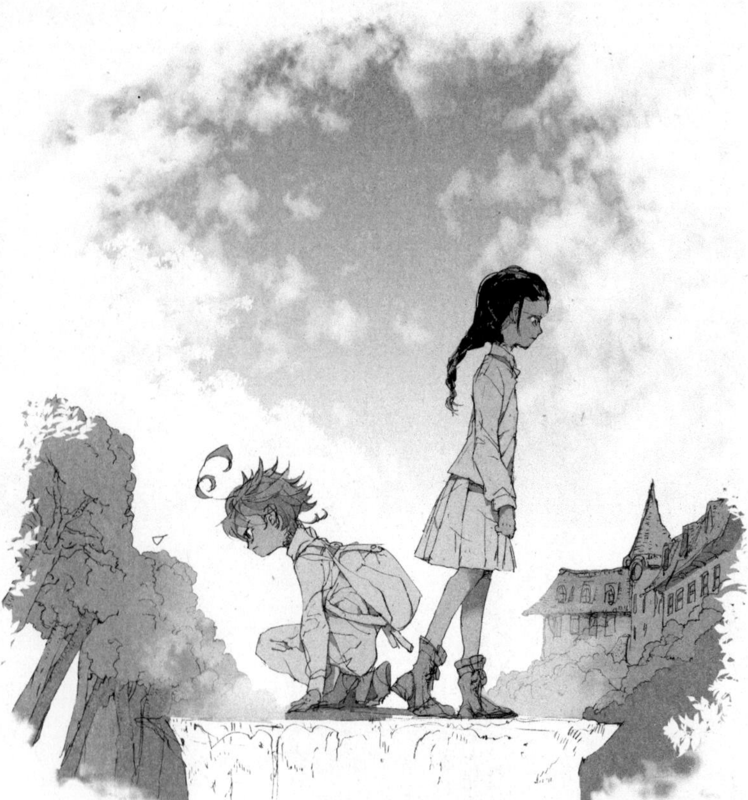

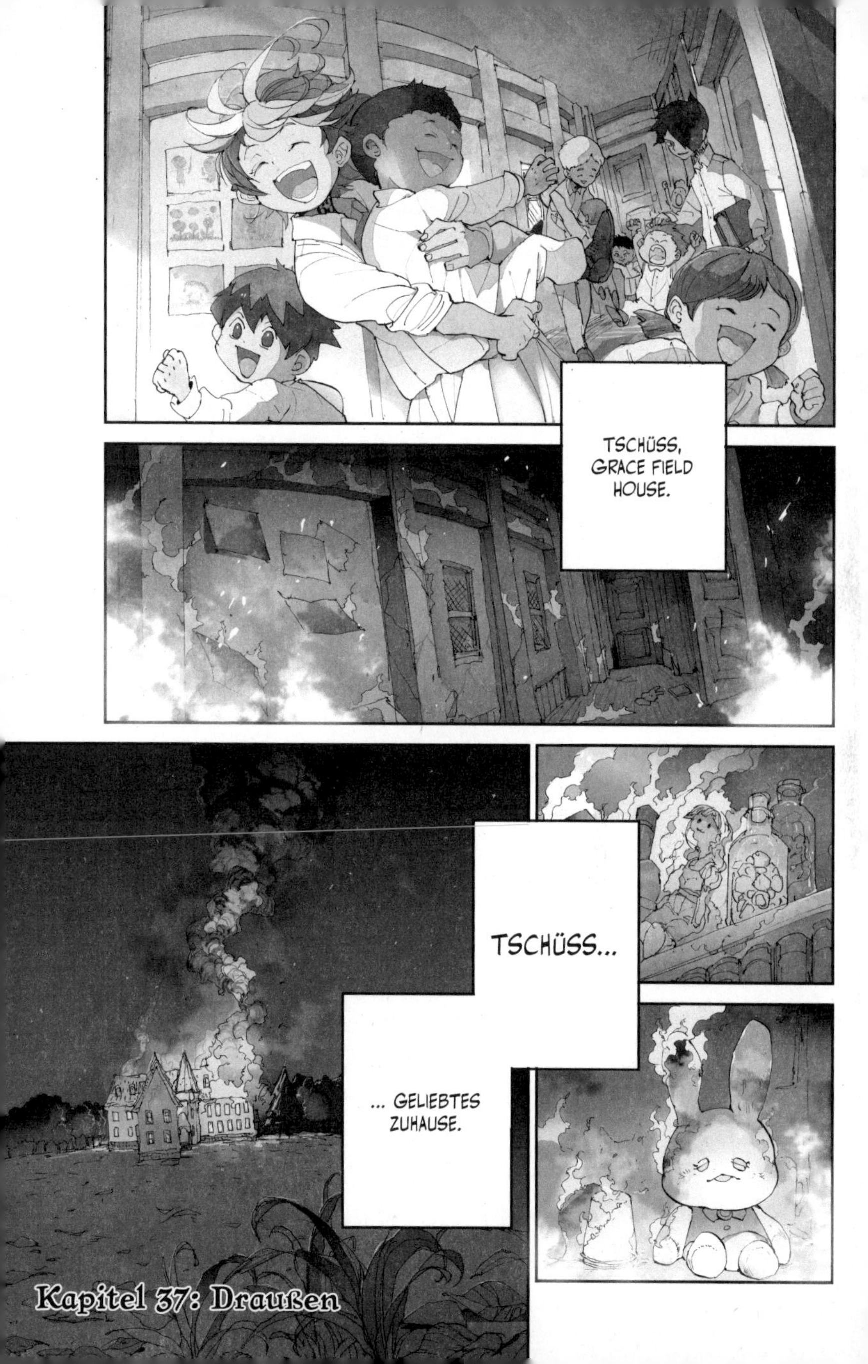
TSCHÜSS, GRACE FIELD HOUSE.
TSCHÜSS...
... GELIEBTES ZUHAUSE.
Kapitel 37: Draußen

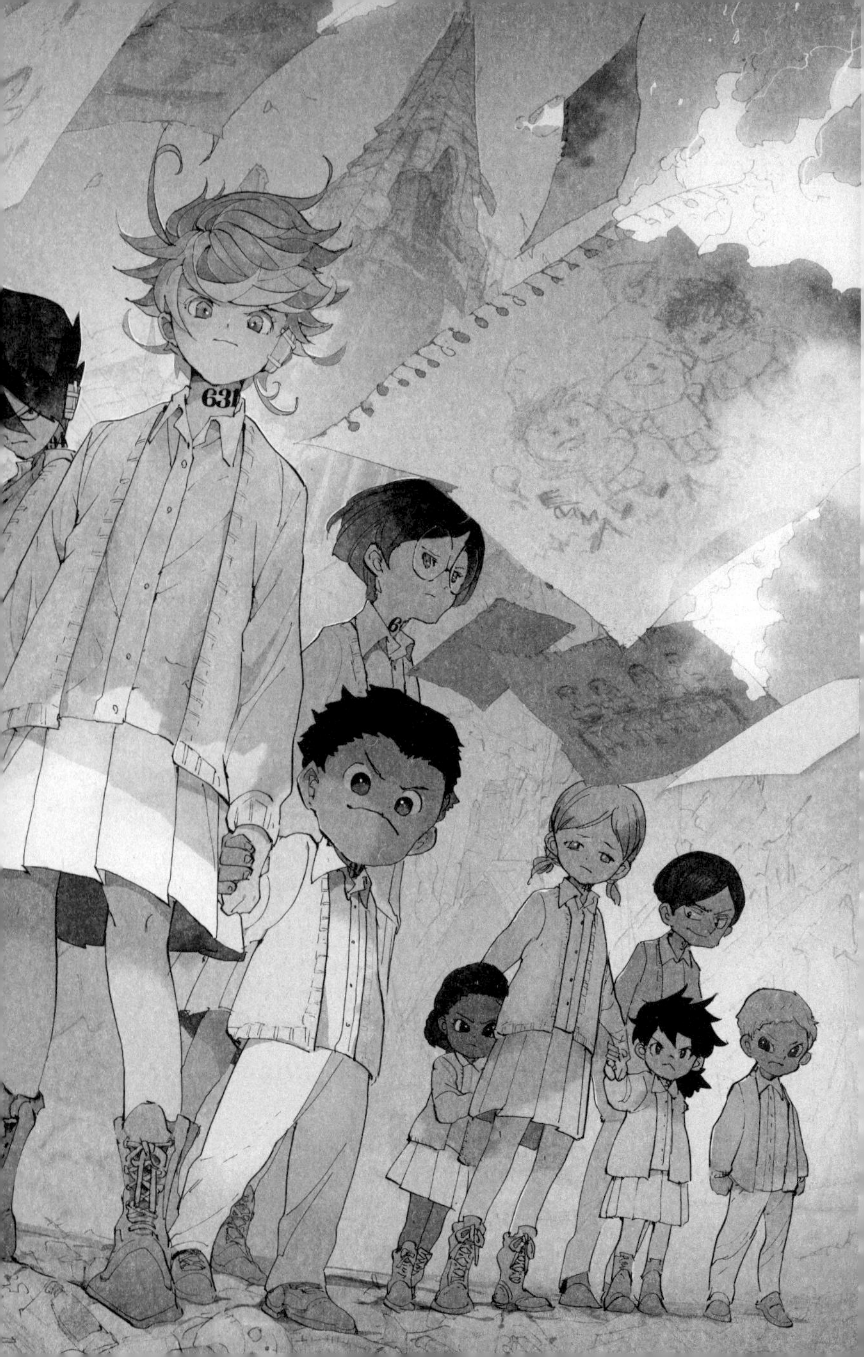

Kapitel 37: Draußen

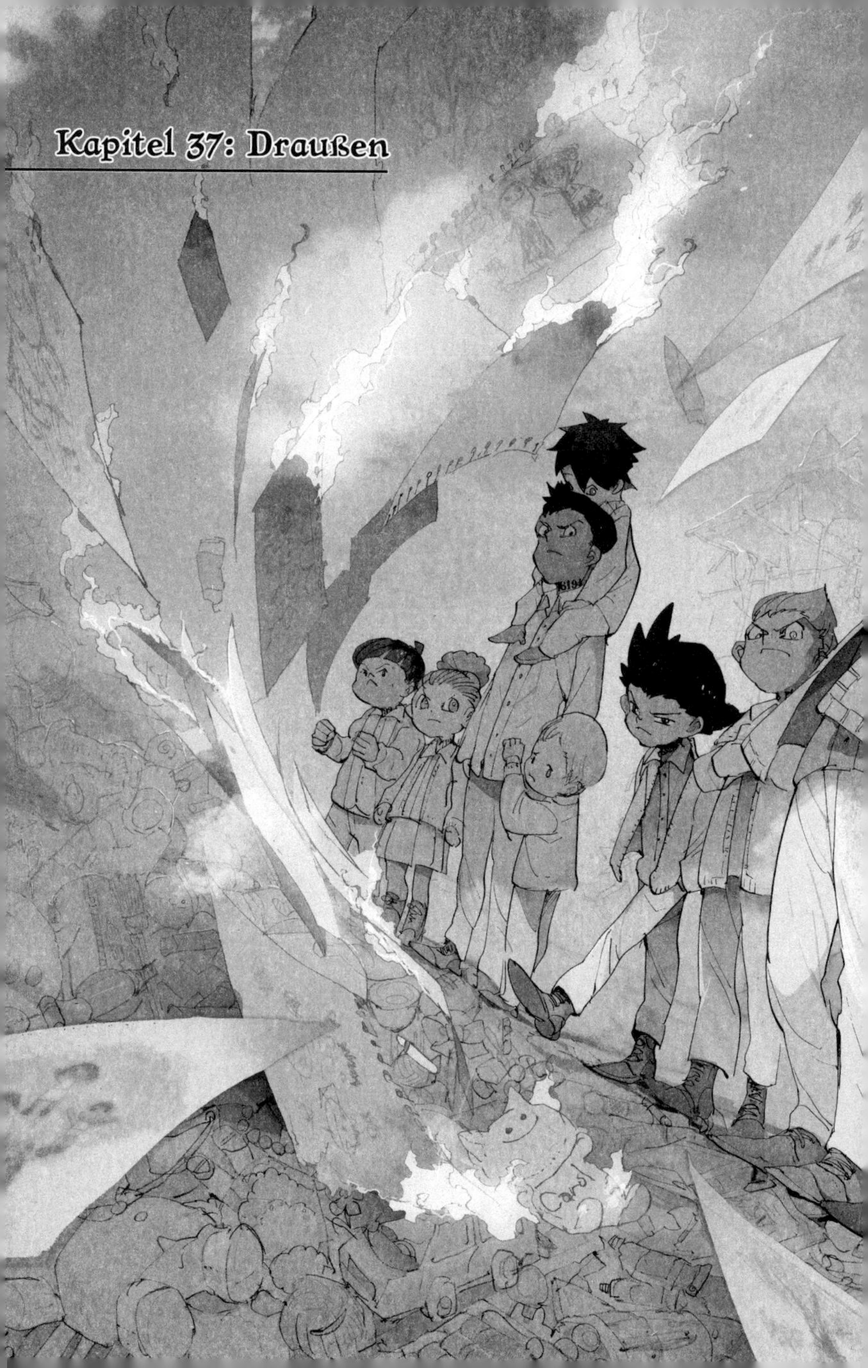

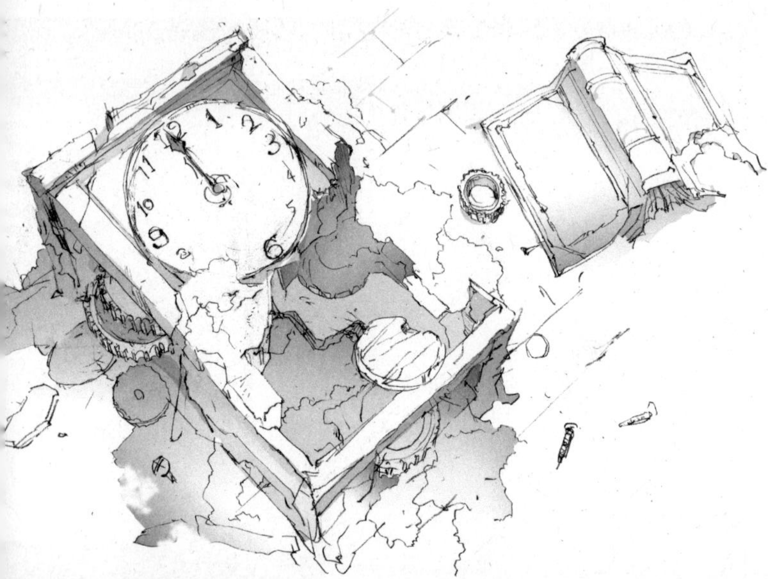

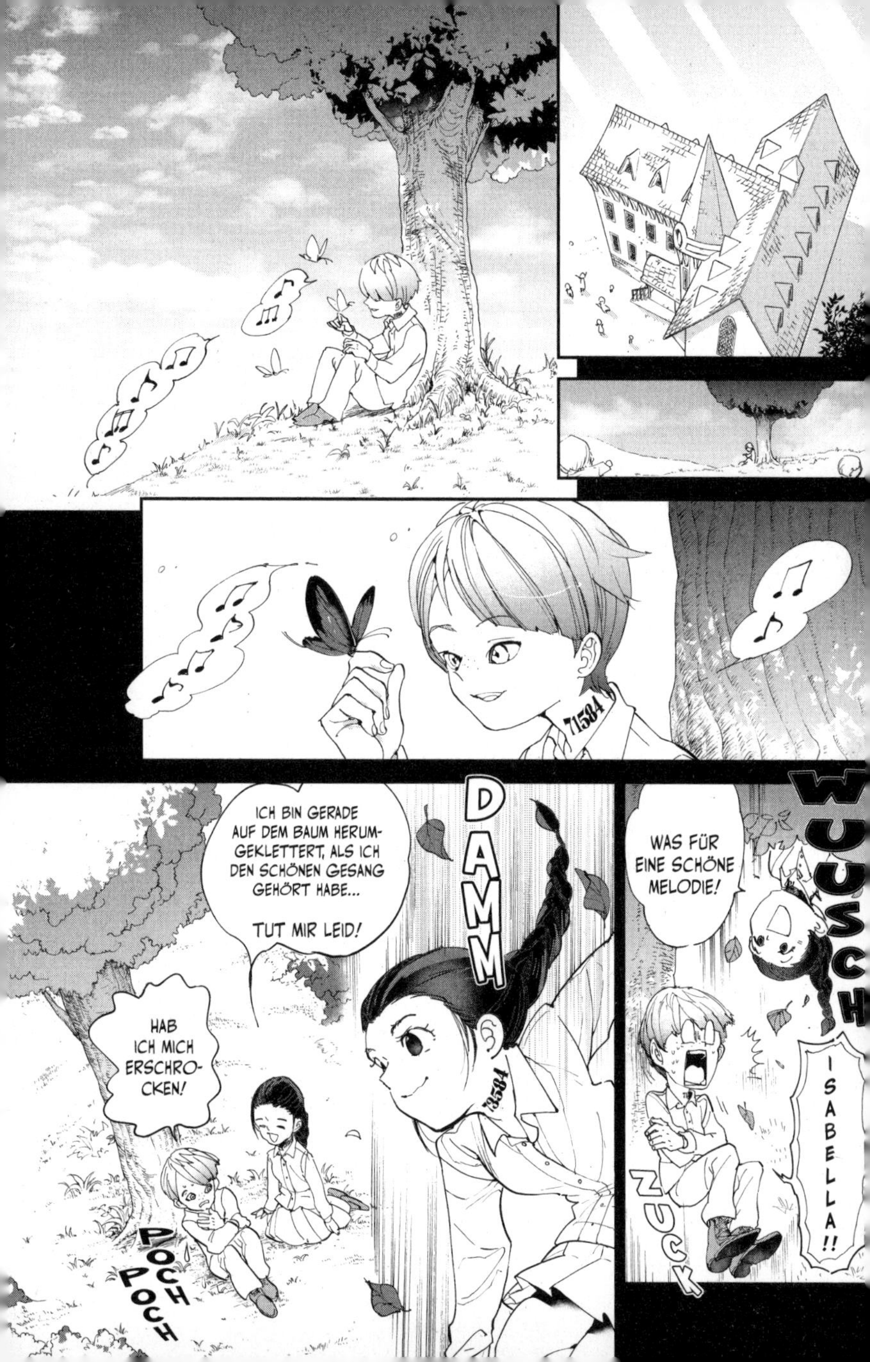
71584
WUUSCH
WAS FÜR EINE SCHÖNE MELODIE!
ISABELLA!!
ZUCK
DAMM
ICH BIN GERADE AUF DEM BAUM HERUMGEKLETTERT, ALS ICH DEN SCHÖNEN GESANG GEHÖRT HABE...
TUT MIR LEID!
73584
HAB ICH MICH ERSCHROCKEN!
POCH POCH

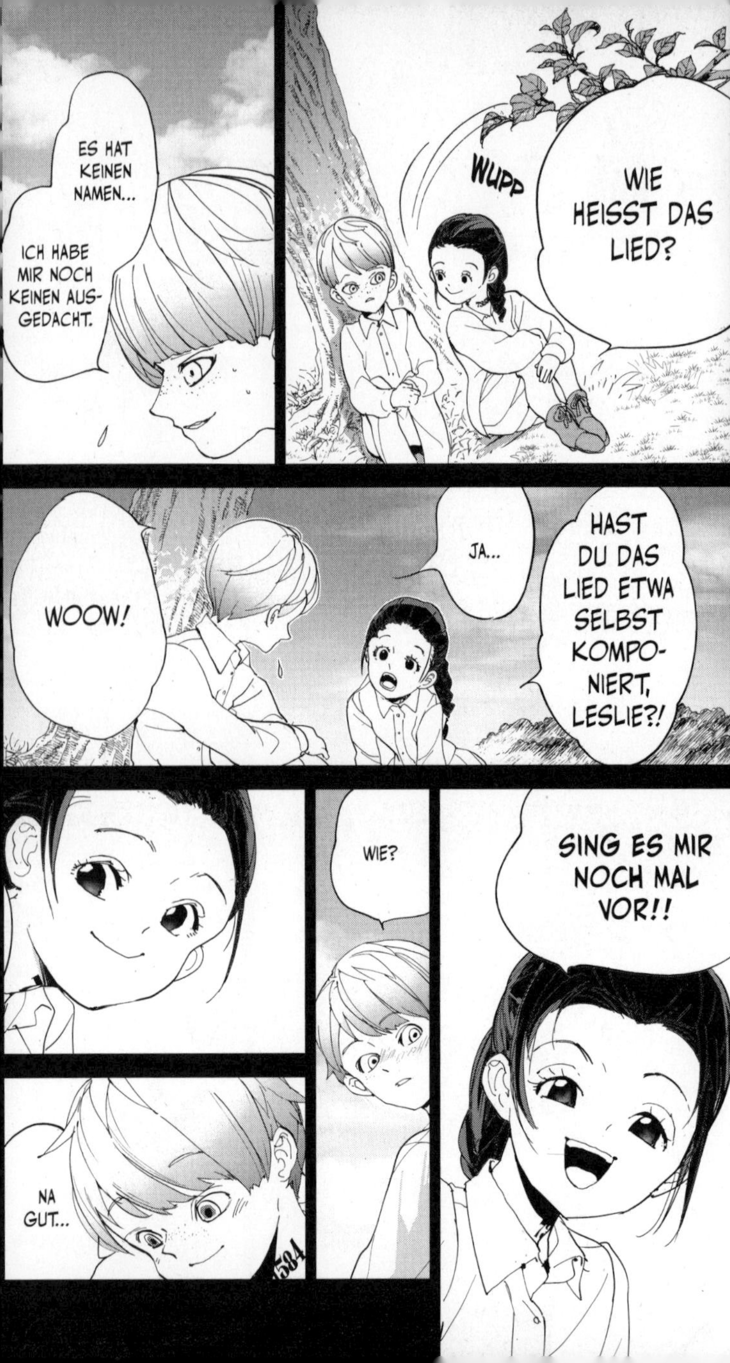
WUPP
WIE HEISST DAS LIED?
ES HAT KEINEN NAMEN...
ICH HABE MIR NOCH KEINEN AUS-GEDACHT.
HAST DU DAS LIED ETWA SELBST KOMPO-NIERT, LESLIE?!
JA...
WOOW!
SING ES MIR NOCH MAL VOR!!
WIE?
NA GUT...

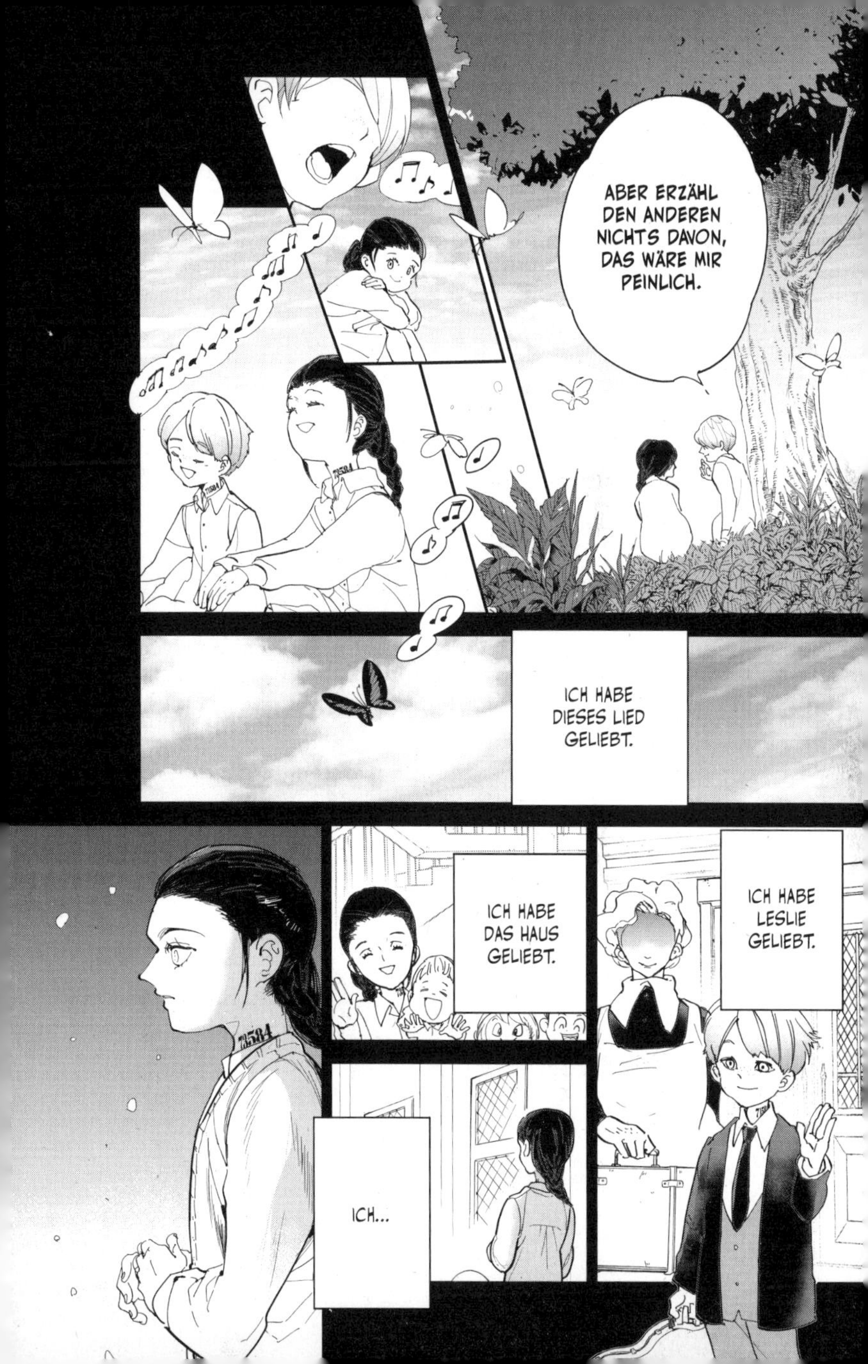
ABER ERZÄHL DEN ANDEREN NICHTS DAVON, DAS WÄRE MIR PEINLICH.
ICH HABE DIESES LIED GELIEBT.
ICH HABE LESLIE GELIEBT.
ICH HABE DAS HAUS GELIEBT.
ICH...

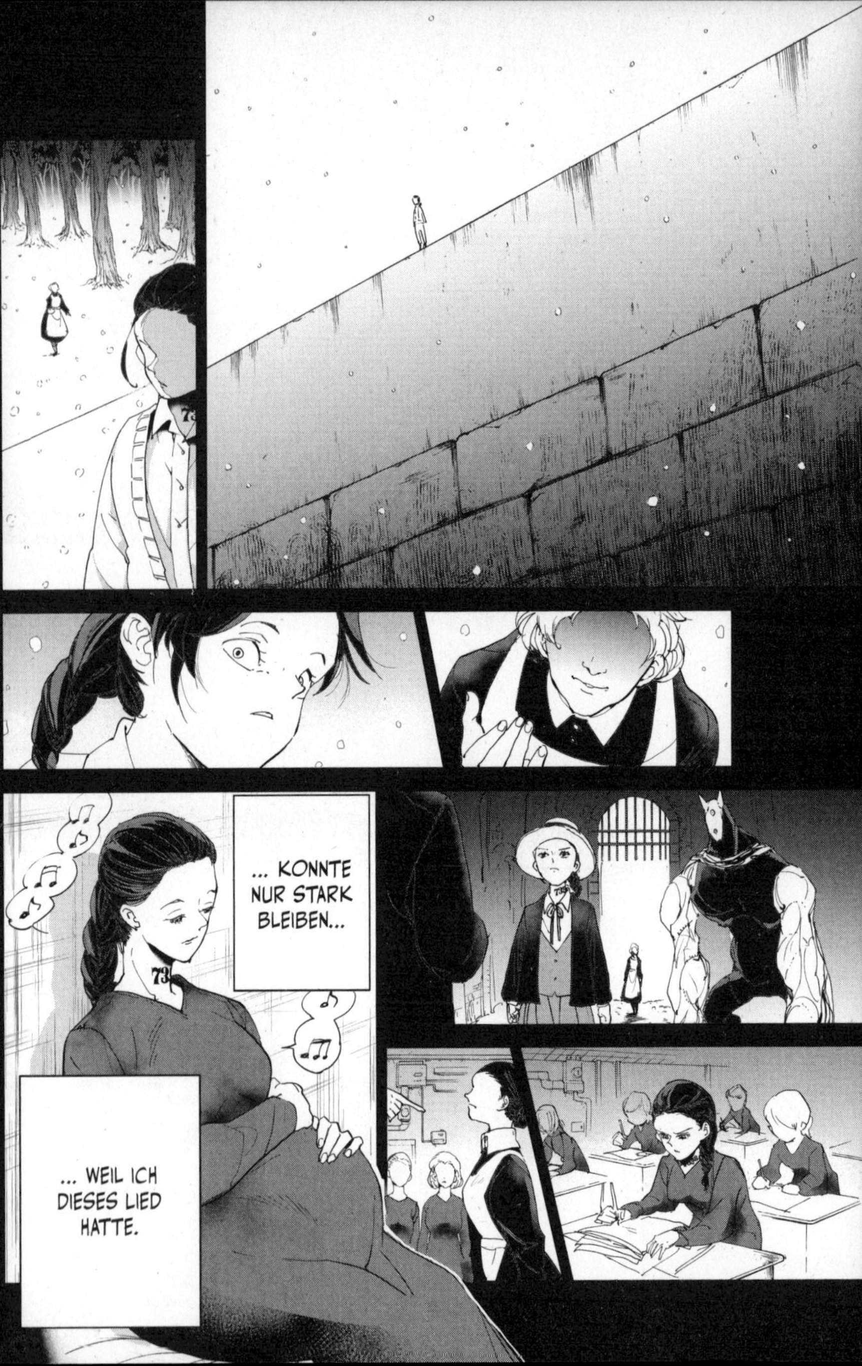
... KONNTE NUR STARK BLEIBEN...
... WEIL ICH DIESES LIED HATTE.

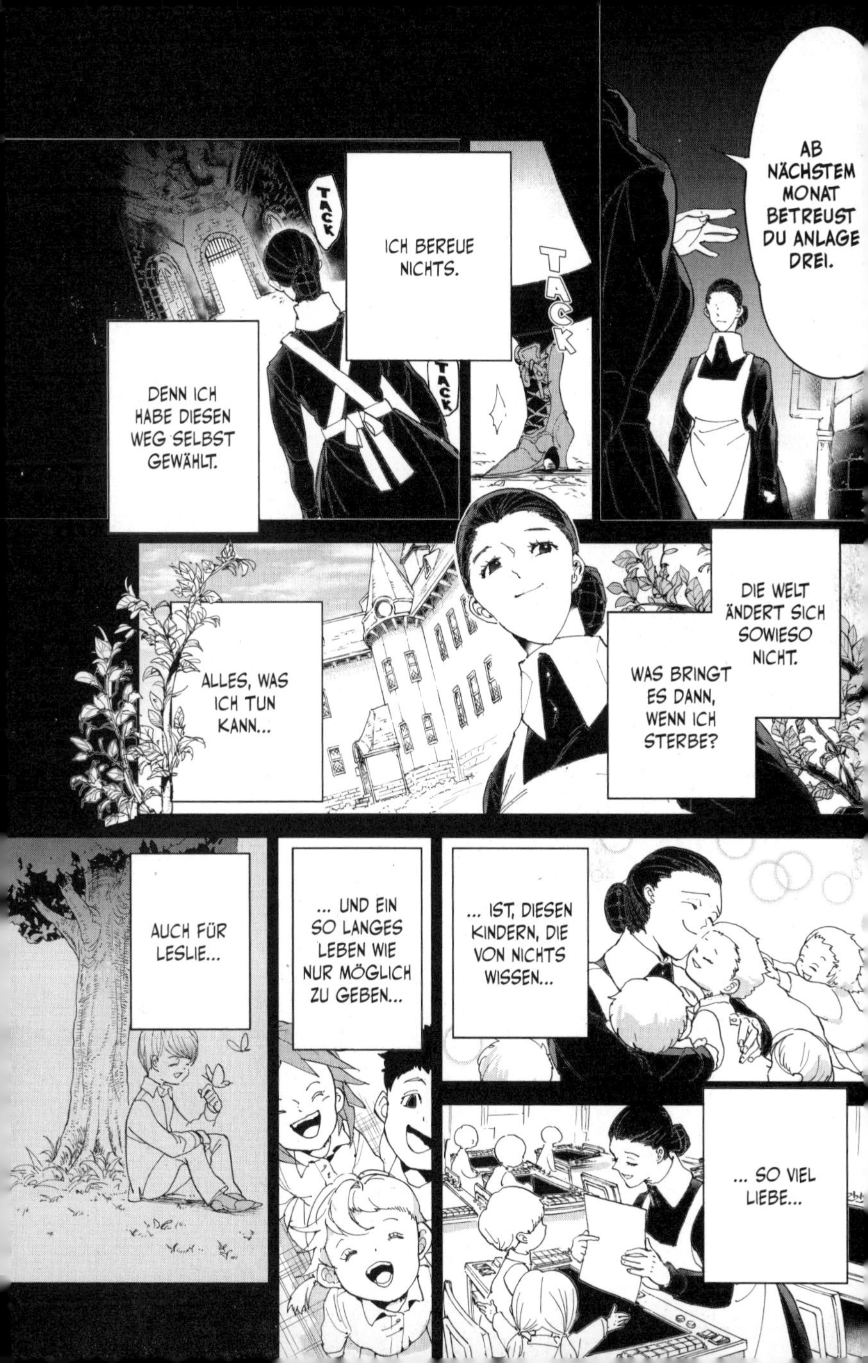
AB NÄCHSTEM MONAT BETREUST DU ANLAGE DREI.
TACK
ICH BEREUE NICHTS.
TACK
TACK
DENN ICH HABE DIESEN WEG SELBST GEWÄHLT.
DIE WELT ÄNDERT SICH SOWIESO NICHT.
WAS BRINGT ES DANN, WENN ICH STERBE?
ALLES, WAS ICH TUN KANN...
... IST, DIESEN KINDERN, DIE VON NICHTS WISSEN...
... SO VIEL LIEBE...
... UND EIN SO LANGES LEBEN WIE NUR MÖGLICH ZU GEBEN...
AUCH FÜR LESLIE...

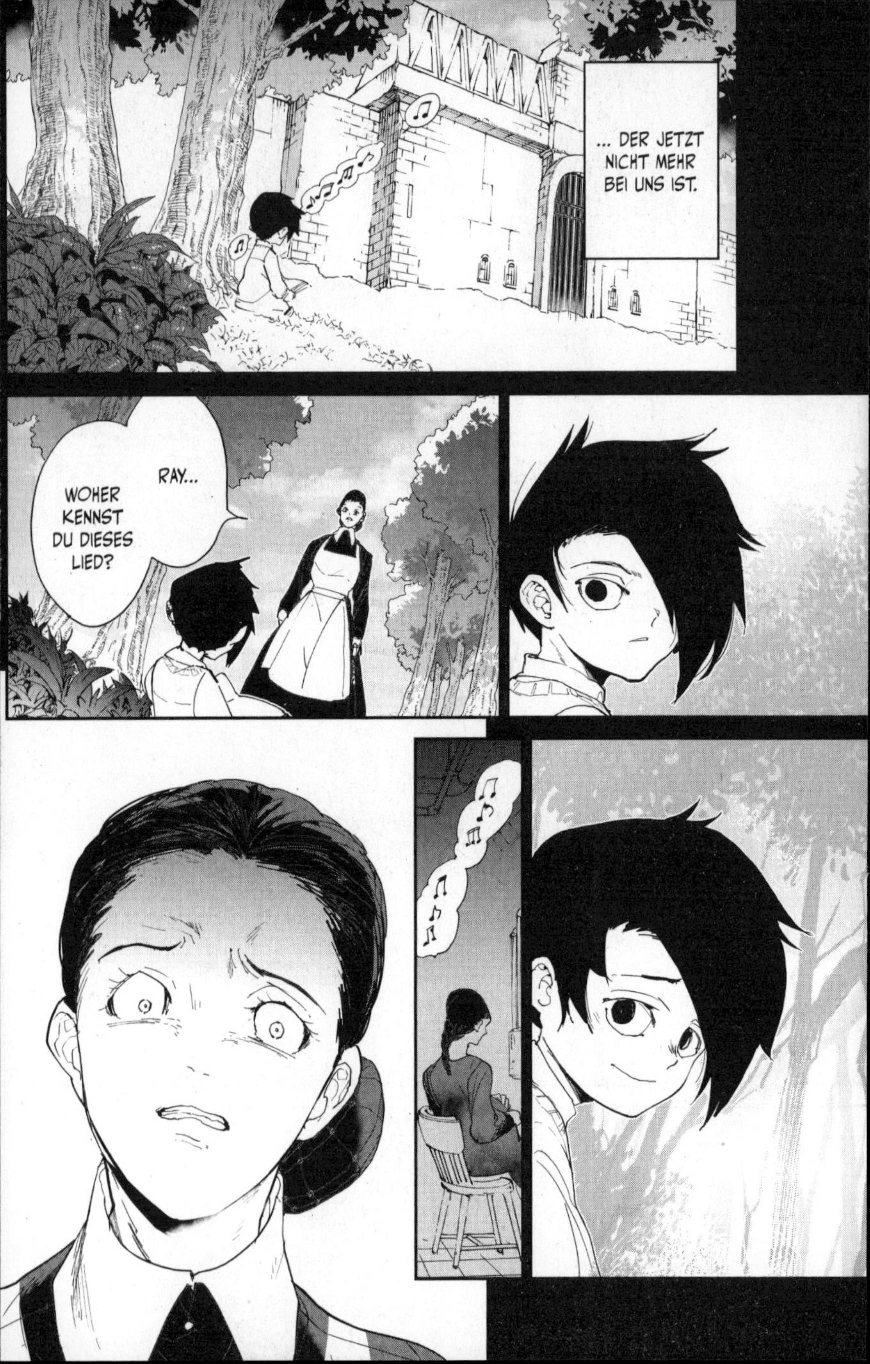
... DER JETZT NICHT MEHR BEI UNS IST.
RAY...
WOHER KENNST DU DIESES LIED?

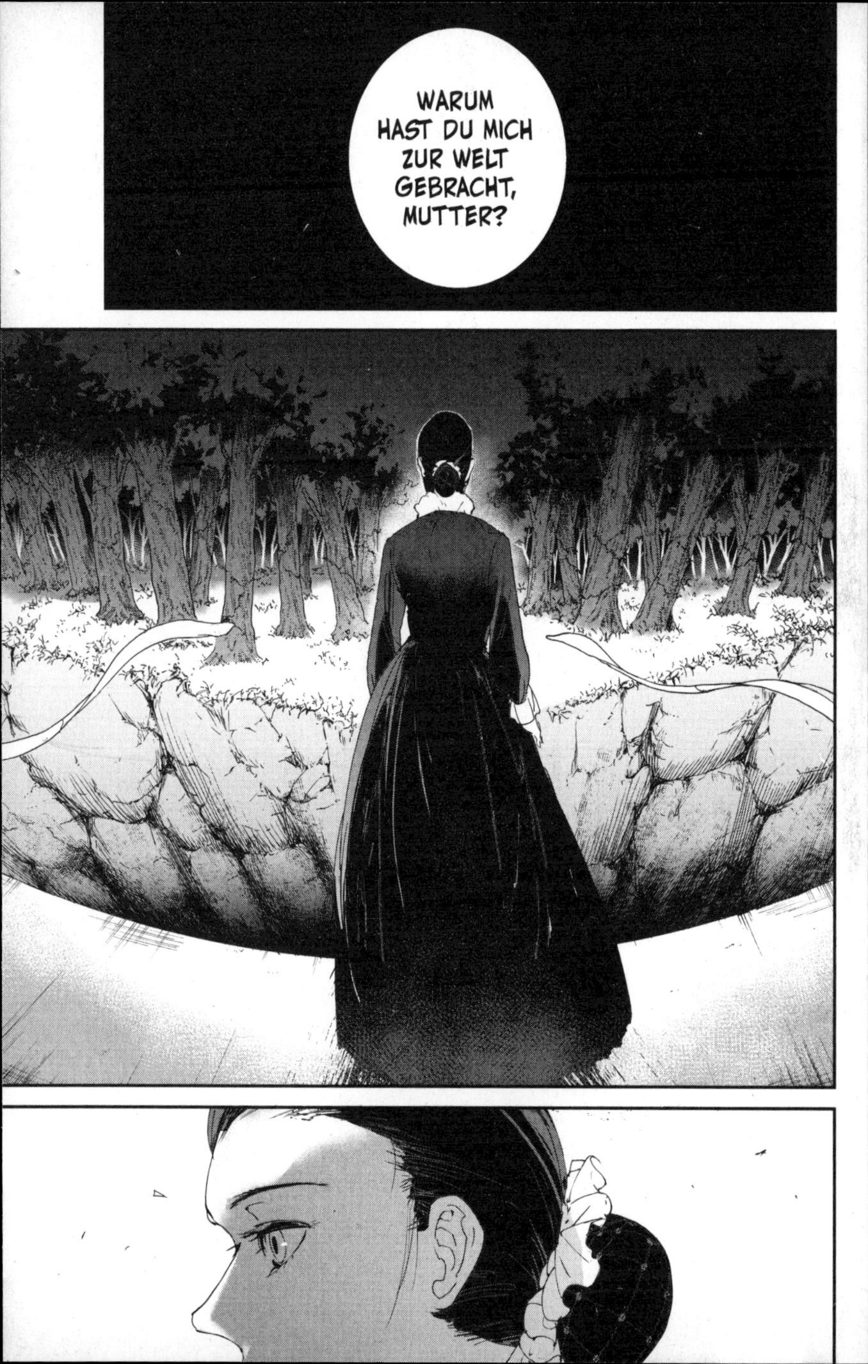
WARUM HAST DU MICH ZUR WELT GEBRACHT, MUTTER?

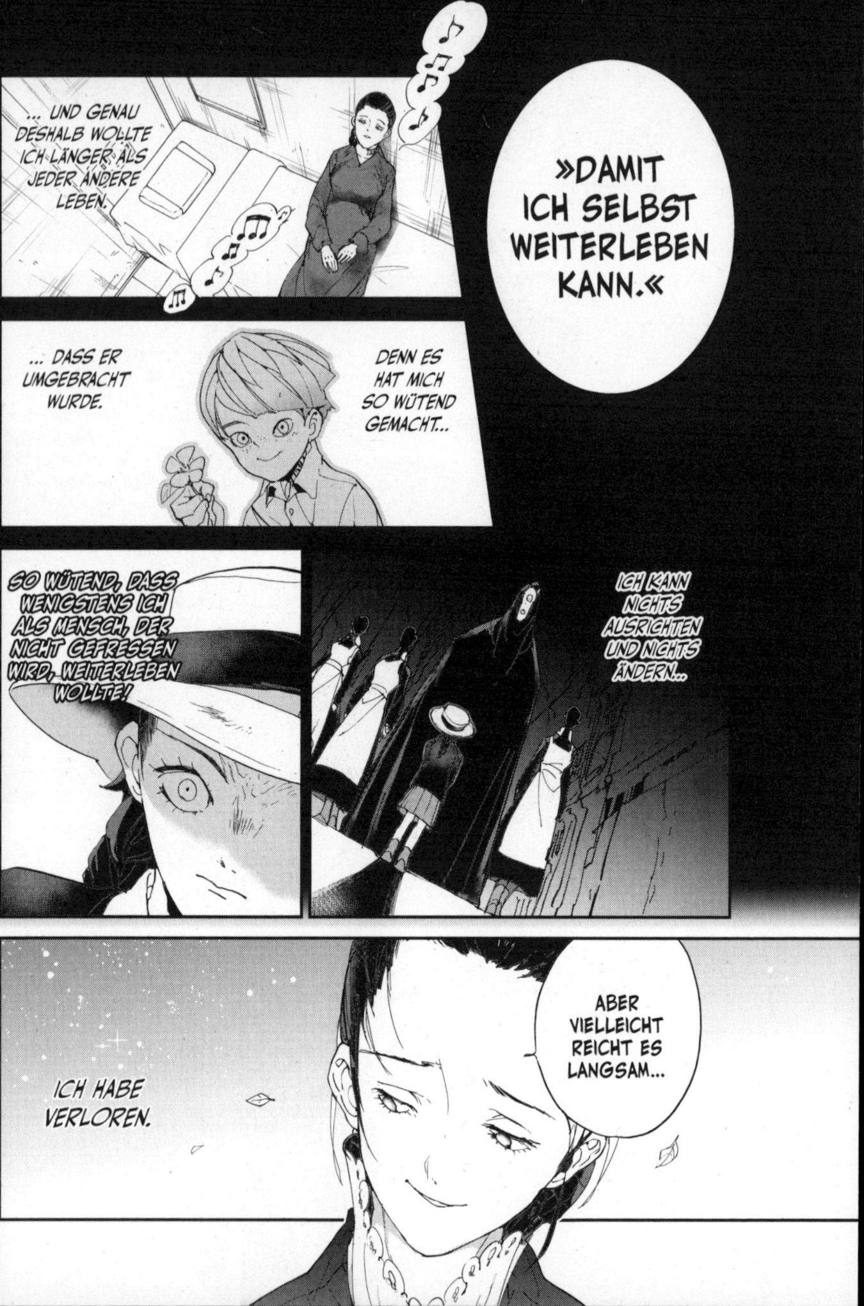
»DAMIT ICH SELBST WEITERLEBEN KANN.«
... UND GENAU DESHALB WOLLTE ICH LÄNGER ALS JEDER ANDERE LEBEN.
DENN ES HAT MICH SO WÜTEND GEMACHT...
... DASS ER UMGEBRACHT WURDE.
ICH KANN NICHTS AUSRICHTEN UND NICHTS ÄNDERN...
SO WÜTEND, DASS WENIGSTENS ICH ALS MENSCH, DER NICHT GEFRESSEN WIRD, WEITERLEBEN WOLLTE!
ABER VIELLEICHT REICHT ES LANGSAM...
ICH HABE VERLOREN.

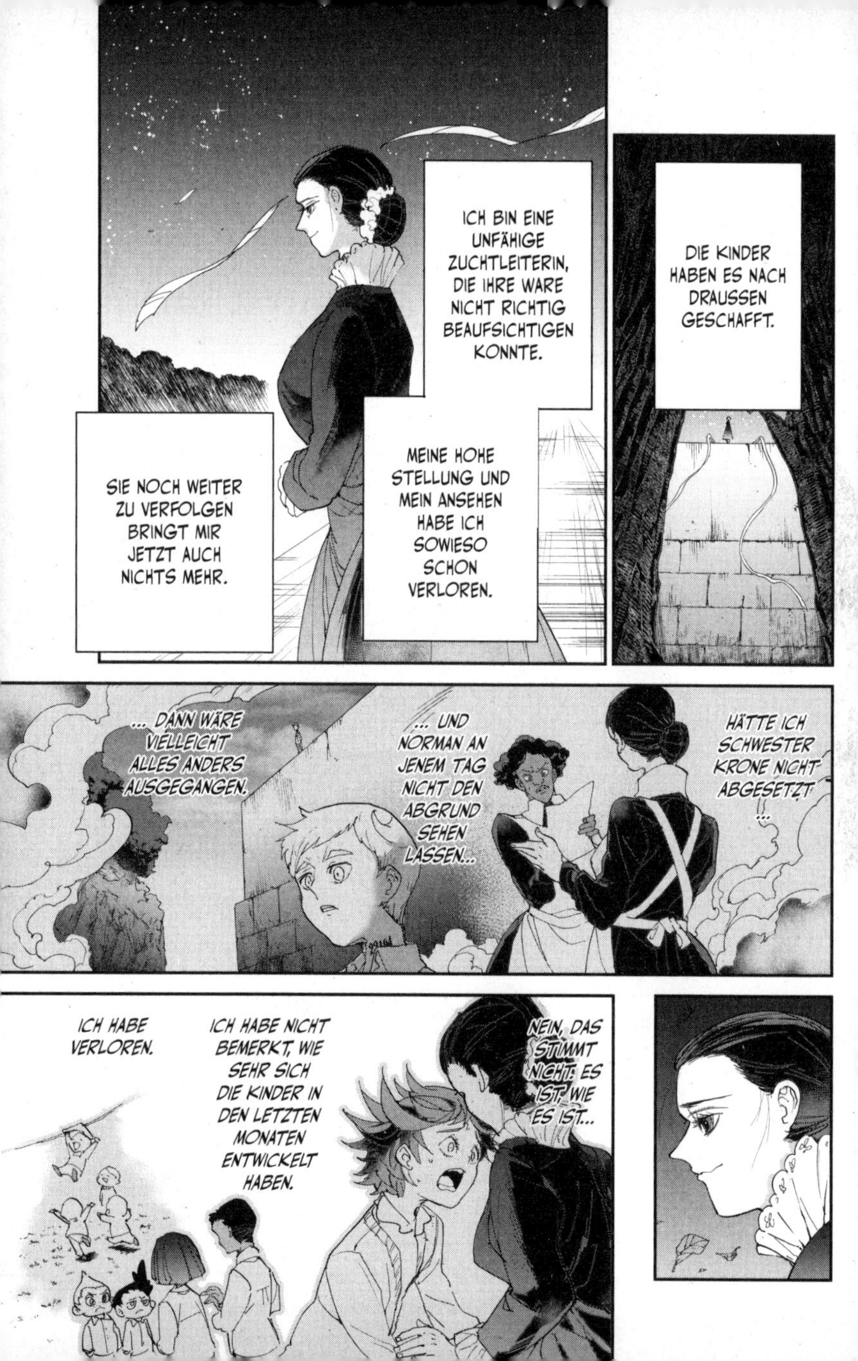
DIE KINDER HABEN ES NACH DRAUSSEN GESCHAFFT.
ICH BIN EINE UNFÄHIGE ZUCHTLEITERIN, DIE IHRE WARE NICHT RICHTIG BEAUFSICHTIGEN KONNTE.
MEINE HOHE STELLUNG UND MEIN ANSEHEN HABE ICH SOWIESO SCHON VERLOREN.
SIE NOCH WEITER ZU VERFOLGEN BRINGT MIR JETZT AUCH NICHTS MEHR.
HÄTTE ICH SCHWESTER KRONE NICHT ABGESETZT!!...
... UND NORMAN AN JENEM TAG NICHT DEN ABGRUND SEHEN LASSEN...
... DANN WÄRE VIELLEICHT ALLES ANDERS AUSGEGANGEN.
NEIN, DAS STIMMT NICHT. ES IST, WIE ES IST...
ICH HABE NICHT BEMERKT, WIE SEHR SICH DIE KINDER IN DEN LETZTEN MONATEN ENTWICKELT HABEN.
ICH HABE VERLOREN.

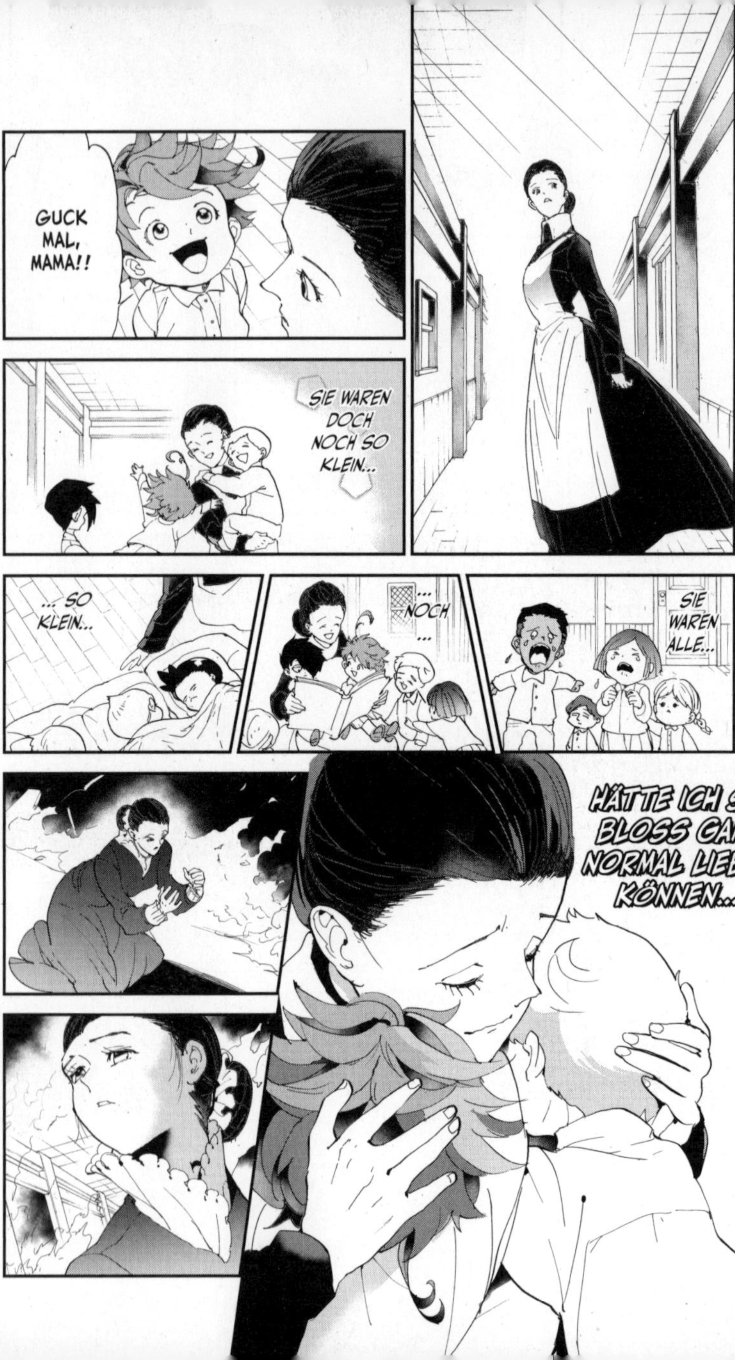
GUCK MAL, MAMA!!
SIE WAREN DOCH NOCH SO KLEIN...
SIE WAREN ALLE...
... NOCH ...
... SO KLEIN...
HÄTTE ICH SIE BLOSS GANZ NORMAL LIEBEN KÖNNEN...

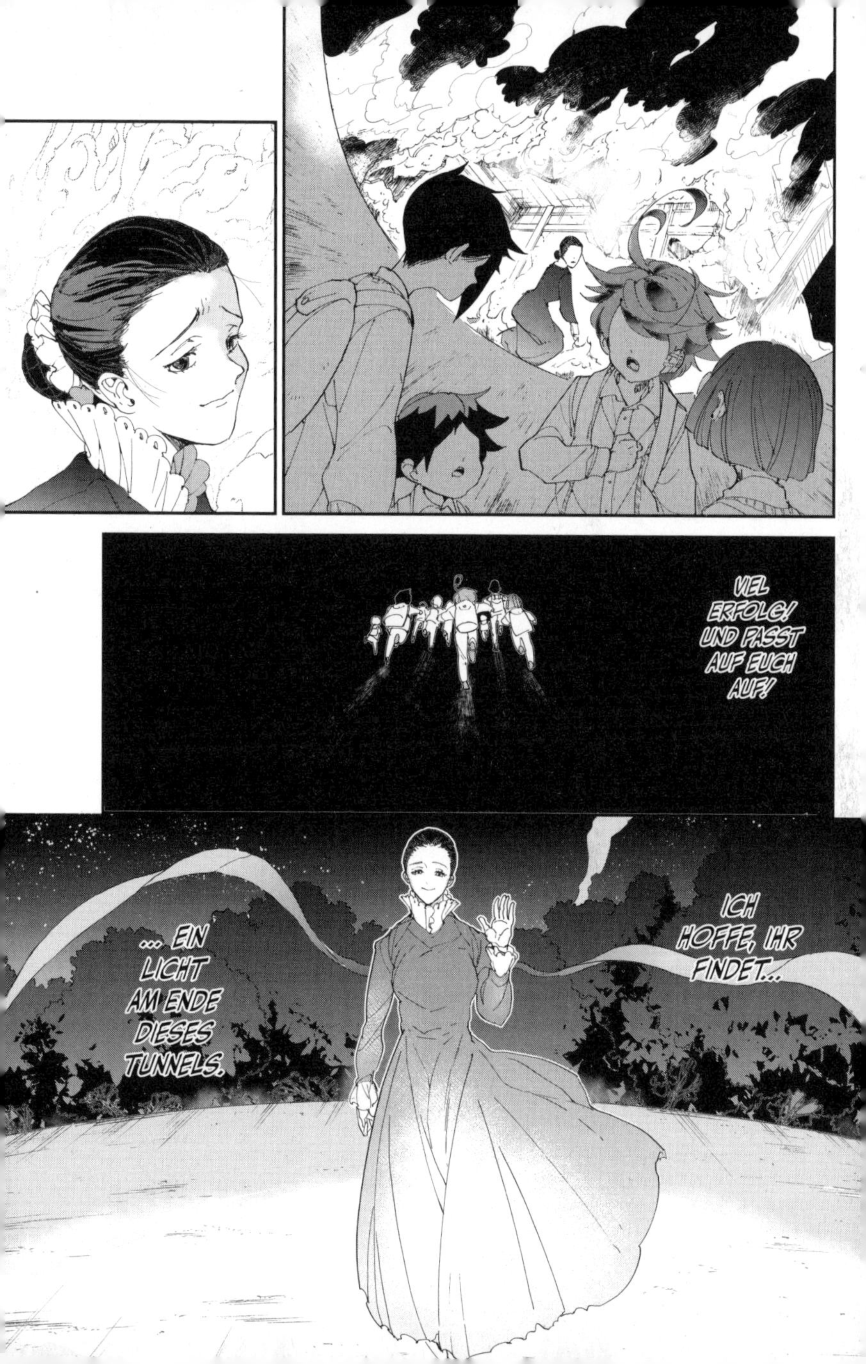

VIEL ERFOLG! UND PASST AUF EUCH AUF!
ICH HOFFE, IHR FINDET...
... EIN LICHT AM ENDE DIESES TUNNELS.

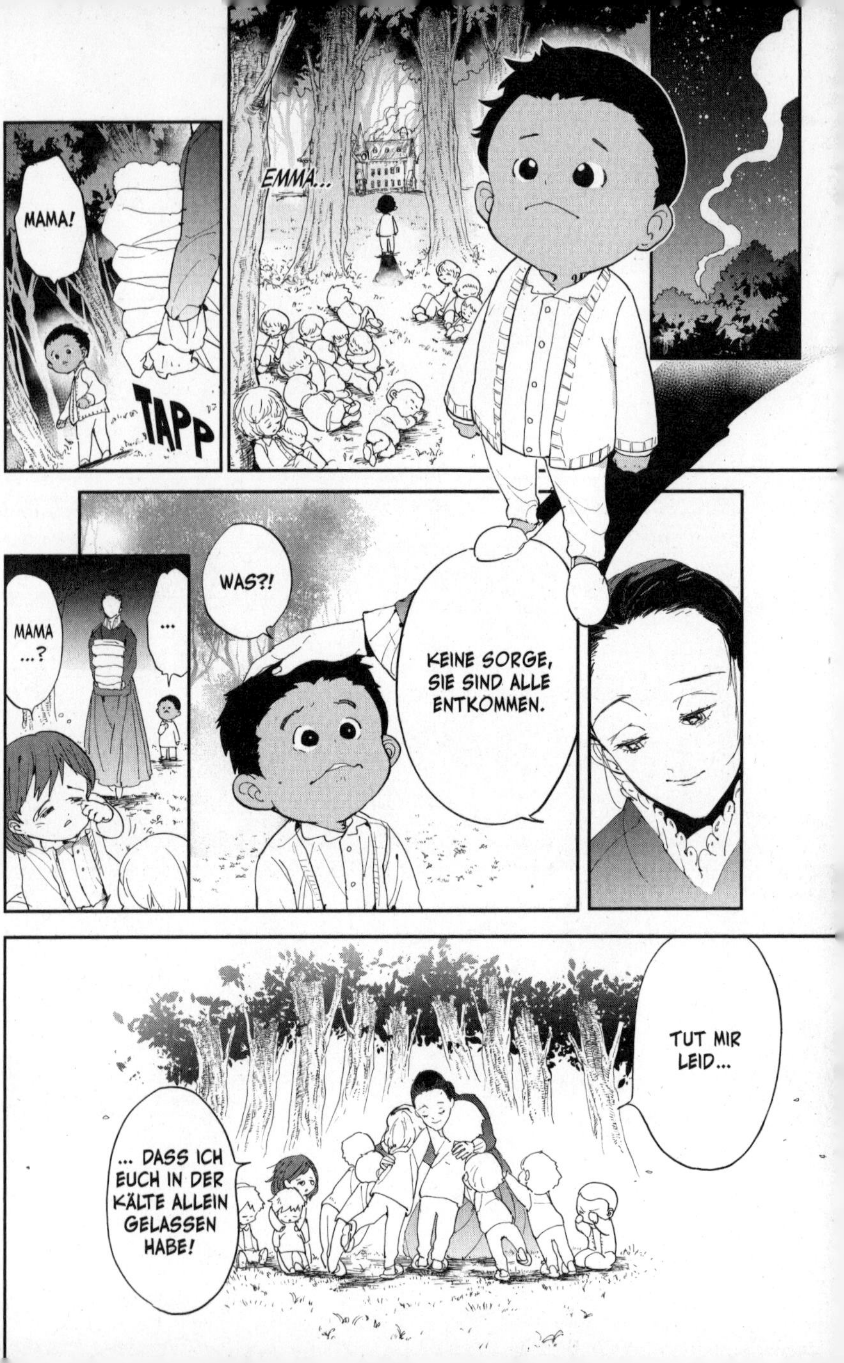
EMMA...
MAMA!
TAPP
WAS?!
...
MAMA ...?
KEINE SORGE, SIE SIND ALLE ENTKOMMEN.
TUT MIR LEID...
... DASS ICH EUCH IN DER KÄLTE ALLEIN GELASSEN HABE!

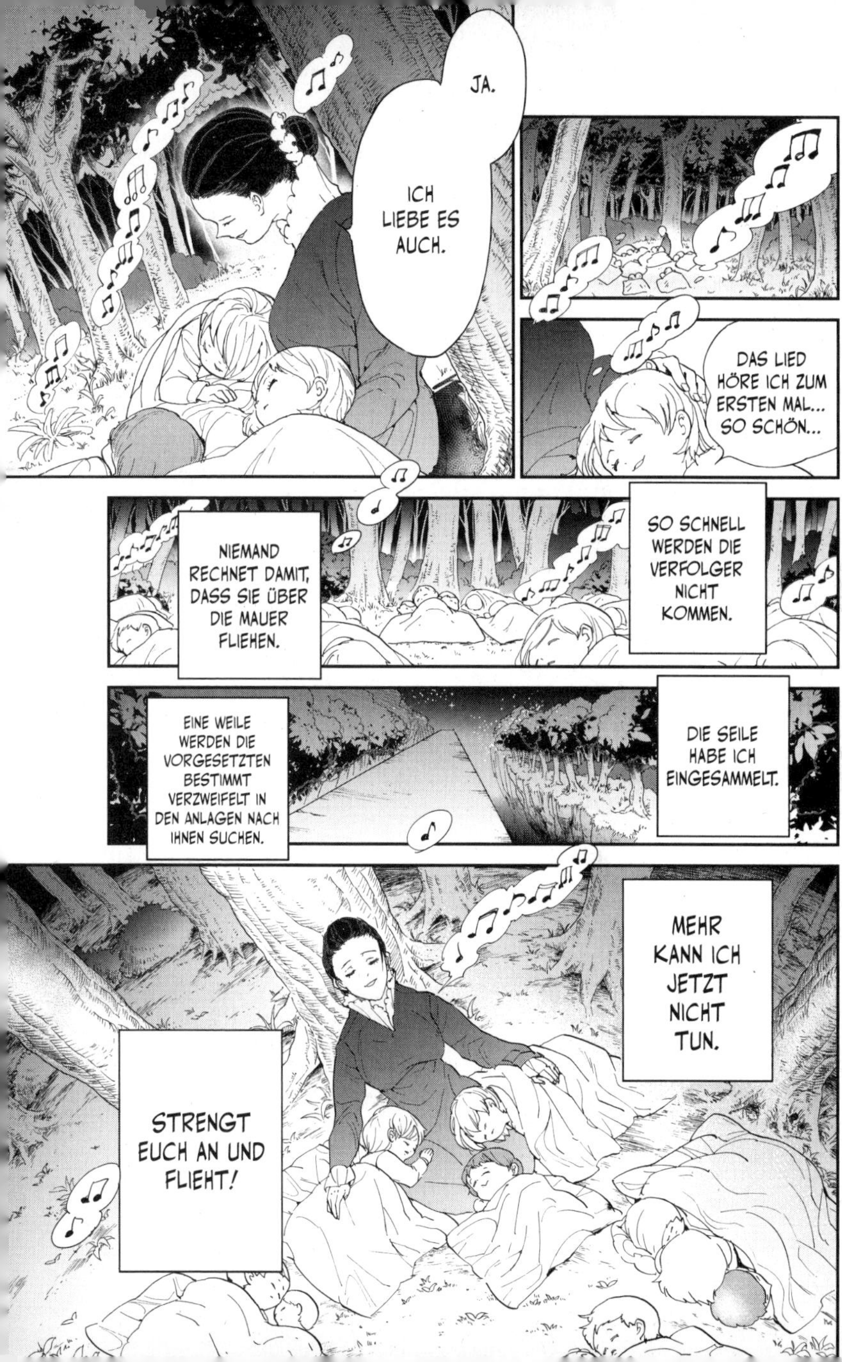
JA.
ICH LIEBE ES AUCH.
DAS LIED HÖRE ICH ZUM ERSTEN MAL... SO SCHÖN...
SO SCHNELL WERDEN DIE VERFOLGER NICHT KOMMEN.
NIEMAND RECHNET DAMIT, DASS SIE ÜBER DIE MAUER FLIEHEN.
DIE SEILE HABE ICH EINGESAMMELT.
EINE WEILE WERDEN DIE VORGESETZTEN BESTIMMT VERZWEIFELT IN DEN ANLAGEN NACH IHNEN SUCHEN.
MEHR KANN ICH JETZT NICHT TUN.
STRENGT EUCH AN UND FLIEHT!

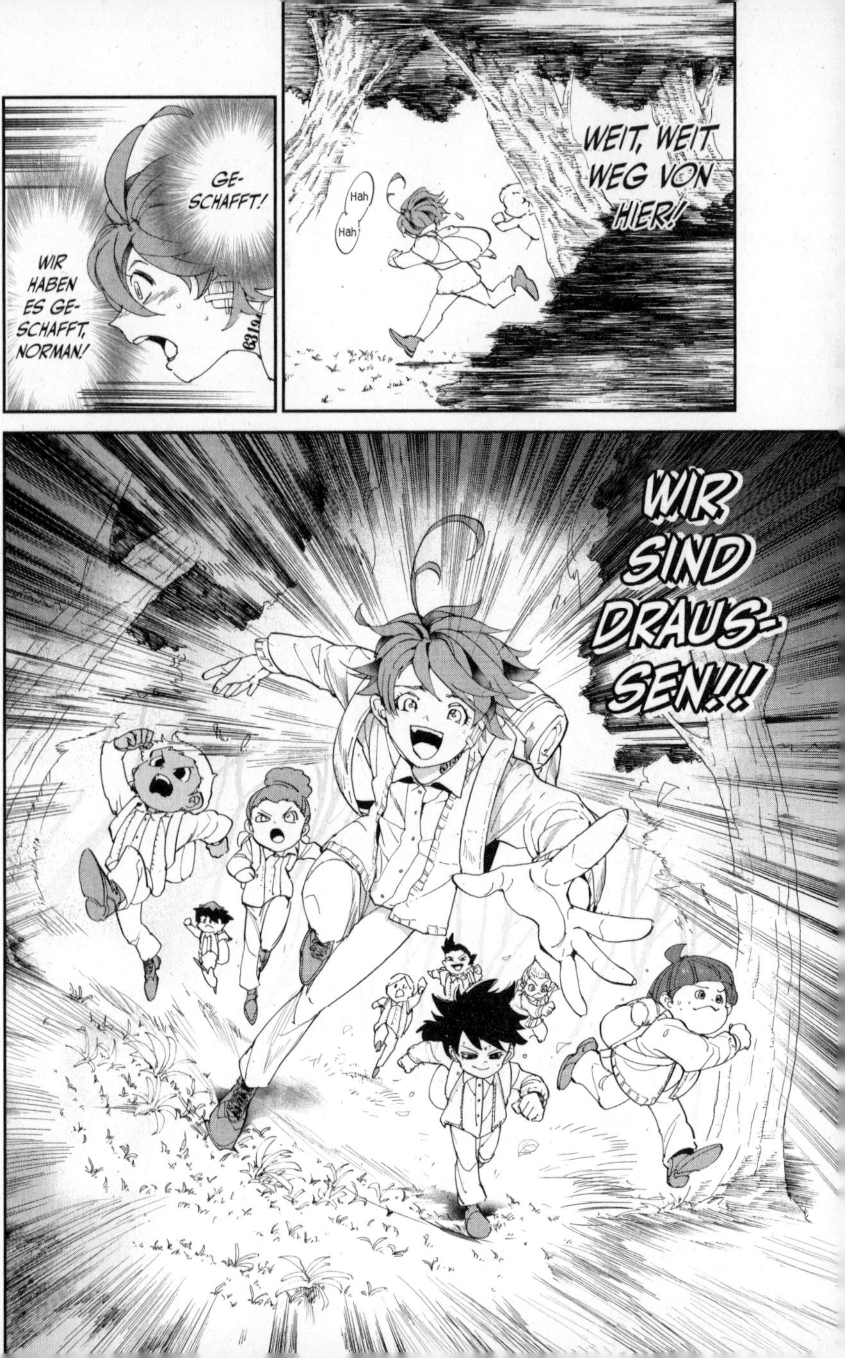

WEIT, WEIT WEG VON HIER!
Hah
Hah
GE-SCHAFFT!
WIR HABEN ES GE-SCHAFFT, NORMAN!
63194
WIR SIND DRAUS-SEN!!!

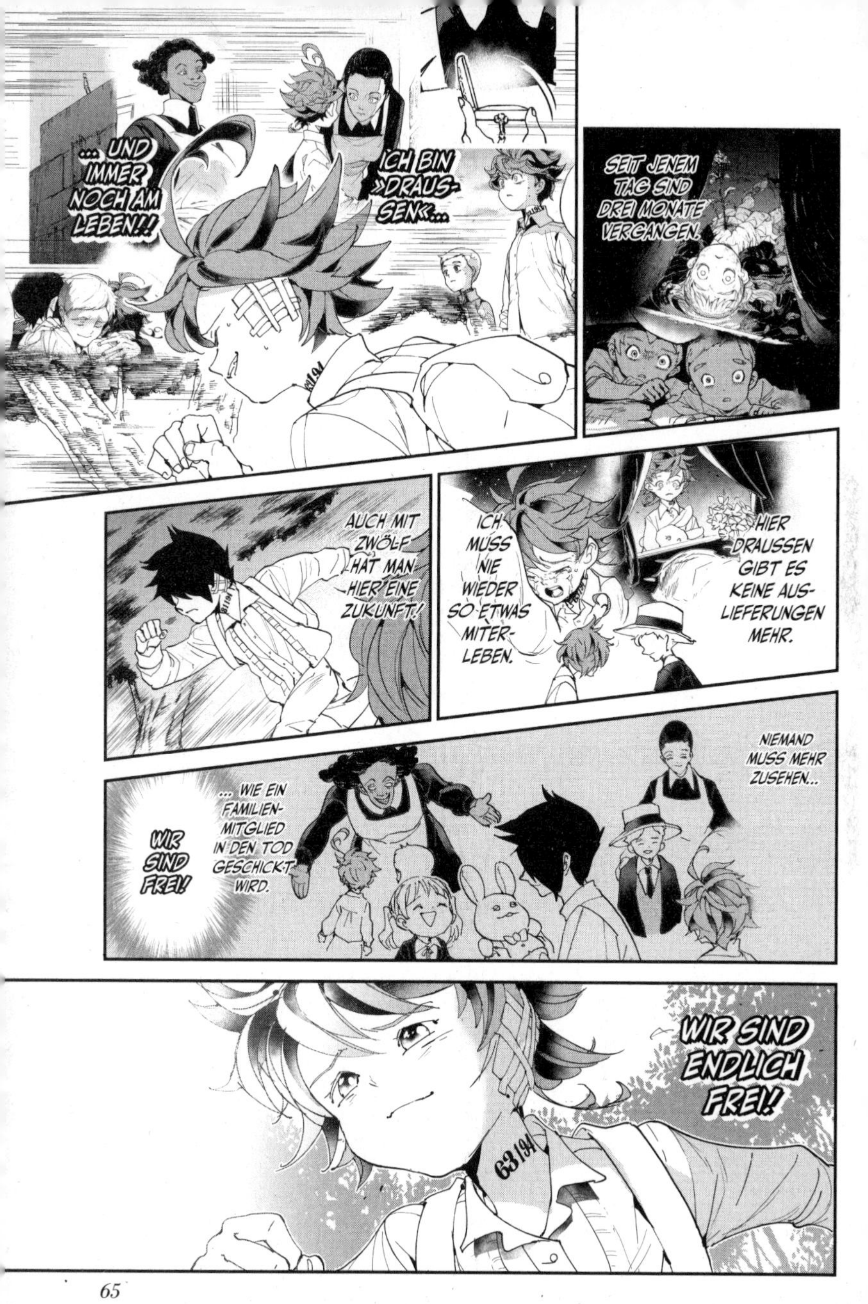
SEIT JENEM TAG SIND DREI MONATE VERGANGEN.
ICH BIN »DRAUSSEN«...
... UND IMMER NOCH AM LEBEN!!
HIER DRAUSSEN GIBT ES KEINE AUSLIEFERUNGEN MEHR.
ICH MUSS NIE WIEDER SO ETWAS MITERLEBEN.
AUCH MIT ZWÖLF HAT MAN HIER EINE ZUKUNFT!
NIEMAND MUSS MEHR ZUSEHEN...
... WIE EIN FAMILIENMITGLIED IN DEN TOD GESCHICKT WIRD.
WIR SIND FREI!
WIR SIND ENDLICH FREI!

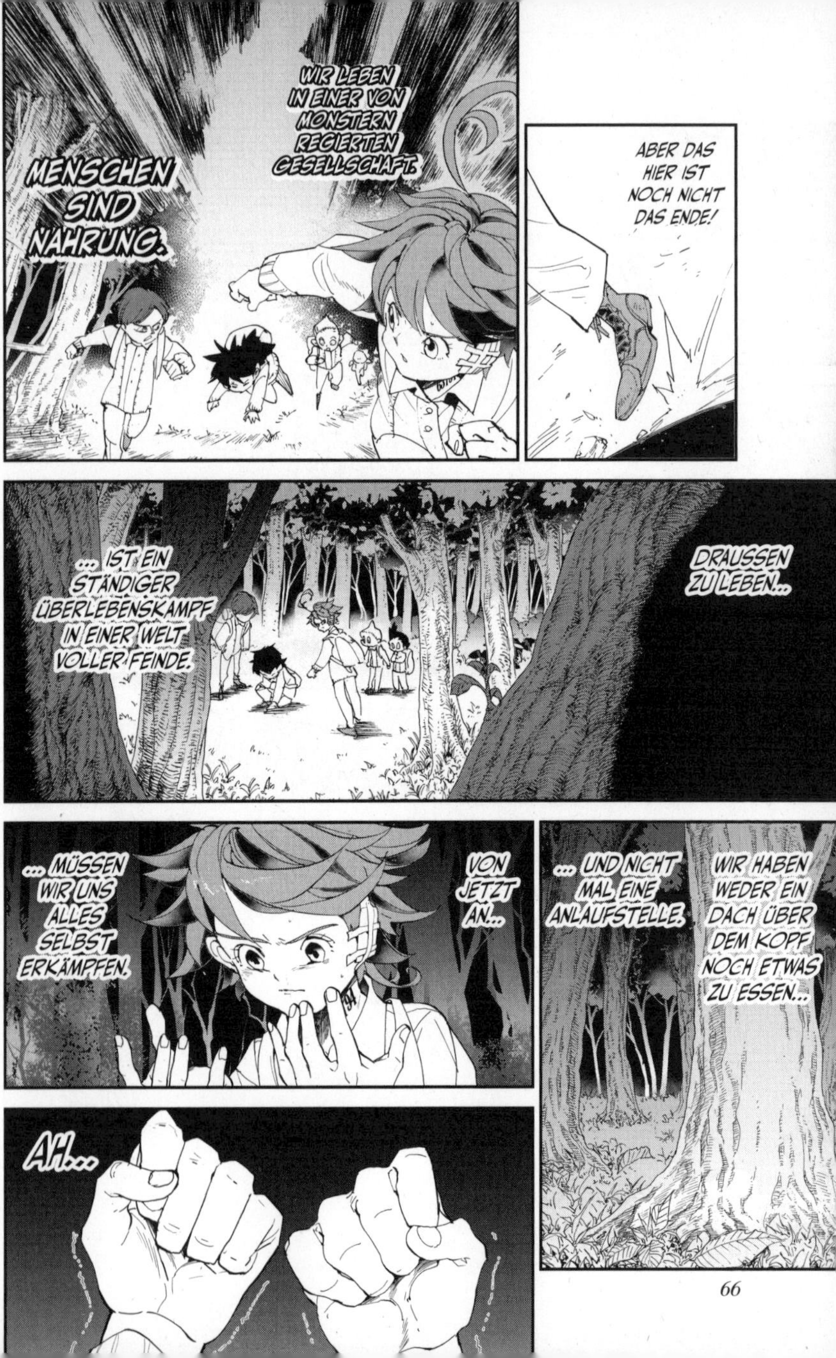
MENSCHEN SIND NAHRUNG.
WIR LEBEN IN EINER VON MONSTERN REGIERTEN GESELLSCHAFT.
ABER DAS HIER IST NOCH NICHT DAS ENDE!
DRAUSSEN ZU LEBEN...
... IST EIN STÄNDIGER ÜBERLEBENSKAMPF IN EINER WELT VOLLER FEINDE.
WIR HABEN WEDER EIN DACH ÜBER DEM KOPF NOCH ETWAS ZU ESSEN...
... UND NICHT MAL EINE ANLAUFSTELLE.
VON JETZT AN...
... MÜSSEN WIR UNS ALLES SELBST ERKÄMPFEN.
AH...

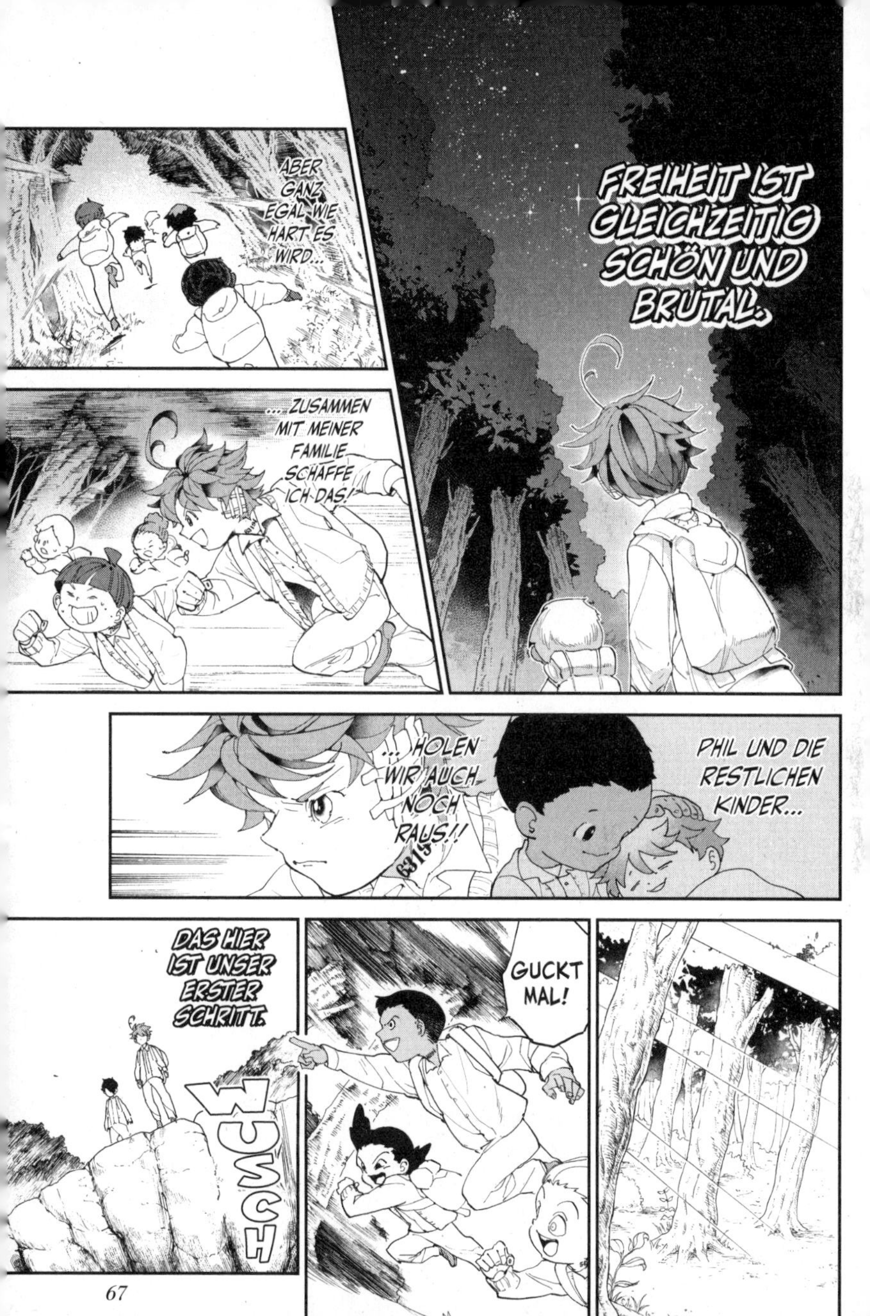
FREIHEIT IST GLEICHZEITIG SCHÖN UND BRUTAL.
ABER GANZ EGAL WIE HART ES WIRD...
...ZUSAMMEN MIT MEINER FAMILIE SCHAFFE ICH DAS!
PHIL UND DIE RESTLICHEN KINDER...
...HOLEN WIR AUCH NOCH RAUS!!
GUCKT MAL!
DAS HIER IST UNSER ERSTER SCHRITT.
WUSCH

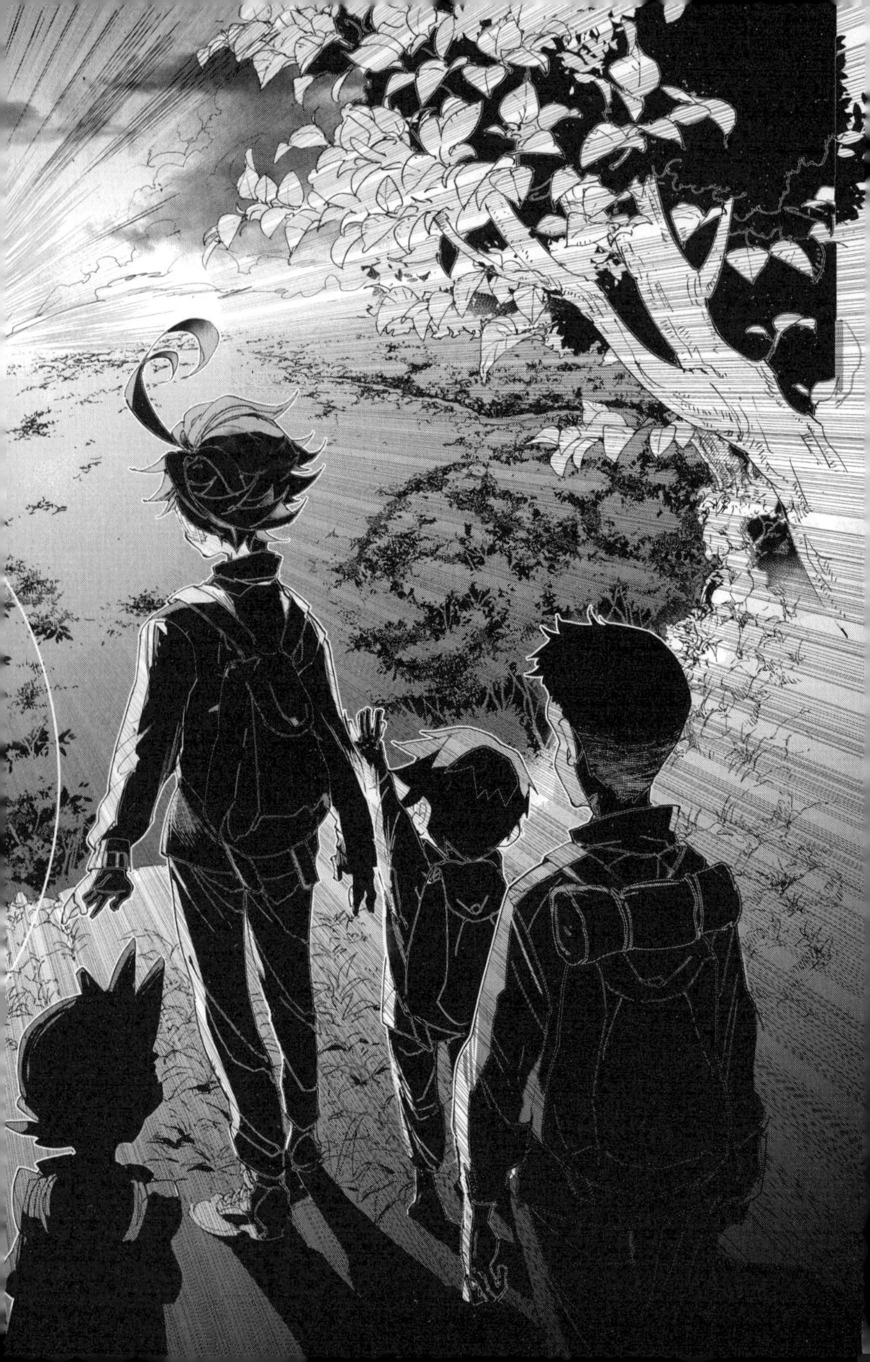

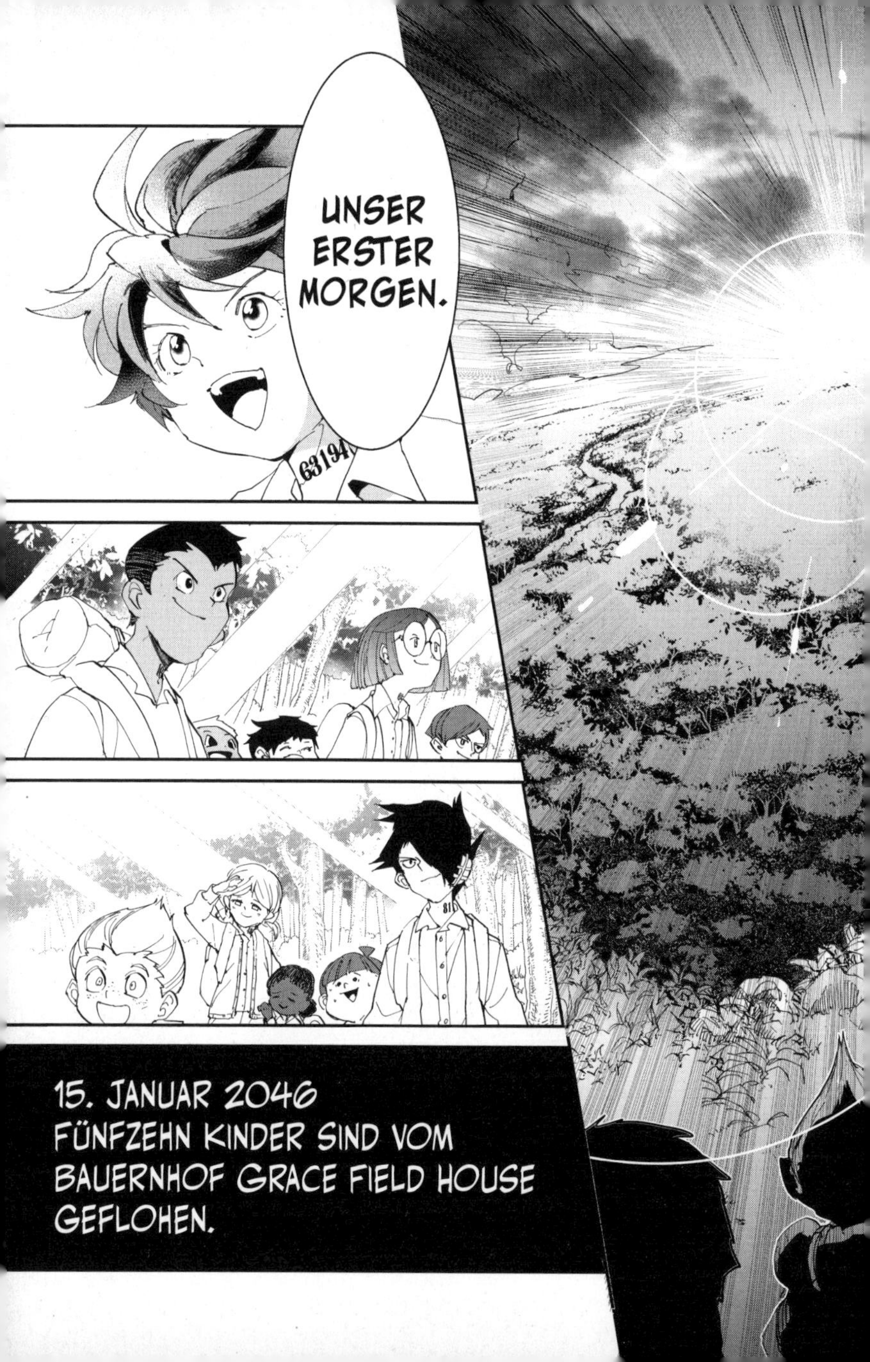
UNSER ERSTER MORGEN.
63194
15. JANUAR 2046
FÜNFZEHN KINDER SIND VOM BAUERNHOF GRACE FIELD HOUSE GEFLOHEN.

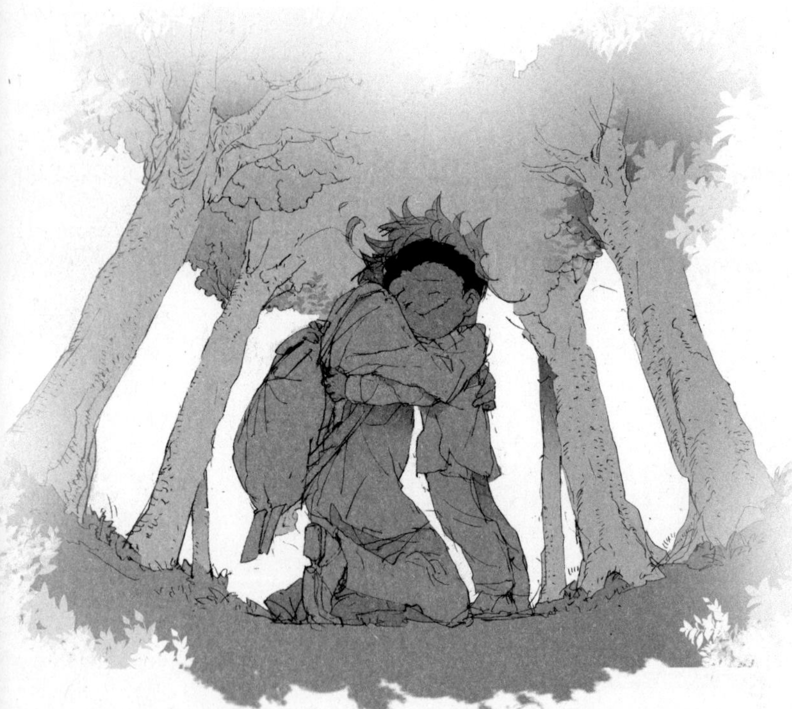

Kapitel 38: Schwur im Wald

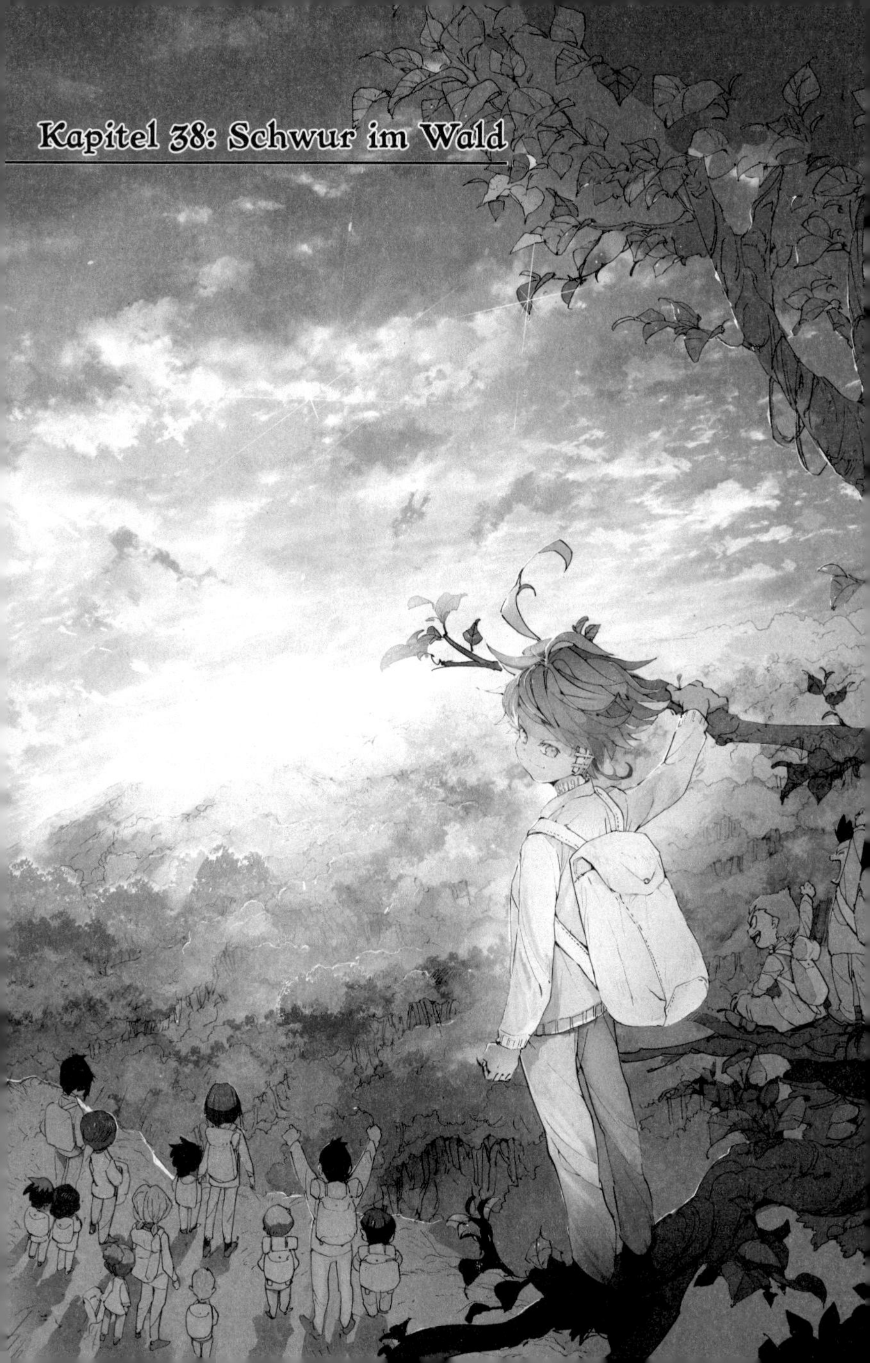

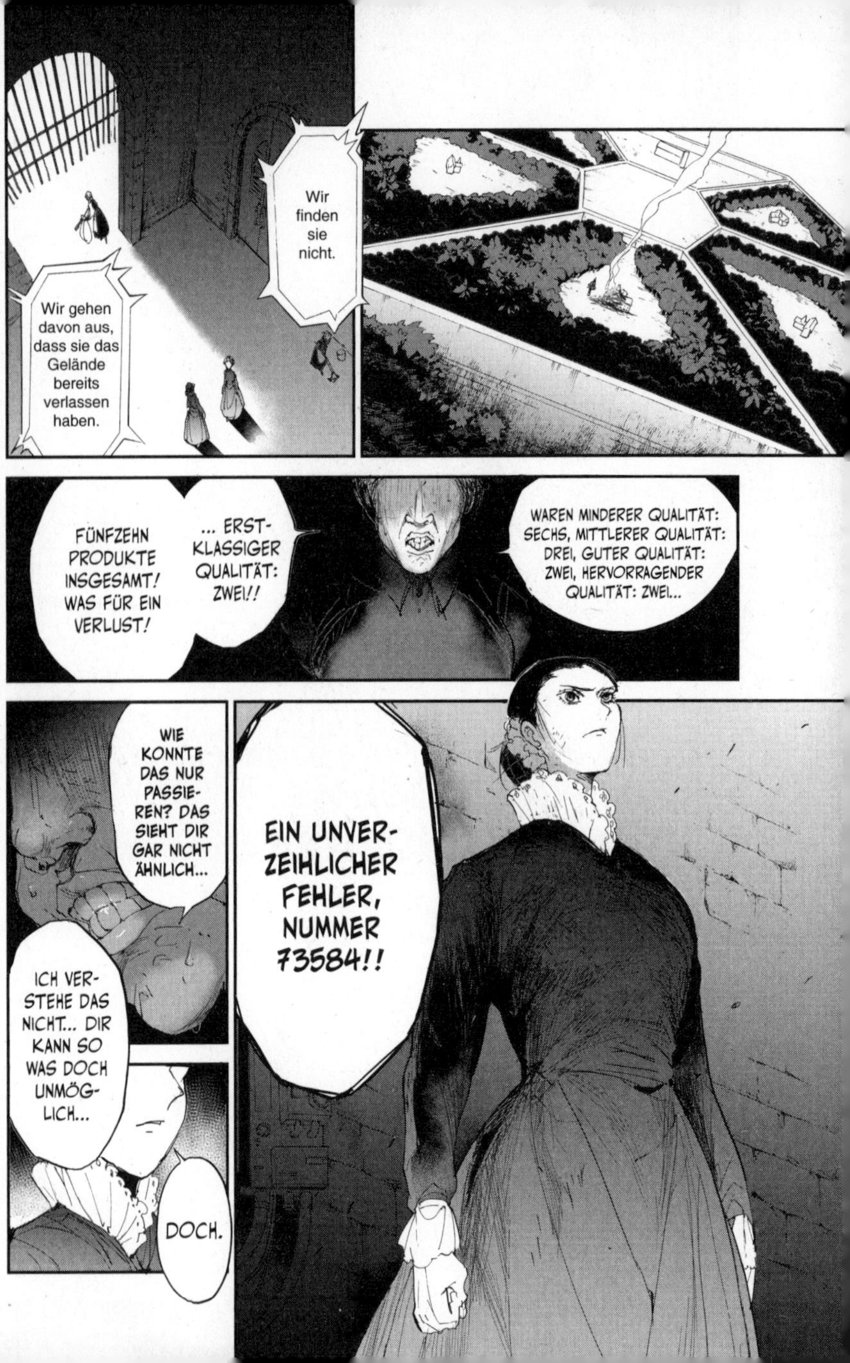
Wir finden sie nicht.
Wir gehen davon aus, dass sie das Gelände bereits verlassen haben.
WAREN MINDERER QUALITÄT: SECHS, MITTLERER QUALITÄT: DREI, GUTER QUALITÄT: ZWEI, HERVORRAGENDER QUALITÄT: ZWEI...
... ERSTKLASSIGER QUALITÄT: ZWEI!!
FÜNFZEHN PRODUKTE INSGESAMT! WAS FÜR EIN VERLUST!
EIN UNVERZEIHLICHER FEHLER, NUMMER 73584!!
WIE KONNTE DAS NUR PASSIEREN? DAS SIEHT DIR GAR NICHT ÄHNLICH...
ICH VERSTEHE DAS NICHT... DIR KANN SO WAS DOCH UNMÖGLICH...
DOCH.

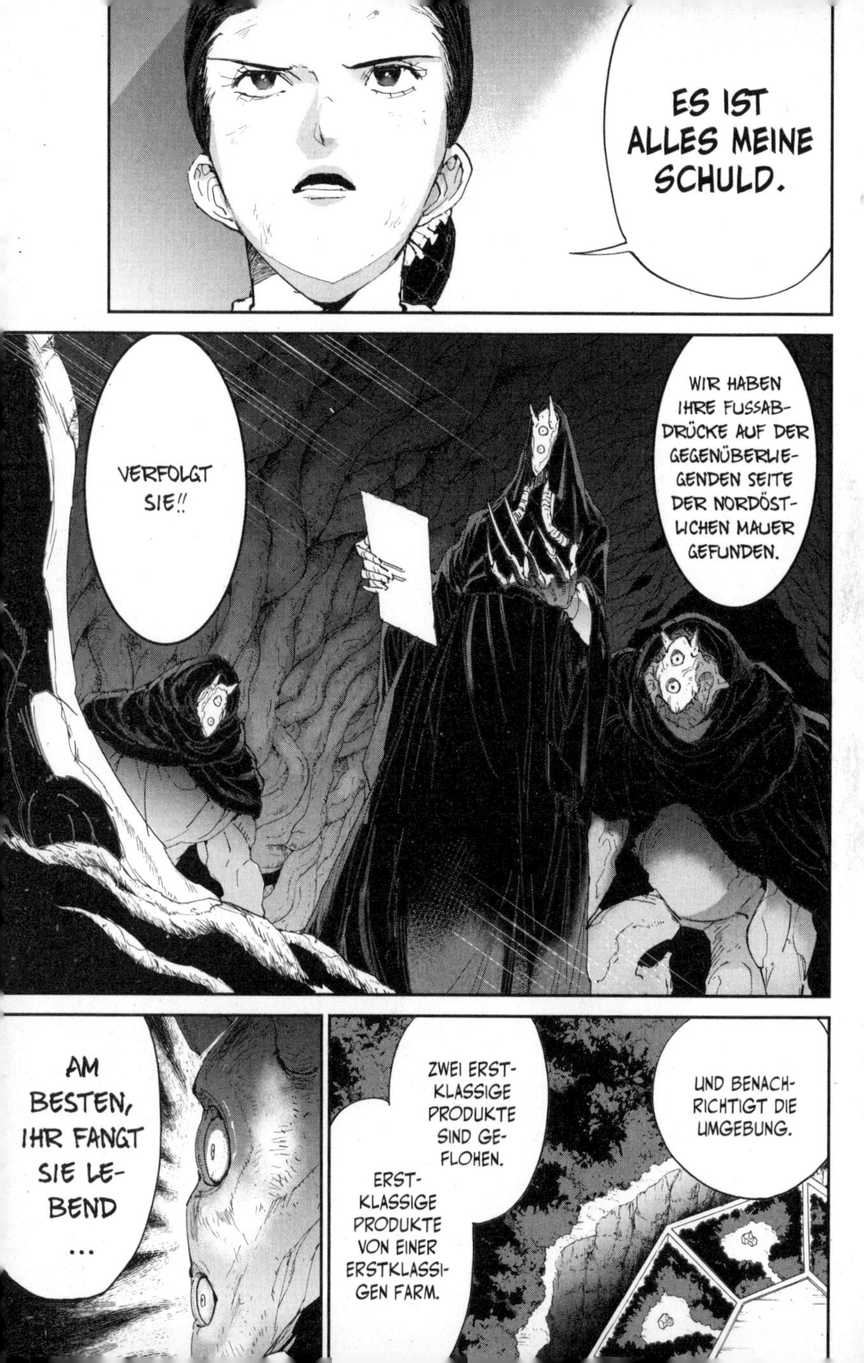

ES IST ALLES MEINE SCHULD.
WIR HABEN IHRE FUSSABDRÜCKE AUF DER GEGENÜBERLIEGENDEN SEITE DER NORDÖSTLICHEN MAUER GEFUNDEN.
VERFOLGT SIE!!
UND BENACHRICHTIGT DIE UMGEBUNG.
ZWEI ERSTKLASSIGE PRODUKTE SIND GEFLOHEN.
ERSTKLASSIGE PRODUKTE VON EINER ERSTKLASSIGEN FARM.
AM BESTEN, IHR FANGT SIE LEBEND …

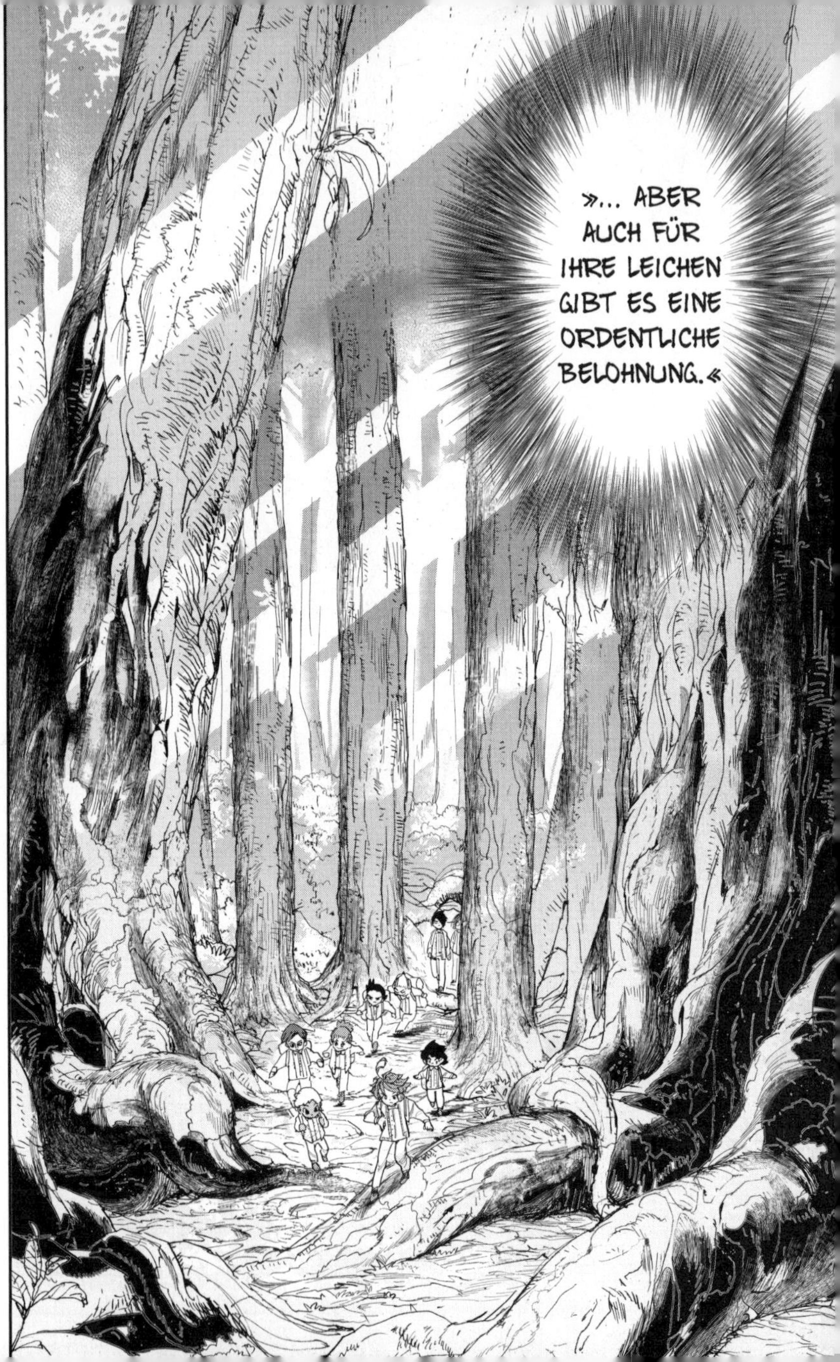
»... ABER AUCH FÜR IHRE LEICHEN GIBT ES EINE ORDENTLICHE BELOHNUNG.«

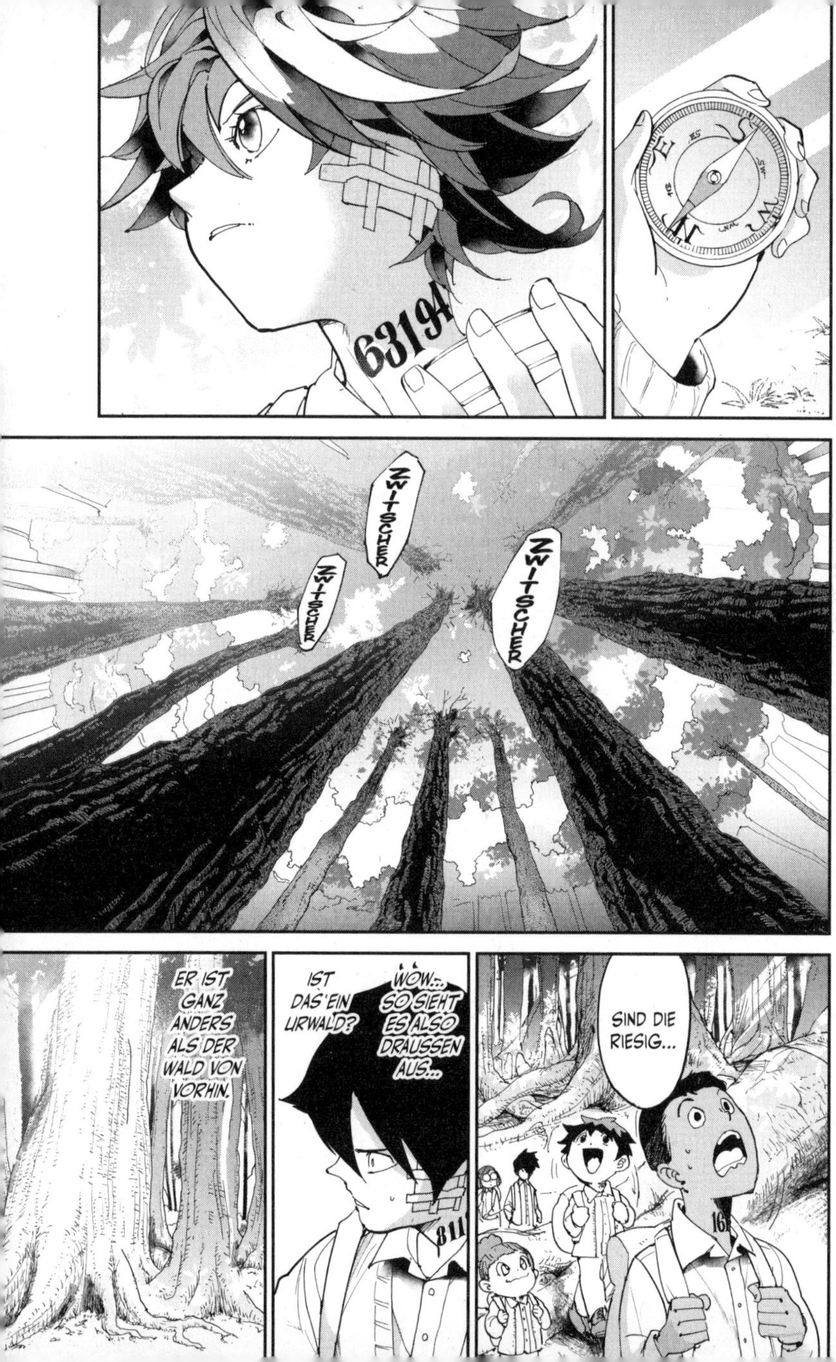
ZWITSCHER
ZWITSCHER
ZWITSCHER
SIND DIE RIESIG...
WOW... SO SIEHT ES ALSO DRAUSSEN AUS...
IST DAS EIN URWALD?
ER IST GANZ ANDERS ALS DER WALD VON VORHIN.

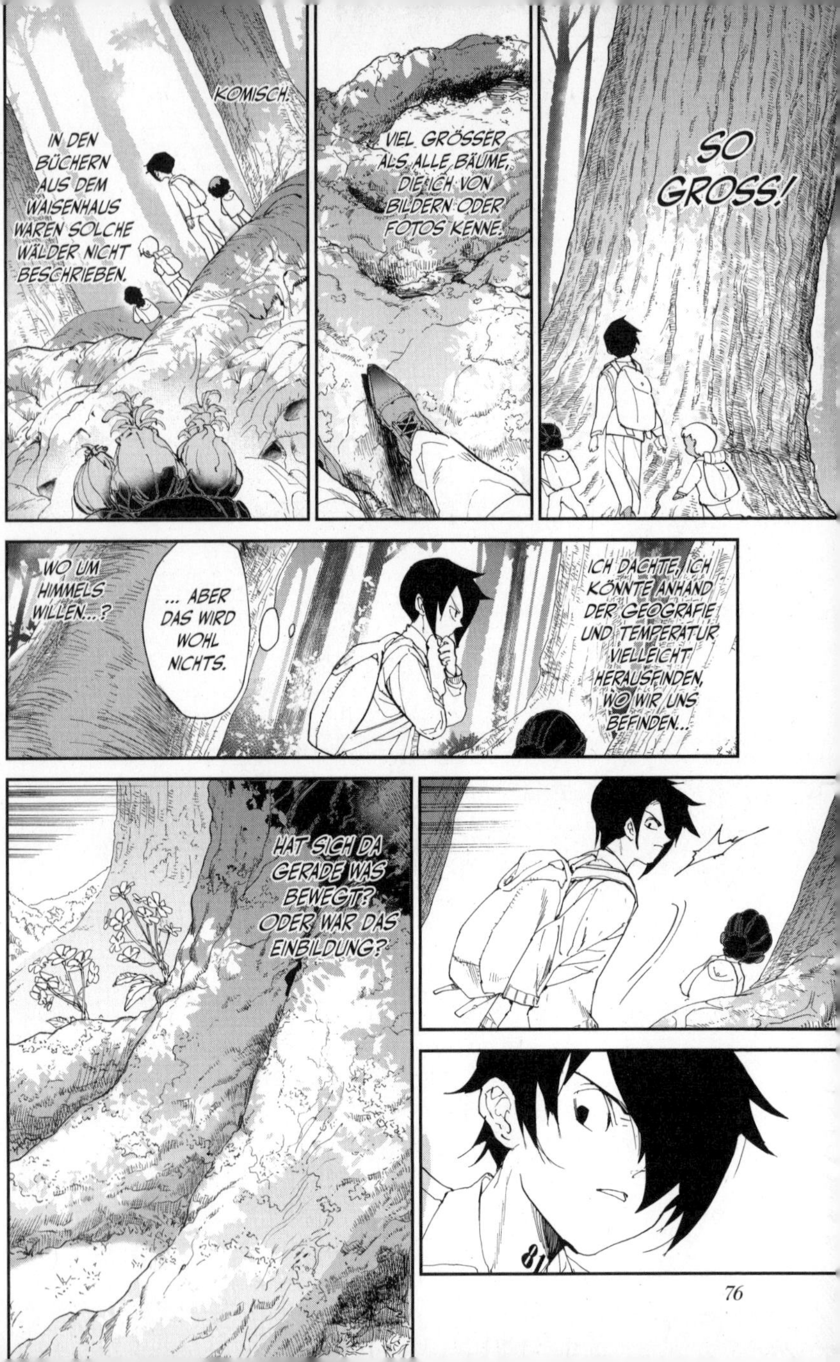
SO GROSS!
VIEL GRÖSSER ALS ALLE BÄUME, DIE ICH VON BILDERN ODER FOTOS KENNE.
KOMISCH.
IN DEN BÜCHERN AUS DEM WAISENHAUS WAREN SOLCHE WÄLDER NICHT BESCHRIEBEN.
ICH DACHTE, ICH KÖNNTE ANHAND DER GEOGRAFIE UND TEMPERATUR VIELLEICHT HERAUSFINDEN, WO WIR UNS BEFINDEN...
... ABER DAS WIRD WOHL NICHTS.
WO UM HIMMELS WILLEN...?
HAT SICH DA GERADE WAS BEWEGT? ODER WAR DAS EINBILDUNG?

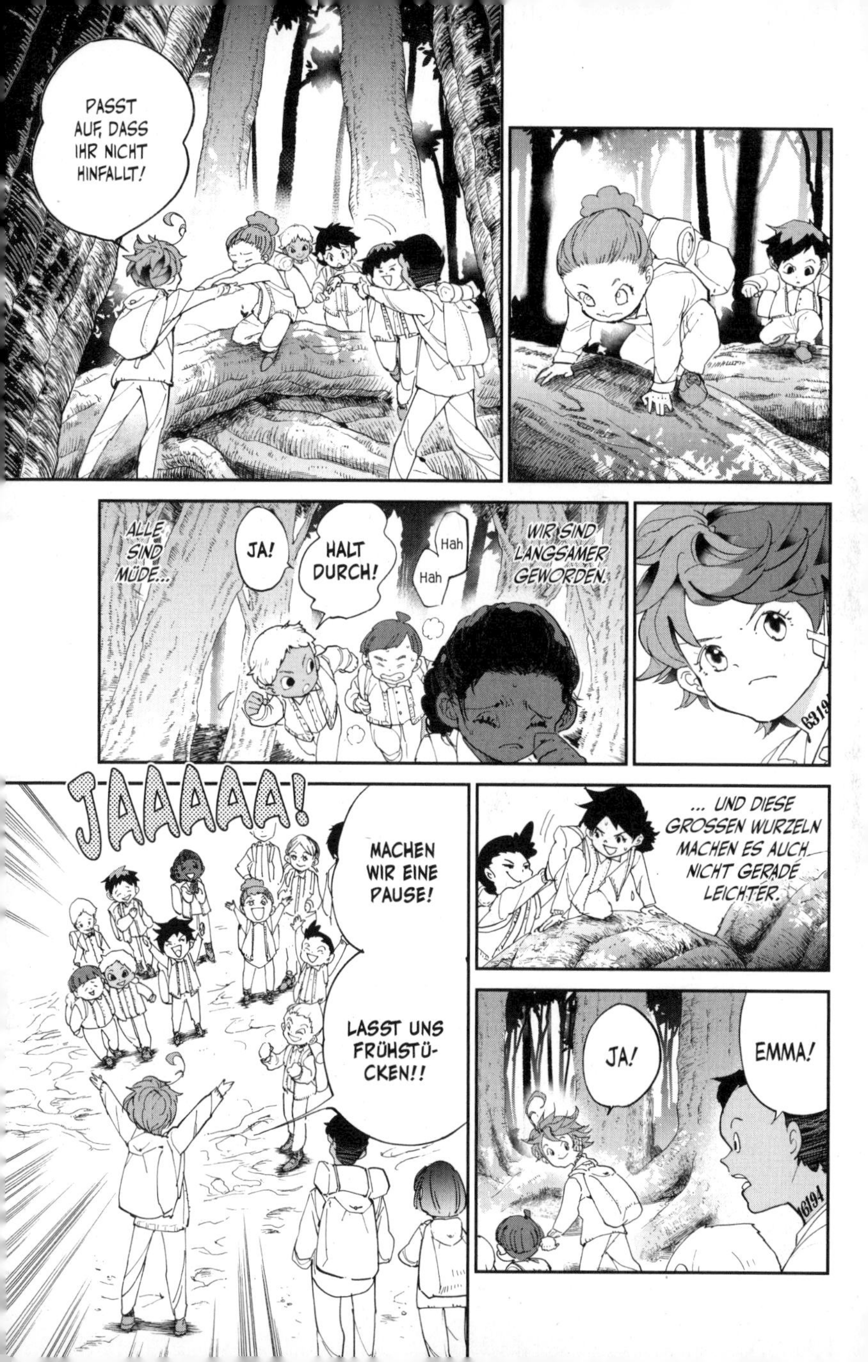
PASST AUF, DASS IHR NICHT HINFALLT!
WIR SIND LANGSAMER GEWORDEN.
Hah
Hah
HALT DURCH!
JA!
ALLE SIND MÜDE...
... UND DIESE GROSSEN WURZELN MACHEN ES AUCH NICHT GERADE LEICHTER.
EMMA!
JA!
MACHEN WIR EINE PAUSE!
LASST UNS FRÜHSTÜCKEN!!
JAAAAA!

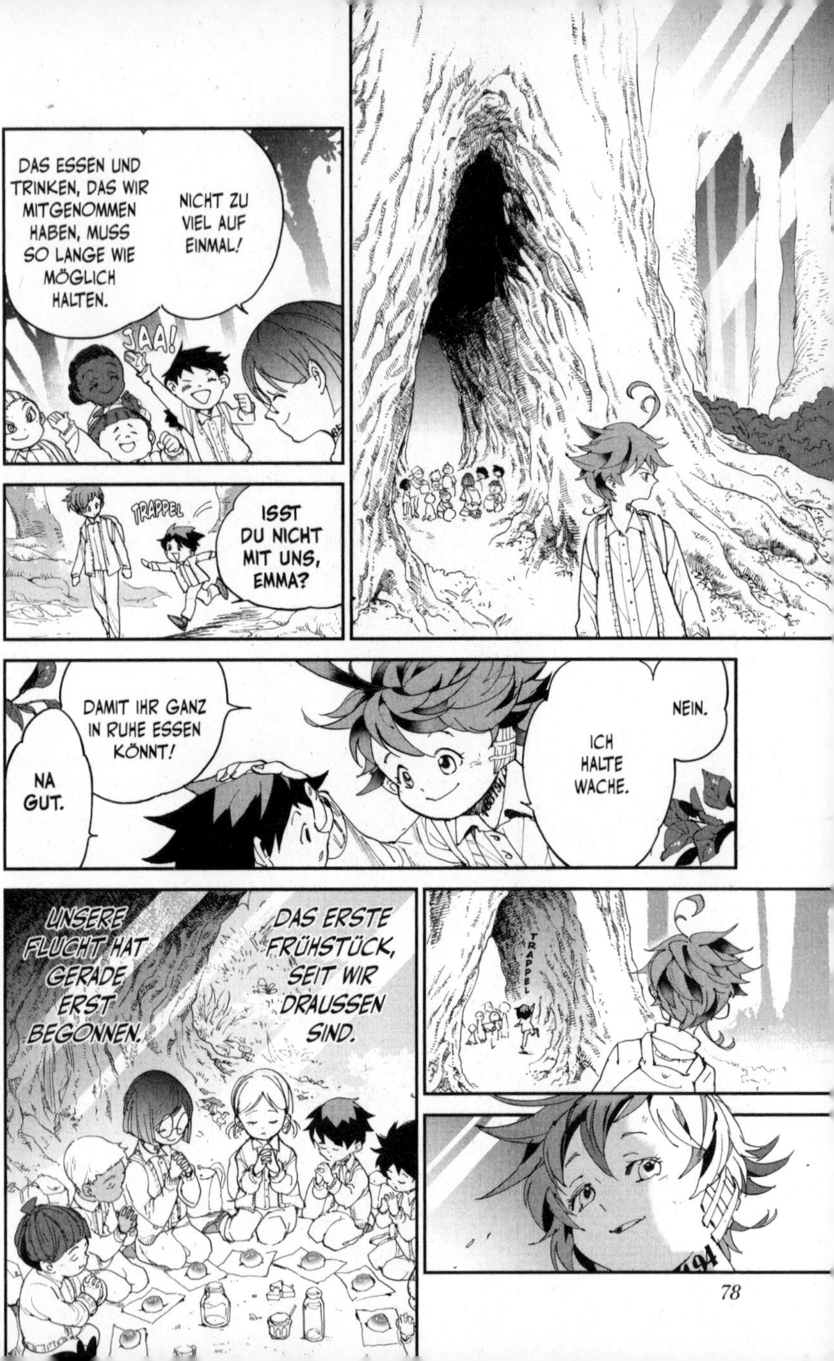
NICHT ZU VIEL AUF EINMAL!
DAS ESSEN UND TRINKEN, DAS WIR MITGENOMMEN HABEN, MUSS SO LANGE WIE MÖGLICH HALTEN.
JAA!
ISST DU NICHT MIT UNS, EMMA?
TRAPPEL
NEIN.
ICH HALTE WACHE.
DAMIT IHR GANZ IN RUHE ESSEN KÖNNT!
NA GUT.
TRAPPEL
DAS ERSTE FRÜHSTÜCK, SEIT WIR DRAUSSEN SIND.
UNSERE FLUCHT HAT GERADE ERST BEGONNEN.

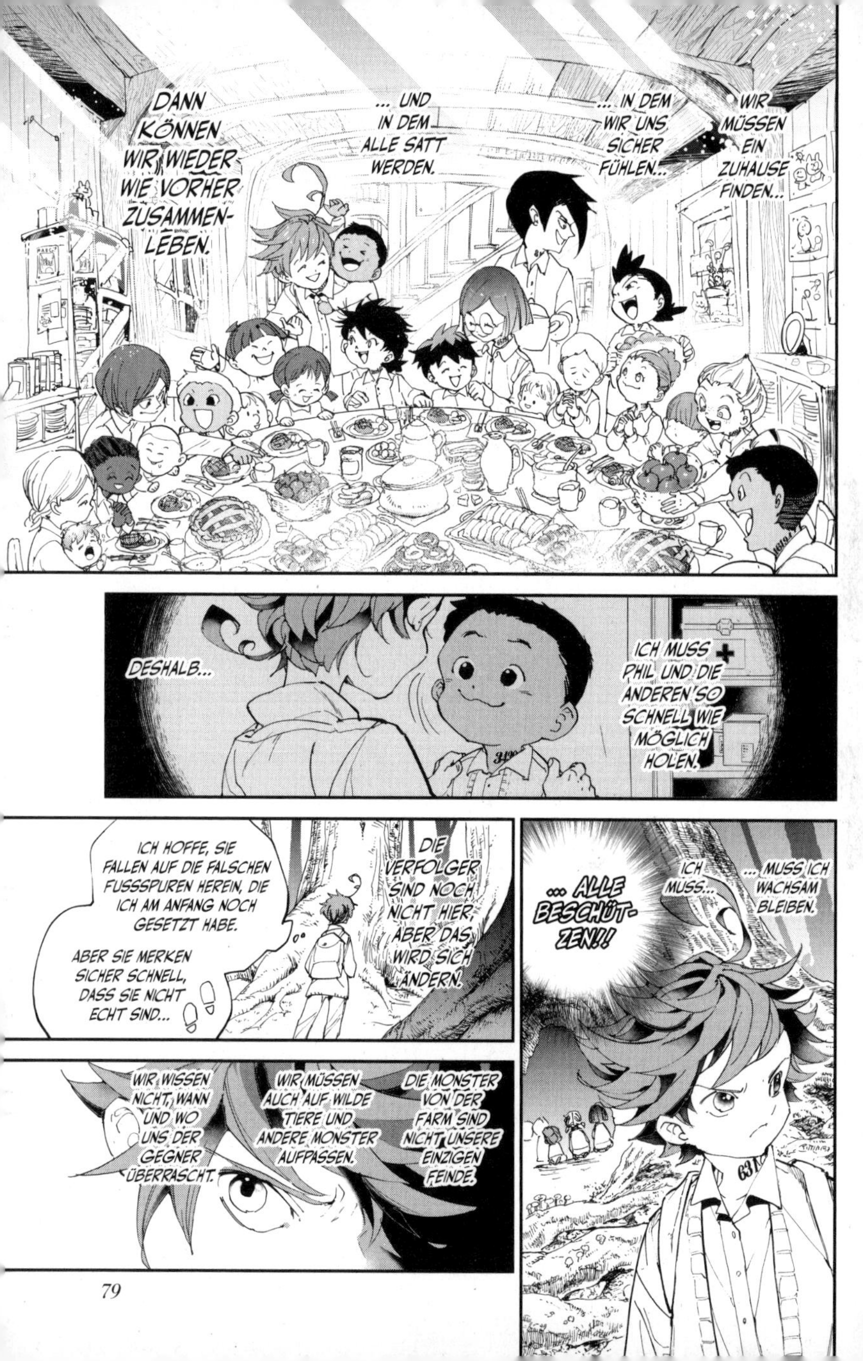
WIR MÜSSEN EIN ZUHAUSE FINDEN...
... IN DEM WIR UNS SICHER FÜHLEN...
... UND IN DEM ALLE SATT WERDEN.
DANN KÖNNEN WIR WIEDER WIE VORHER ZUSAMMENLEBEN.
ICH MUSS PHIL UND DIE ANDEREN SO SCHNELL WIE MÖGLICH HOLEN.
DESHALB...
... MUSS ICH WACHSAM BLEIBEN.
ICH MUSS...
... ALLE BESCHÜTZEN!!
DIE VERFOLGER SIND NOCH NICHT HIER, ABER DAS WIRD SICH ÄNDERN.
ICH HOFFE, SIE FALLEN AUF DIE FALSCHEN FUSSSPUREN HEREIN, DIE ICH AM ANFANG NOCH GESETZT HABE.
ABER SIE MERKEN SICHER SCHNELL, DASS SIE NICHT ECHT SIND...
DIE MONSTER VON DER FARM SIND NICHT UNSERE EINZIGEN FEINDE.
WIR MÜSSEN AUCH AUF WILDE TIERE UND ANDERE MONSTER AUFPASSEN.
WIR WISSEN NICHT, WANN UND WO UNS DER GEGNER ÜBERRASCHT.

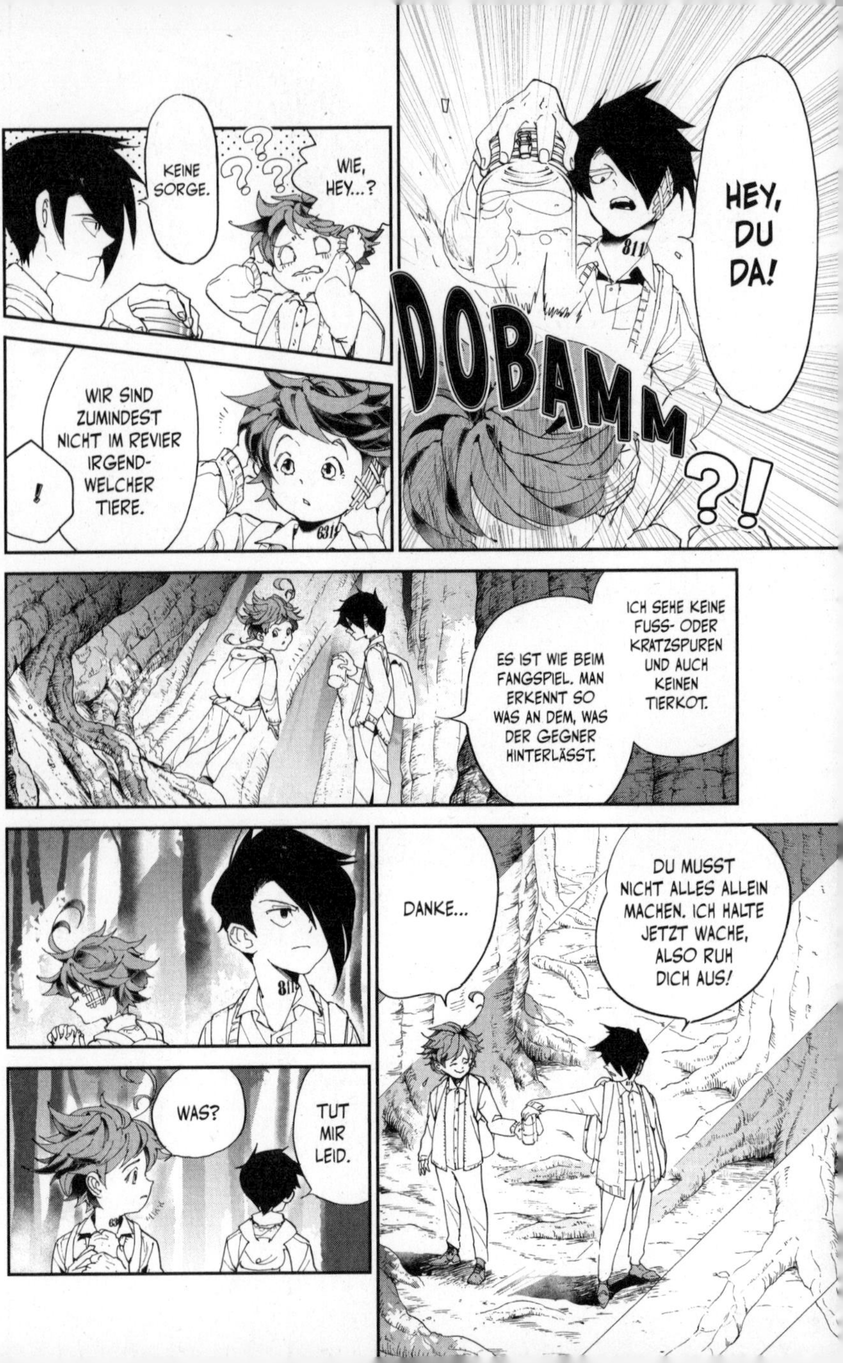
HEY, DU DA!
DOBAMM
?!
WIE, HEY...?
KEINE SORGE.
WIR SIND ZUMINDEST NICHT IM REVIER IRGEND-WELCHER TIERE.
!
ICH SEHE KEINE FUSS- ODER KRATZSPUREN UND AUCH KEINEN TIERKOT.
ES IST WIE BEIM FANGSPIEL. MAN ERKENNT SO WAS AN DEM, WAS DER GEGNER HINTERLÄSST.
DU MUSST NICHT ALLES ALLEIN MACHEN. ICH HALTE JETZT WACHE, ALSO RUH DICH AUS!
DANKE...
TUT MIR LEID.
WAS?

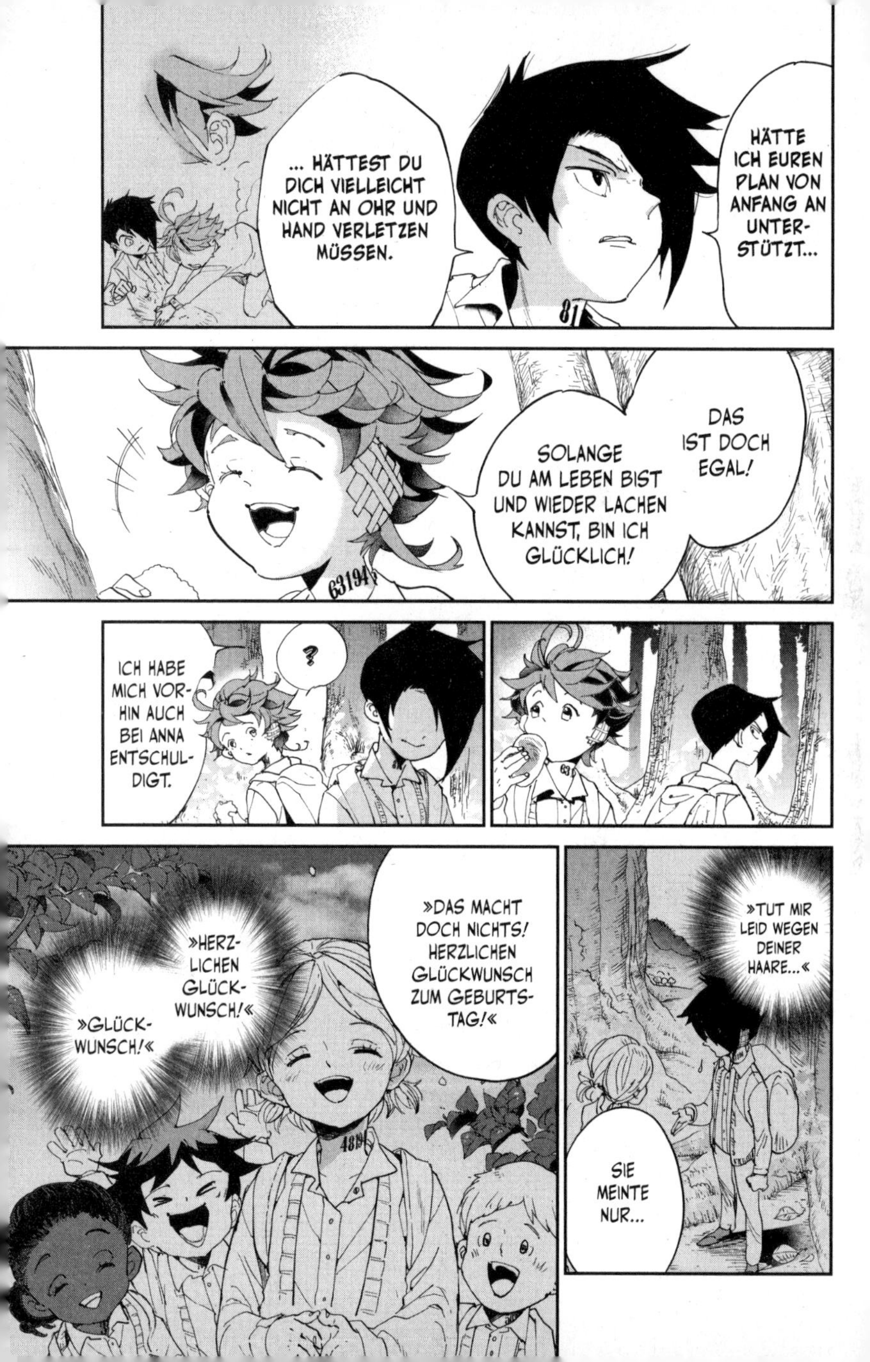
HÄTTE ICH EUREN PLAN VON ANFANG AN UNTER-STÜTZT...
... HÄTTEST DU DICH VIELLEICHT NICHT AN OHR UND HAND VERLETZEN MÜSSEN.
DAS IST DOCH EGAL!
SOLANGE DU AM LEBEN BIST UND WIEDER LACHEN KANNST, BIN ICH GLÜCKLICH!
?
ICH HABE MICH VOR-HIN AUCH BEI ANNA ENTSCHUL-DIGT.
»TUT MIR LEID WEGEN DEINER HAARE...«
SIE MEINTE NUR...
»DAS MACHT DOCH NICHTS! HERZLICHEN GLÜCKWUNSCH ZUM GEBURTS-TAG!«
»HERZ-LICHEN GLÜCK-WUNSCH!«
»GLÜCK-WUNSCH!«

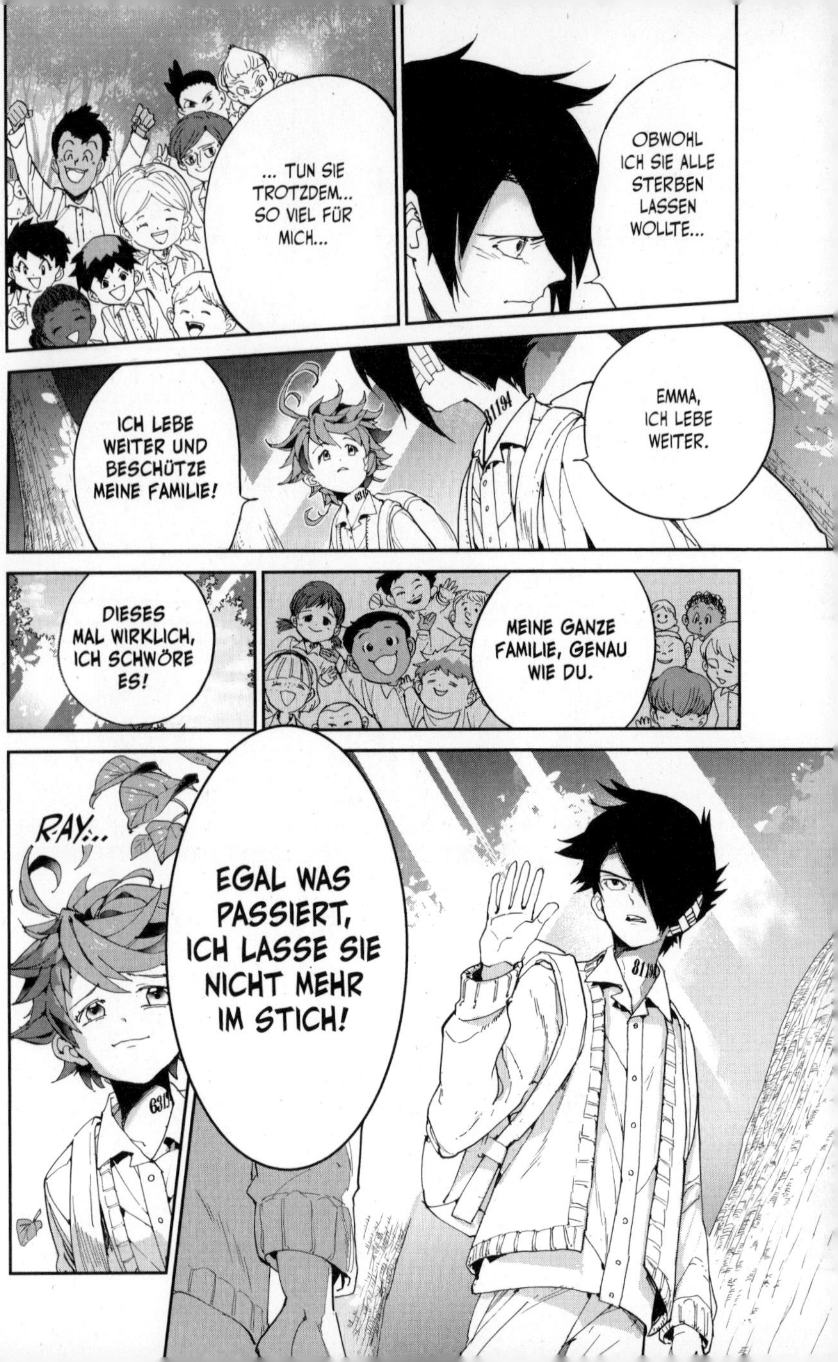
OBWOHL ICH SIE ALLE STERBEN LASSEN WOLLTE...
... TUN SIE TROTZDEM... SO VIEL FÜR MICH...
EMMA, ICH LEBE WEITER.
ICH LEBE WEITER UND BESCHÜTZE MEINE FAMILIE!
MEINE GANZE FAMILIE, GENAU WIE DU.
DIESES MAL WIRKLICH, ICH SCHWÖRE ES!
EGAL WAS PASSIERT, ICH LASSE SIE NICHT MEHR IM STICH!
RAY...

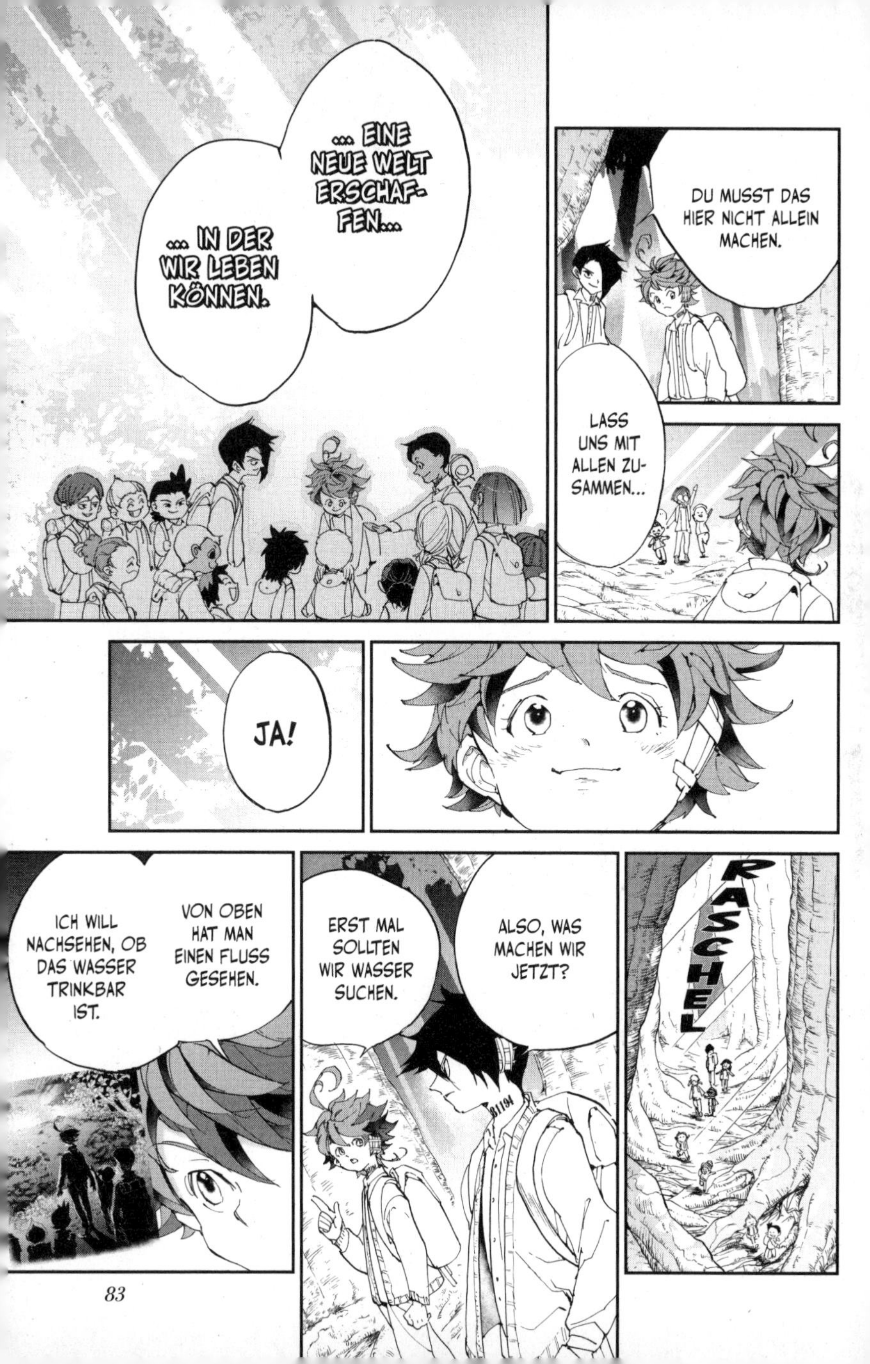
DU MUSST DAS HIER NICHT ALLEIN MACHEN.
LASS UNS MIT ALLEN ZU-SAMMEN...
... EINE NEUE WELT ERSCHAF-FEN...
... IN DER WIR LEBEN KÖNNEN.
JA!
RASCHEL
ALSO, WAS MACHEN WIR JETZT?
ERST MAL SOLLTEN WIR WASSER SUCHEN.
VON OBEN HAT MAN EINEN FLUSS GESEHEN.
ICH WILL NACHSEHEN, OB DAS WASSER TRINKBAR IST.

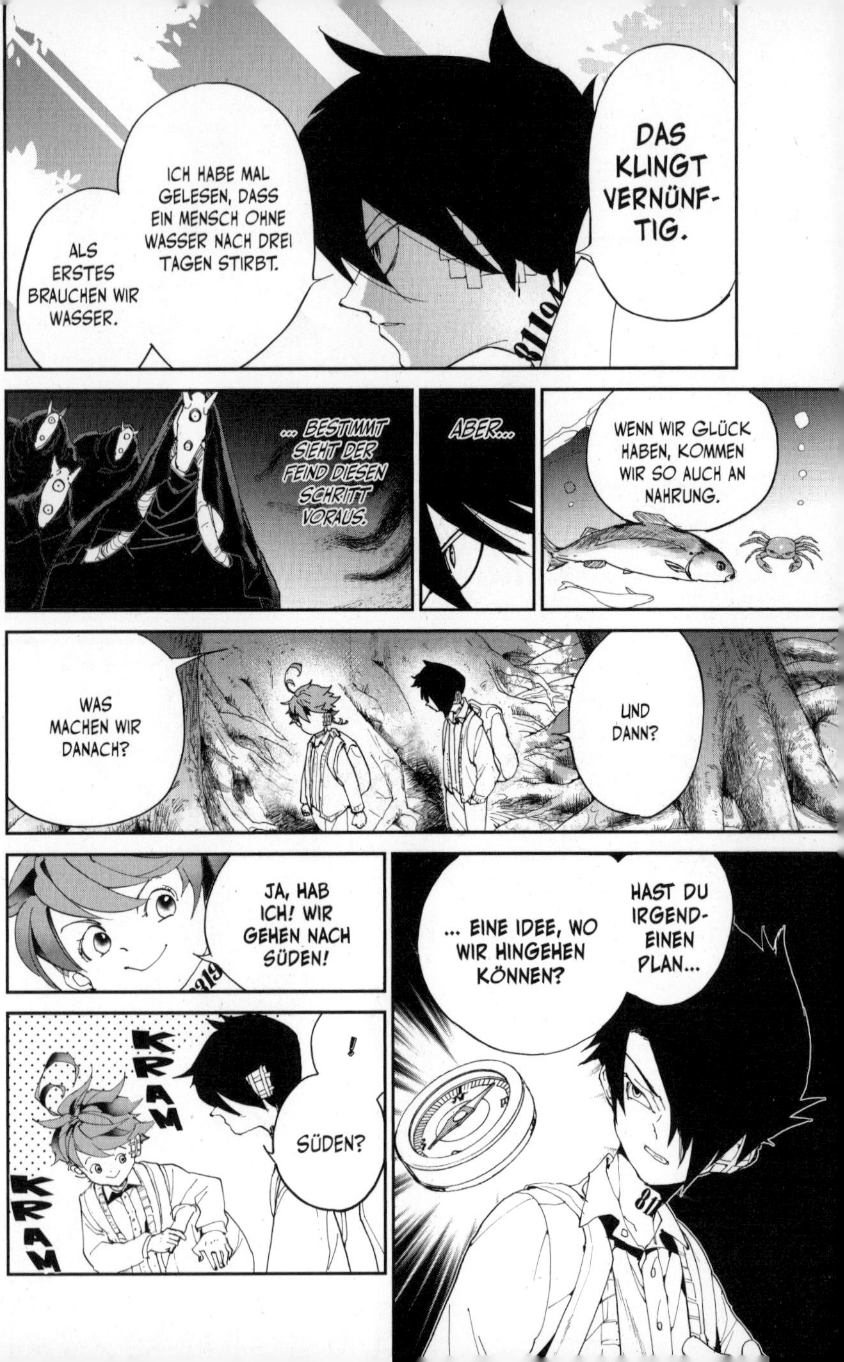
DAS KLINGT VERNÜNFTIG.
ICH HABE MAL GELESEN, DASS EIN MENSCH OHNE WASSER NACH DREI TAGEN STIRBT.
ALS ERSTES BRAUCHEN WIR WASSER.
WENN WIR GLÜCK HABEN, KOMMEN WIR SO AUCH AN NAHRUNG.
ABER...
... BESTIMMT SIEHT DER FEIND DIESEN SCHRITT VORAUS.
UND DANN?
WAS MACHEN WIR DANACH?
HAST DU IRGEND-EINEN PLAN...
... EINE IDEE, WO WIR HINGEHEN KÖNNEN?
JA, HAB ICH! WIR GEHEN NACH SÜDEN!
!
SÜDEN?
KRAM
KRAM

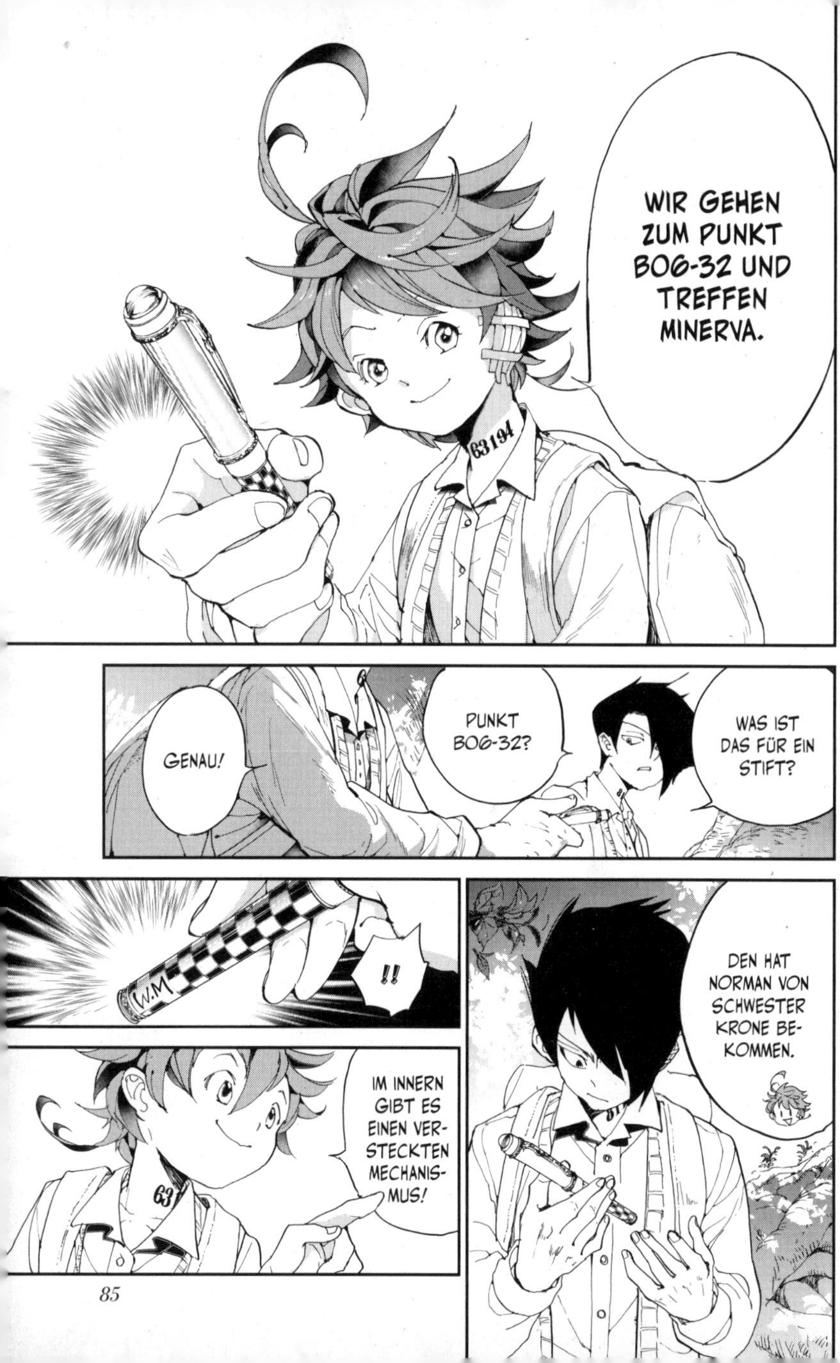
WIR GEHEN ZUM PUNKT B06-32 UND TREFFEN MINERVA.
63194
WAS IST DAS FÜR EIN STIFT?
PUNKT B06-32?
GENAU!
DEN HAT NORMAN VON SCHWESTER KRONE BE-KOMMEN.
!!
W.M
IM INNERN GIBT ES EINEN VER-STECKTEN MECHANIS-MUS!

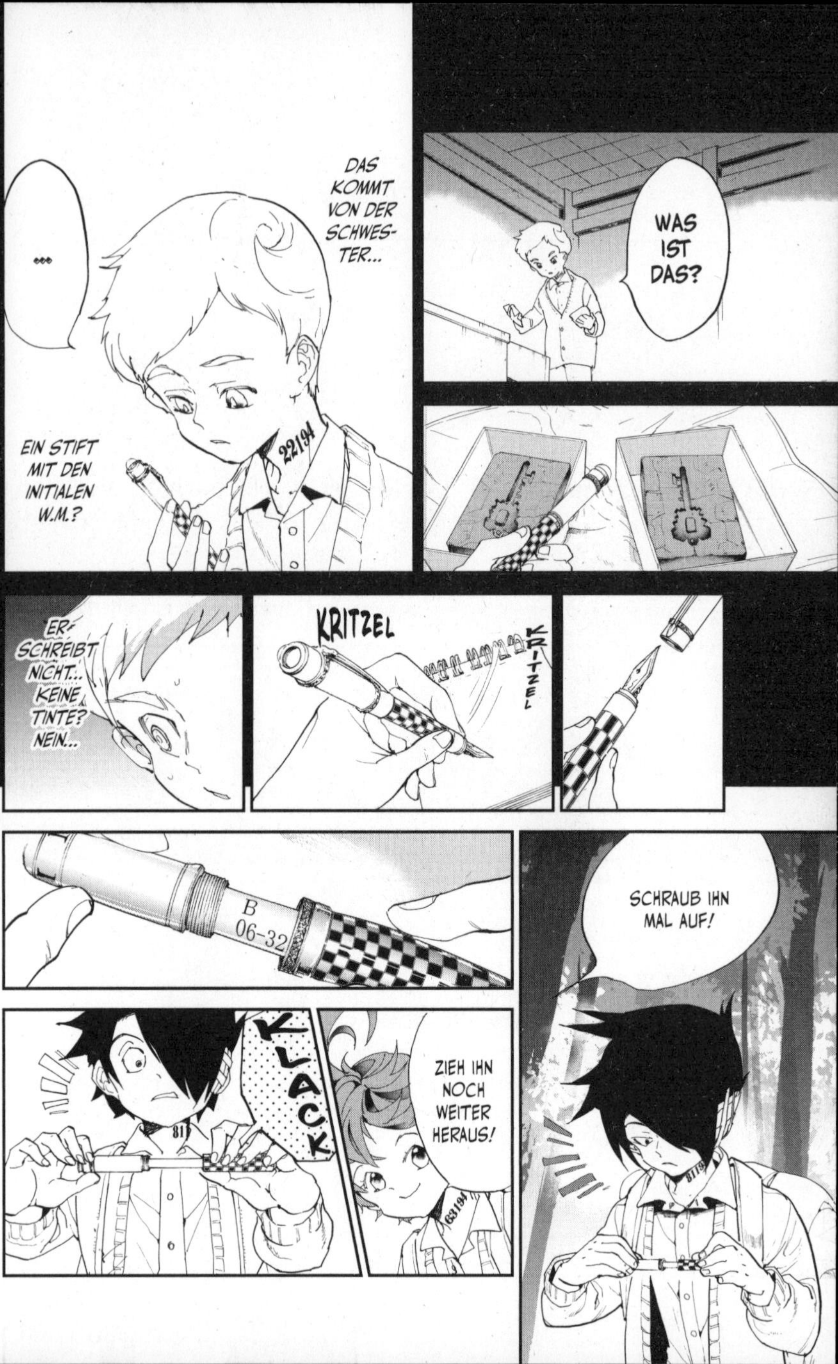
WAS IST DAS?
DAS KOMMT VON DER SCHWESTER...
...
EIN STIFT MIT DEN INITIALEN W.M.?
22194
ER SCHREIBT NICHT... KEINE TINTE? NEIN...
KRITZEL
KRITZEL
SCHRAUB IHN MAL AUF!
B 06-32
ZIEH IHN NOCH WEITER HERAUS!
KLACK
63194

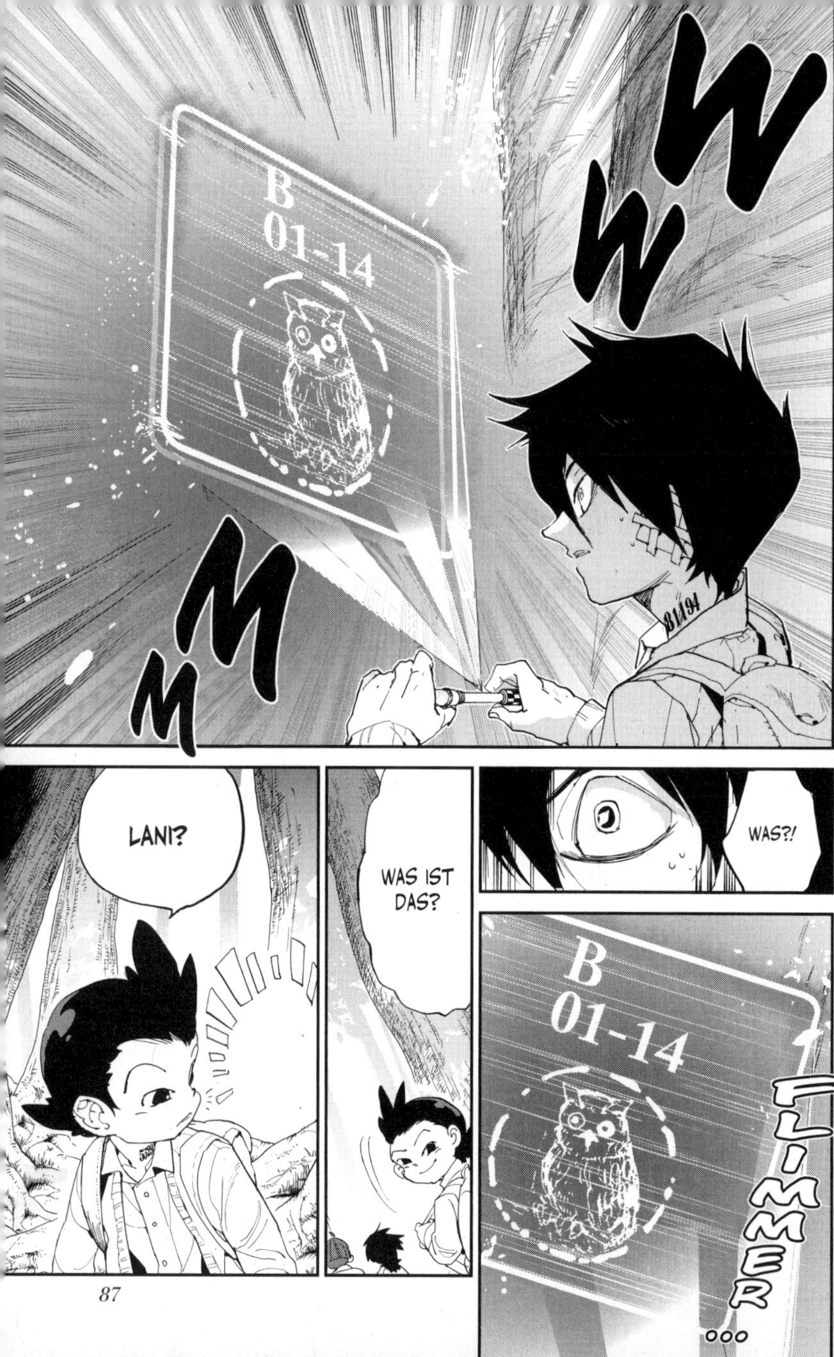
B
01-14
WWW
MMM
B11194
LANI?
WAS IST DAS?
WAS?!
B
01-14
FLIMMER...

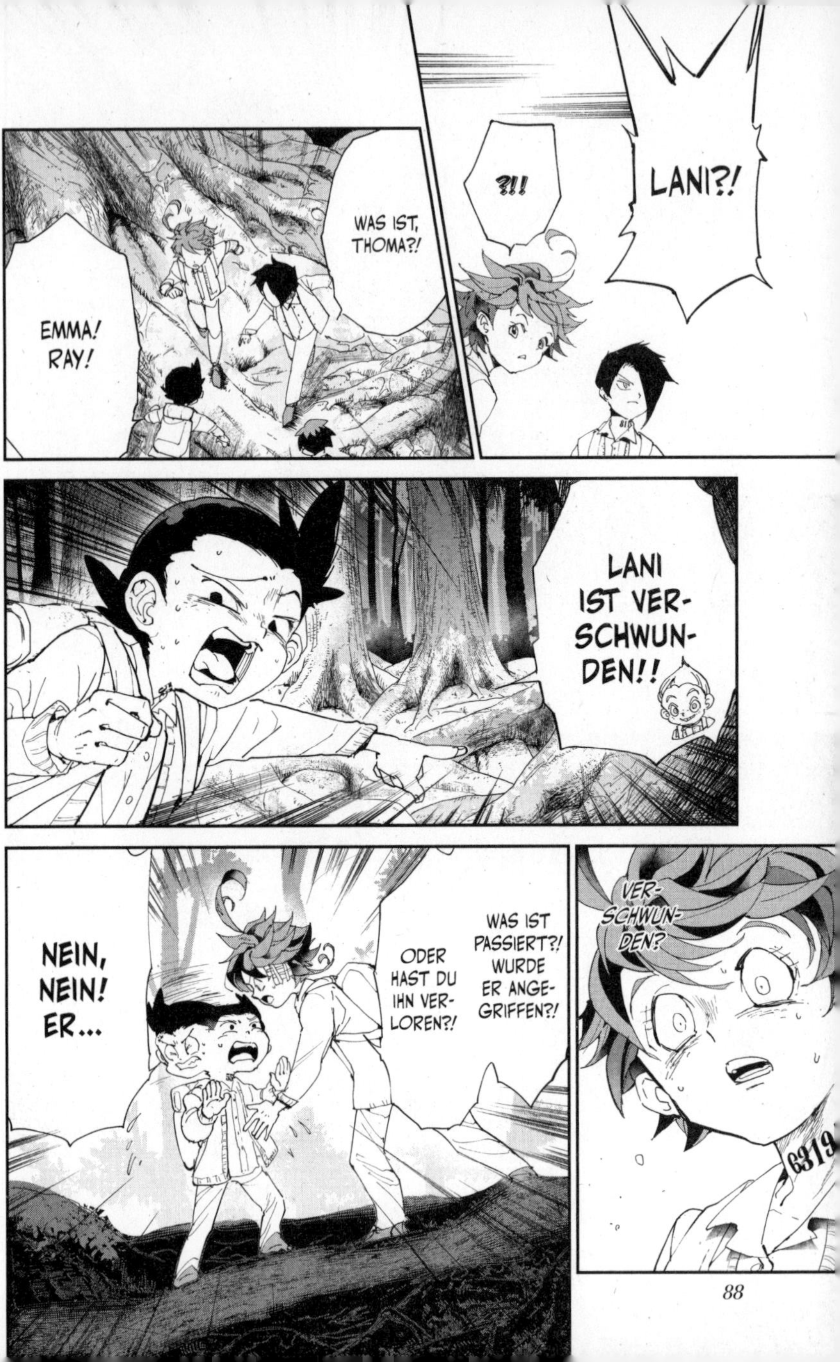
LANI?!
?!!
WAS IST, THOMA?!
EMMA! RAY!
LANI IST VER-SCHWUN-DEN!!
VER-SCHWUN-DEN?
WAS IST PASSIERT?! WURDE ER ANGE-GRIFFEN?!
ODER HAST DU IHN VER-LOREN?!
NEIN, NEIN! ER...
6319

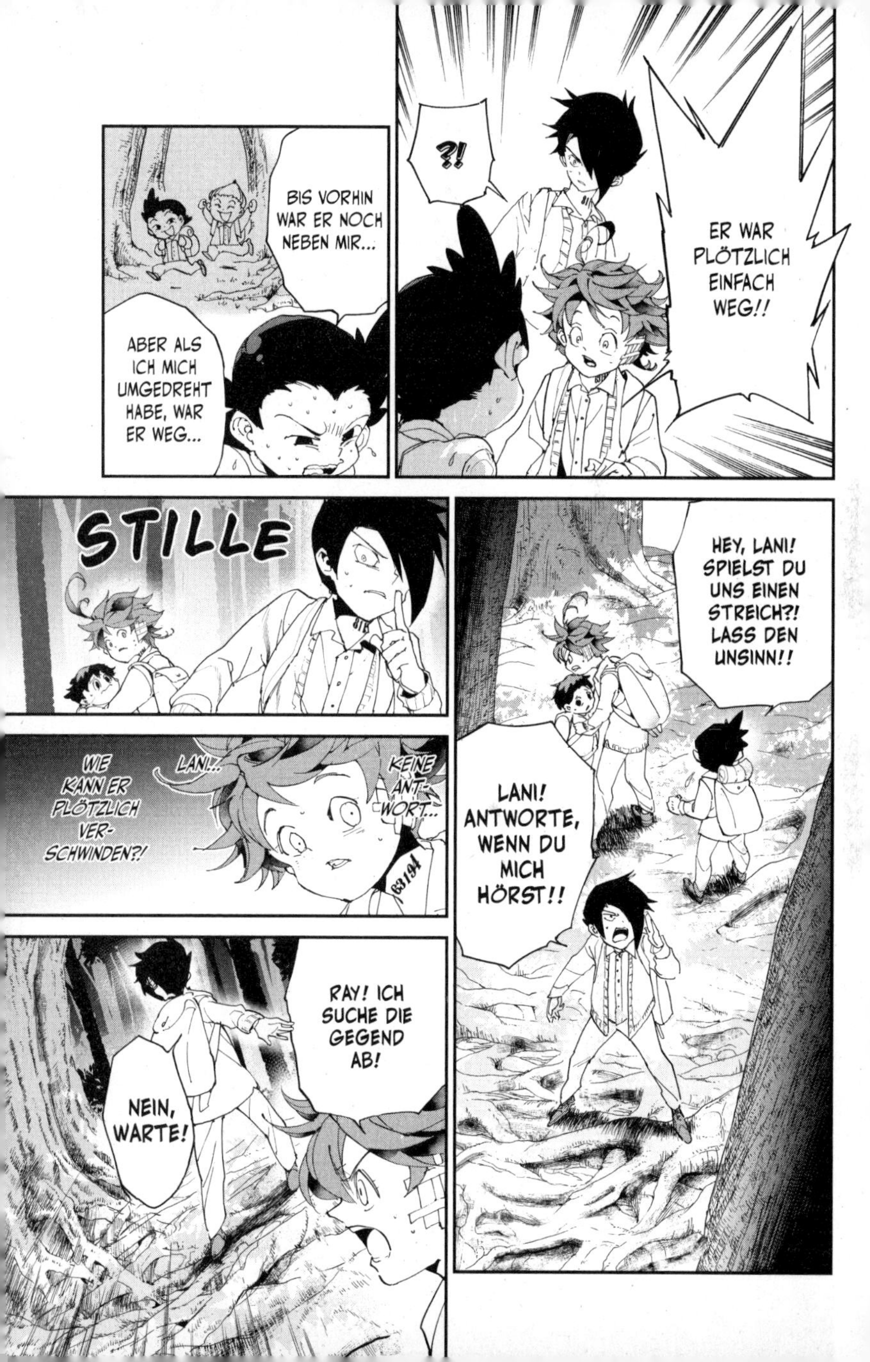
?!
ER WAR PLÖTZLICH EINFACH WEG!!
BIS VORHIN WAR ER NOCH NEBEN MIR...
ABER ALS ICH MICH UMGEDREHT HABE, WAR ER WEG...
HEY, LANI! SPIELST DU UNS EINEN STREICH?! LASS DEN UNSINN!!
LANI! ANTWORTE, WENN DU MICH HÖRST!!
STILLE
KEINE ANT-WORT...
LANI...
WIE KANN ER PLÖTZLICH VER-SCHWINDEN?!
RAY! ICH SUCHE DIE GEGEND AB!
NEIN, WARTE!

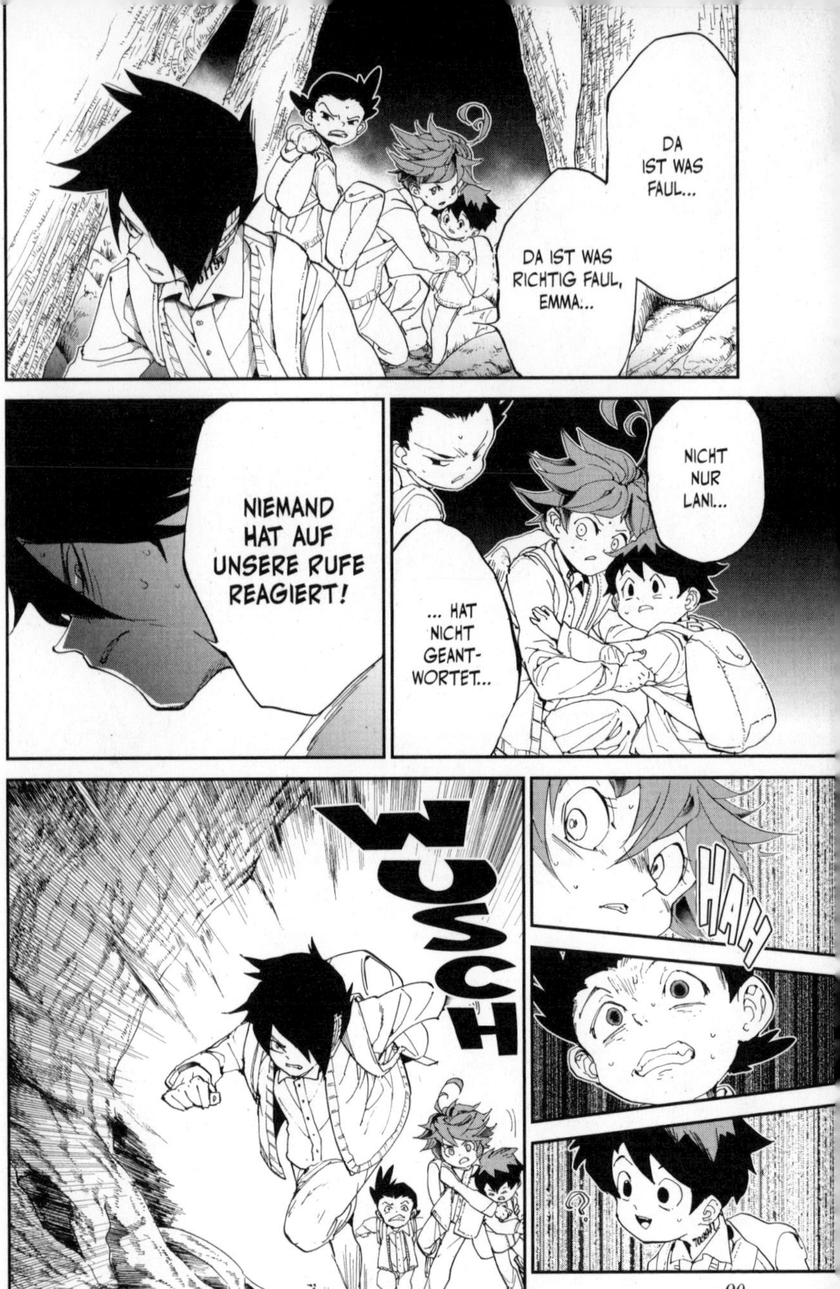
DA IST WAS FAUL...
DA IST WAS RICHTIG FAUL, EMMA...
NICHT NUR LANI...
... HAT NICHT GEANT-WORTET...
NIEMAND HAT AUF UNSERE RUFE REAGIERT!
HAH
WUSCH

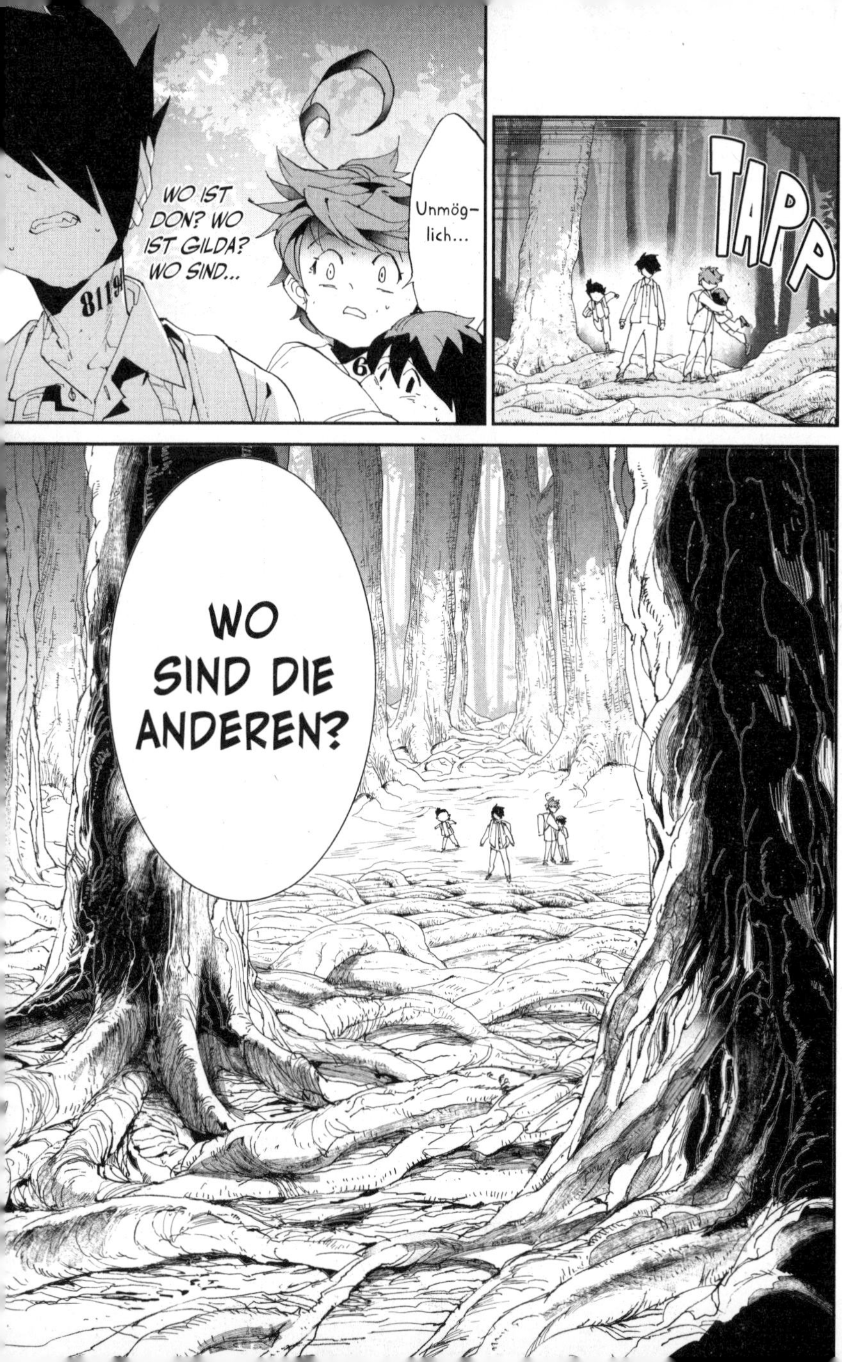
TAPP
Unmög-lich...
WO IST DON? WO IST GILDA? WO SIND...
WO SIND DIE ANDEREN?

Bestes Wetter zum Wäschewaschen

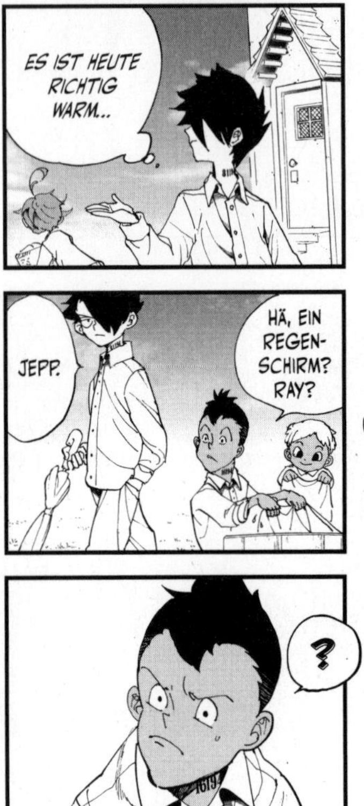

WEITER GEHT'S IN BONUSSTORY 2-②

Bonusstory 2-①

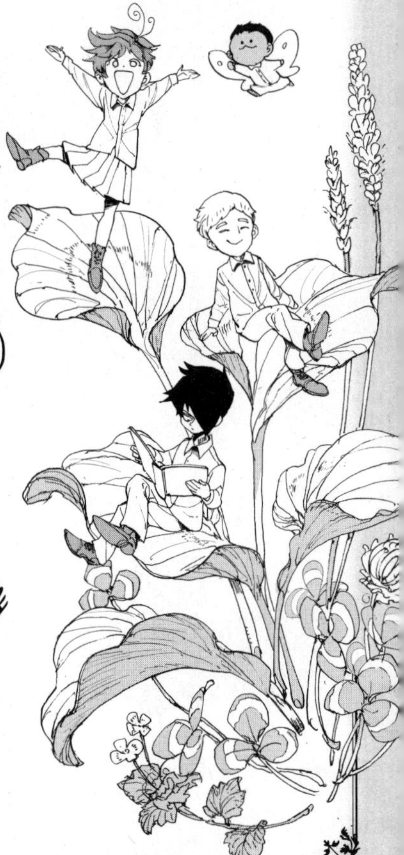

Kapitel 39: Überraschung

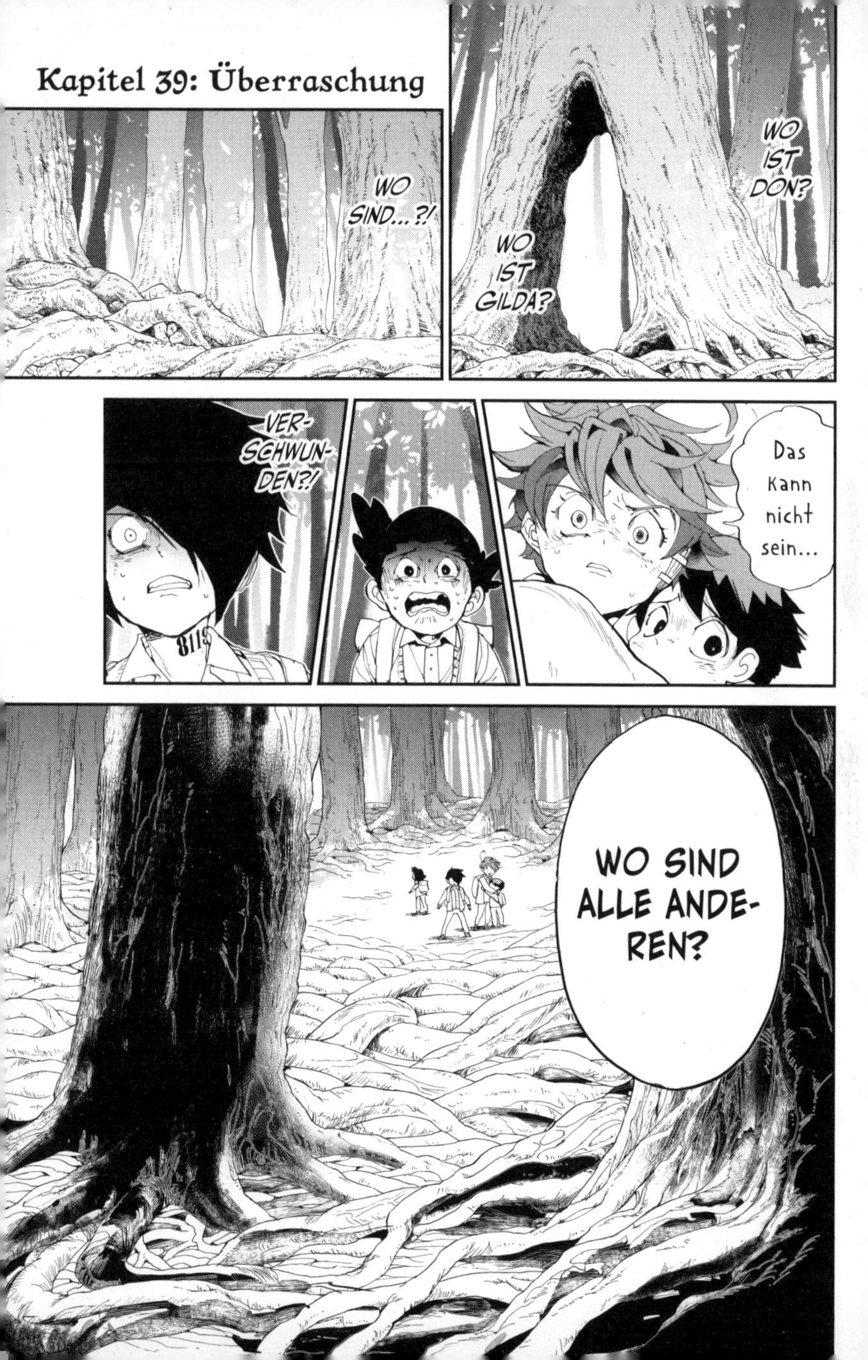

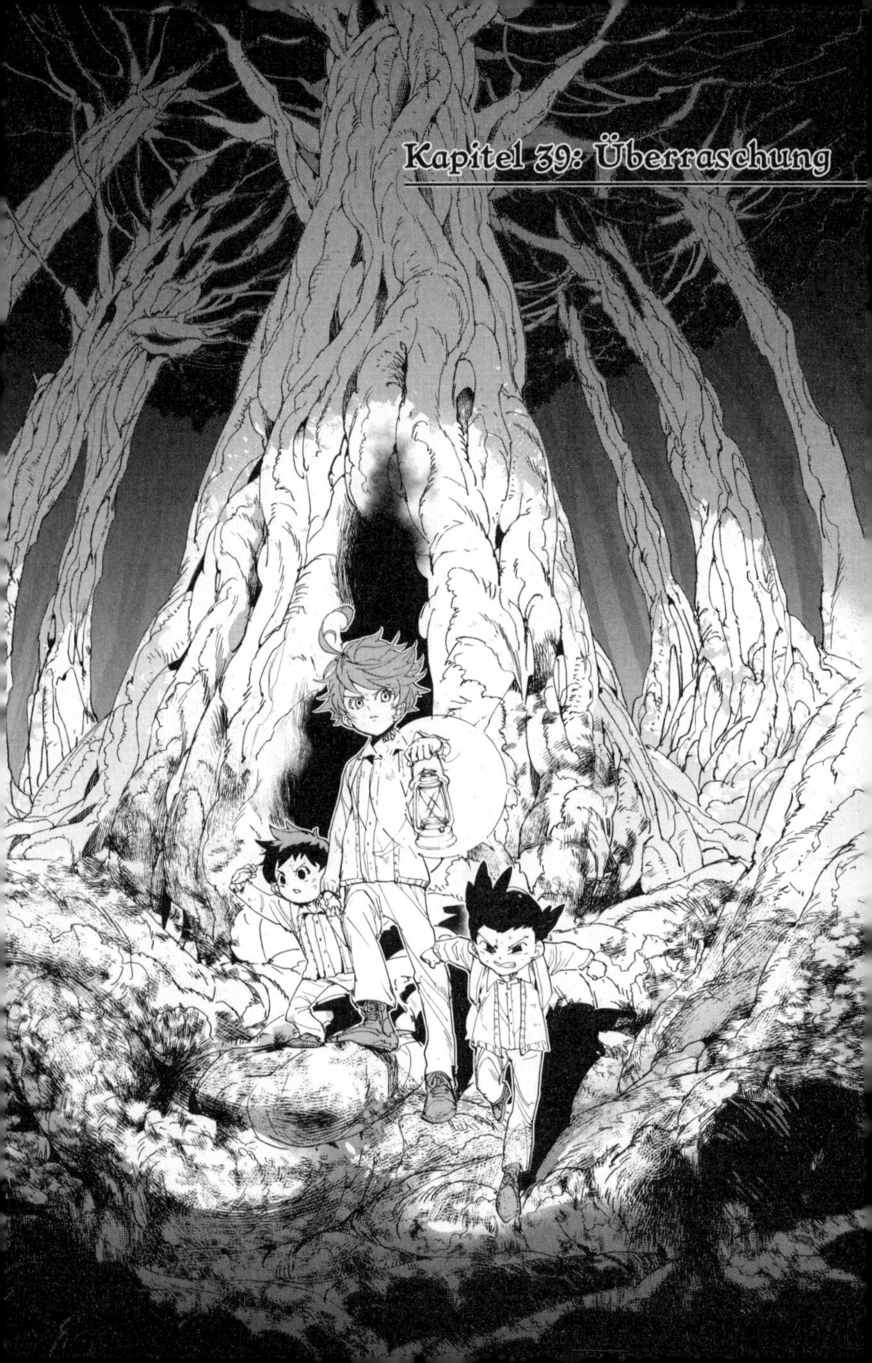
Kapitel 39: Überraschung

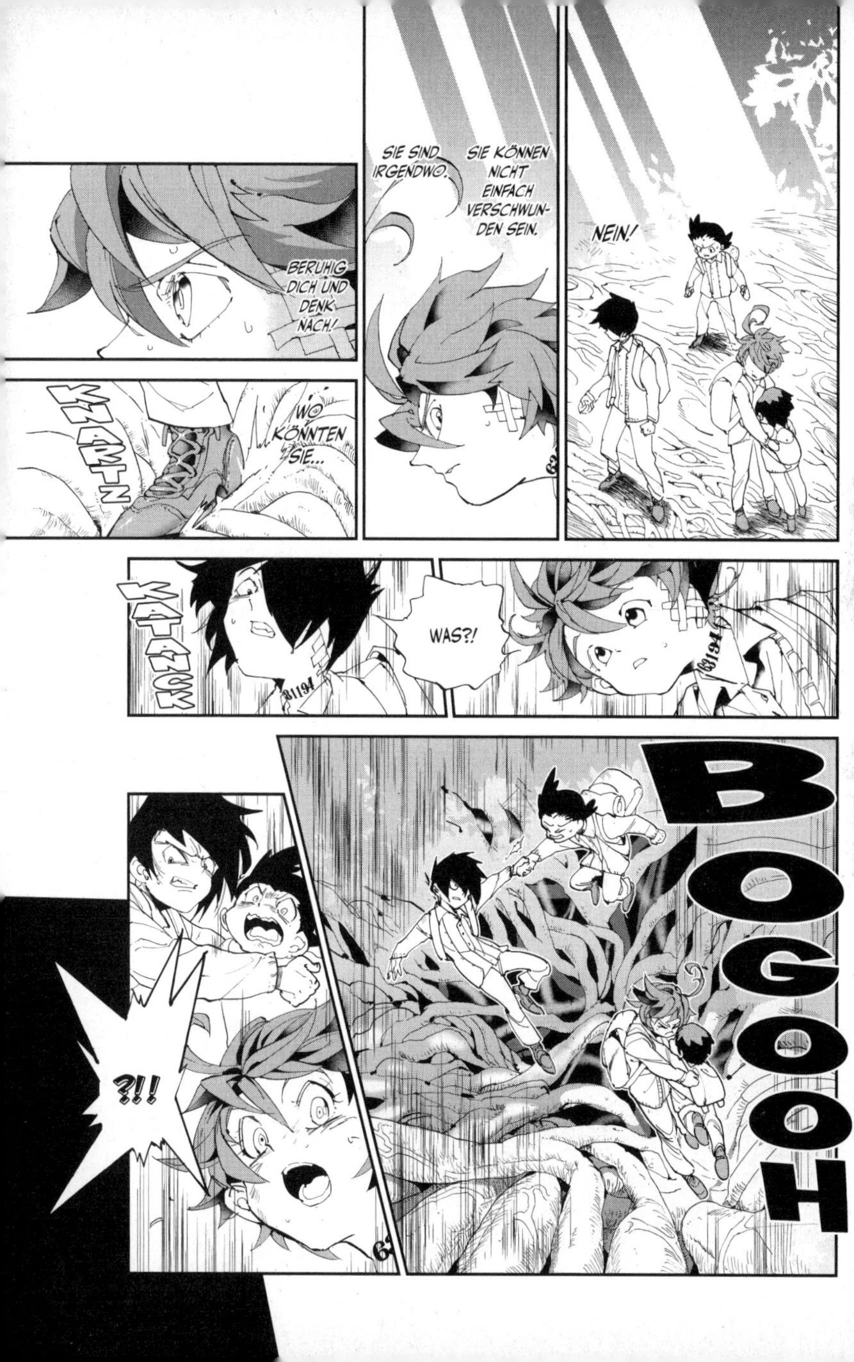
NEIN!
SIE KÖNNEN NICHT EINFACH VERSCHWUNDEN SEIN.
SIE SIND IRGENDWO.
BERUHIG DICH UND DENK NACH!
WO KÖNNTEN SIE...
KNARTZ
WAS?!
KATANCK
BOGOOH
?!!

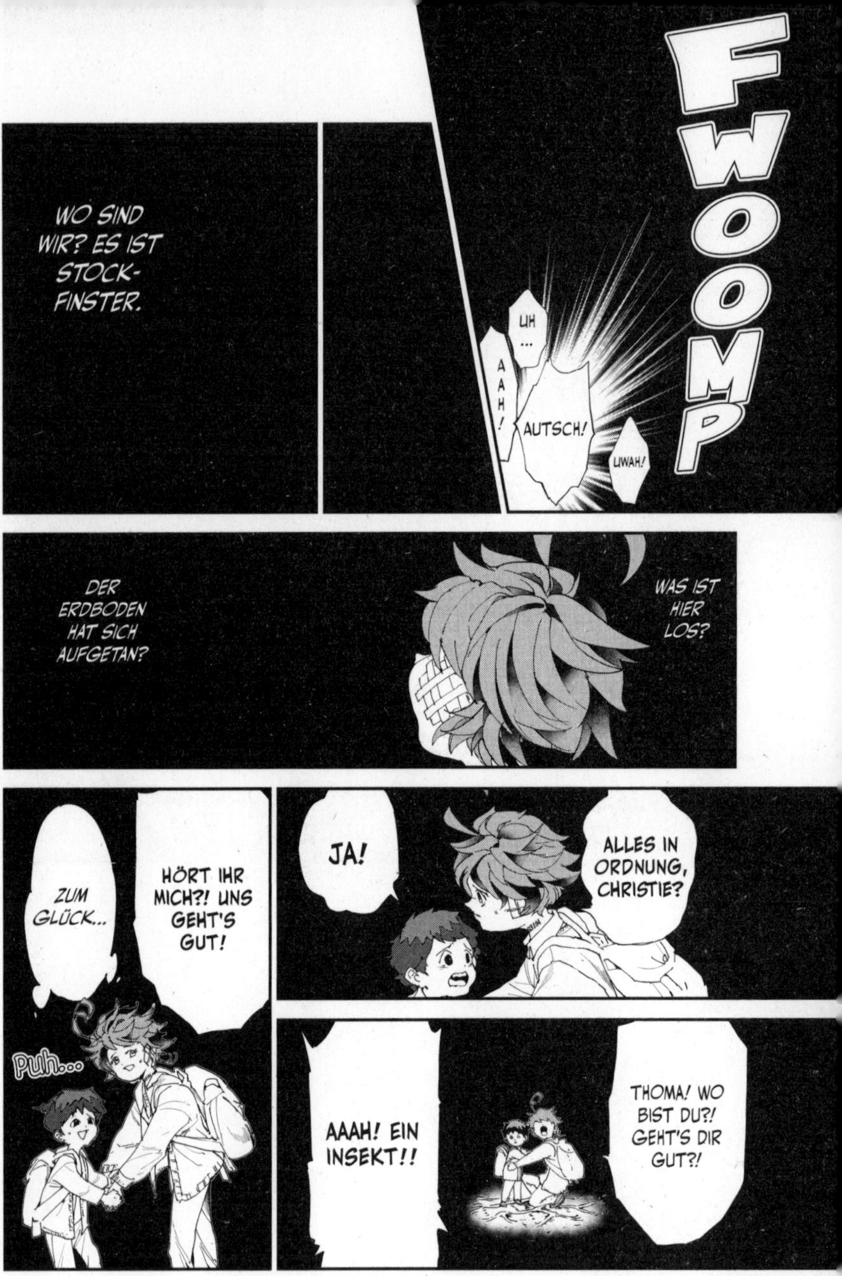
FWOOMP
UH ...
AAH!
AUTSCH!
UWAH!
WO SIND WIR? ES IST STOCK-FINSTER.
WAS IST HIER LOS?
DER ERDBODEN HAT SICH AUFGETAN?
ALLES IN ORDNUNG, CHRISTIE?
JA!
THOMA! WO BIST DU?! GEHT'S DIR GUT?!
AAAH! EIN INSEKT!!
HÖRT IHR MICH?! UNS GEHT'S GUT!
ZUM GLÜCK...
Puh...

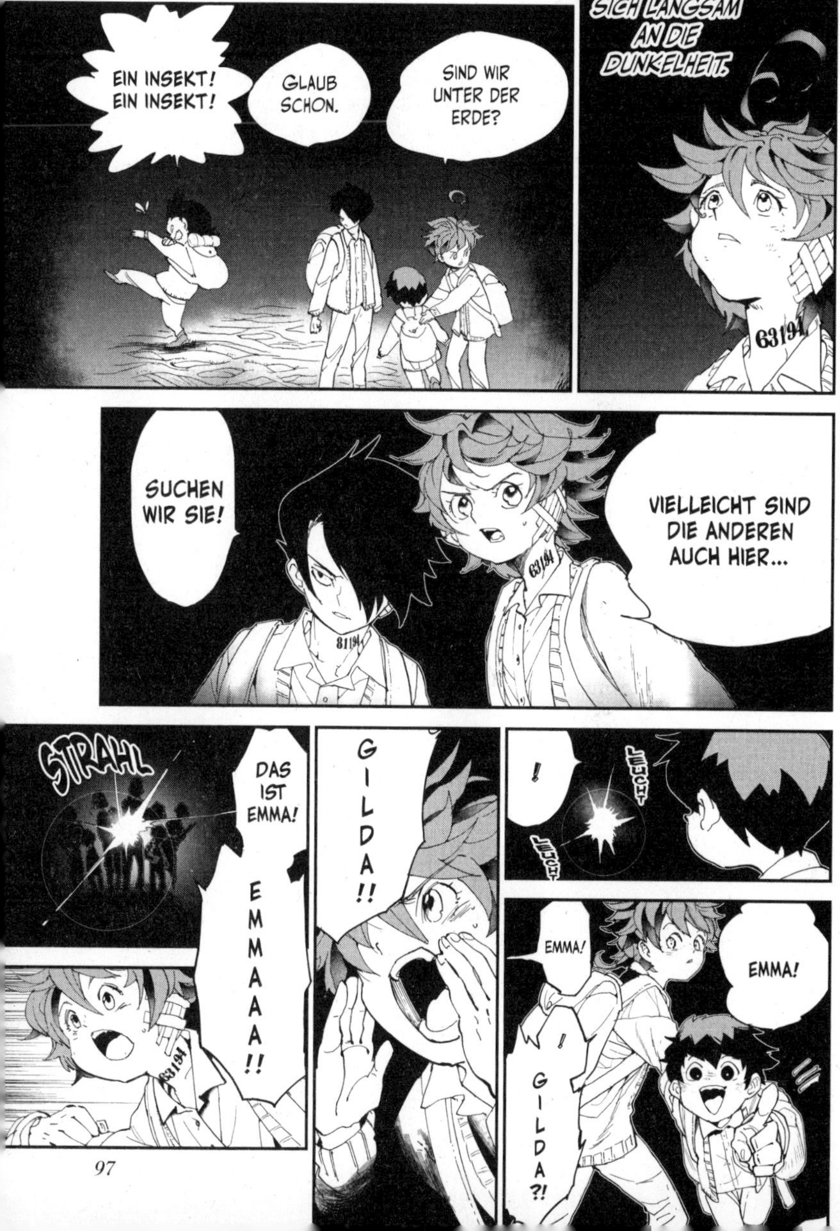
MEINE AUGEN GEWÖHNEN SICH LANGSAM AN DIE DUNKELHEIT.
SIND WIR UNTER DER ERDE?
GLAUB SCHON.
EIN INSEKT! EIN INSEKT!
VIELLEICHT SIND DIE ANDEREN AUCH HIER...
SUCHEN WIR SIE!
!
LEUCHT
LEUCHT
GILDA!!
DAS IST EMMA!
STRAHL
EMMA!
EMMA!
!
GILDA?!
EMMAAAA!!

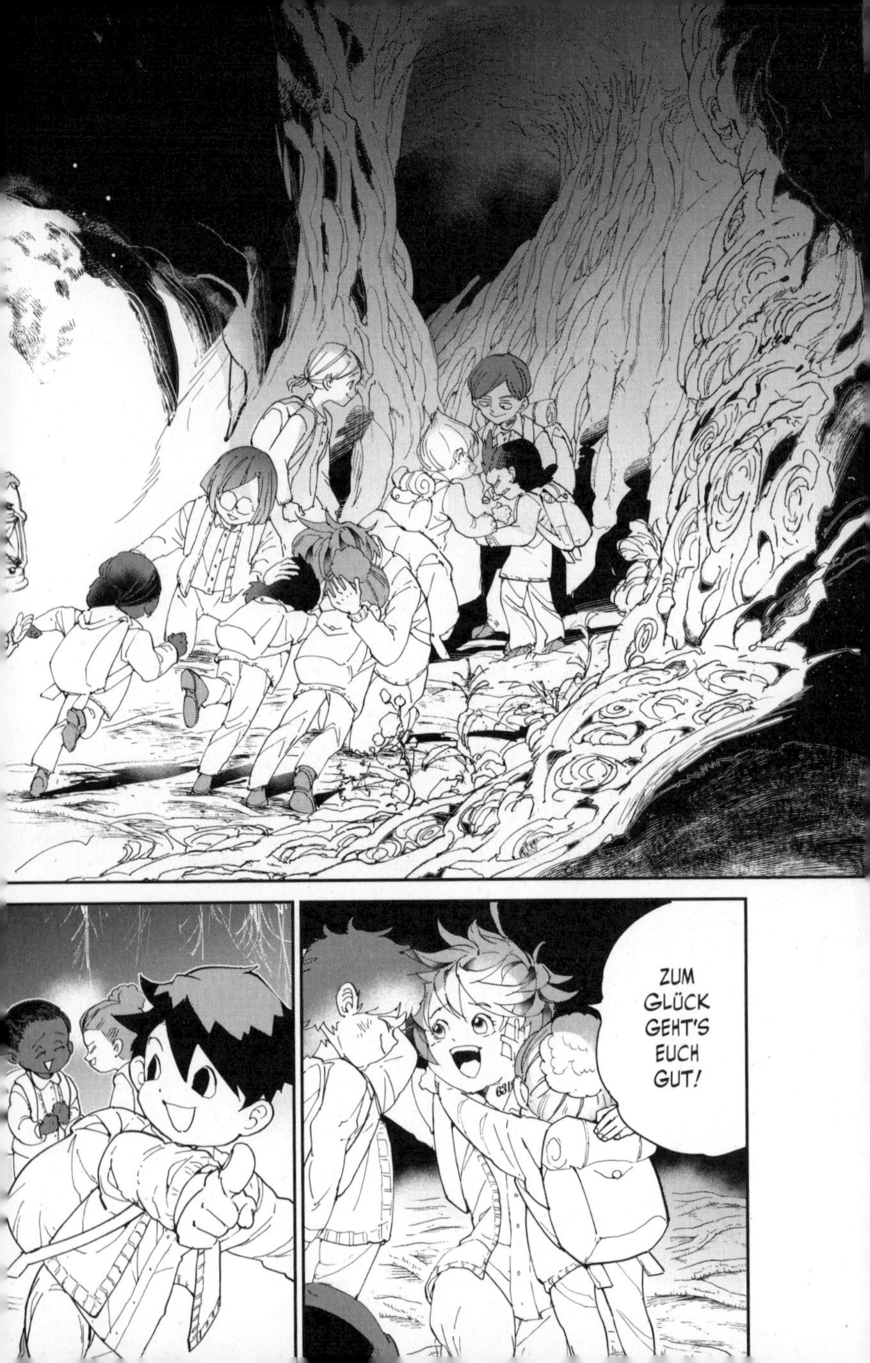
ZUM GLÜCK GEHT'S EUCH GUT!

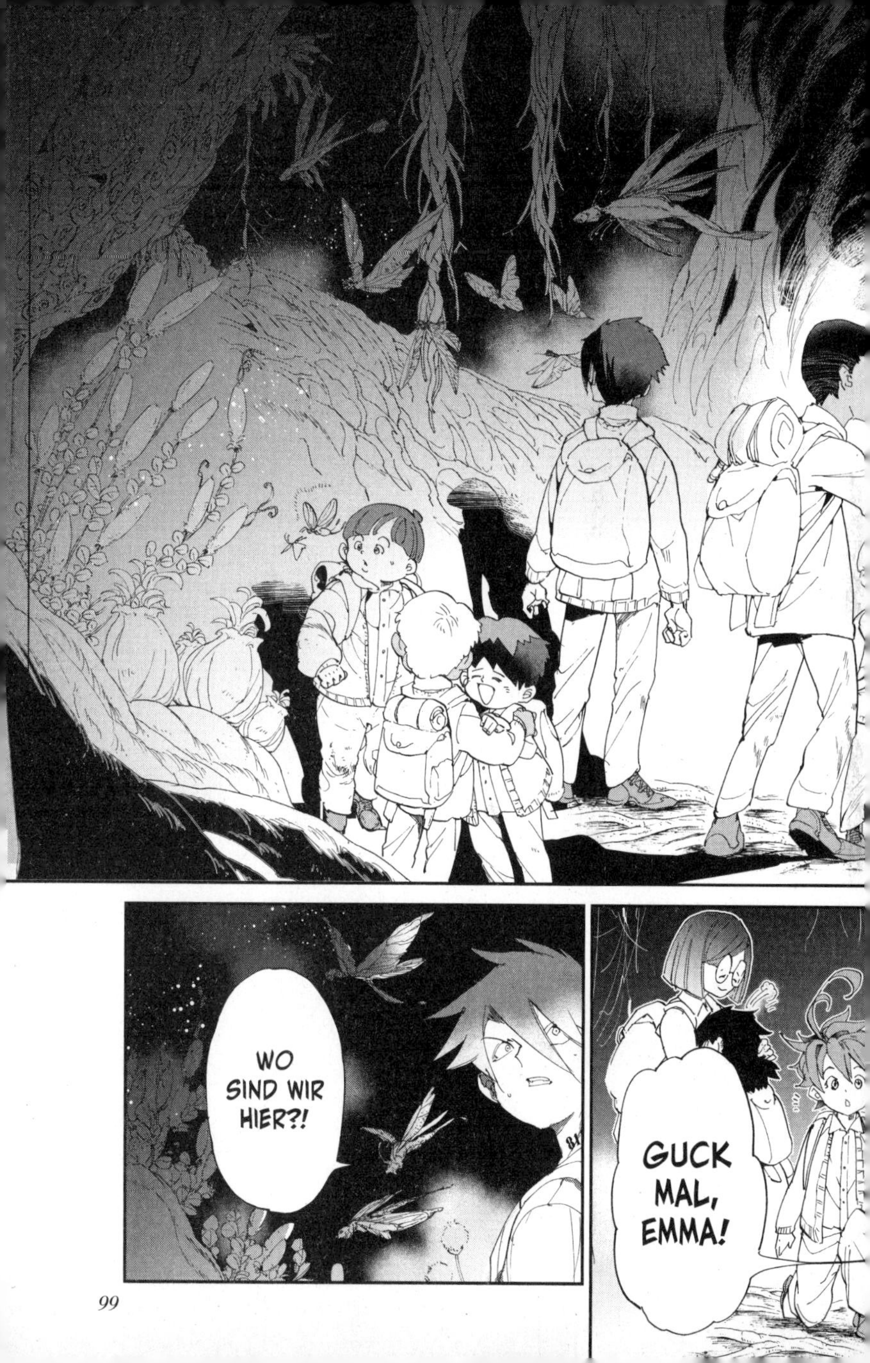
WO SIND WIR HIER?!
GUCK MAL, EMMA!

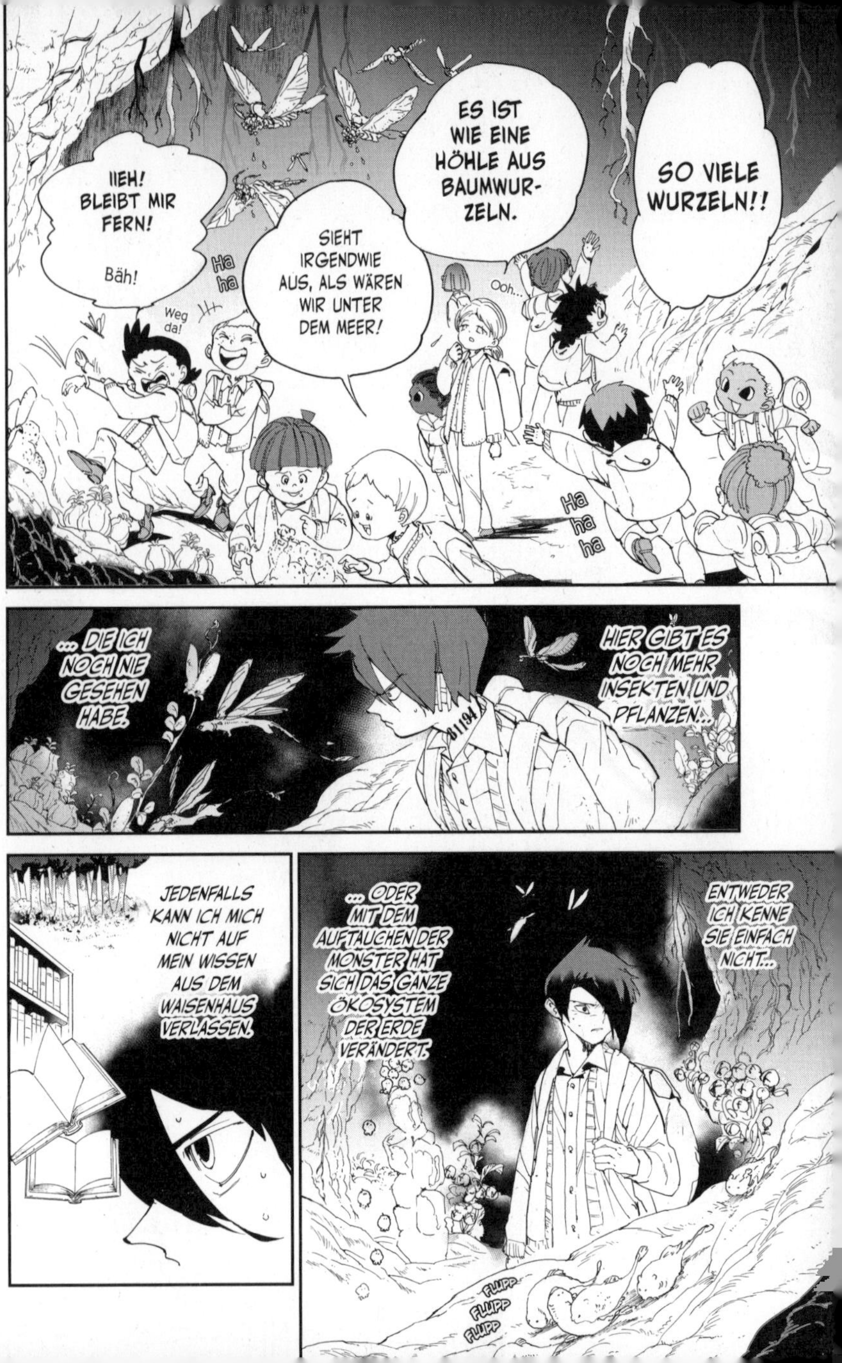
SO VIELE WURZELN!!
ES IST WIE EINE HÖHLE AUS BAUMWURZELN.
Ooh...
SIEHT IRGENDWIE AUS, ALS WÄREN WIR UNTER DEM MEER!
Ha ha ha
IIEH! BLEIBT MIR FERN!
Bäh!
Weg da!
Ha ha
HIER GIBT ES NOCH MEHR INSEKTEN UND PFLANZEN...
... DIE ICH NOCH NIE GESEHEN HABE.
ENTWEDER ICH KENNE SIE EINFACH NICHT...
... ODER MIT DEM AUFTAUCHEN DER MONSTER HAT SICH DAS GANZE ÖKOSYSTEM DER ERDE VERÄNDERT.
FLUPP
FLUPP
FLUPP
JEDENFALLS KANN ICH MICH NICHT AUF MEIN WISSEN AUS DEM WAISENHAUS VERLASSEN.

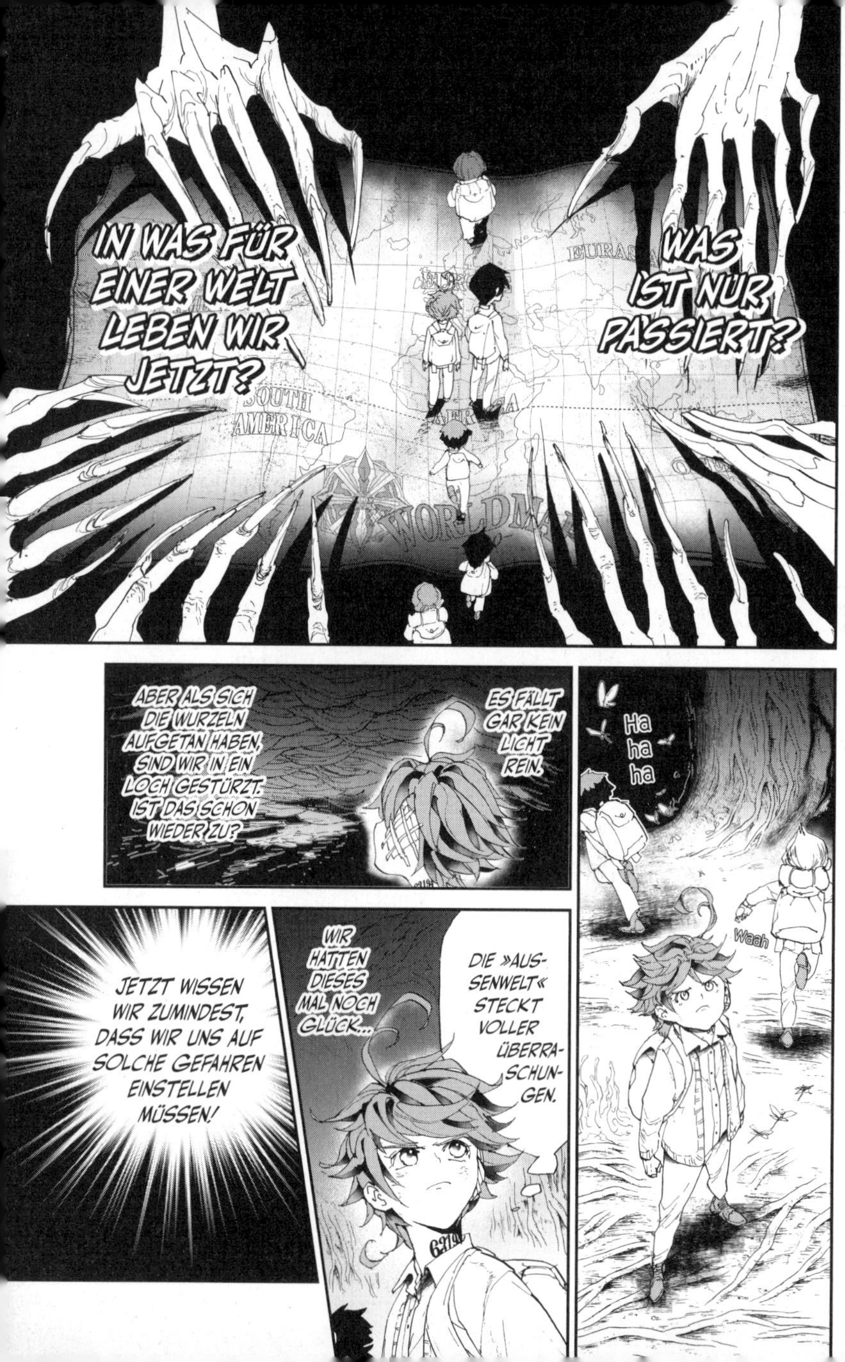
WAS IST NUR PASSIERT?
IN WAS FÜR EINER WELT LEBEN WIR JETZT?
SOUTH AMERICA
ES FÄLLT GAR KEIN LICHT REIN.
ABER ALS SICH DIE WURZELN AUFGETAN HABEN, SIND WIR IN EIN LOCH GESTÜRZT. IST DAS SCHON WIEDER ZU?
Ha ha ha
Waah
DIE »AUS-SENWELT« STECKT VOLLER ÜBERRA-SCHUN-GEN.
WIR HATTEN DIESES MAL NOCH GLÜCK …
JETZT WISSEN WIR ZUMINDEST, DASS WIR UNS AUF SOLCHE GEFAHREN EINSTELLEN MÜSSEN!

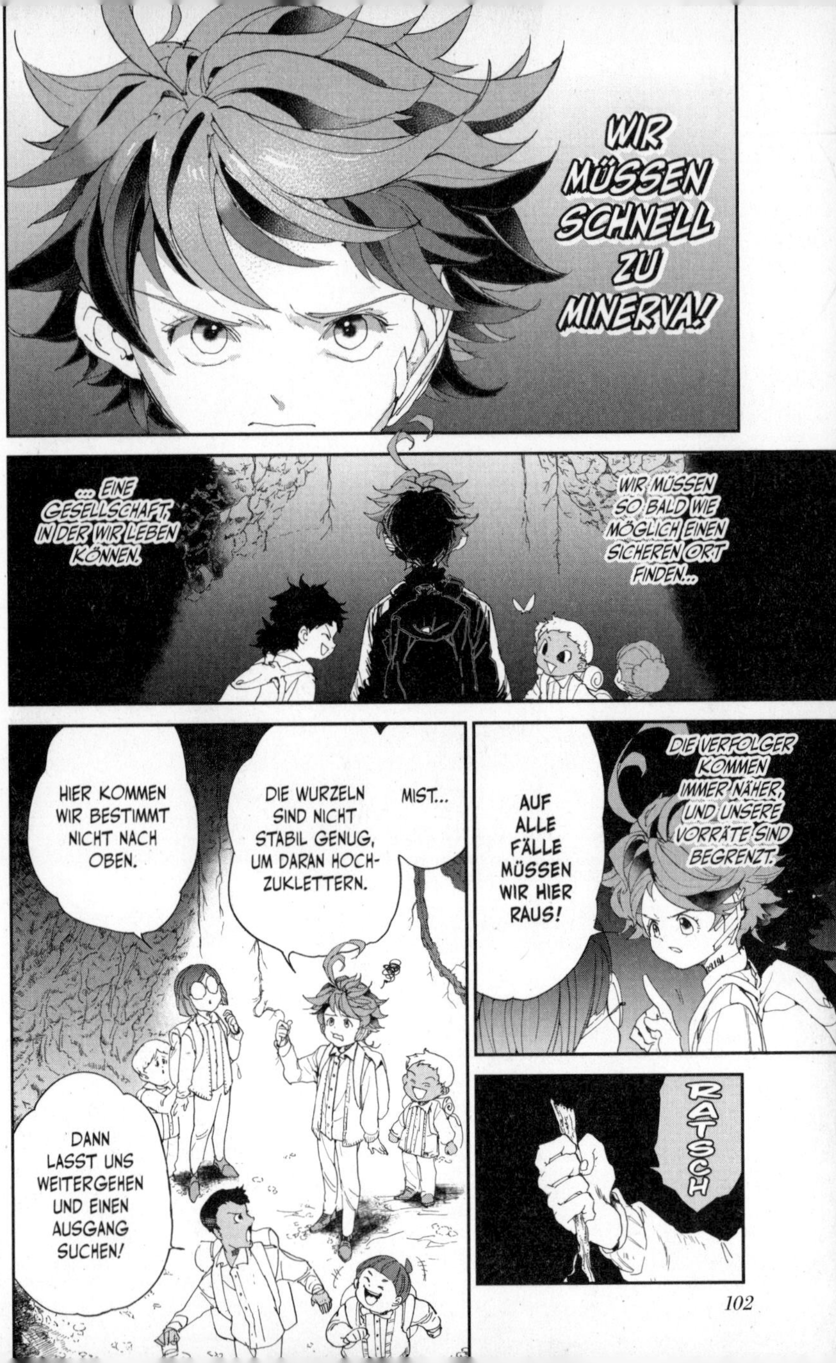
WIR MÜSSEN SCHNELL ZU MINERVA!
WIR MÜSSEN SO BALD WIE MÖGLICH EINEN SICHEREN ORT FINDEN...
... EINE GESELLSCHAFT, IN DER WIR LEBEN KÖNNEN.
DIE VERFOLGER KOMMEN IMMER NÄHER, UND UNSERE VORRÄTE SIND BEGRENZT.
AUF ALLE FÄLLE MÜSSEN WIR HIER RAUS!
RATSCH
MIST...
DIE WURZELN SIND NICHT STABIL GENUG, UM DARAN HOCH-ZUKLETTERN.
HIER KOMMEN WIR BESTIMMT NICHT NACH OBEN.
DANN LASST UNS WEITERGEHEN UND EINEN AUSGANG SUCHEN!

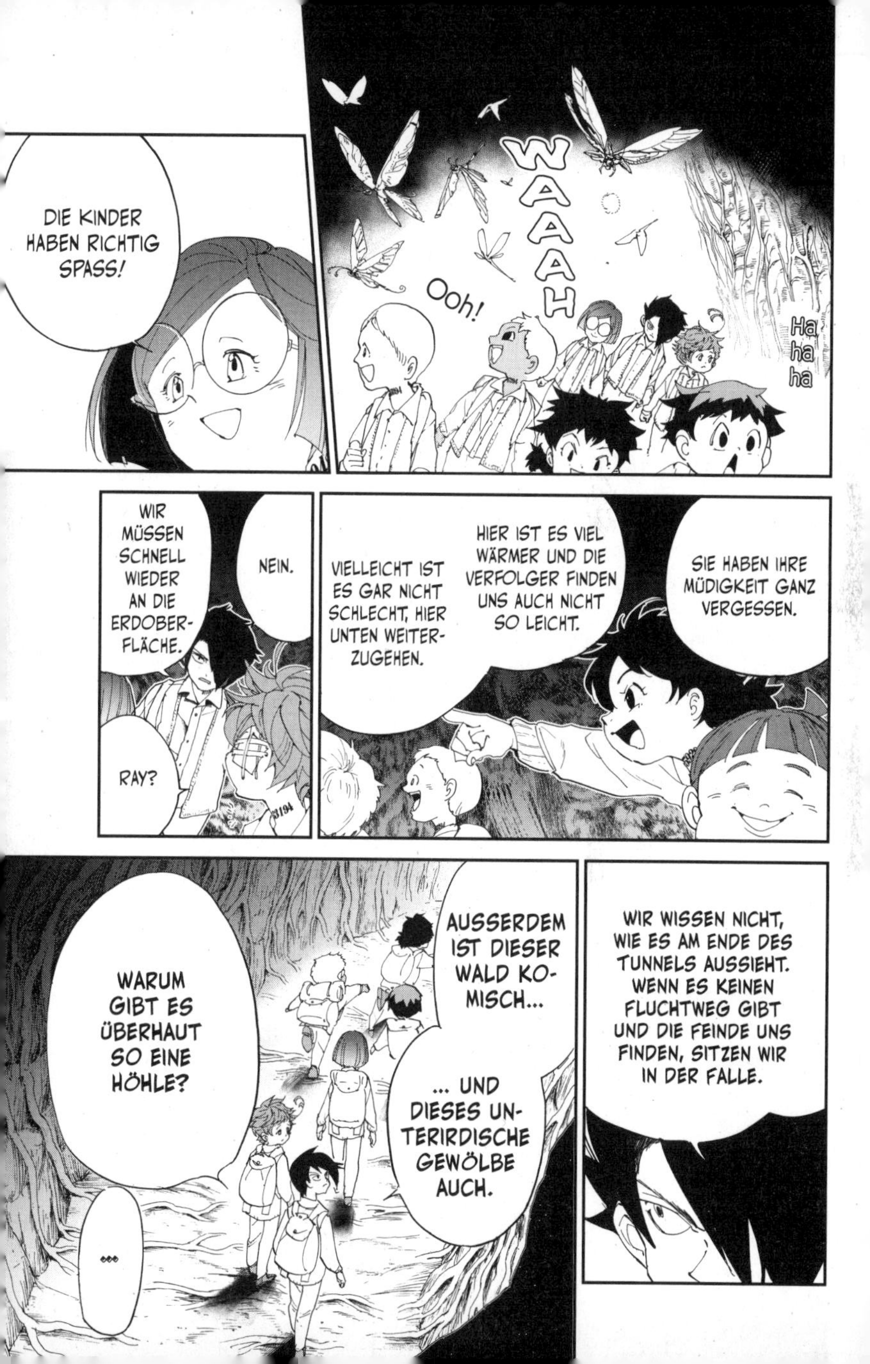
WAAAH
Ooh!
Ha ha ha
DIE KINDER HABEN RICHTIG SPASS!
SIE HABEN IHRE MÜDIGKEIT GANZ VERGESSEN.
HIER IST ES VIEL WÄRMER UND DIE VERFOLGER FINDEN UNS AUCH NICHT SO LEICHT.
VIELLEICHT IST ES GAR NICHT SCHLECHT, HIER UNTEN WEITERZUGEHEN.
NEIN.
WIR MÜSSEN SCHNELL WIEDER AN DIE ERDOBERFLÄCHE.
RAY?
WIR WISSEN NICHT, WIE ES AM ENDE DES TUNNELS AUSSIEHT. WENN ES KEINEN FLUCHTWEG GIBT UND DIE FEINDE UNS FINDEN, SITZEN WIR IN DER FALLE.
AUSSERDEM IST DIESER WALD KOMISCH...
... UND DIESES UNTERIRDISCHE GEWÖLBE AUCH.
WARUM GIBT ES ÜBERHAUPT SO EINE HÖHLE?
...

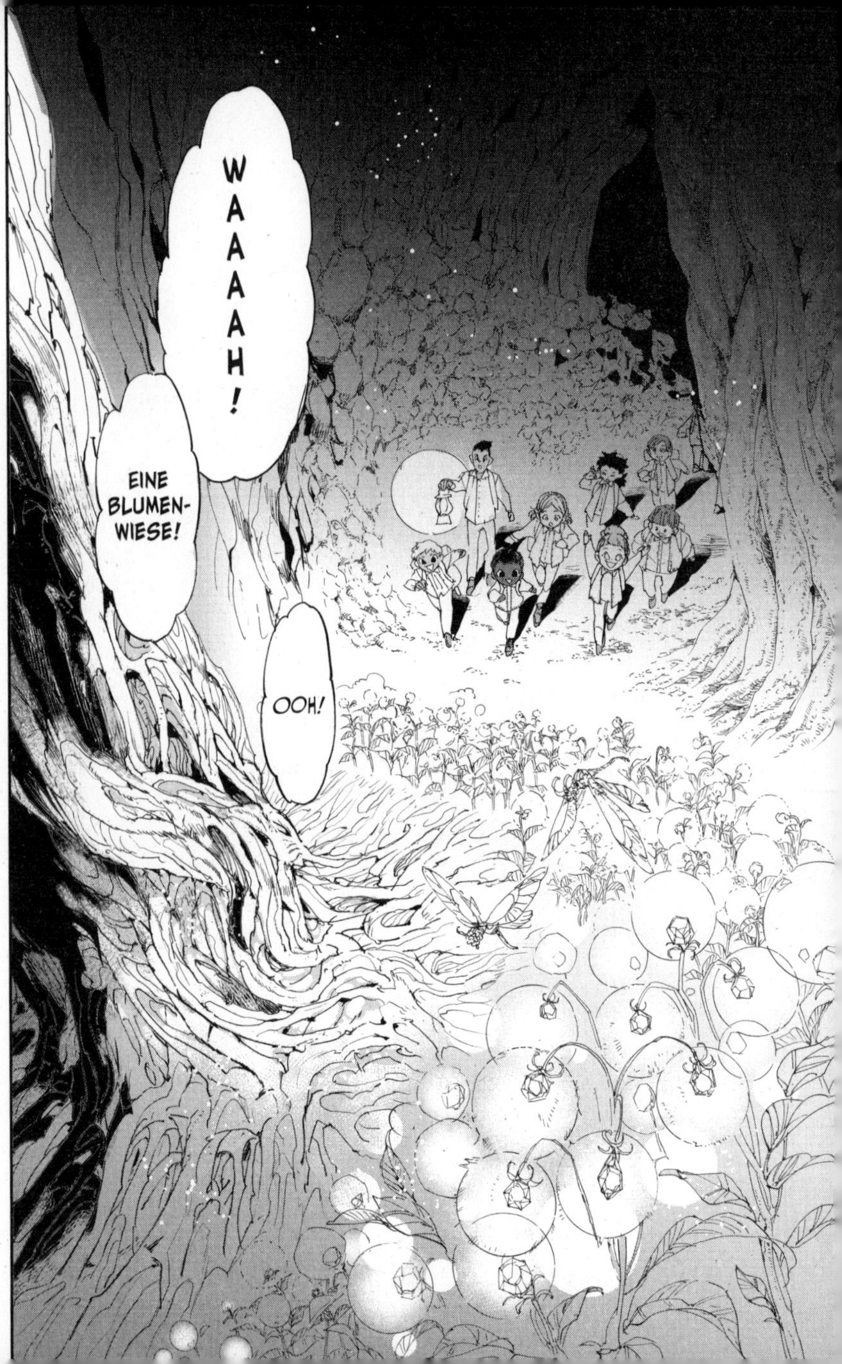
WAAAAAH!
EINE BLUMENWIESE!
OOH!

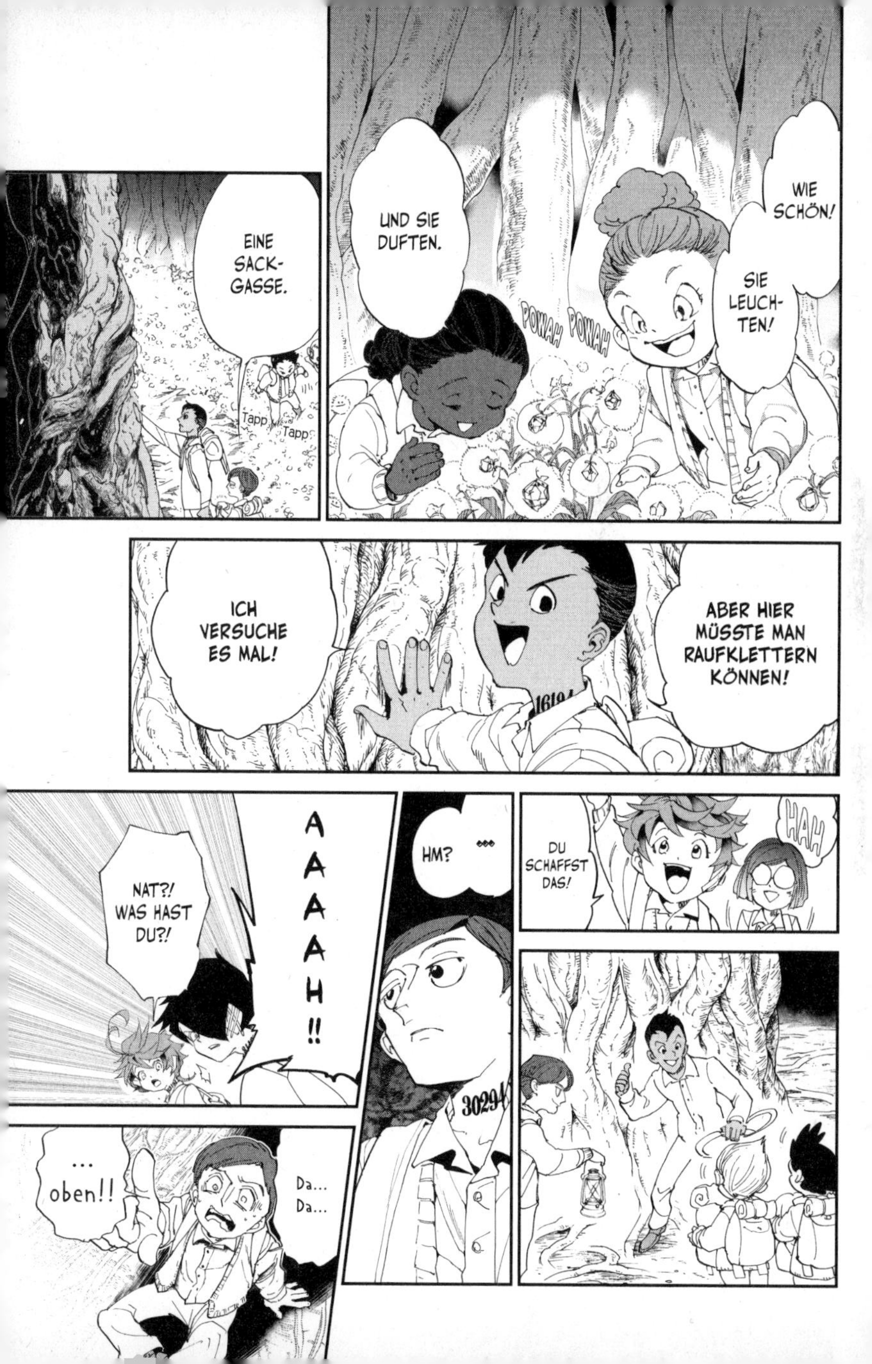
WIE SCHÖN!
SIE LEUCH-TEN!
POWAH POWAH
UND SIE DUFTEN.
EINE SACK-GASSE.
Tapp Tapp
ABER HIER MÜSSTE MAN RAUFKLETTERN KÖNNEN!
ICH VERSUCHE ES MAL!
HAH
DU SCHAFFST DAS!
HM? ...
AAAAH!!
NAT?! WAS HAST DU?!
Da... Da...
... oben!!

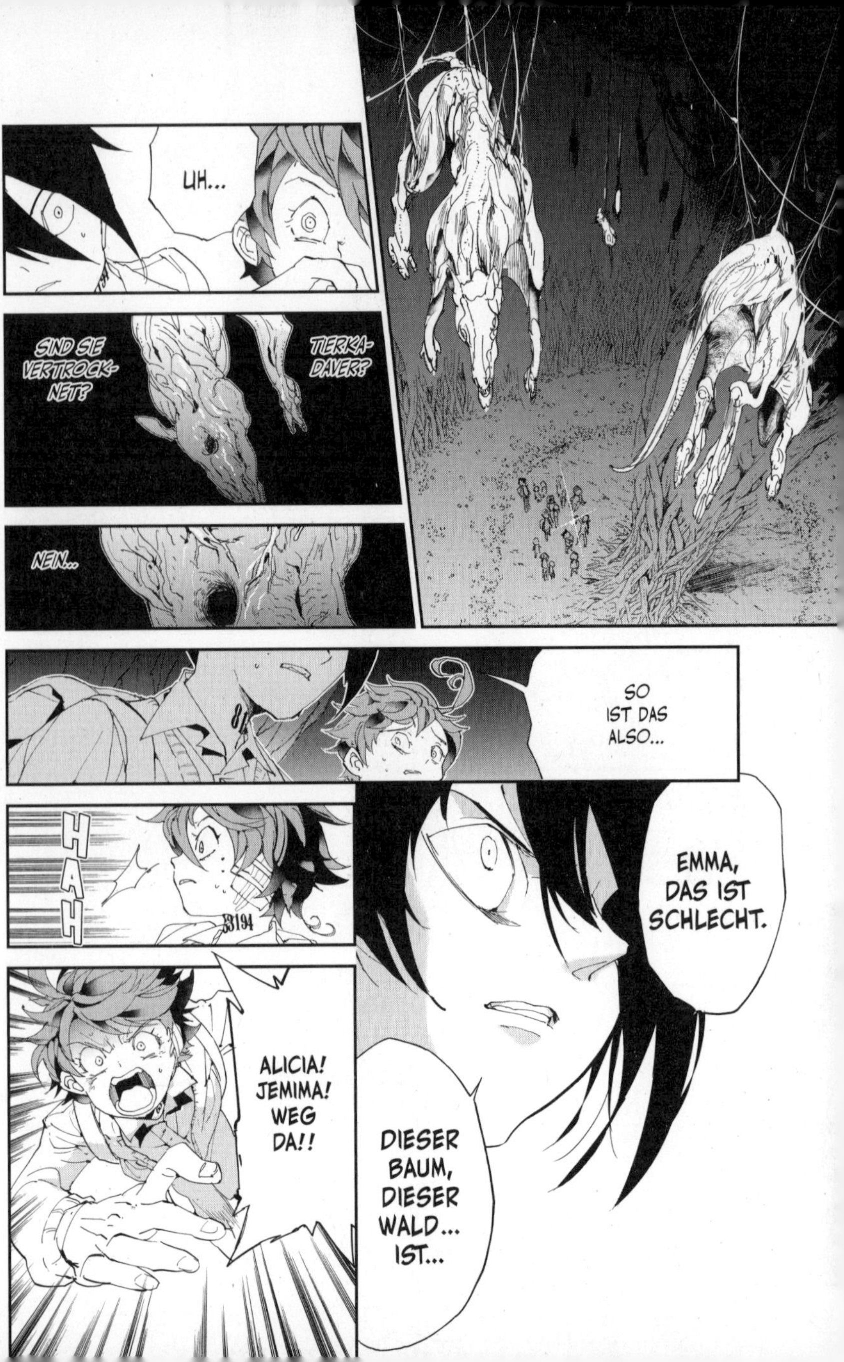
UH...
TIERKA-
DAVER?
SIND SIE
VERTROCK-
NET?
NEIN...
SO
IST DAS
ALSO...
EMMA,
DAS IST
SCHLECHT.
HAH
DIESER
BAUM,
DIESER
WALD...
IST...
ALICIA!
JEMIMA!
WEG
DA!!

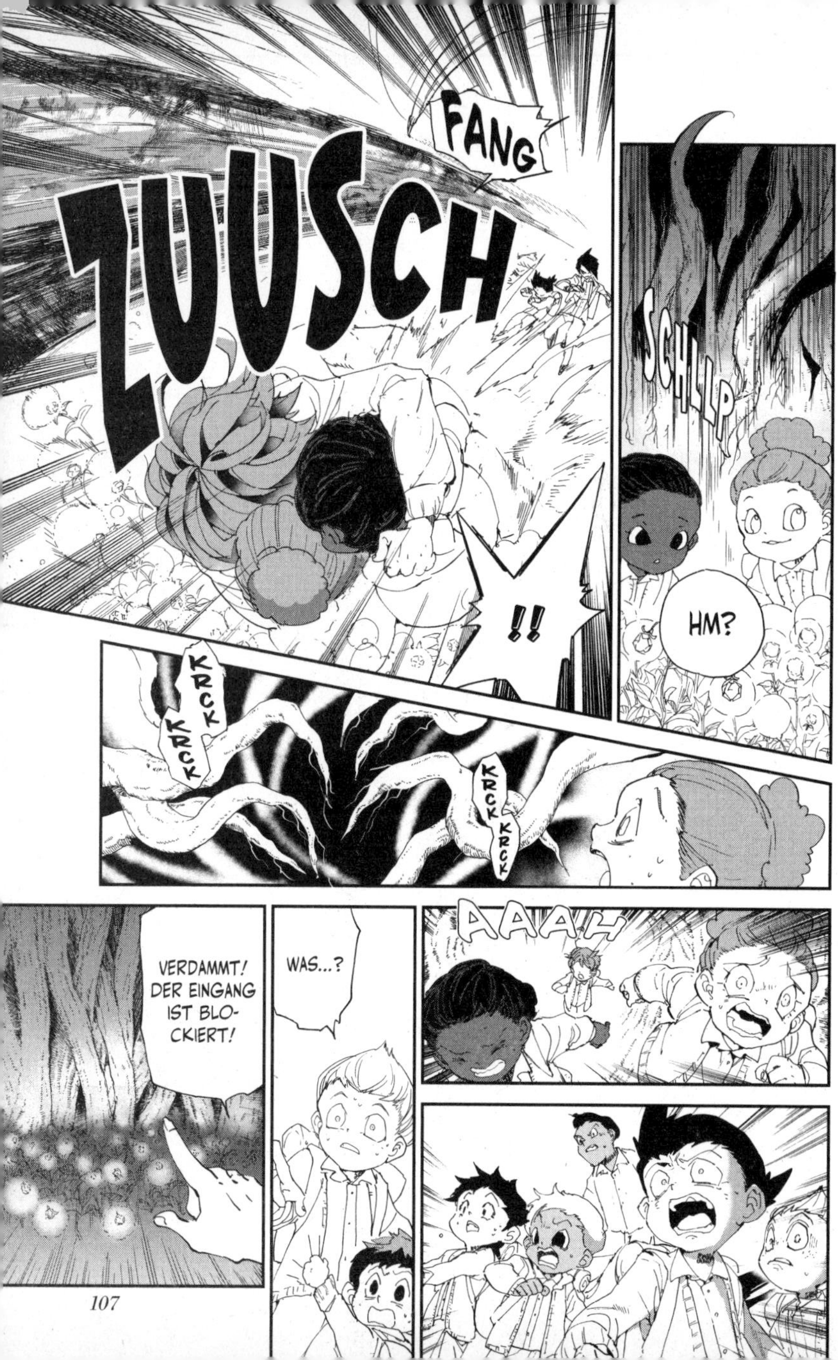
SCHLLP
HM?
ZUUSCH
FANG
!!
KRCK KRCK
KRCK KRCK
AAAH
WAS...?
VERDAMMT! DER EINGANG IST BLO-CKIERT!

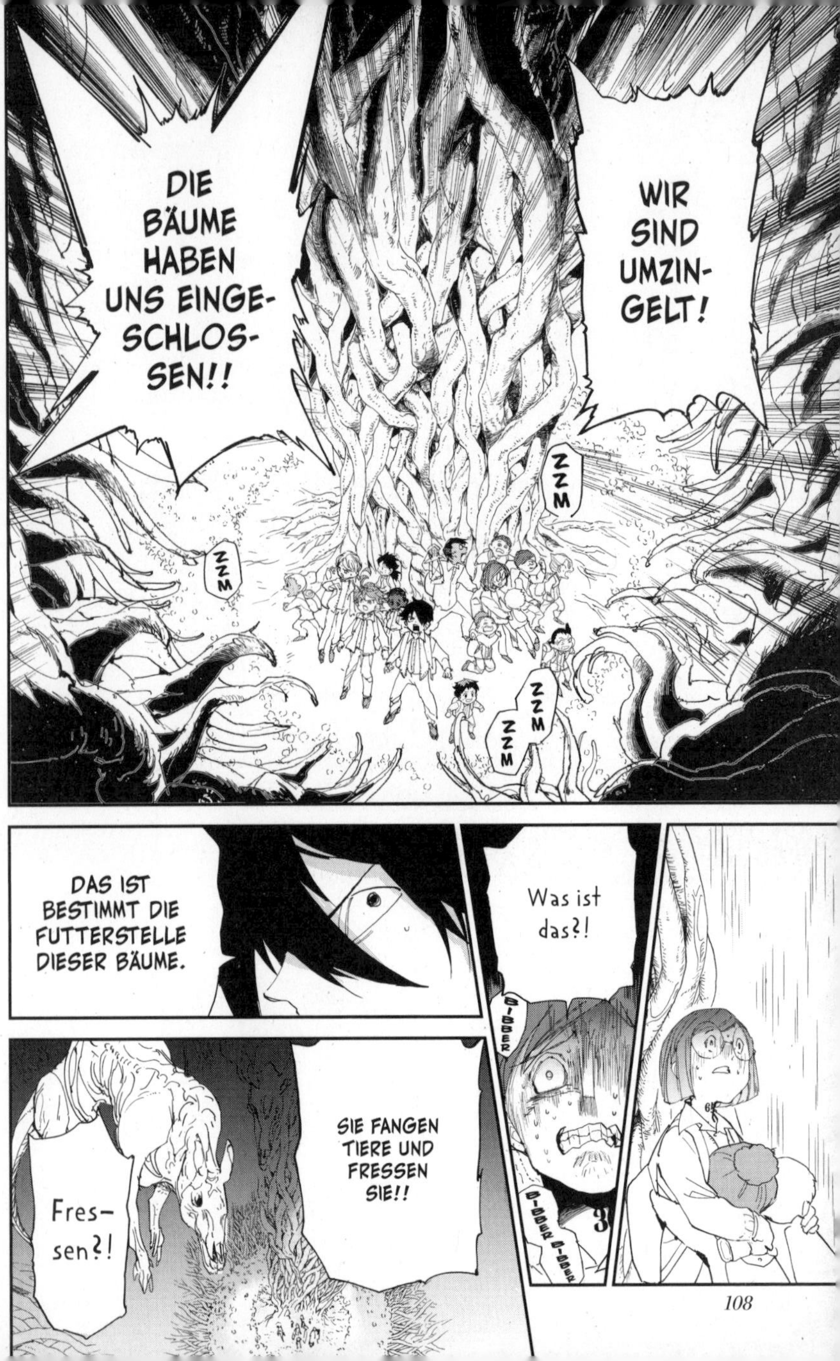
WIR SIND UMZIN-GELT!
DIE BÄUME HABEN UNS EINGE-SCHLOS-SEN!!
ZZM
ZZM
ZZM
ZZM
Was ist das?!
DAS IST BESTIMMT DIE FUTTERSTELLE DIESER BÄUME.
BIBBER
BIBBER BIBBER
SIE FANGEN TIERE UND FRESSEN SIE!!
Fres-sen?!

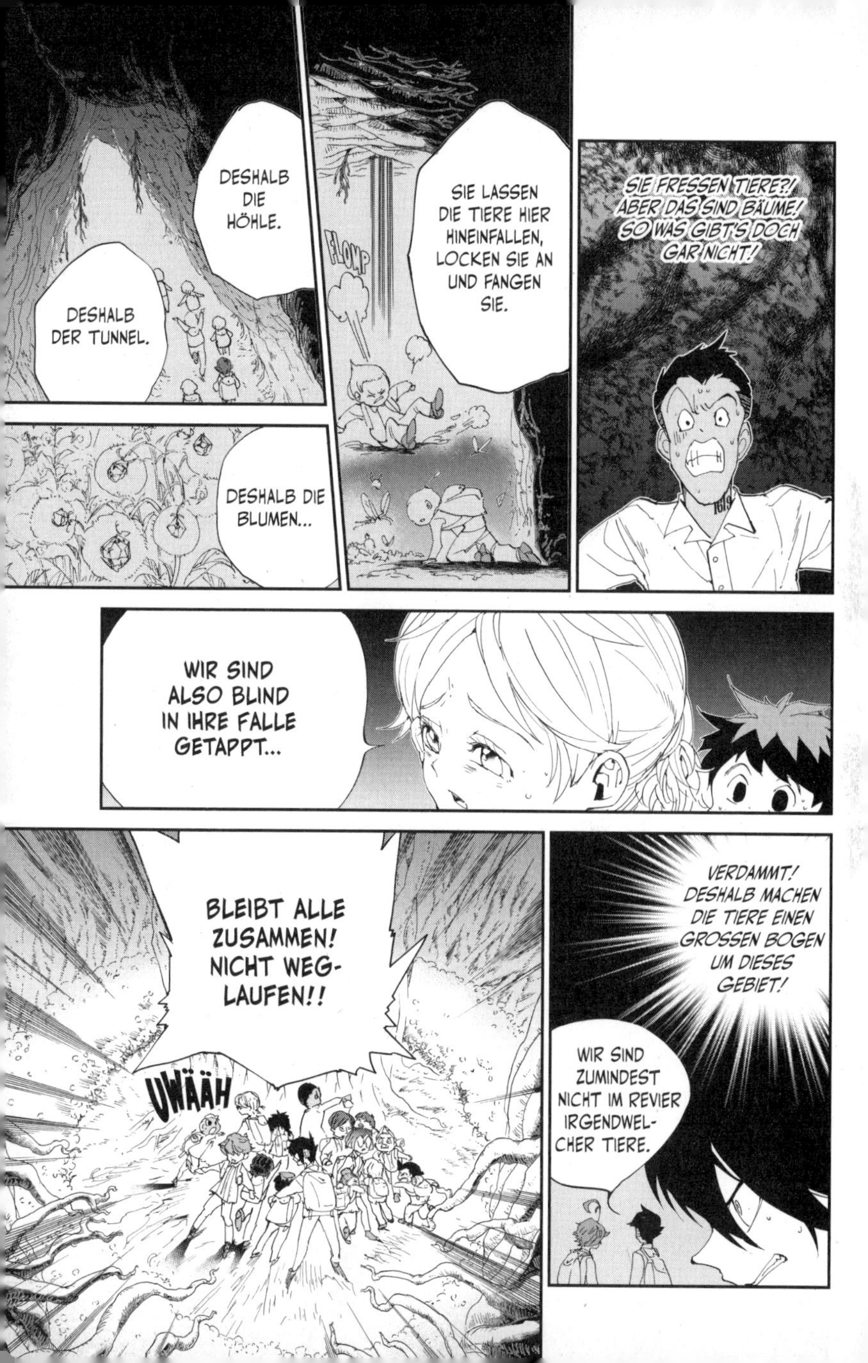
SIE FRESSEN TIERE?! ABER DAS SIND BÄUME! SO WAS GIBT'S DOCH GAR NICHT!
SIE LASSEN DIE TIERE HIER HINEINFALLEN, LOCKEN SIE AN UND FANGEN SIE.
FLOMP
DESHALB DIE HÖHLE.
DESHALB DER TUNNEL.
DESHALB DIE BLUMEN...
WIR SIND ALSO BLIND IN IHRE FALLE GETAPPT...
VERDAMMT! DESHALB MACHEN DIE TIERE EINEN GROSSEN BOGEN UM DIESES GEBIET!
WIR SIND ZUMINDEST NICHT IM REVIER IRGENDWEL-CHER TIERE.
BLEIBT ALLE ZUSAMMEN! NICHT WEG-LAUFEN!!
UWÄÄH

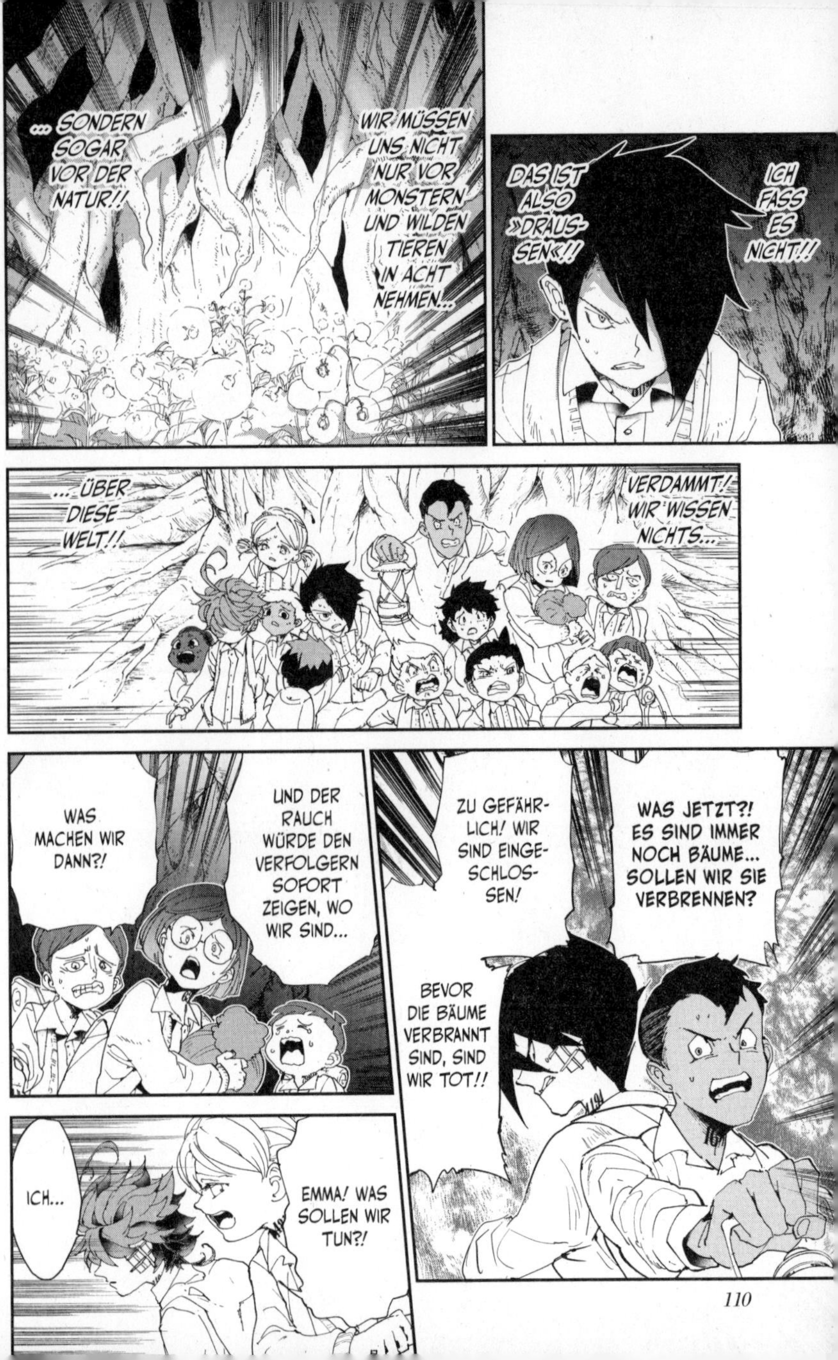
ICH FASS ES NICHT!!
DAS IST ALSO »DRAUSSEN«!!
WIR MÜSSEN UNS NICHT NUR VOR MONSTERN UND WILDEN TIEREN IN ACHT NEHMEN...
...SONDERN SOGAR VOR DER NATUR!!
VERDAMMT! WIR WISSEN NICHTS...
...ÜBER DIESE WELT!!
WAS JETZT?! ES SIND IMMER NOCH BÄUME... SOLLEN WIR SIE VERBRENNEN?
ZU GEFÄHRLICH! WIR SIND EINGESCHLOSSEN!
BEVOR DIE BÄUME VERBRANNT SIND, SIND WIR TOT!!
UND DER RAUCH WÜRDE DEN VERFOLGERN SOFORT ZEIGEN, WO WIR SIND...
WAS MACHEN WIR DANN?!
EMMA! WAS SOLLEN WIR TUN?!
ICH...

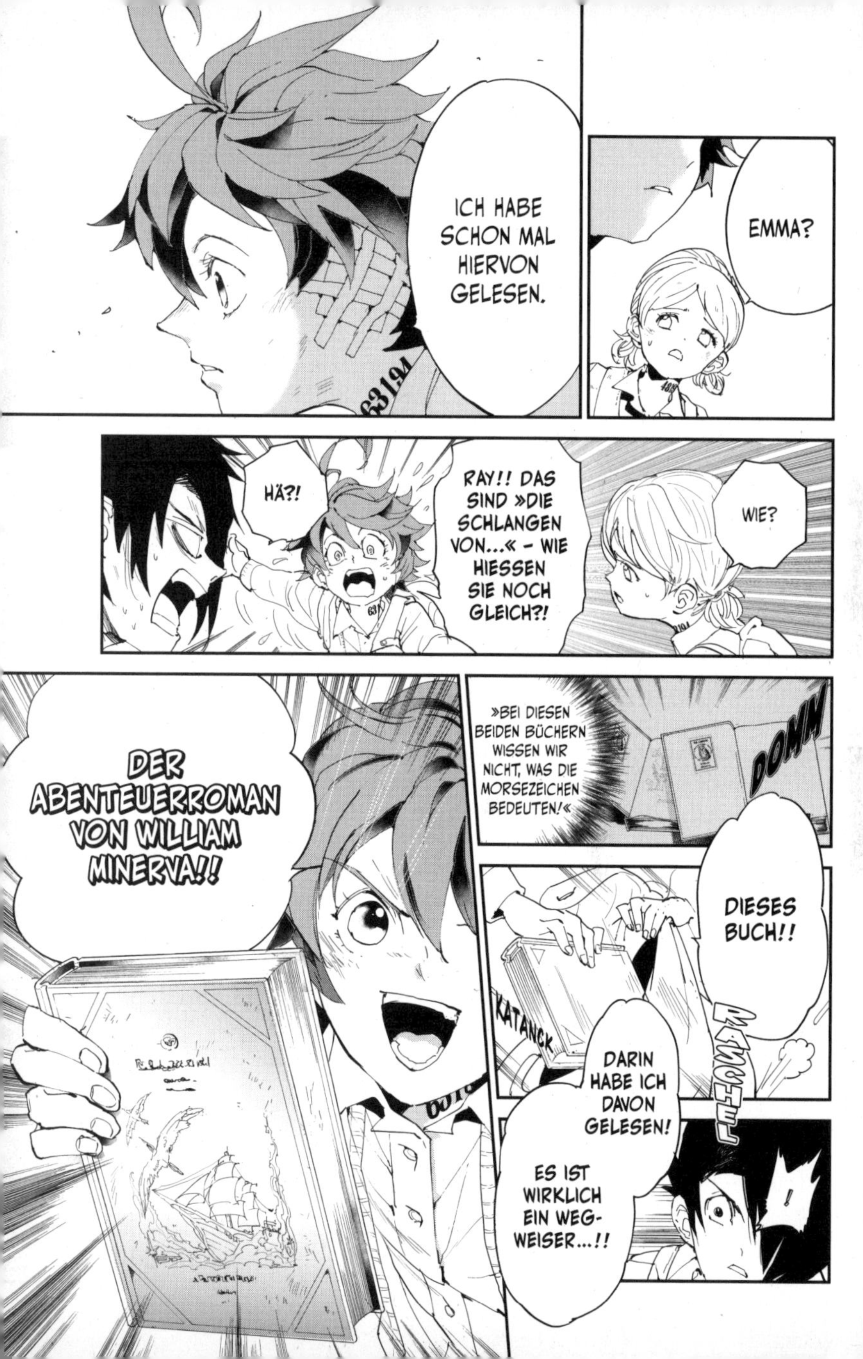

EMMA?
ICH HABE SCHON MAL HIERVON GELESEN.
WIE?
RAY!! DAS SIND »DIE SCHLANGEN VON...« – WIE HIESSEN SIE NOCH GLEICH?!
HÄ?!
»BEI DIESEN BEIDEN BÜCHERN WISSEN WIR NICHT, WAS DIE MORSEZEICHEN BEDEUTEN!«
DOMM
DER ABENTEUERROMAN VON WILLIAM MINERVA!!
DIESES BUCH!!
RASCHEL
KATANCK
DARIN HABE ICH DAVON GELESEN!
ES IST WIRKLICH EIN WEG-WEISER...!!
!

Bonusstory 2-②

Ich auch

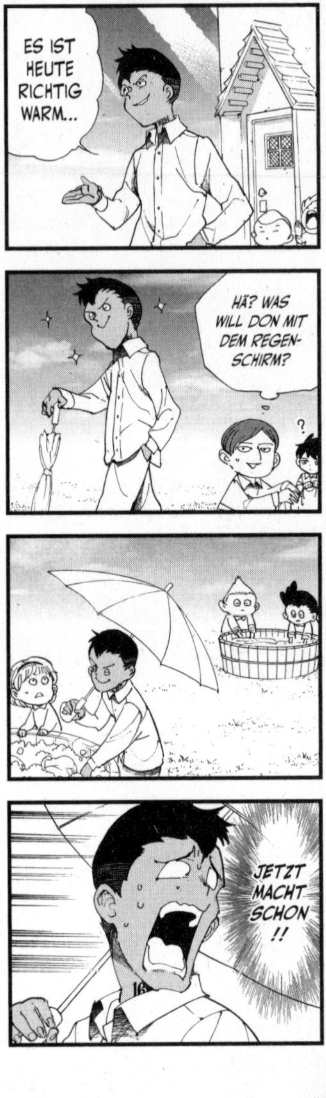

Der Regenschirm und ich

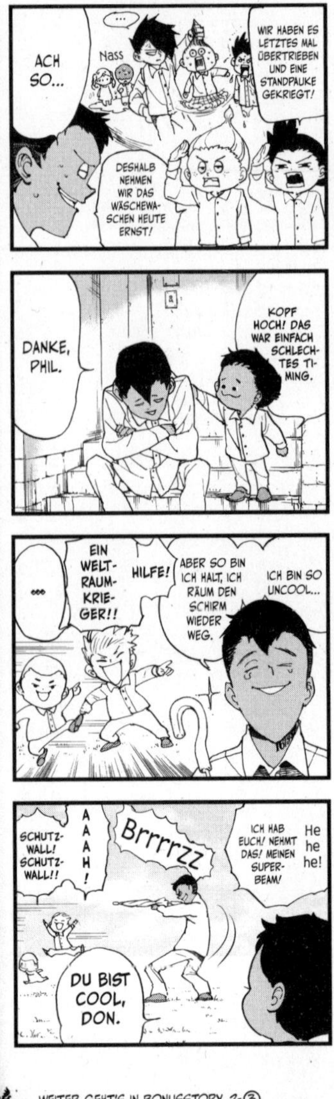

WEITER GEHT'S IN BONUSSTORY 2-③

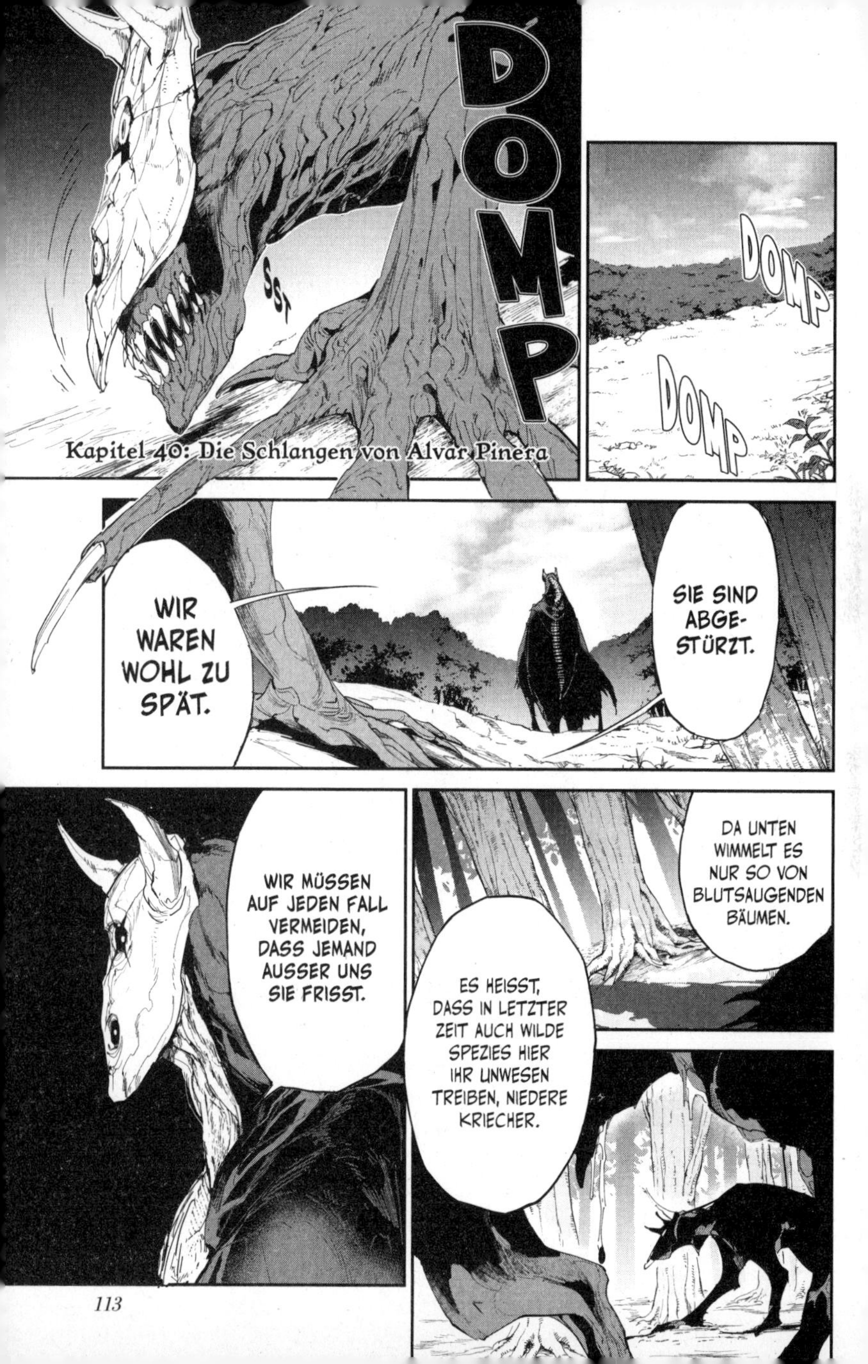
Kapitel 40: Die Schlangen von Alvar Pinera
DOMP
SST
DOMP
DOMP
SIE SIND ABGE-STÜRZT.
WIR WAREN WOHL ZU SPÄT.
DA UNTEN WIMMELT ES NUR SO VON BLUTSAUGENDEN BÄUMEN.
ES HEISST, DASS IN LETZTER ZEIT AUCH WILDE SPEZIES HIER IHR UNWESEN TREIBEN, NIEDERE KRIECHER.
WIR MÜSSEN AUF JEDEN FALL VERMEIDEN, DASS JEMAND AUSSER UNS SIE FRISST.

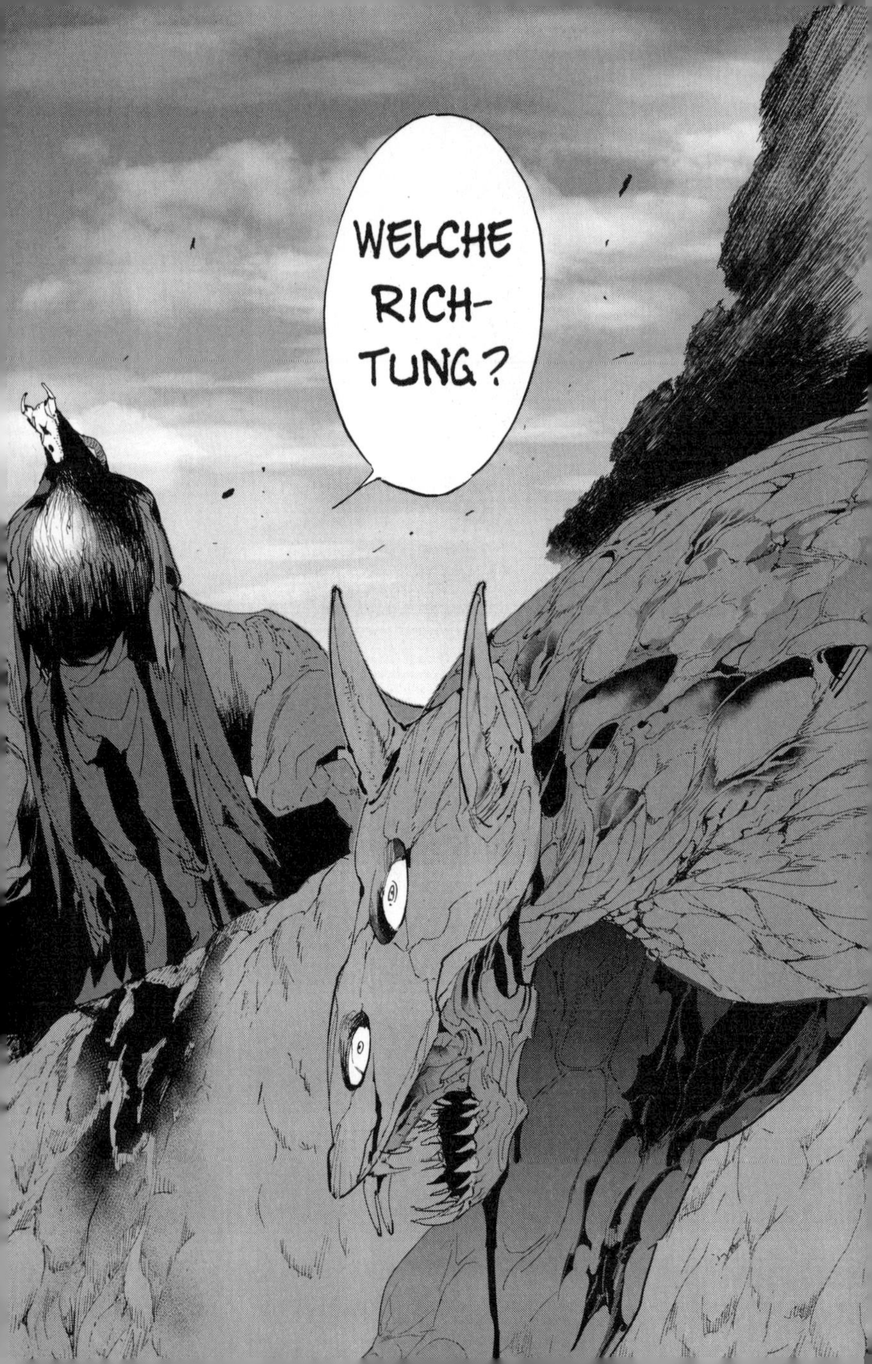
WELCHE RICH- TUNG?

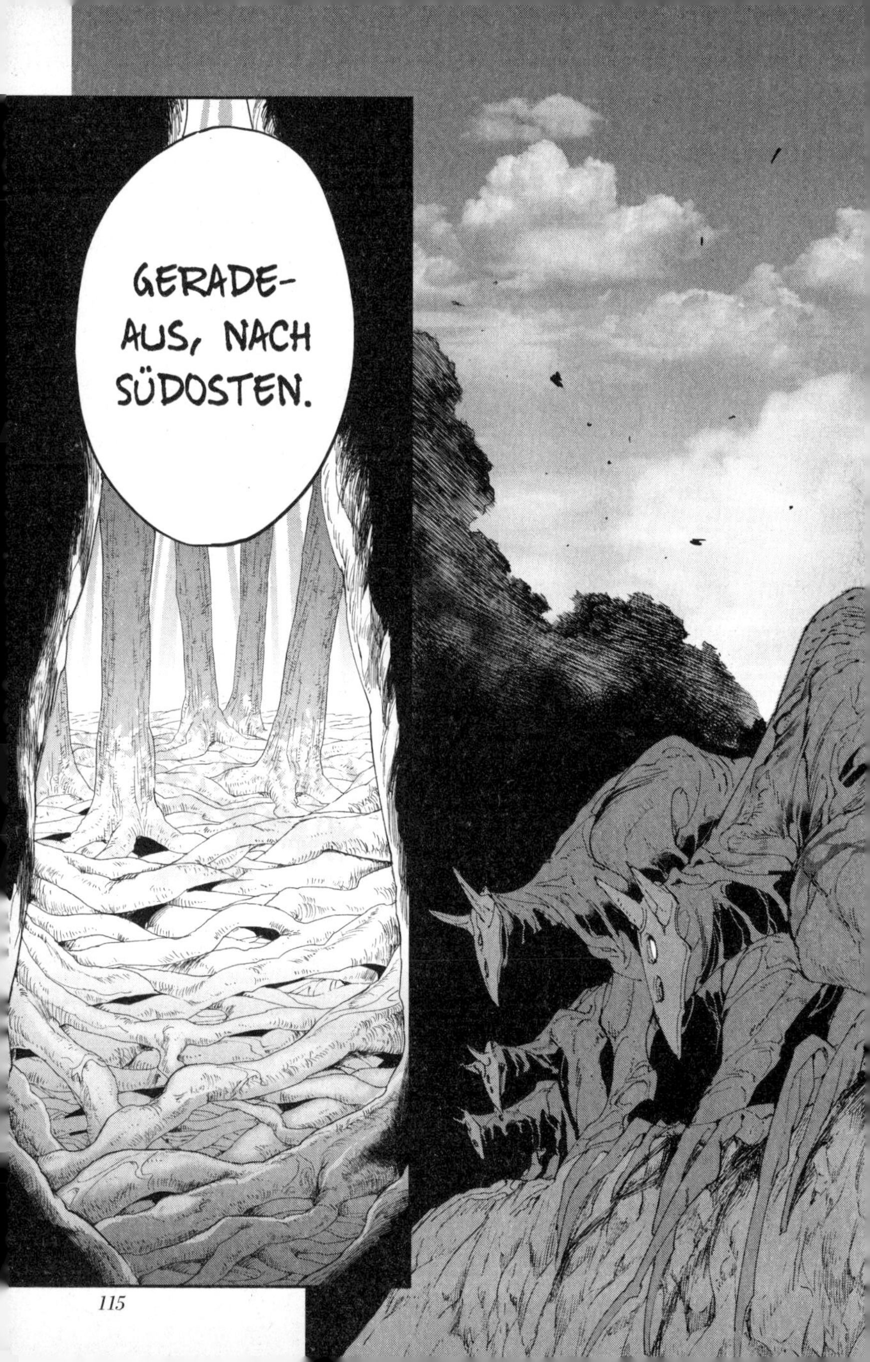
GERADE-AUS, NACH SÜDOSTEN.

Kapitel 40: Die Schlangen von Alvar Pineru

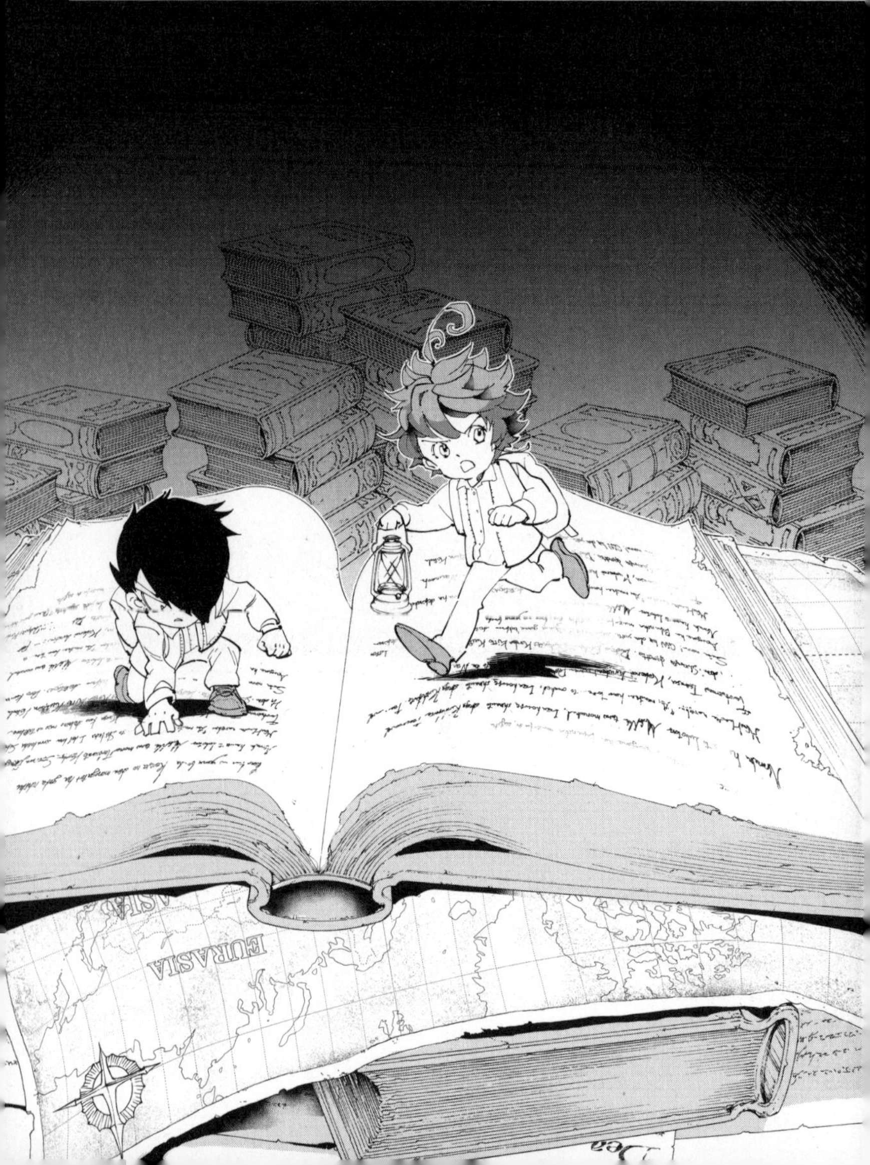

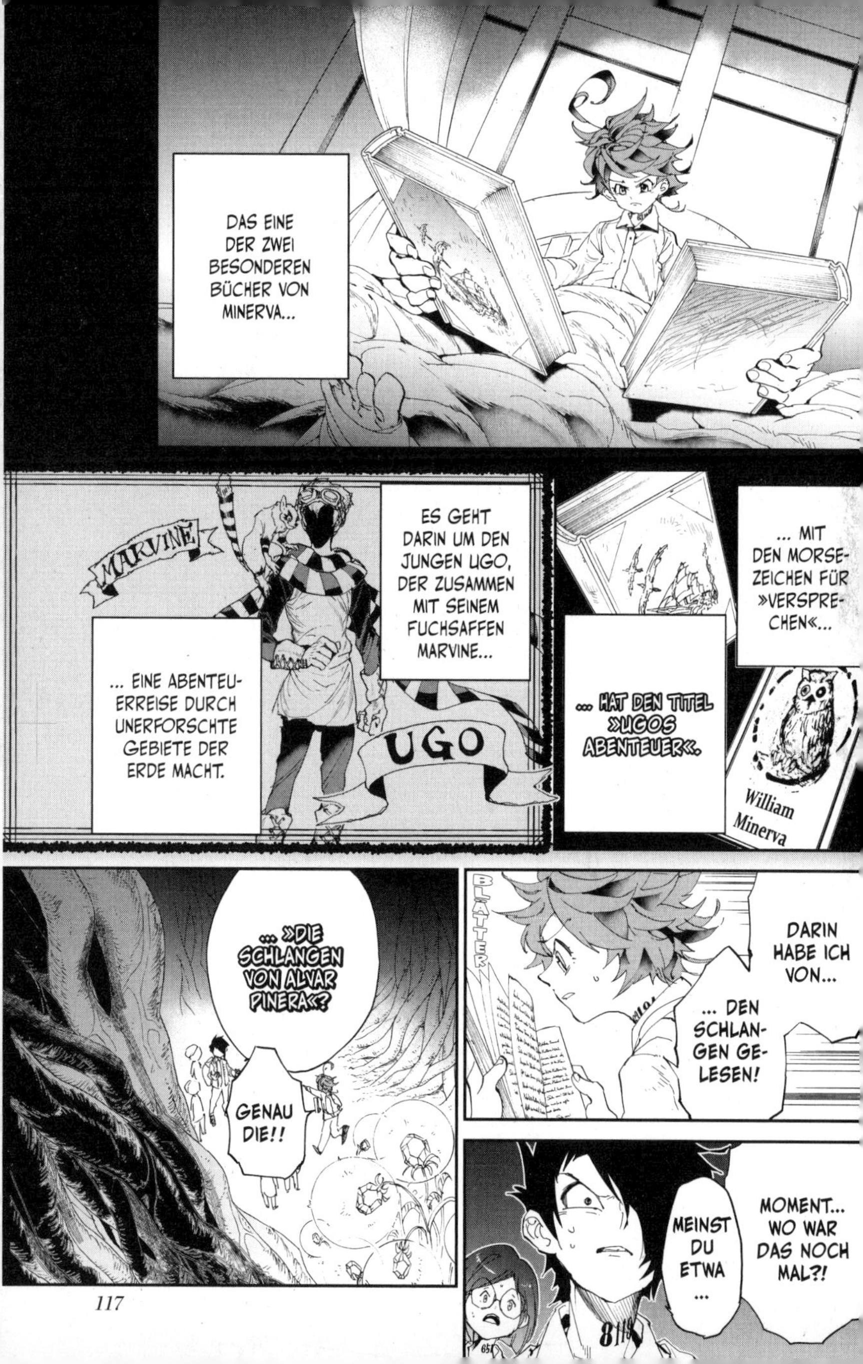
DAS EINE DER ZWEI BESONDEREN BÜCHER VON MINERVA...
... MIT DEN MORSEZEICHEN FÜR »VERSPRECHEN«...
... HAT DEN TITEL »UGOS ABENTEUER«.
William Minerva
ES GEHT DARIN UM DEN JUNGEN UGO, DER ZUSAMMEN MIT SEINEM FUCHSAFFEN MARVINE...
... EINE ABENTEUERREISE DURCH UNERFORSCHTE GEBIETE DER ERDE MACHT.
MARVINE
UGO
BLÄTTER
DARIN HABE ICH VON...
... DEN SCHLANGEN GELESEN!
MOMENT... WO WAR DAS NOCH MAL?!
MEINST DU ETWA ...
... »DIE SCHLANGEN VON ALVAR PINERA«?
GENAU DIE!!

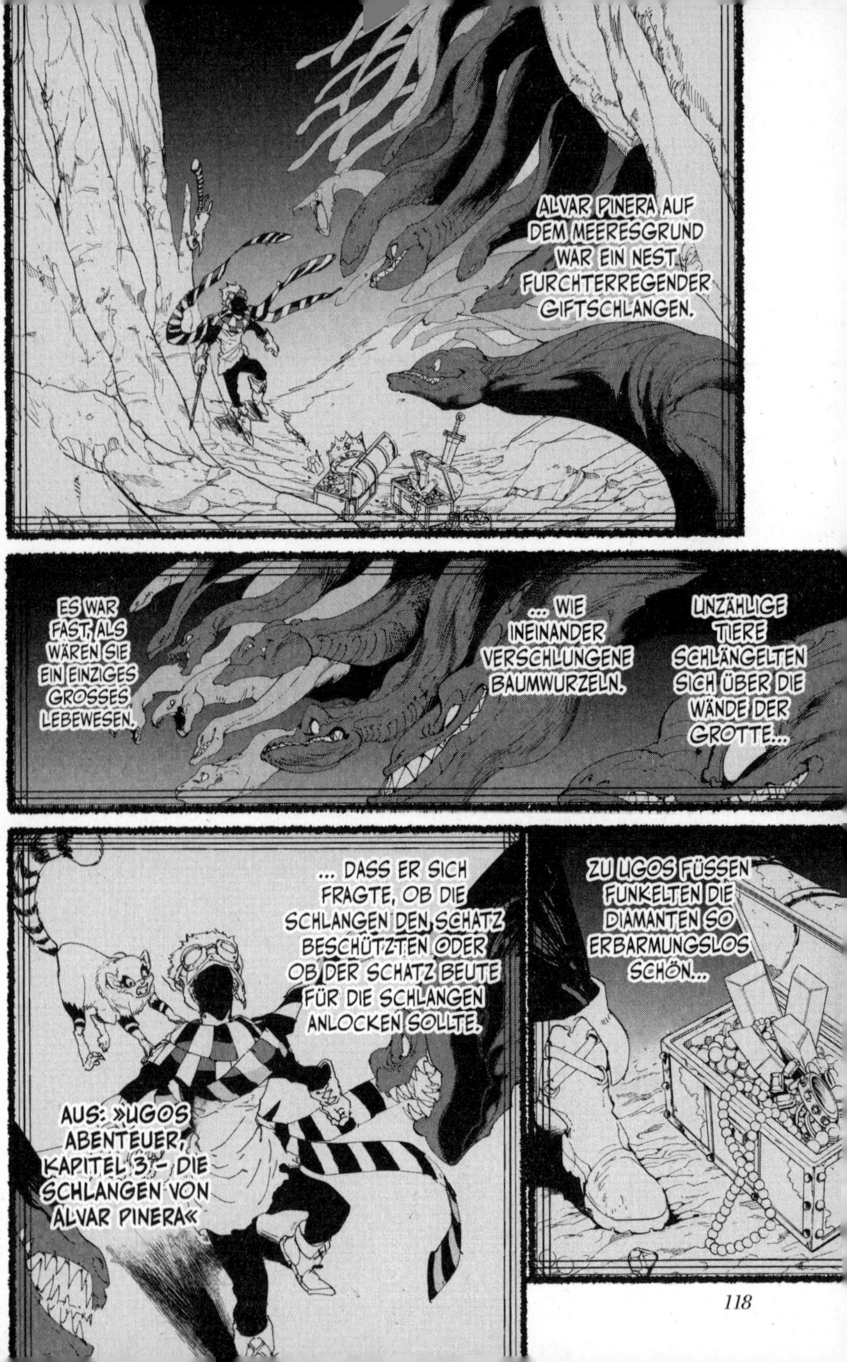
ALVAR PINERA AUF DEM MEERESGRUND WAR EIN NEST FURCHTERREGENDER GIFTSCHLANGEN.
UNZÄHLIGE TIERE SCHLÄNGELTEN SICH ÜBER DIE WÄNDE DER GROTTE...
... WIE INEINANDER VERSCHLUNGENE BAUMWURZELN.
ES WAR FAST, ALS WÄREN SIE EIN EINZIGES GROSSES LEBEWESEN.
ZU UGOS FÜSSEN FUNKELTEN DIE DIAMANTEN SO ERBARMUNGSLOS SCHÖN...
... DASS ER SICH FRAGTE, OB DIE SCHLANGEN DEN SCHATZ BESCHÜTZTEN ODER OB DER SCHATZ BEUTE FÜR DIE SCHLANGEN ANLOCKEN SOLLTE.
AUS: »UGOS ABENTEUER, KAPITEL 3 – DIE SCHLANGEN VON ALVAR PINERA«

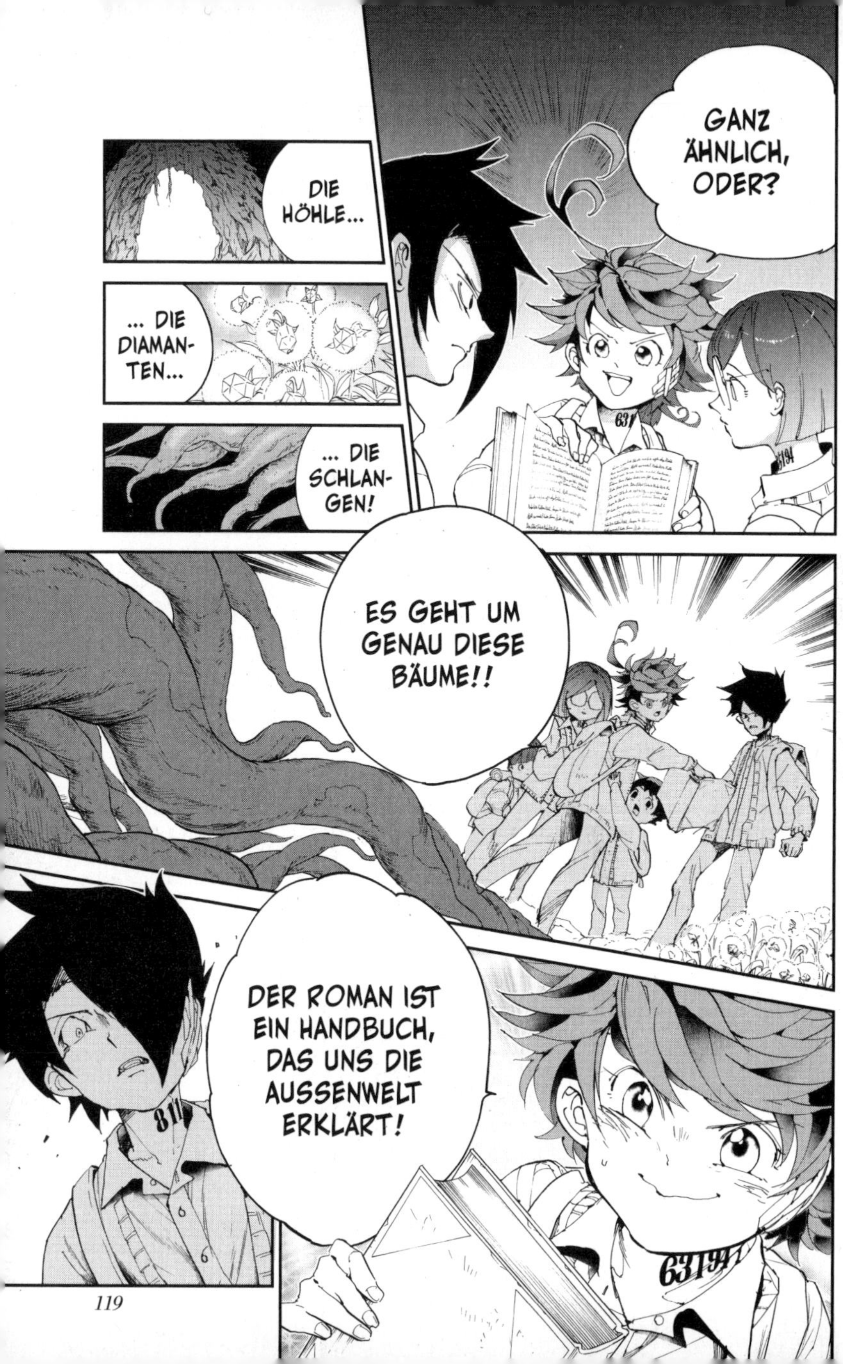
GANZ ÄHNLICH, ODER?
DIE HÖHLE...
... DIE DIAMANTEN...
... DIE SCHLANGEN!
ES GEHT UM GENAU DIESE BÄUME!!
DER ROMAN IST EIN HANDBUCH, DAS UNS DIE AUSSENWELT ERKLÄRT!

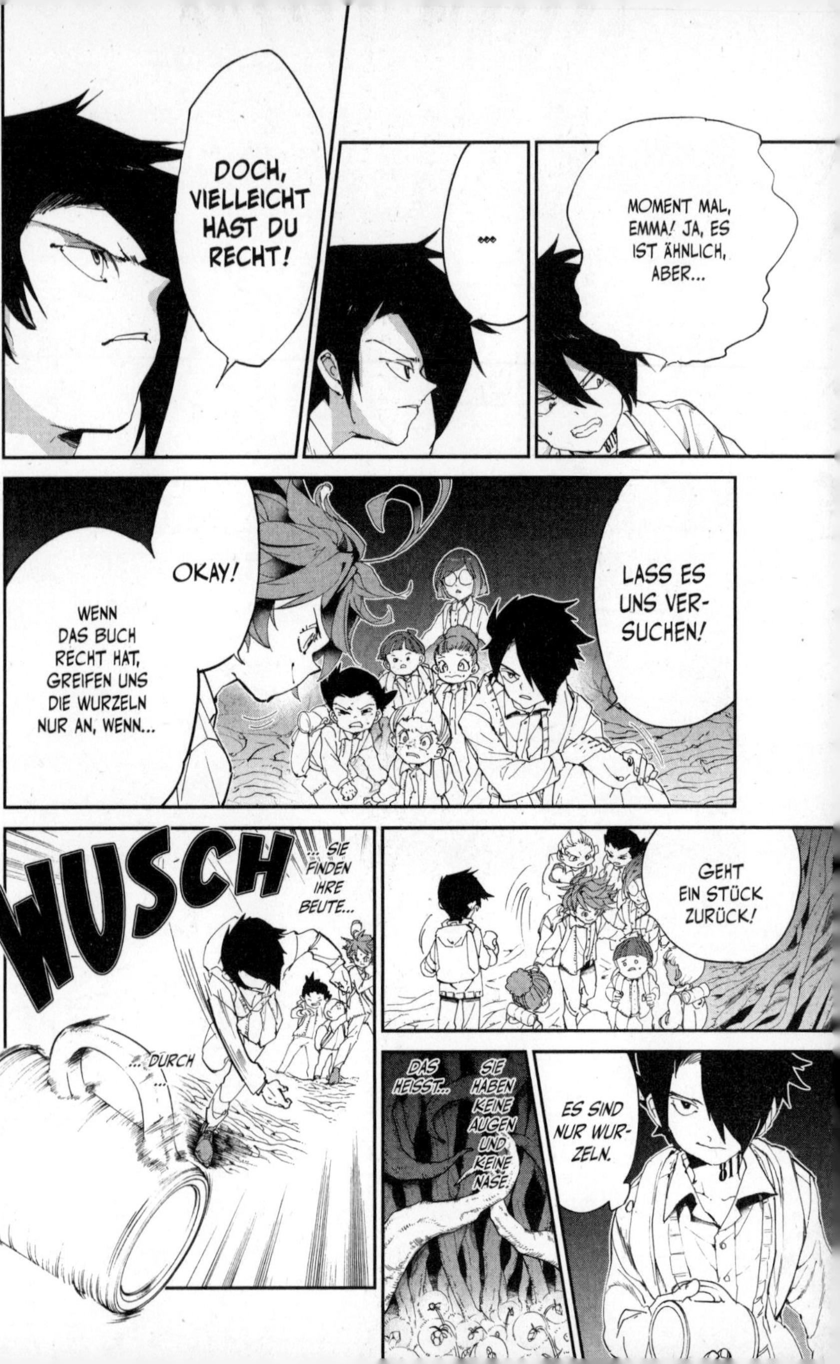
MOMENT MAL, EMMA! JA, ES IST ÄHNLICH, ABER...
...
DOCH, VIELLEICHT HAST DU RECHT!
LASS ES UNS VERSUCHEN!
OKAY!
WENN DAS BUCH RECHT HAT, GREIFEN UNS DIE WURZELN NUR AN, WENN...
GEHT EIN STÜCK ZURÜCK!
... SIE FINDEN IHRE BEUTE...
WUSCH
... DURCH ...
ES SIND NUR WURZELN.
SIE HABEN KEINE AUGEN UND KEINE NASE.
DAS HEISST...

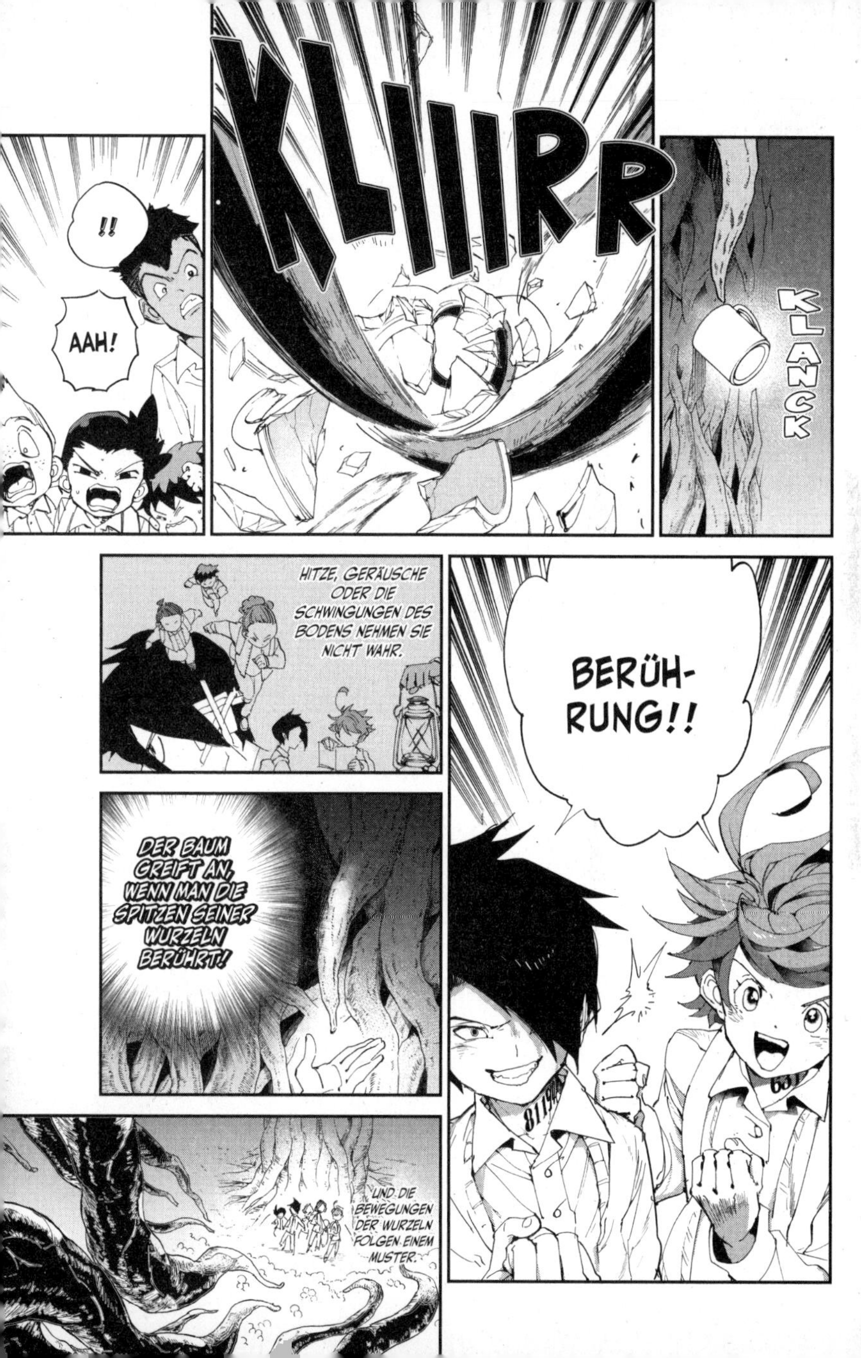
KLANCK
KLIIIRR
!!
AAH!
BERÜH-
RUNG!!
HITZE, GERÄUSCHE
ODER DIE
SCHWINGUNGEN DES
BODENS NEHMEN SIE
NICHT WAHR.
DER BAUM
GREIFT AN,
WENN MAN DIE
SPITZEN SEINER
WURZELN
BERÜHRT!
UND DIE
BEWEGUNGEN
DER WURZELN
FOLGEN EINEM
MUSTER.

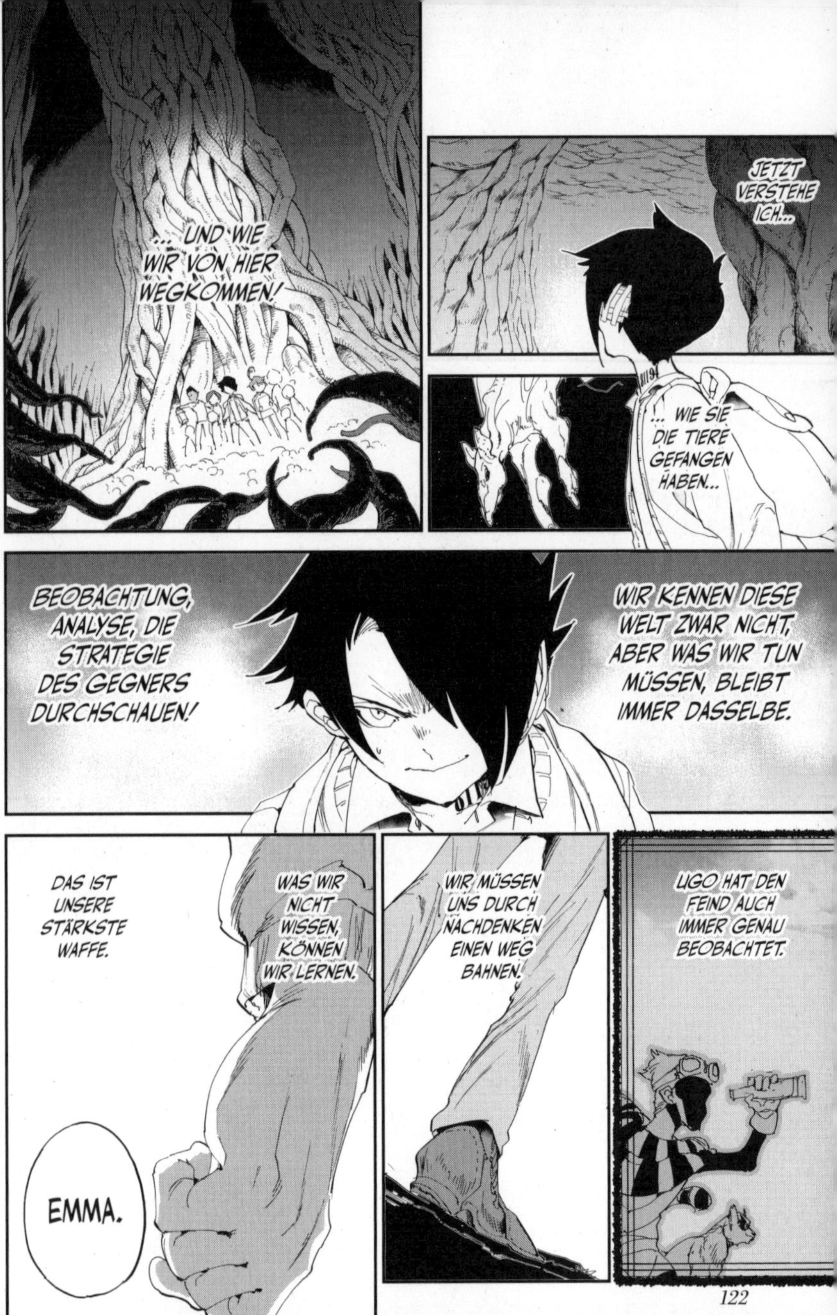
JETZT VERSTEHE ICH...
... WIE SIE DIE TIERE GEFANGEN HABEN...
... UND WIE WIR VON HIER WEGKOMMEN!
WIR KENNEN DIESE WELT ZWAR NICHT, ABER WAS WIR TUN MÜSSEN, BLEIBT IMMER DASSELBE.
BEOBACHTUNG, ANALYSE, DIE STRATEGIE DES GEGNERS DURCHSCHAUEN!
UGO HAT DEN FEIND AUCH IMMER GENAU BEOBACHTET.
WIR MÜSSEN UNS DURCH NACHDENKEN EINEN WEG BAHNEN.
WAS WIR NICHT WISSEN, KÖNNEN WIR LERNEN.
DAS IST UNSERE STÄRKSTE WAFFE.
EMMA.

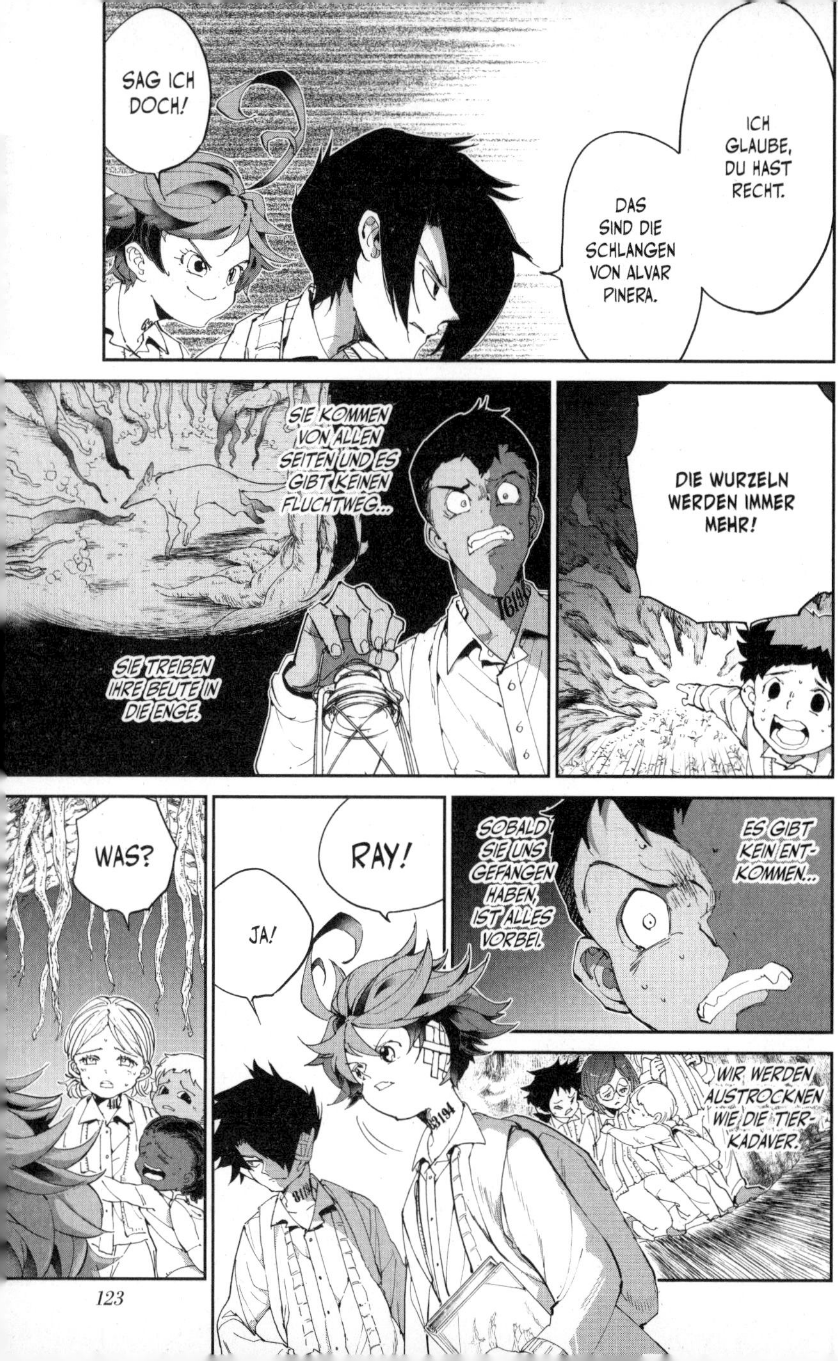
ICH GLAUBE, DU HAST RECHT.
DAS SIND DIE SCHLANGEN VON ALVAR PINERA.
SAG ICH DOCH!
DIE WURZELN WERDEN IMMER MEHR!
SIE KOMMEN VON ALLEN SEITEN UND ES GIBT KEINEN FLUCHTWEG...
SIE TREIBEN IHRE BEUTE IN DIE ENGE.
ES GIBT KEIN ENT-KOMMEN...
SOBALD SIE UNS GEFANGEN HABEN, IST ALLES VORBEI.
WIR WERDEN AUSTROCKNEN WIE DIE TIER-KADAVER.
RAY!
JA!
WAS?

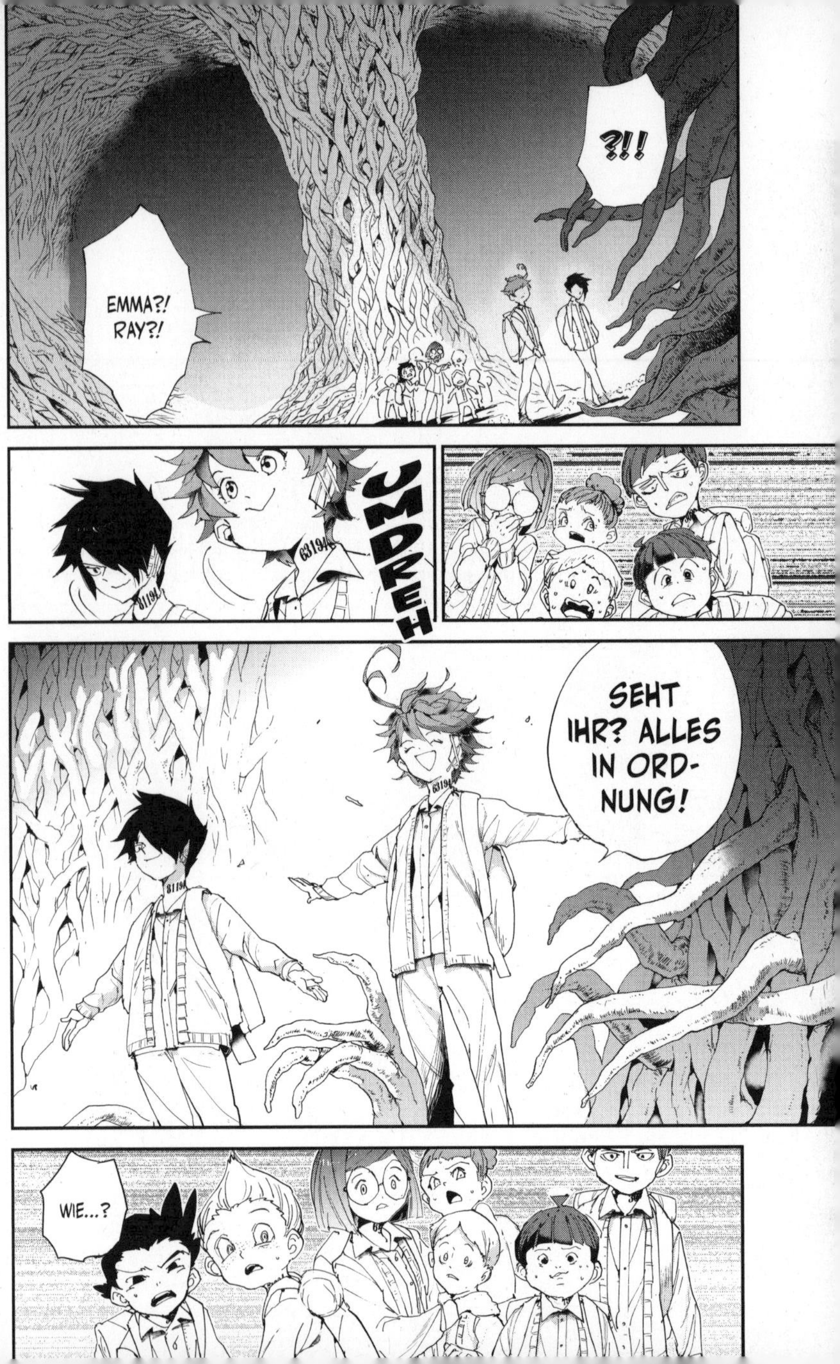
?!!
EMMA?! RAY?!
UMDREH
SEHT IHR? ALLES IN ORD-NUNG!
WIE...?

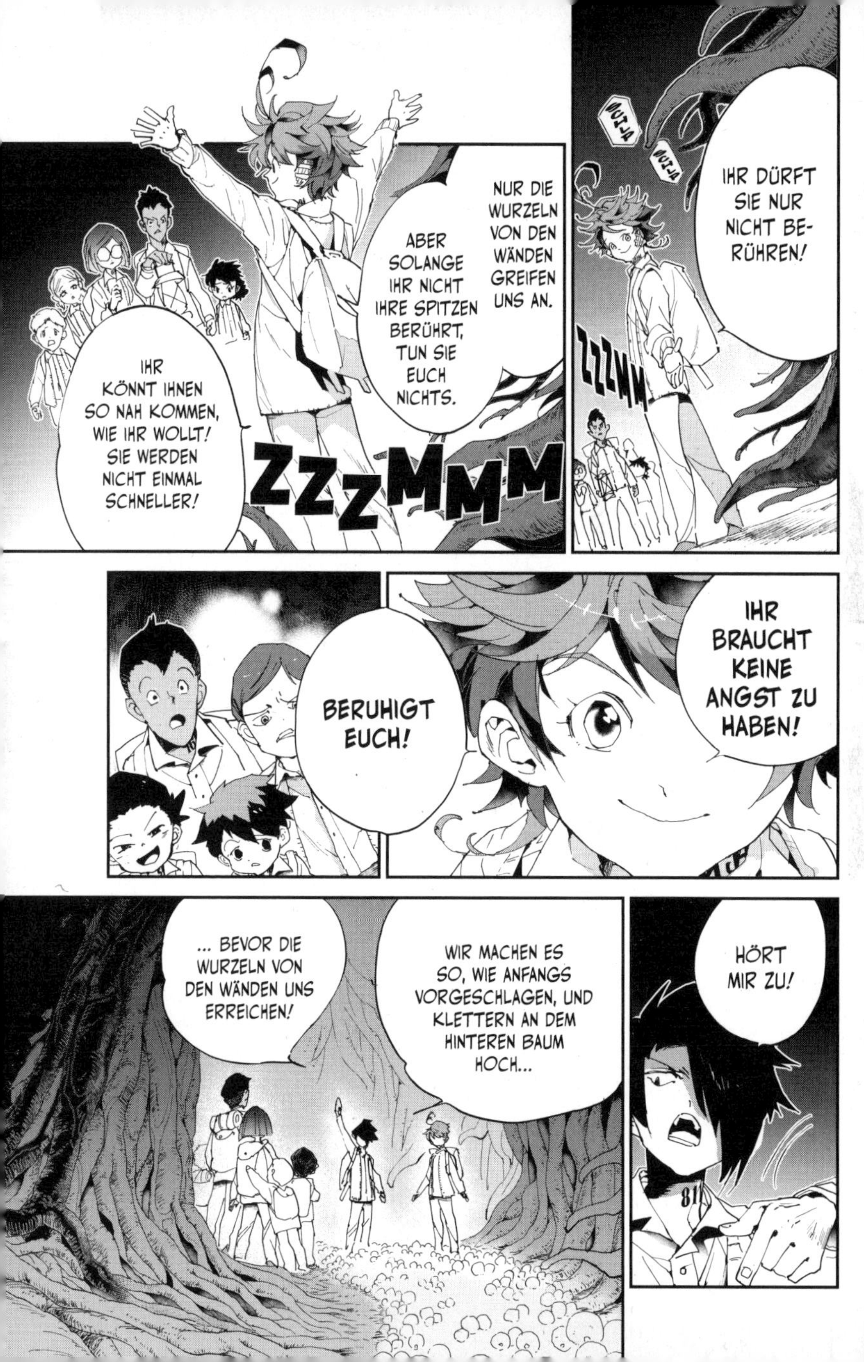
IHR DÜRFT SIE NUR NICHT BE-RÜHREN!
ZZZMM
NUR DIE WURZELN VON DEN WÄNDEN GREIFEN UNS AN.
ABER SOLANGE IHR NICHT IHRE SPITZEN BERÜHRT, TUN SIE EUCH NICHTS.
IHR KÖNNT IHNEN SO NAH KOMMEN, WIE IHR WOLLT! SIE WERDEN NICHT EINMAL SCHNELLER!
ZZZMMMM
IHR BRAUCHT KEINE ANGST ZU HABEN!
BERUHIGT EUCH!
HÖRT MIR ZU!
WIR MACHEN ES SO, WIE ANFANGS VORGESCHLAGEN, UND KLETTERN AN DEM HINTEREN BAUM HOCH...
... BEVOR DIE WURZELN VON DEN WÄNDEN UNS ERREICHEN!

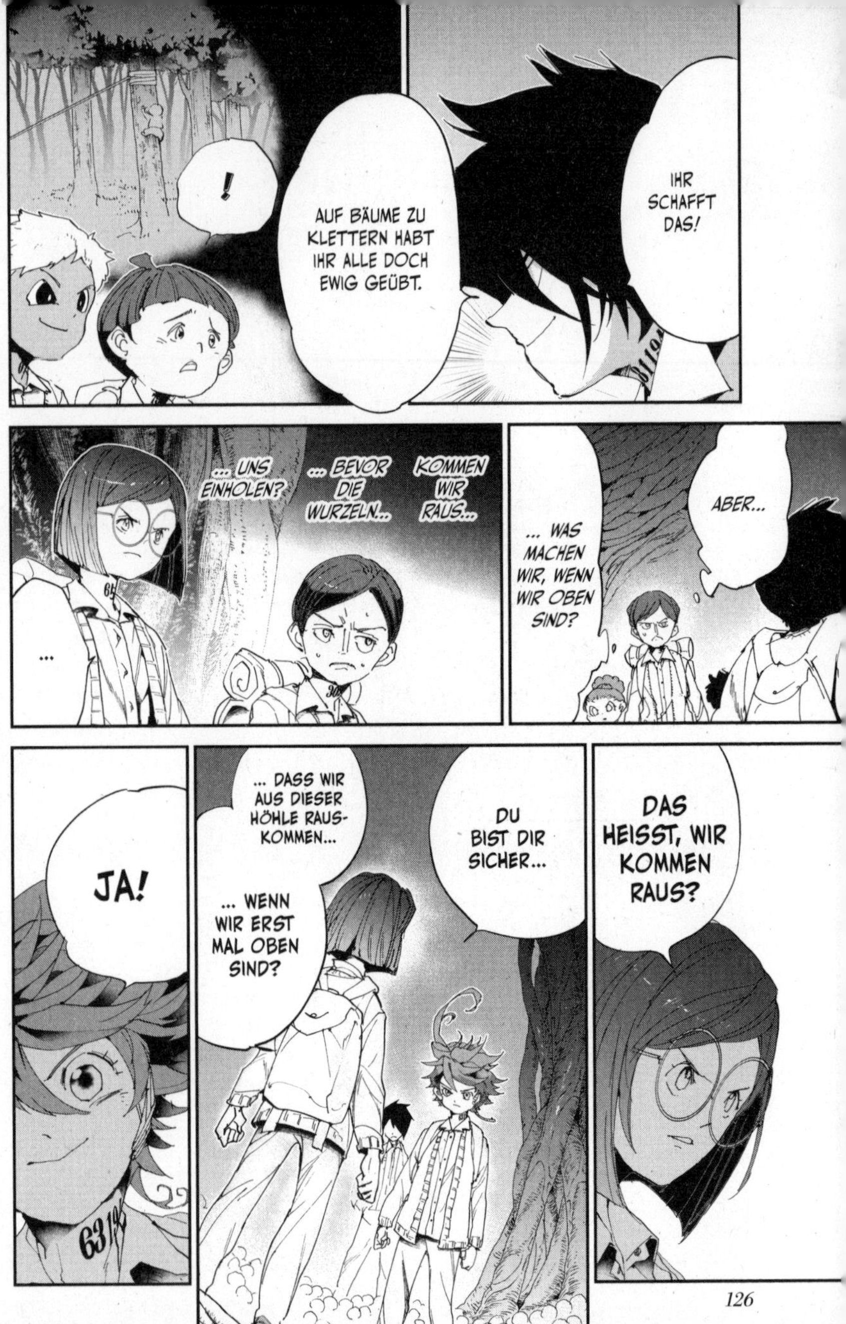
IHR SCHAFFT DAS!
AUF BÄUME ZU KLETTERN HABT IHR ALLE DOCH EWIG GEÜBT.
!
ABER...
... WAS MACHEN WIR, WENN WIR OBEN SIND?
KOMMEN WIR RAUS...
... BEVOR DIE WURZELN...
... UNS EINHOLEN?
...
DAS HEISST, WIR KOMMEN RAUS?
DU BIST DIR SICHER...
... DASS WIR AUS DIESER HÖHLE RAUS-KOMMEN...
... WENN WIR ERST MAL OBEN SIND?
JA!

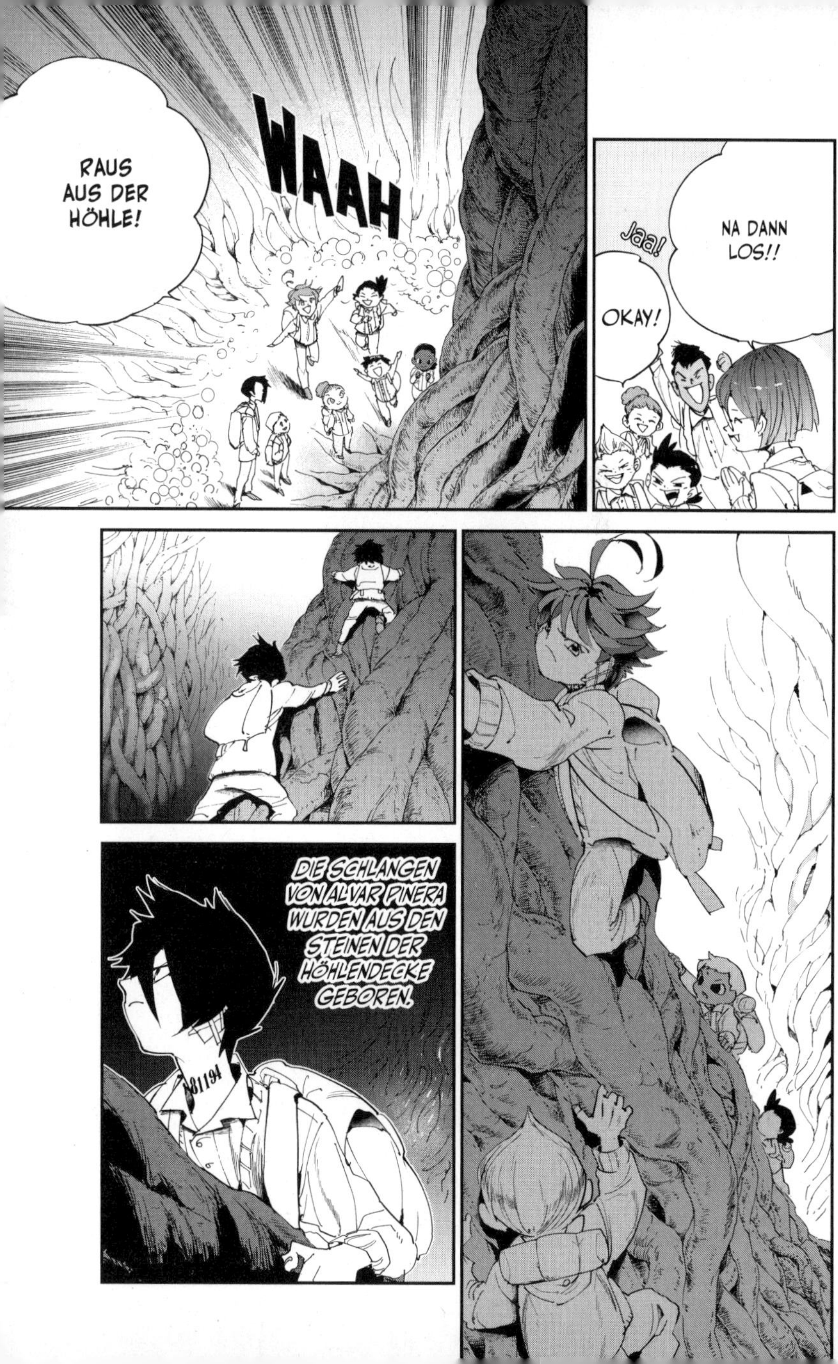
NA DANN LOS!!
Jaa!
OKAY!
WAAH
RAUS AUS DER HÖHLE!
DIE SCHLANGEN VON ALVAR PINERA WURDEN AUS DEN STEINEN DER HÖHLENDECKE GEBOREN.

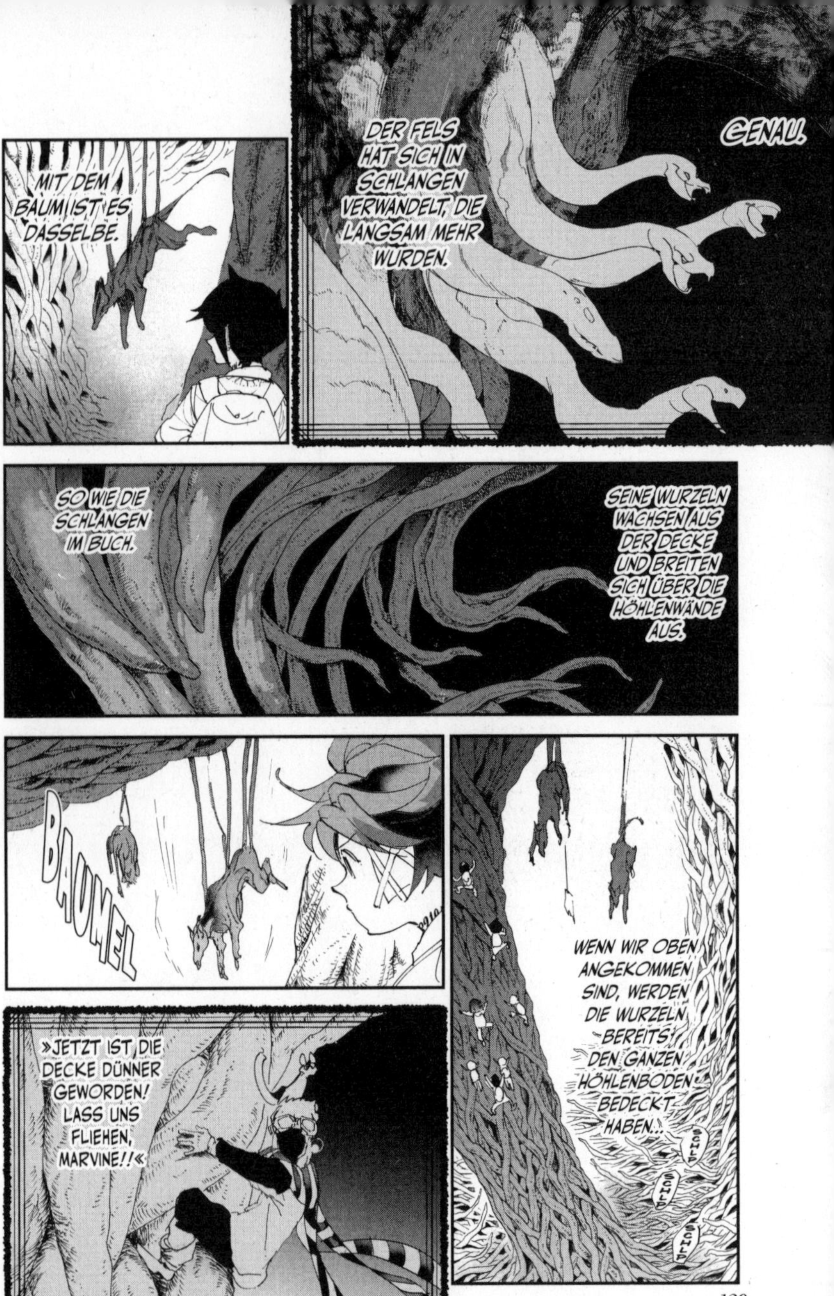
GENAU.
DER FELS HAT SICH IN SCHLANGEN VERWANDELT, DIE LANGSAM MEHR WURDEN.
MIT DEM BAUM IST ES DASSELBE.
SEINE WURZELN WACHSEN AUS DER DECKE UND BREITEN SICH ÜBER DIE HÖHLENWÄNDE AUS.
SO WIE DIE SCHLANGEN IM BUCH.
WENN WIR OBEN ANGEKOMMEN SIND, WERDEN DIE WURZELN BEREITS DEN GANZEN HÖHLENBODEN BEDECKT HABEN …
SCHLP
SCHLP
SCHLP
BAUMEL
»JETZT IST DIE DECKE DÜNNER GEWORDEN! LASS UNS FLIEHEN, MARVINE!!«

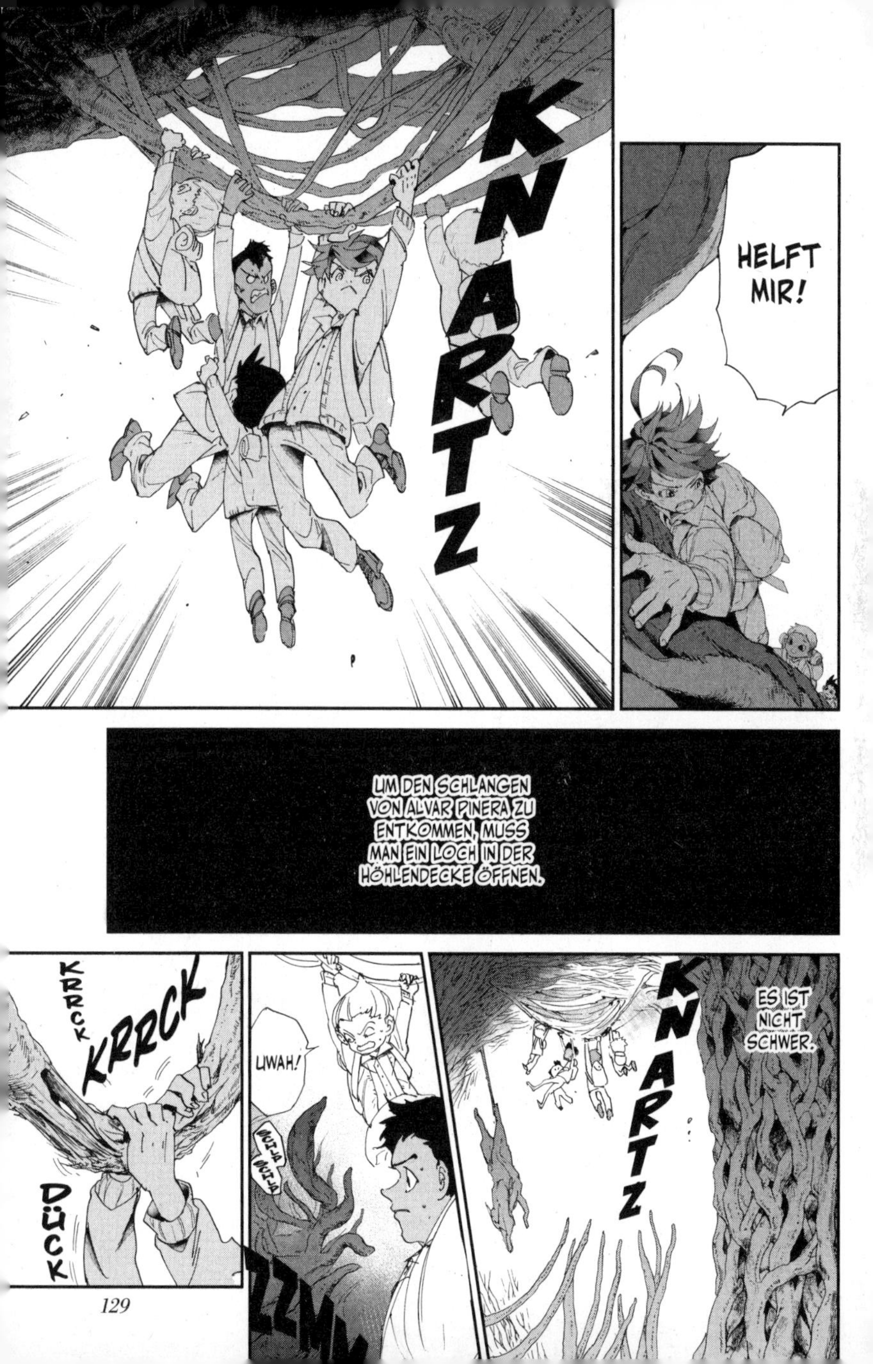
HELFT MIR!
KNARTZ
UM DEN SCHLANGEN VON ALVAR PINERA ZU ENTKOMMEN, MUSS MAN EIN LOCH IN DER HÖHLENDECKE ÖFFNEN.
KNARTZ
ES IST NICHT SCHWER.
UWAH!
SCHLP SCHLP
KRRCK
KRRCK
DÜCK

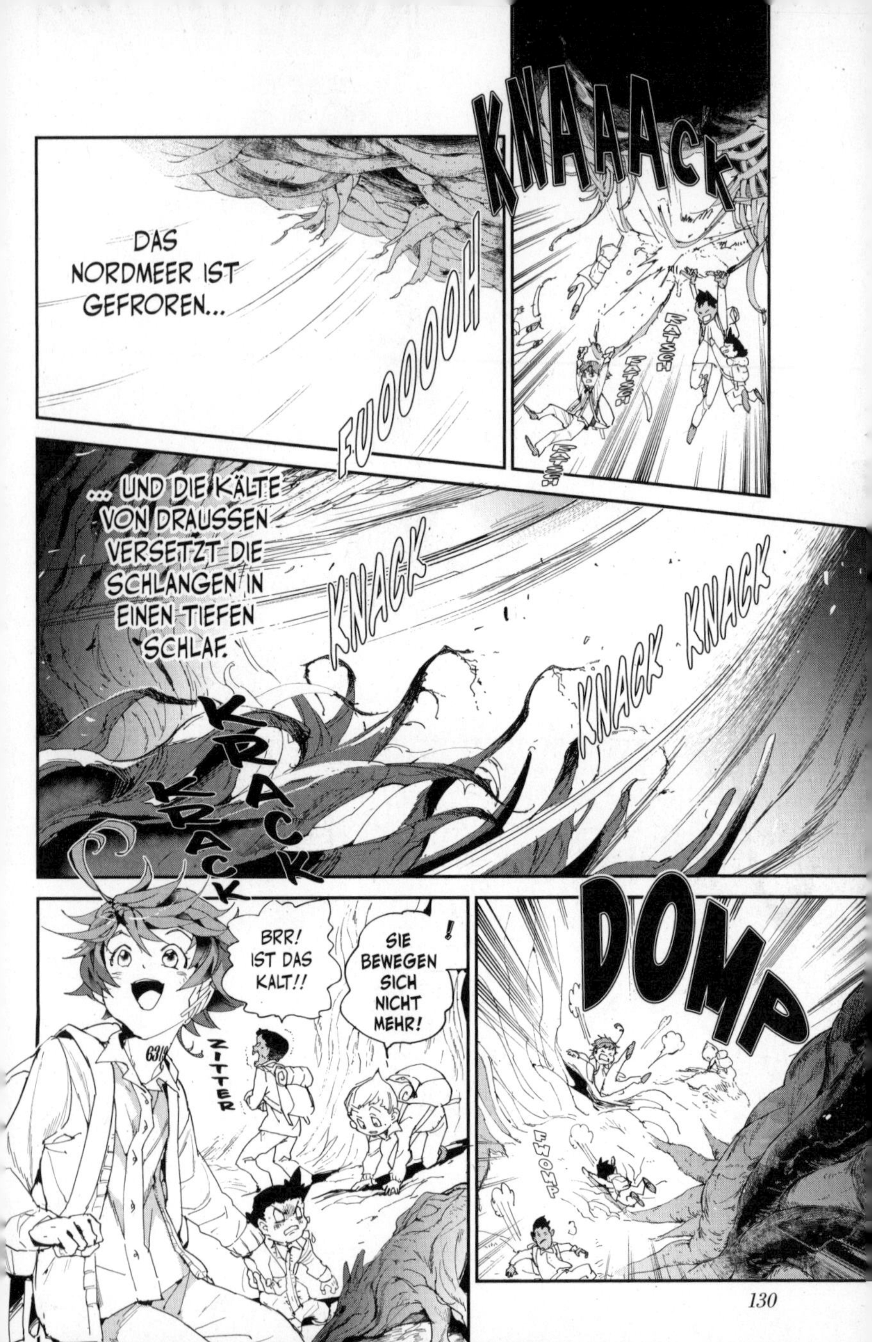
KNAAACK
DAS NORDMEER IST GEFROREN...
FUOOOOH
FATSCH
FATSCH
FATSCH
... UND DIE KÄLTE VON DRAUSSEN VERSETZT DIE SCHLANGEN IN EINEN TIEFEN SCHLAF.
KNACK
KNACK KNACK
KNACK
KRACK
KRACK
DOMP
FWOMP
SIE BEWEGEN SICH NICHT MEHR!
BRR! IST DAS KALT!!
ZITTER
63194

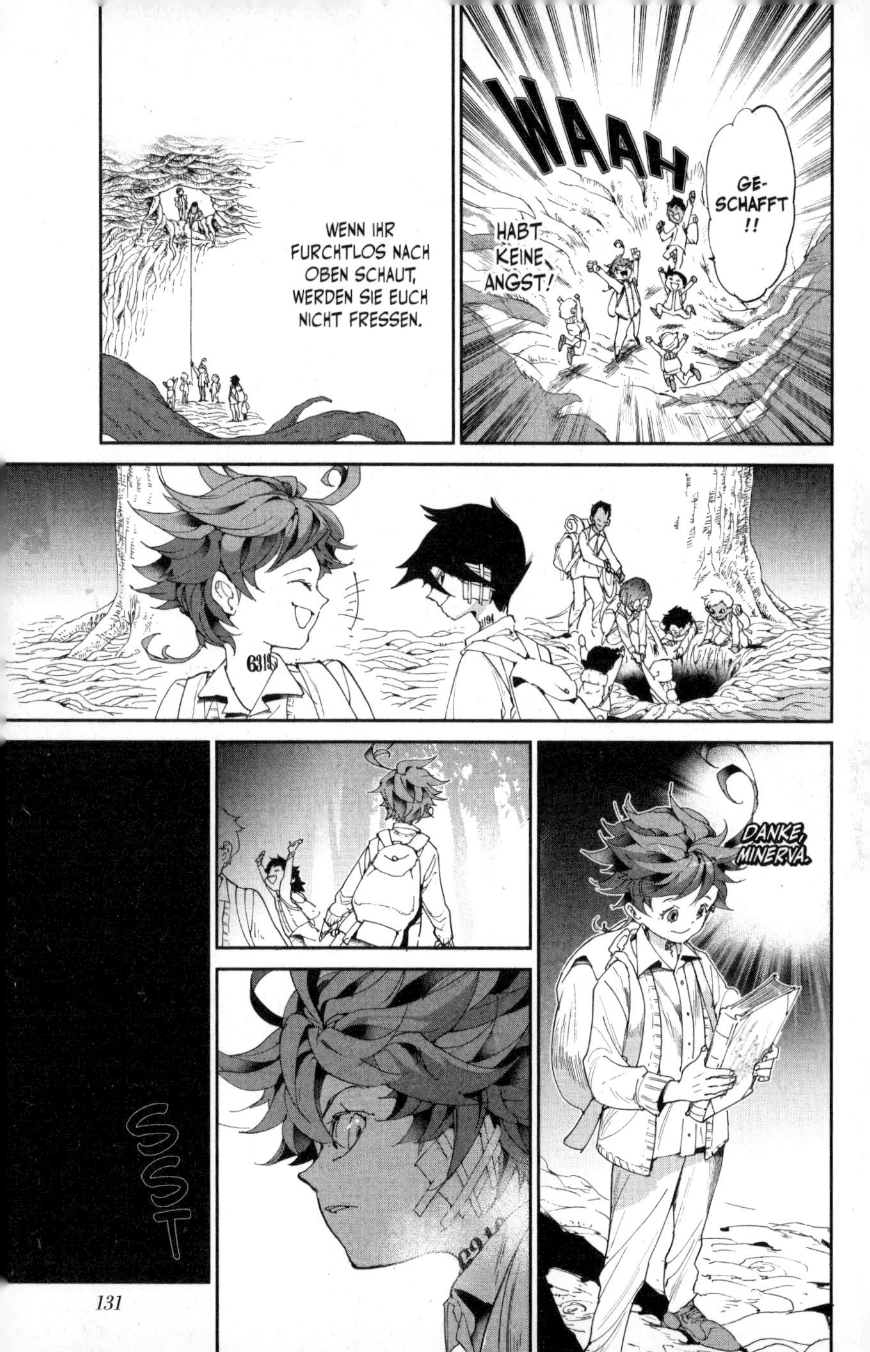
WAAH
GE-SCHAFFT !!
HABT KEINE ANGST!
WENN IHR FURCHTLOS NACH OBEN SCHAUT, WERDEN SIE EUCH NICHT FRESSEN.
DANKE, MINERVA.
SST

Erzfeind

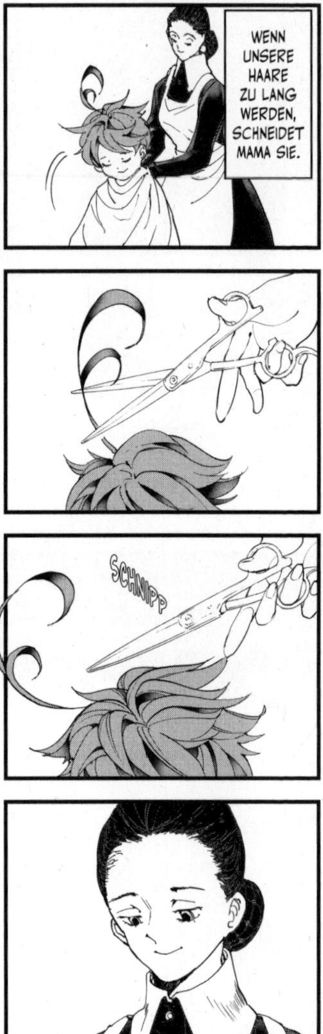

Erzfeinde

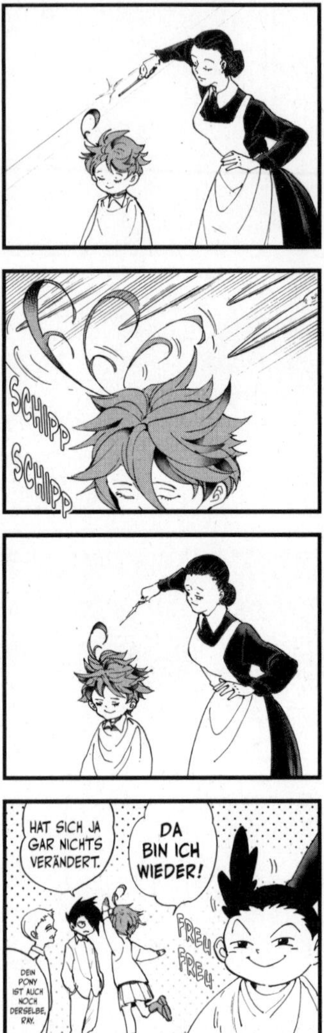

WEITER GEHT'S IN BONUSSTORY 2-④

Kapitel 41: Angriff

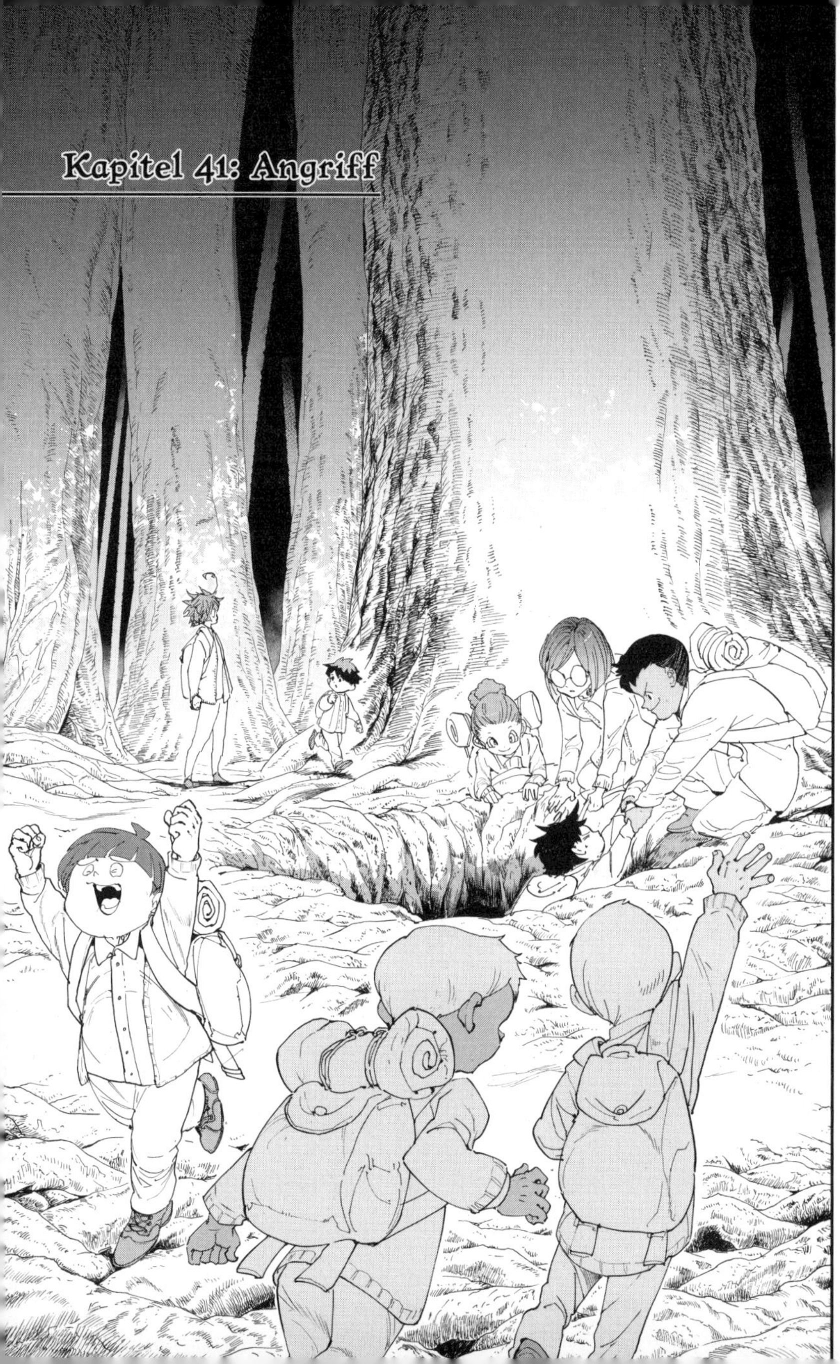

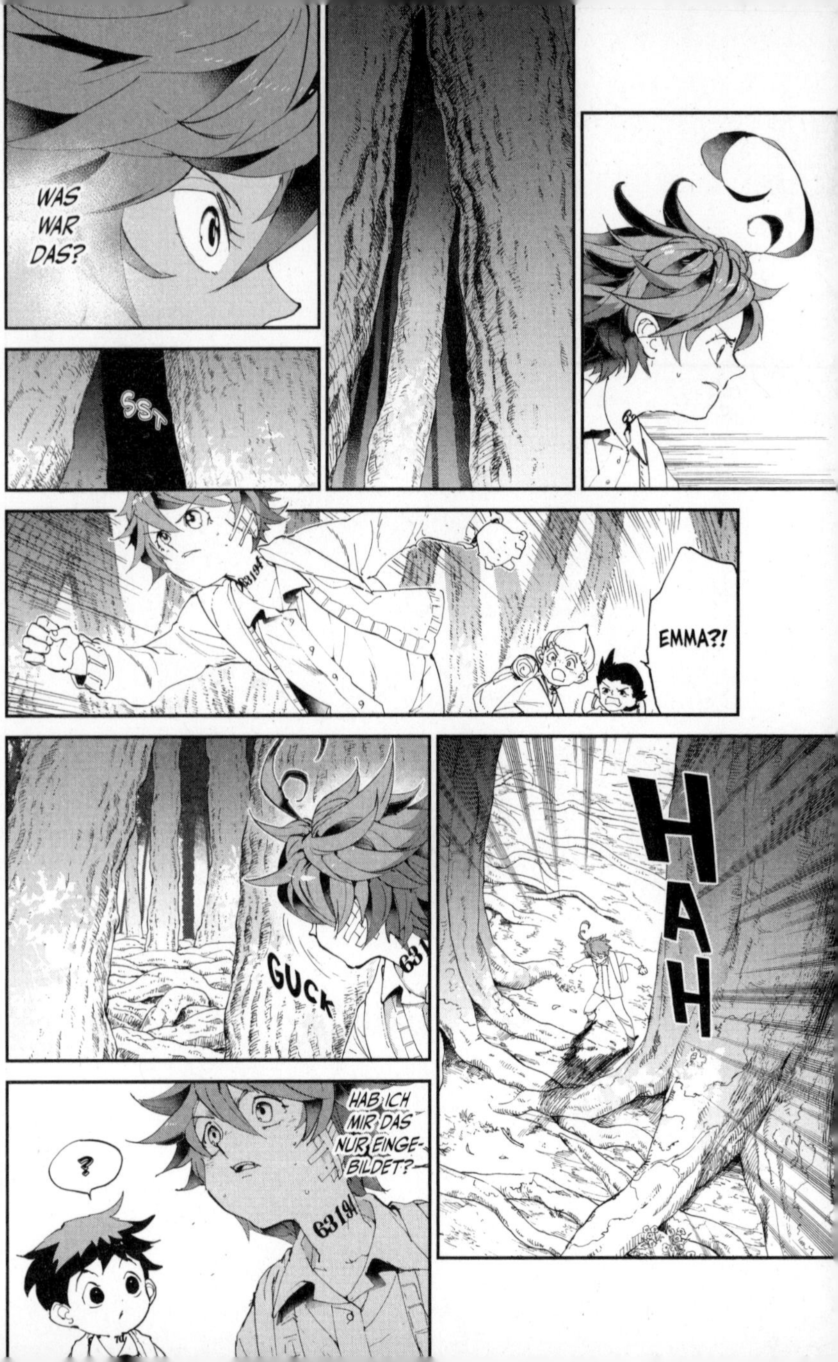
WAS WAR DAS?
SST
EMMA?!
HAH
GUCK
HAB ICH MIR DAS NUR EINGE-BILDET?
?

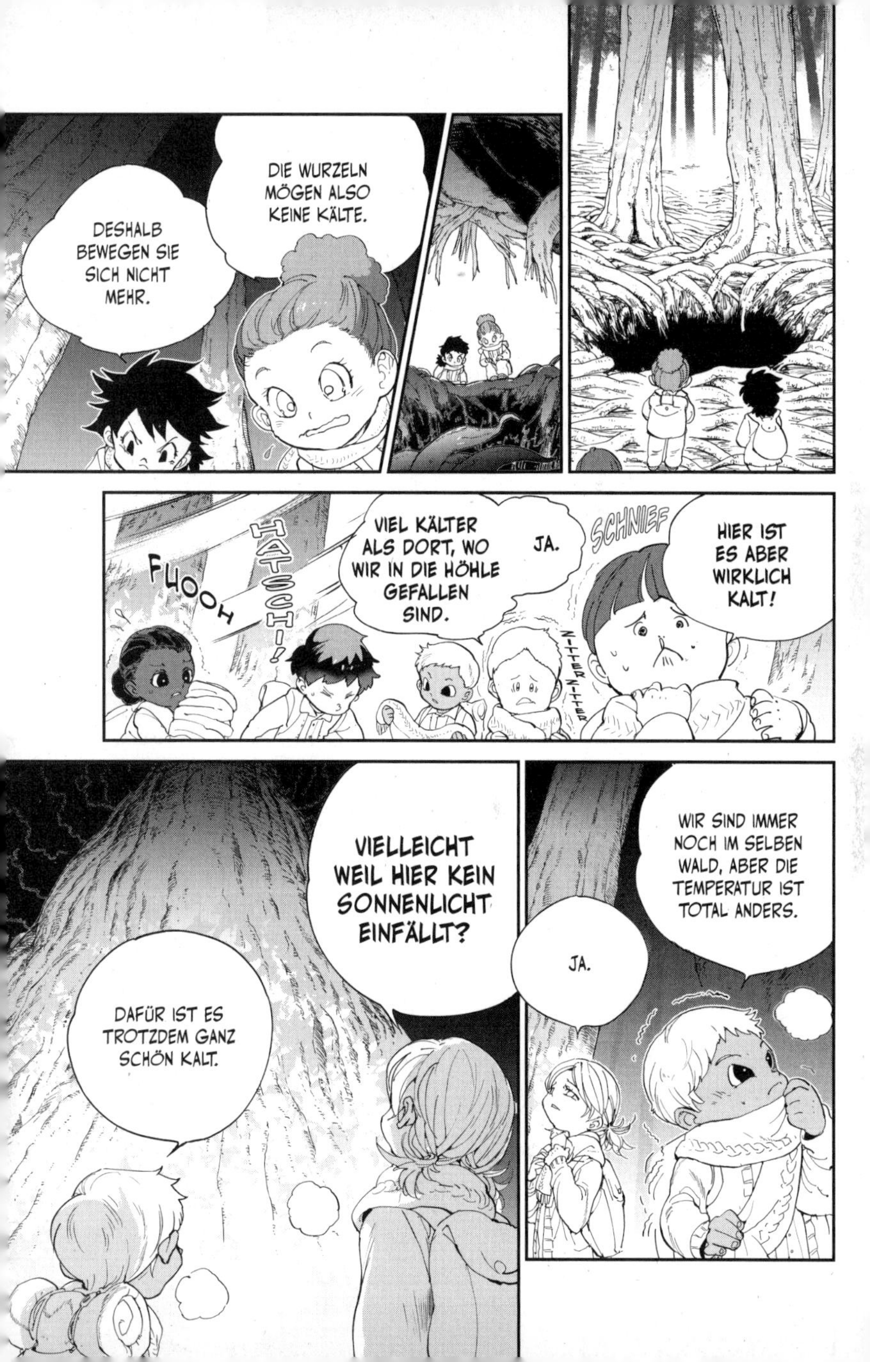

DIE WURZELN MÖGEN ALSO KEINE KÄLTE.
DESHALB BEWEGEN SIE SICH NICHT MEHR.
HIER IST ES ABER WIRKLICH KALT!
SCHNIEF
JA.
VIEL KÄLTER ALS DORT, WO WIR IN DIE HÖHLE GEFALLEN SIND.
ZITTER ZITTER
HATSCHI!
FUOOH
WIR SIND IMMER NOCH IM SELBEN WALD, ABER DIE TEMPERATUR IST TOTAL ANDERS.
JA.
VIELLEICHT WEIL HIER KEIN SONNENLICHT EINFÄLLT?
DAFÜR IST ES TROTZDEM GANZ SCHÖN KALT.

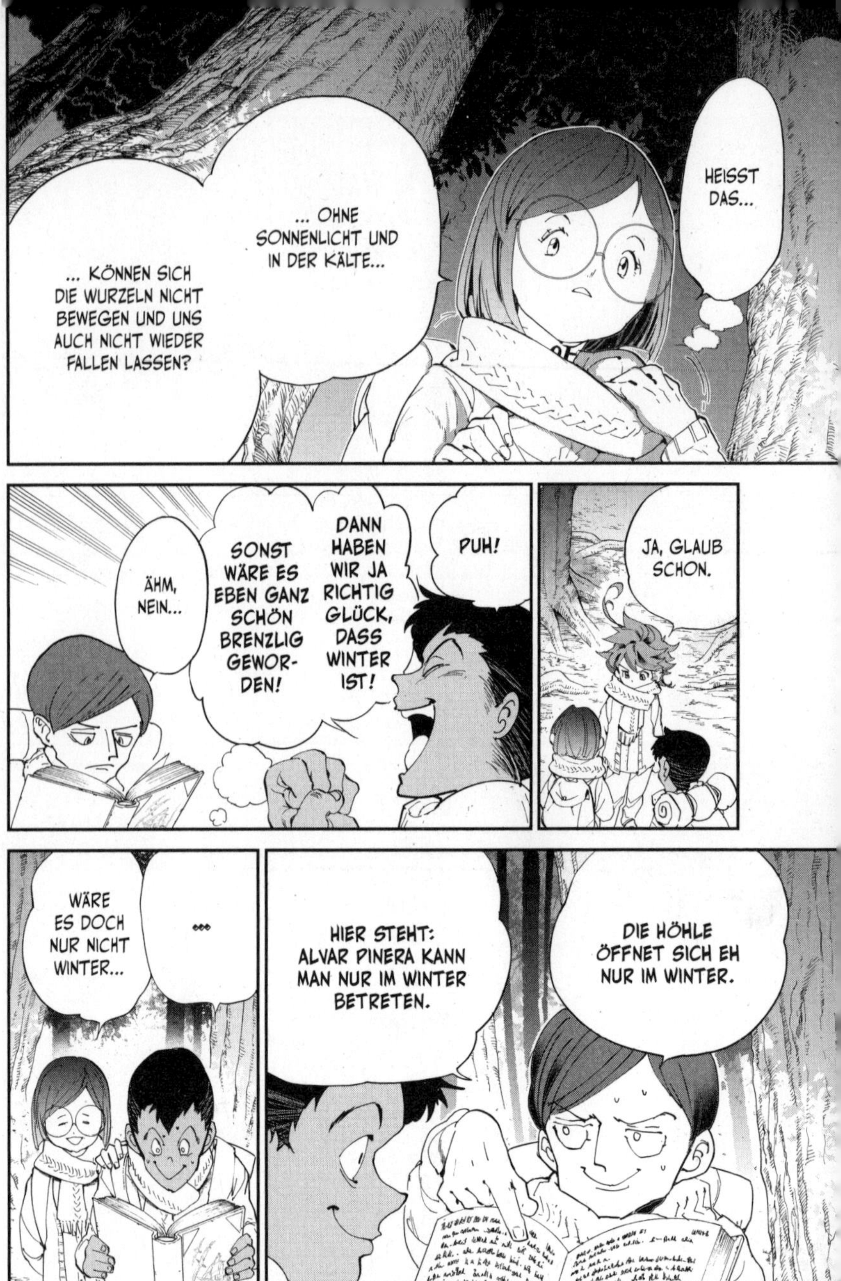
HEISST DAS...
... OHNE SONNENLICHT UND IN DER KÄLTE...
... KÖNNEN SICH DIE WURZELN NICHT BEWEGEN UND UNS AUCH NICHT WIEDER FALLEN LASSEN?
JA, GLAUB SCHON.
PUH!
DANN HABEN WIR JA RICHTIG GLÜCK, DASS WINTER IST!
SONST WÄRE ES EBEN GANZ SCHÖN BRENZLIG GEWORDEN!
ÄHM, NEIN...
DIE HÖHLE ÖFFNET SICH EH NUR IM WINTER.
HIER STEHT: ALVAR PINERA KANN MAN NUR IM WINTER BETRETEN.
...
WÄRE ES DOCH NUR NICHT WINTER...

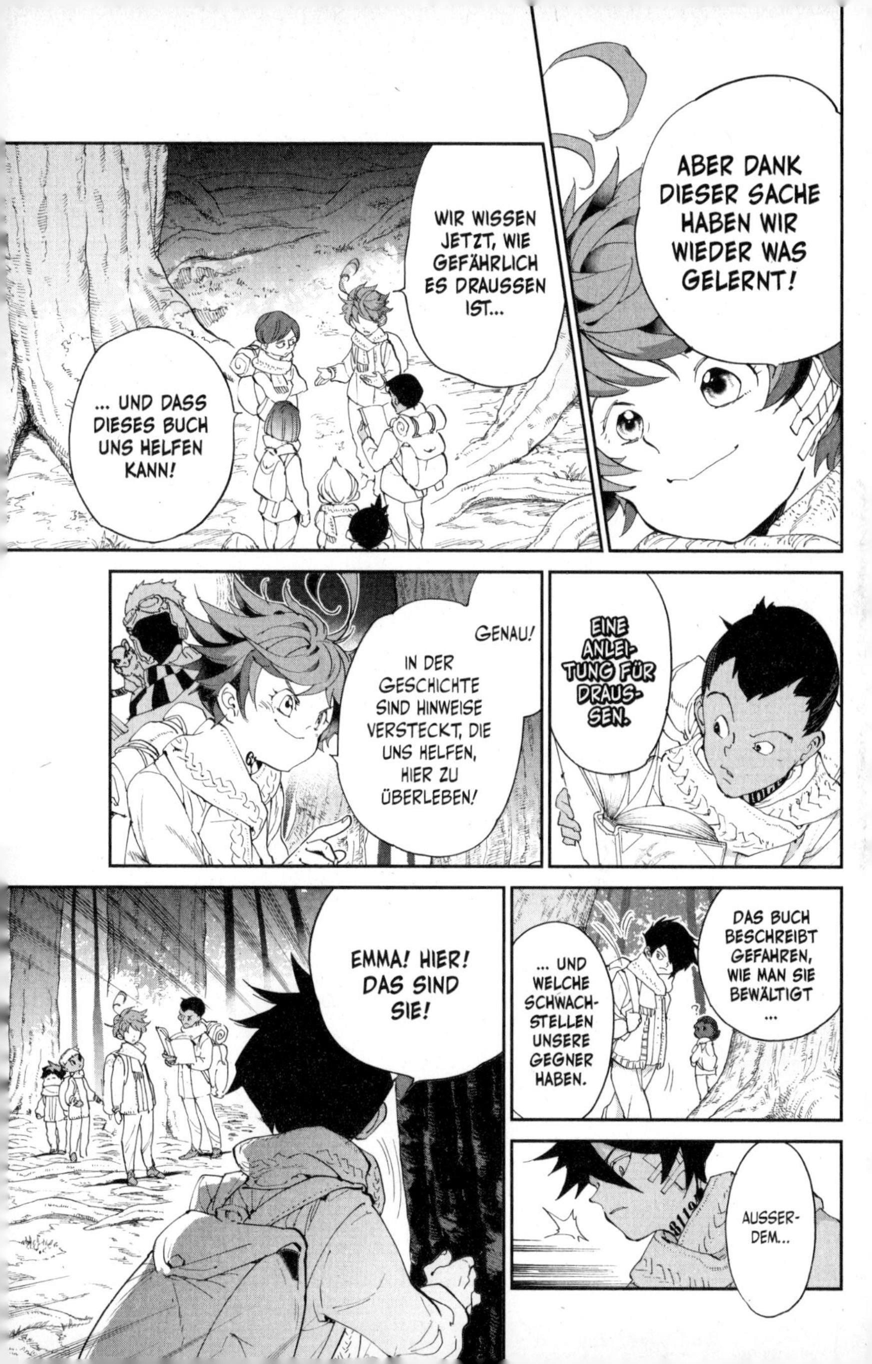
ABER DANK DIESER SACHE HABEN WIR WIEDER WAS GELERNT!
WIR WISSEN JETZT, WIE GEFÄHRLICH ES DRAUSSEN IST...
... UND DASS DIESES BUCH UNS HELFEN KANN!
EINE ANLEI-TUNG FÜR DRAUS-SEN.
GENAU!
IN DER GESCHICHTE SIND HINWEISE VERSTECKT, DIE UNS HELFEN, HIER ZU ÜBERLEBEN!
DAS BUCH BESCHREIBT GEFAHREN, WIE MAN SIE BEWÄLTIGT ...
... UND WELCHE SCHWACH-STELLEN UNSERE GEGNER HABEN.
AUSSER-DEM...
EMMA! HIER! DAS SIND SIE!

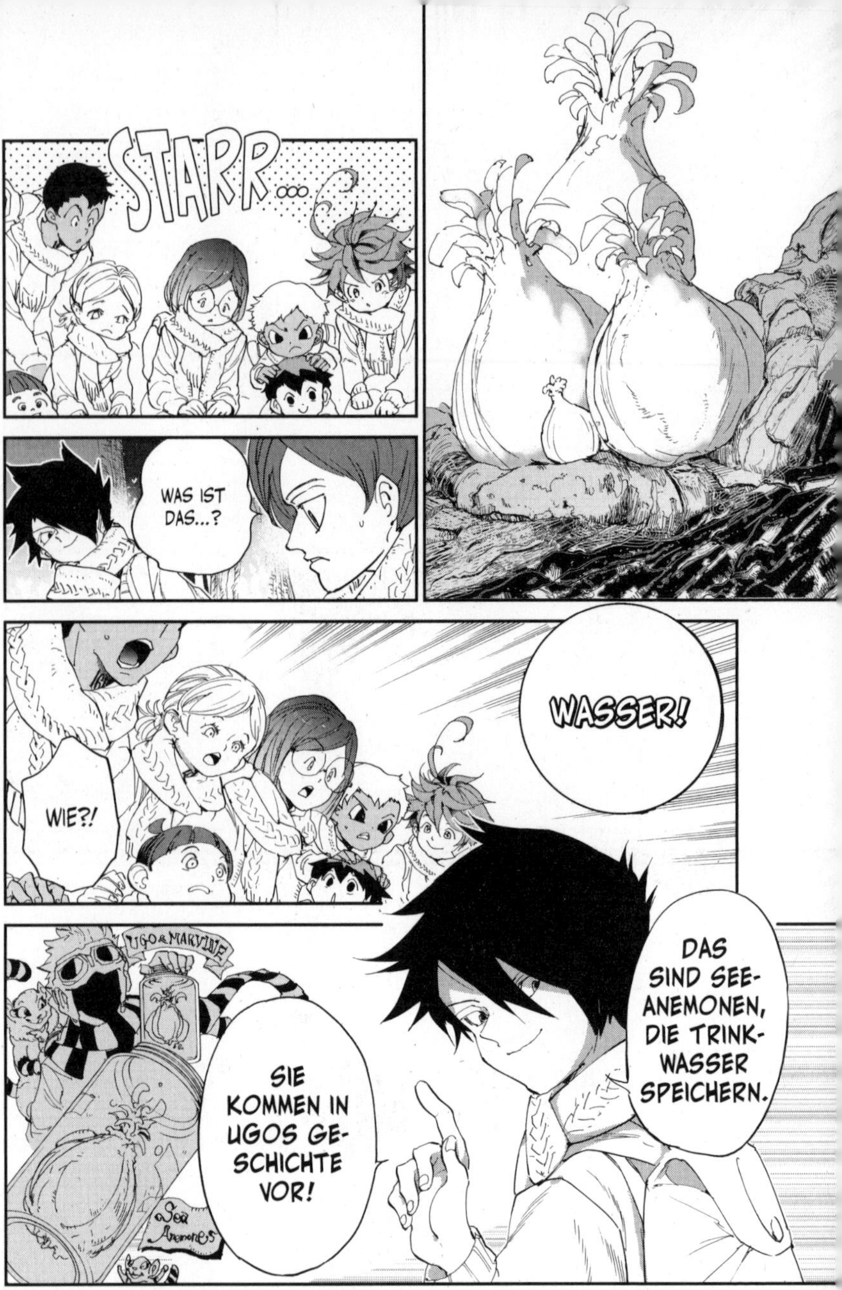
STARR...
WAS IST DAS...?
WASSER!
WIE?!
DAS SIND SEE-ANEMONEN, DIE TRINK-WASSER SPEICHERN.
SIE KOMMEN IN UGOS GE-SCHICHTE VOR!
UGO & MARVINE
Sea Anemones

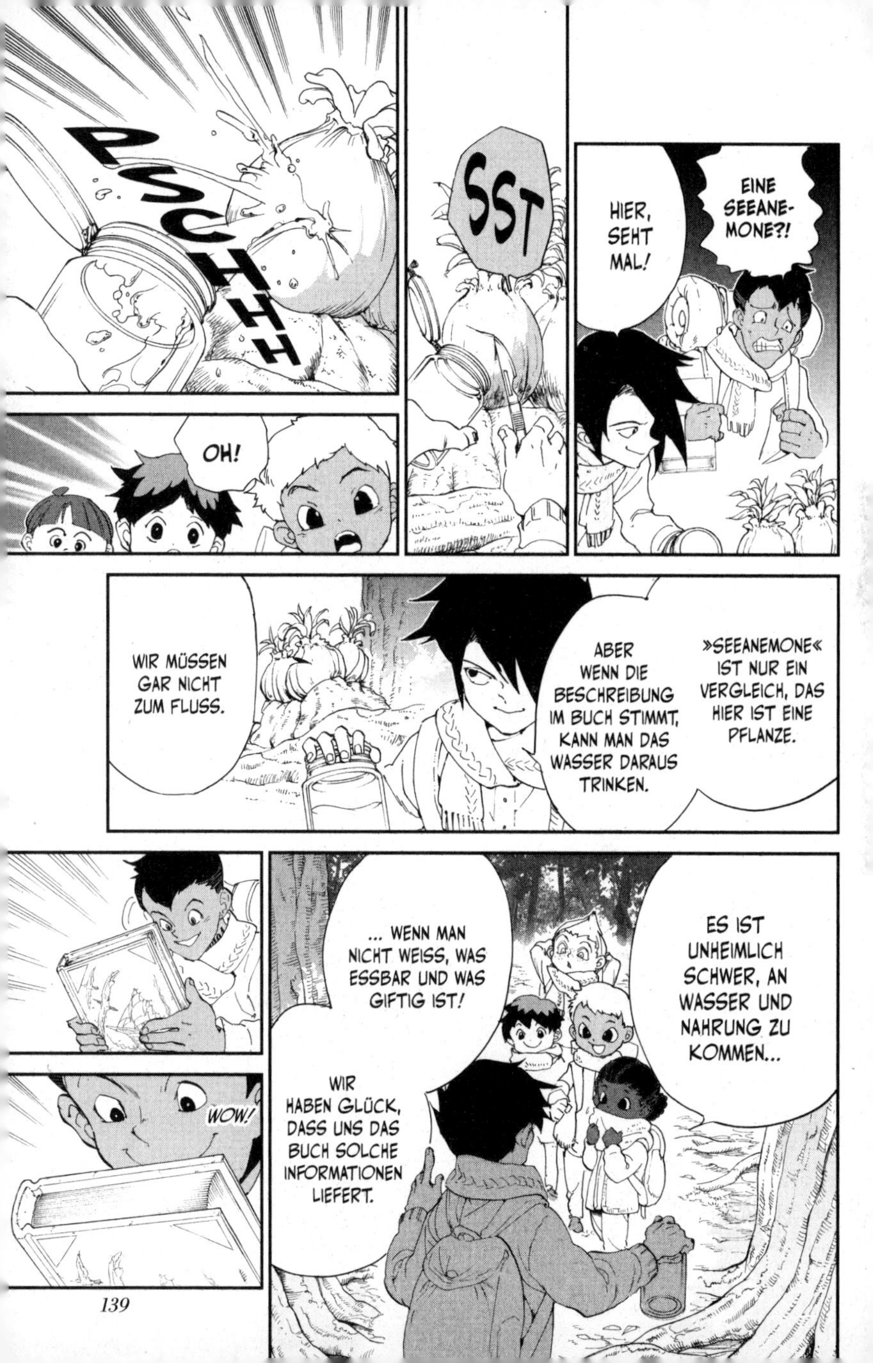
EINE SEEANE-MONE?!
HIER, SEHT MAL!
SST
PSCHHH
OH!
»SEEANEMONE« IST NUR EIN VERGLEICH, DAS HIER IST EINE PFLANZE.
ABER WENN DIE BESCHREIBUNG IM BUCH STIMMT, KANN MAN DAS WASSER DARAUS TRINKEN.
WIR MÜSSEN GAR NICHT ZUM FLUSS.
ES IST UNHEIMLICH SCHWER, AN WASSER UND NAHRUNG ZU KOMMEN...
... WENN MAN NICHT WEISS, WAS ESSBAR UND WAS GIFTIG IST!
WIR HABEN GLÜCK, DASS UNS DAS BUCH SOLCHE INFORMATIONEN LIEFERT.
WOW!

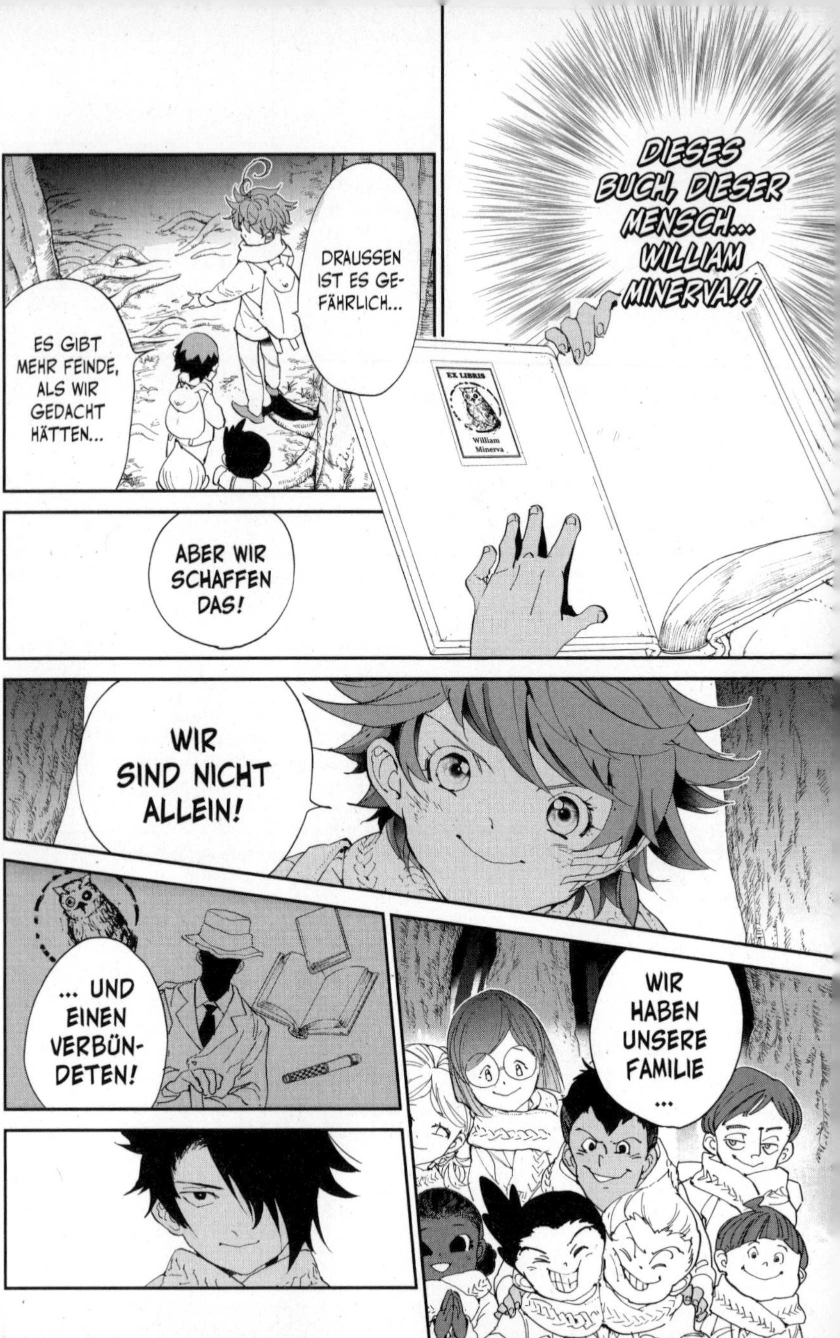
DIESES BUCH, DIESER MENSCH... WILLIAM MINERVA!!
EX LIBRIS
William Minerva
DRAUSSEN IST ES GE-FÄHRLICH...
ES GIBT MEHR FEINDE, ALS WIR GEDACHT HÄTTEN...
ABER WIR SCHAFFEN DAS!
WIR SIND NICHT ALLEIN!
WIR HABEN UNSERE FAMILIE ...
... UND EINEN VERBÜN-DETEN!

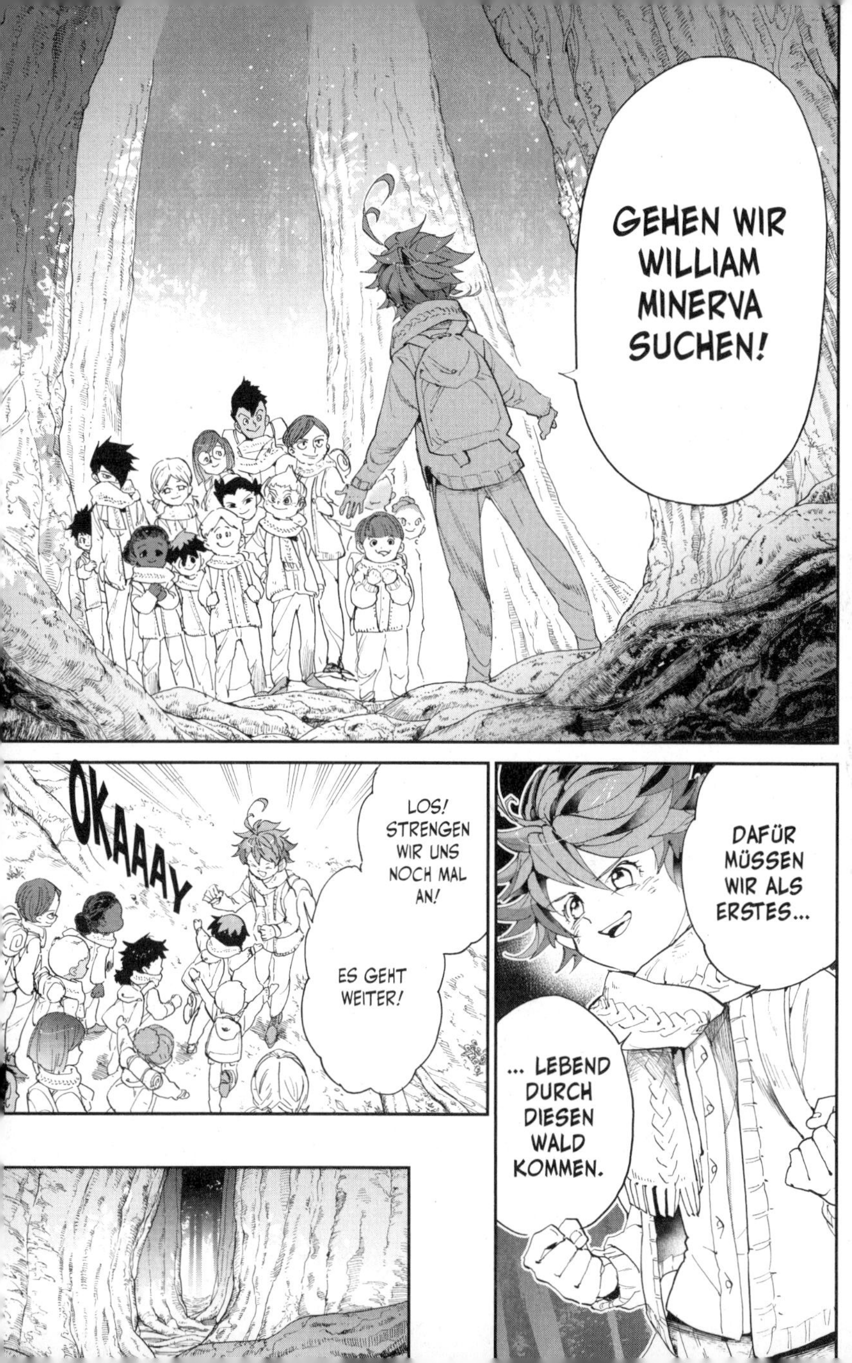
GEHEN WIR WILLIAM MINERVA SUCHEN!
DAFÜR MÜSSEN WIR ALS ERSTES...
... LEBEND DURCH DIESEN WALD KOMMEN.
LOS! STRENGEN WIR UNS NOCH MAL AN!
ES GEHT WEITER!
OKAAAY

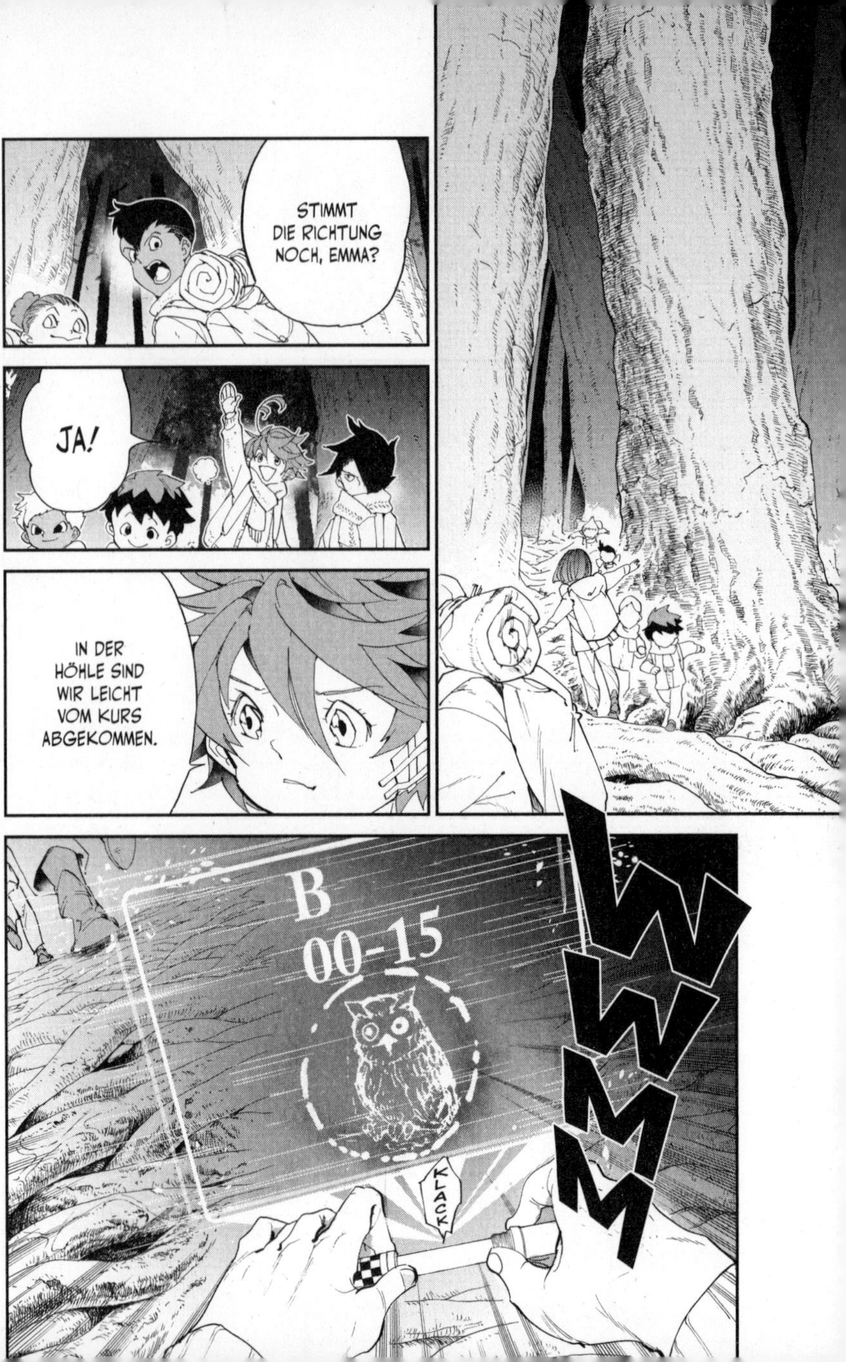

STIMMT DIE RICHTUNG NOCH, EMMA?
JA!
IN DER HÖHLE SIND WIR LEICHT VOM KURS ABGEKOMMEN.
B
00-15
KLACK
WWMM

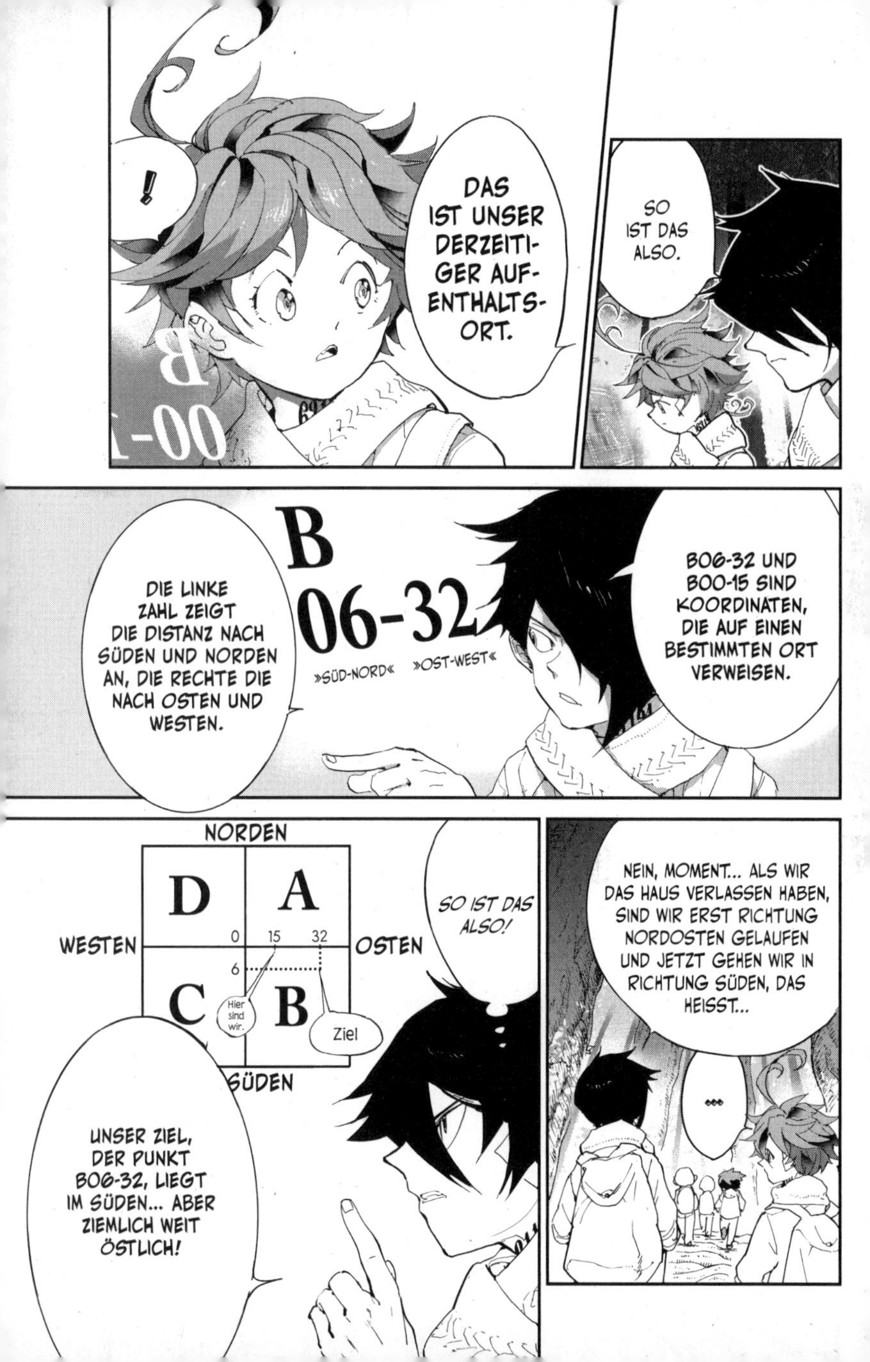
SO IST DAS ALSO.
!
DAS IST UNSER DERZEITIGER AUFENTHALTSORT.
BO6-32 UND BOO-15 SIND KOORDINATEN, DIE AUF EINEN BESTIMMTEN ORT VERWEISEN.
B 06-32
»SÜD-NORD« »OST-WEST«
DIE LINKE ZAHL ZEIGT DIE DISTANZ NACH SÜDEN UND NORDEN AN, DIE RECHTE DIE NACH OSTEN UND WESTEN.
NEIN, MOMENT... ALS WIR DAS HAUS VERLASSEN HABEN, SIND WIR ERST RICHTUNG NORDOSTEN GELAUFEN UND JETZT GEHEN WIR IN RICHTUNG SÜDEN, DAS HEISST...
...
SO IST DAS ALSO!
NORDEN
WESTEN
OSTEN
SÜDEN
D
A
C
B
0
15
32
6
Hier sind wir.
Ziel
UNSER ZIEL, DER PUNKT BO6-32, LIEGT IM SÜDEN... ABER ZIEMLICH WEIT ÖSTLICH!

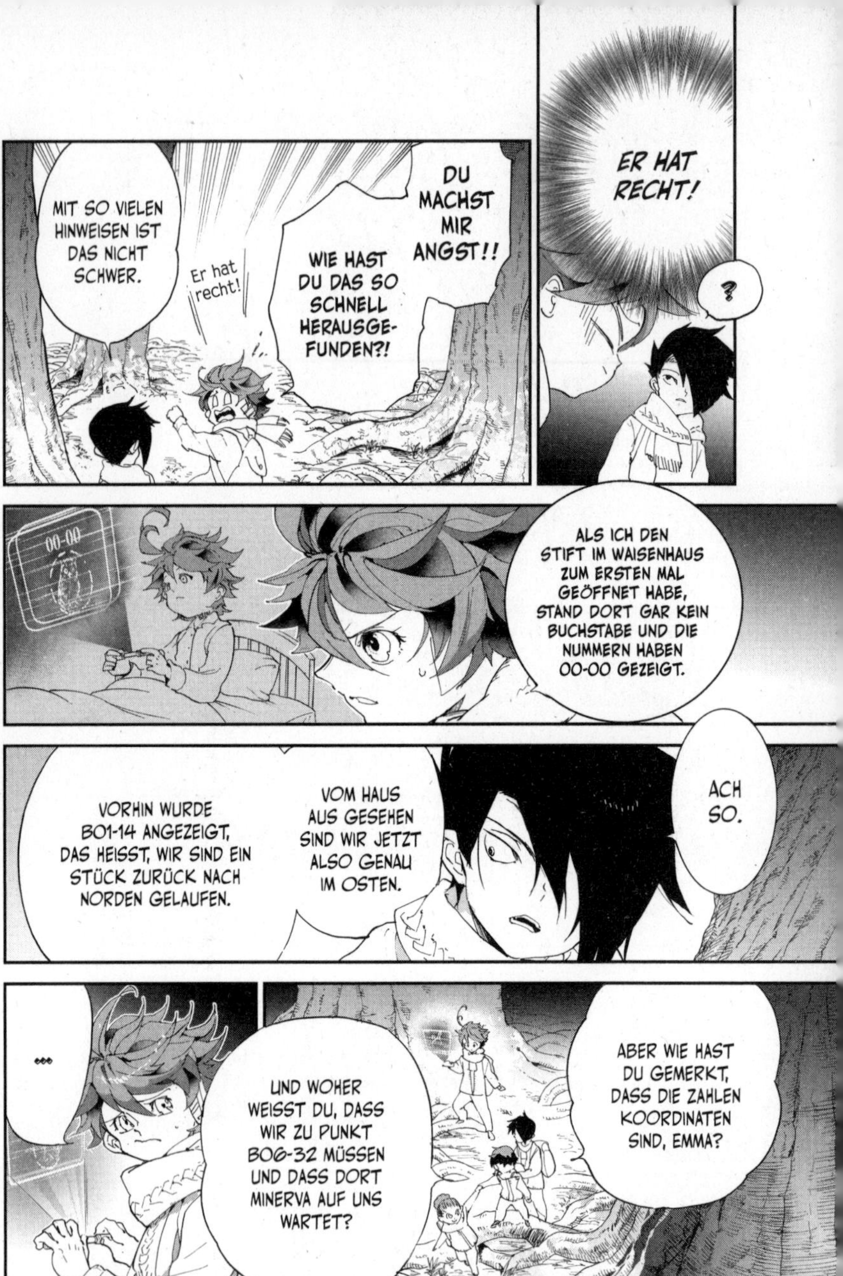
ER HAT RECHT!
?
DU MACHST MIR ANGST!!
WIE HAST DU DAS SO SCHNELL HERAUSGE-FUNDEN?!
Er hat recht!
MIT SO VIELEN HINWEISEN IST DAS NICHT SCHWER.
ALS ICH DEN STIFT IM WAISENHAUS ZUM ERSTEN MAL GEÖFFNET HABE, STAND DORT GAR KEIN BUCHSTABE UND DIE NUMMERN HABEN 00-00 GEZEIGT.
00-00
ACH SO.
VOM HAUS AUS GESEHEN SIND WIR JETZT ALSO GENAU IM OSTEN.
VORHIN WURDE B01-14 ANGEZEIGT, DAS HEISST, WIR SIND EIN STÜCK ZURÜCK NACH NORDEN GELAUFEN.
ABER WIE HAST DU GEMERKT, DASS DIE ZAHLEN KOORDINATEN SIND, EMMA?
UND WOHER WEISST DU, DASS WIR ZU PUNKT B06-32 MÜSSEN UND DASS DORT MINERVA AUF UNS WARTET?
...

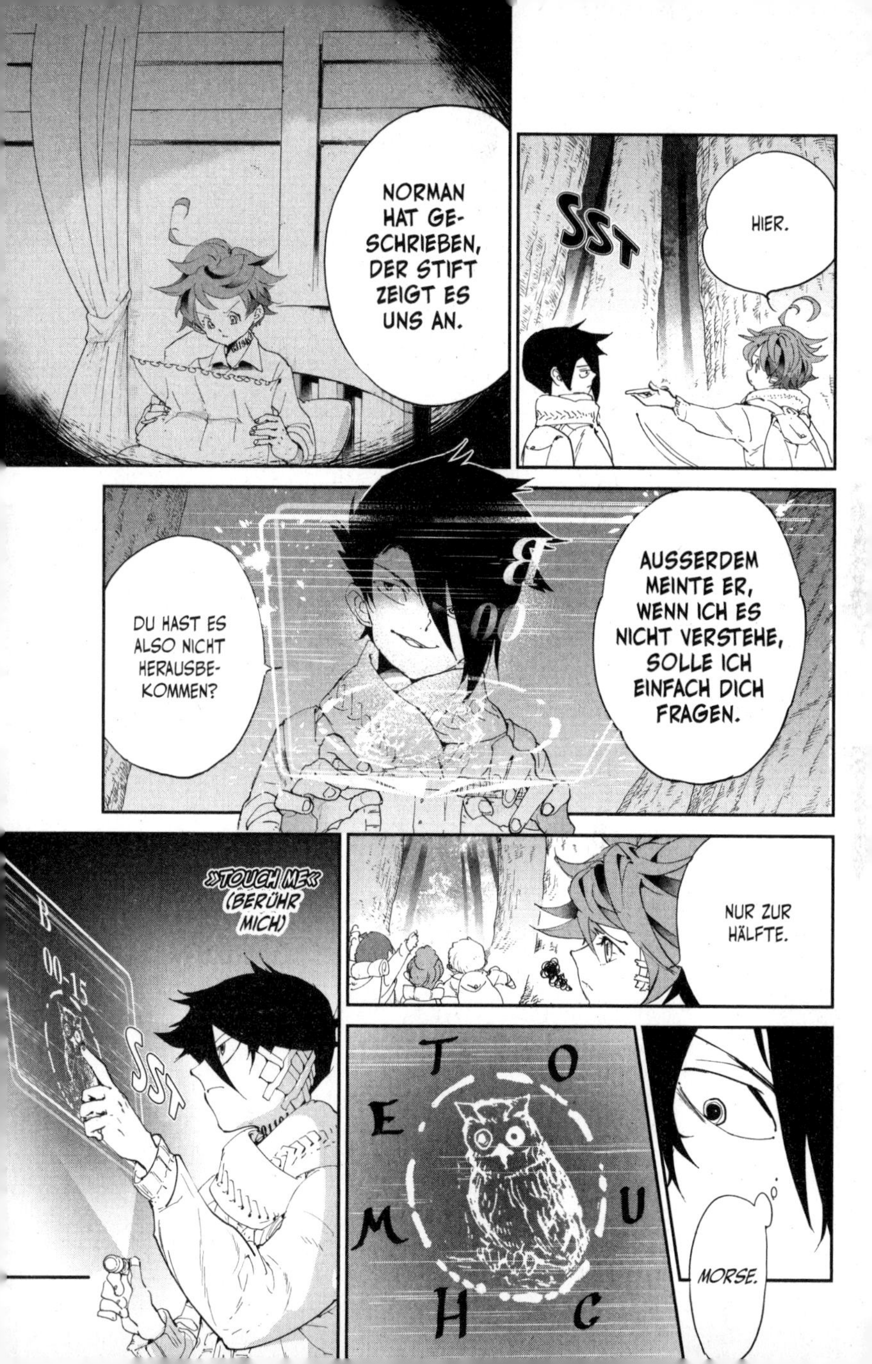
SST
HIER.
NORMAN HAT GE-SCHRIEBEN, DER STIFT ZEIGT ES UNS AN.
AUSSERDEM MEINTE ER, WENN ICH ES NICHT VERSTEHE, SOLLE ICH EINFACH DICH FRAGEN.
DU HAST ES ALSO NICHT HERAUSBE-KOMMEN?
NUR ZUR HÄLFTE.
»TOUCH ME« (BERÜHR MICH)
B
00-15
SST
MORSE.

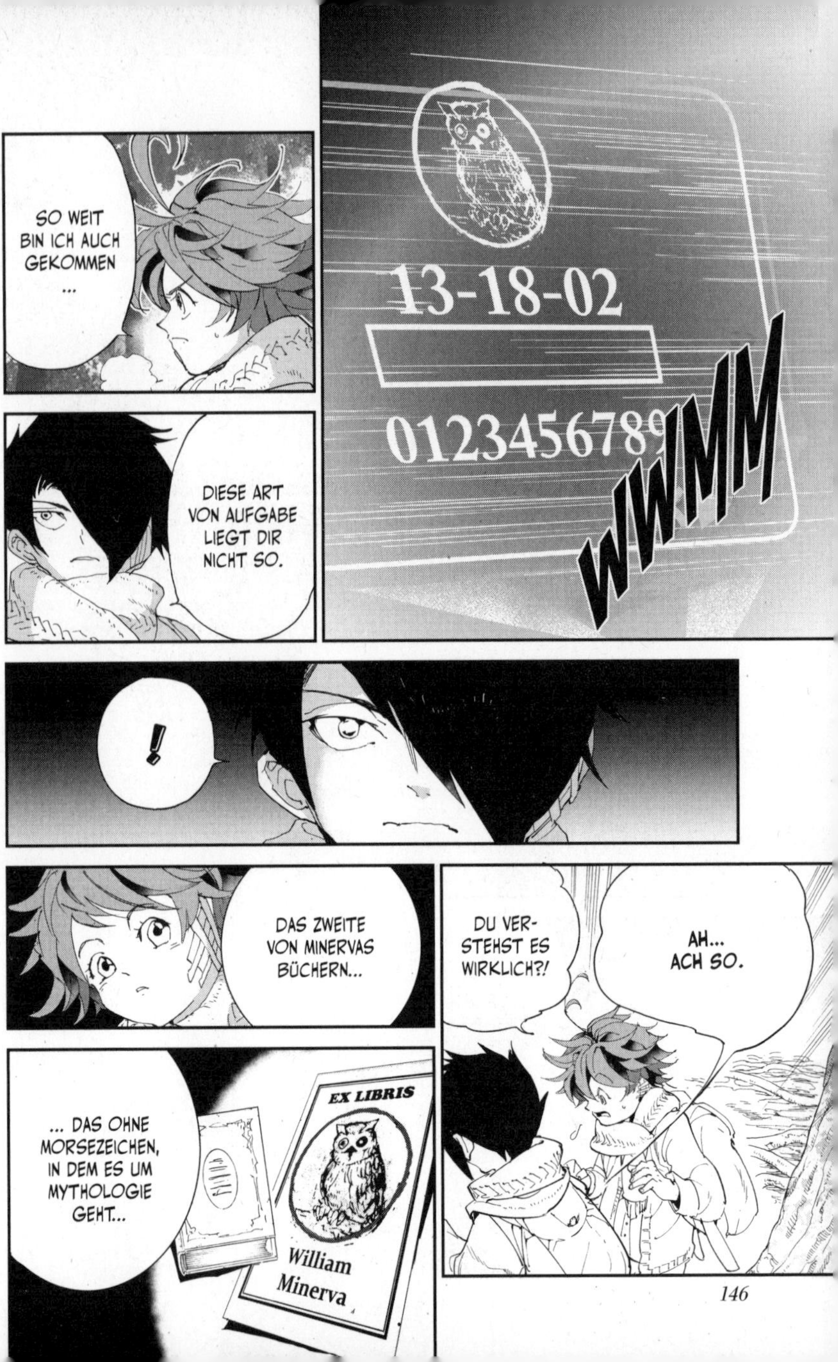
13-18-02
0123456789
WWMM
SO WEIT BIN ICH AUCH GEKOMMEN ...
DIESE ART VON AUFGABE LIEGT DIR NICHT SO.
!
AH... ACH SO.
DU VER-STEHST ES WIRKLICH?!
DAS ZWEITE VON MINERVAS BÜCHERN...
... DAS OHNE MORSEZEICHEN, IN DEM ES UM MYTHOLOGIE GEHT...
EX LIBRIS
William Minerva

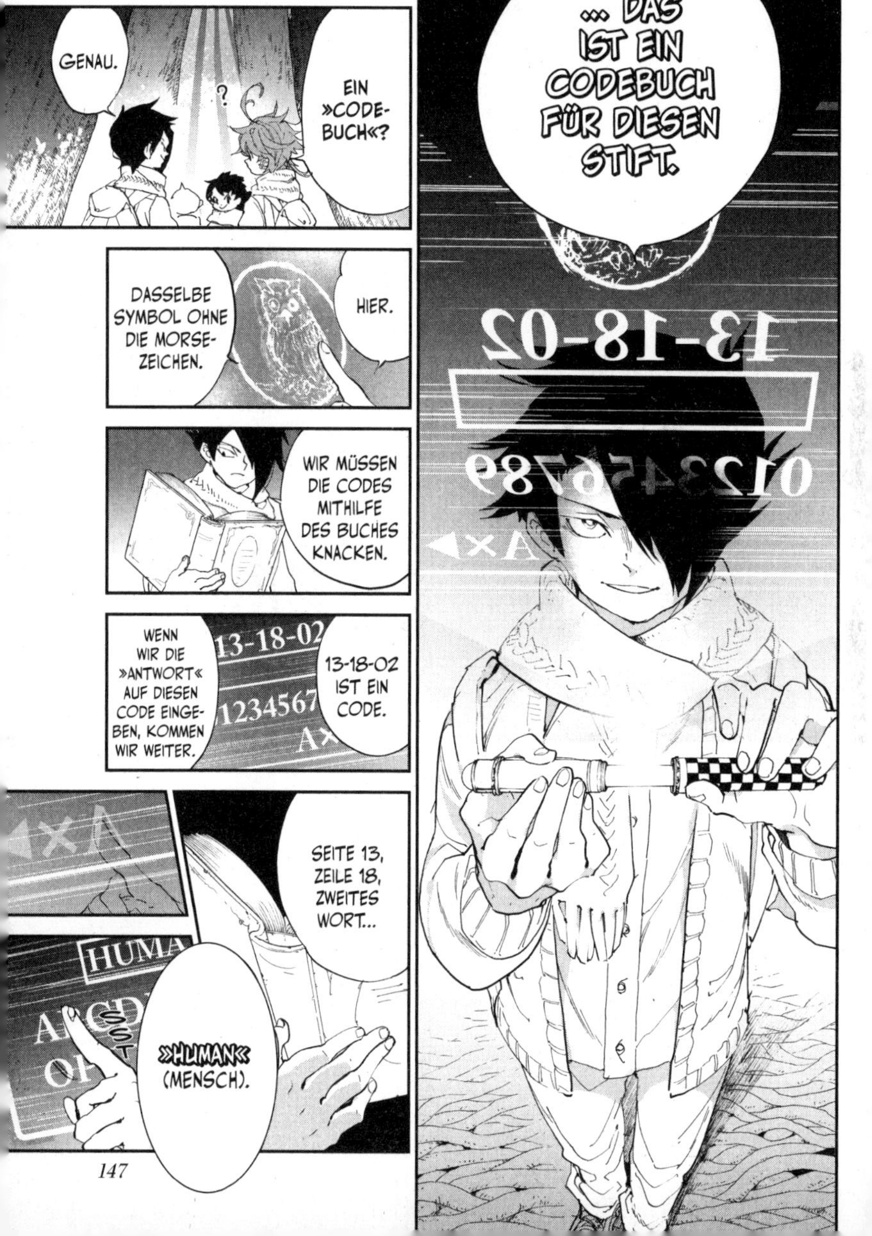
... DAS IST EIN CODEBUCH FÜR DIESEN STIFT.
EIN »CODE-BUCH«?
?
GENAU.
HIER.
DASSELBE SYMBOL OHNE DIE MORSE-ZEICHEN.
WIR MÜSSEN DIE CODES MITHILFE DES BUCHES KNACKEN.
13-18-02 IST EIN CODE.
WENN WIR DIE »ANTWORT« AUF DIESEN CODE EINGE-BEN, KOMMEN WIR WEITER.
SEITE 13, ZEILE 18, ZWEITES WORT...
SST
»HUMAN« (MENSCH).

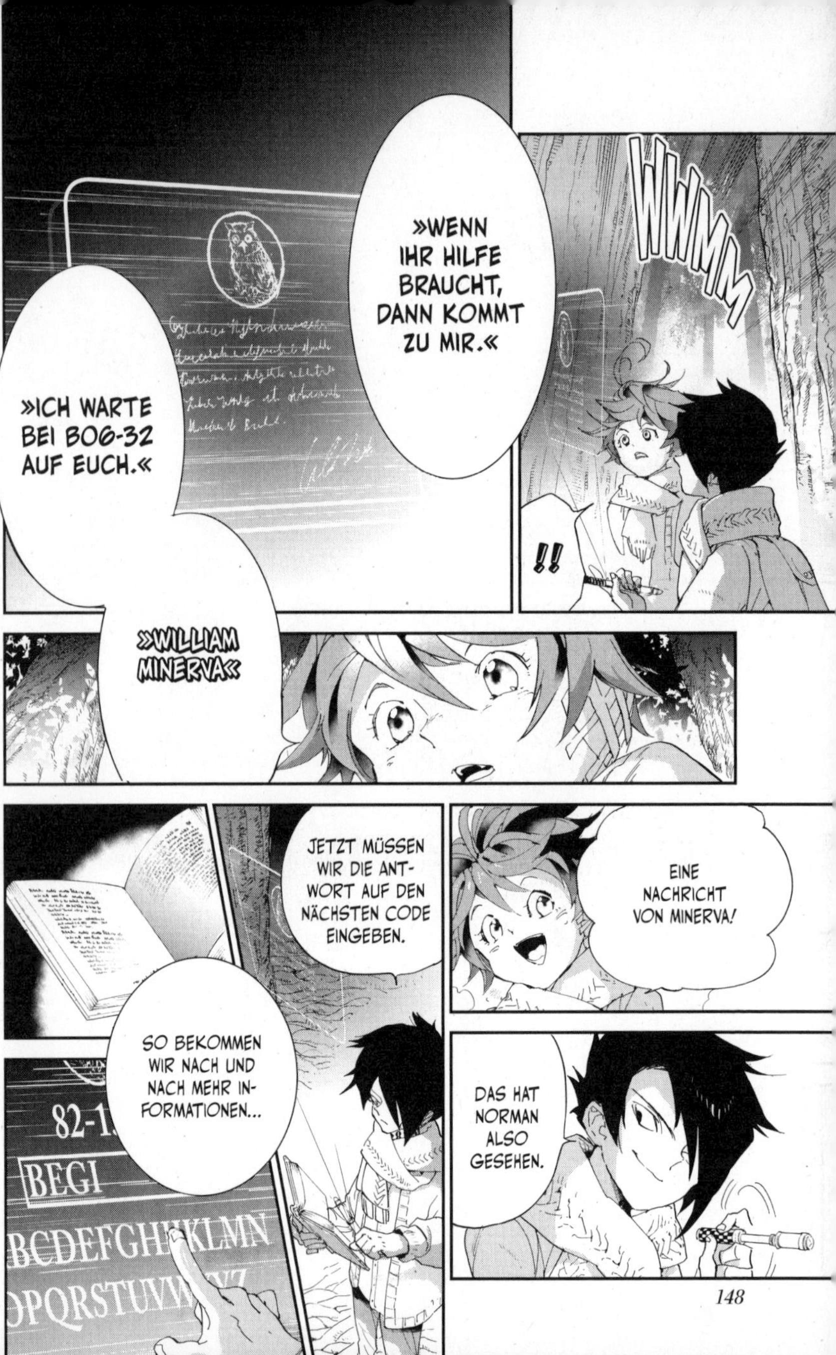
WWMM
!!
»WENN IHR HILFE BRAUCHT, DANN KOMMT ZU MIR.«
»ICH WARTE BEI B06-32 AUF EUCH.«
»WILLIAM MINERVA«
EINE NACHRICHT VON MINERVA!
JETZT MÜSSEN WIR DIE ANT-WORT AUF DEN NÄCHSTEN CODE EINGEBEN.
DAS HAT NORMAN ALSO GESEHEN.
SO BEKOMMEN WIR NACH UND NACH MEHR IN-FORMATIONEN...
82-1.
BEGI
BCDEFGHIJKLMN
OPQRSTUVWXYZ

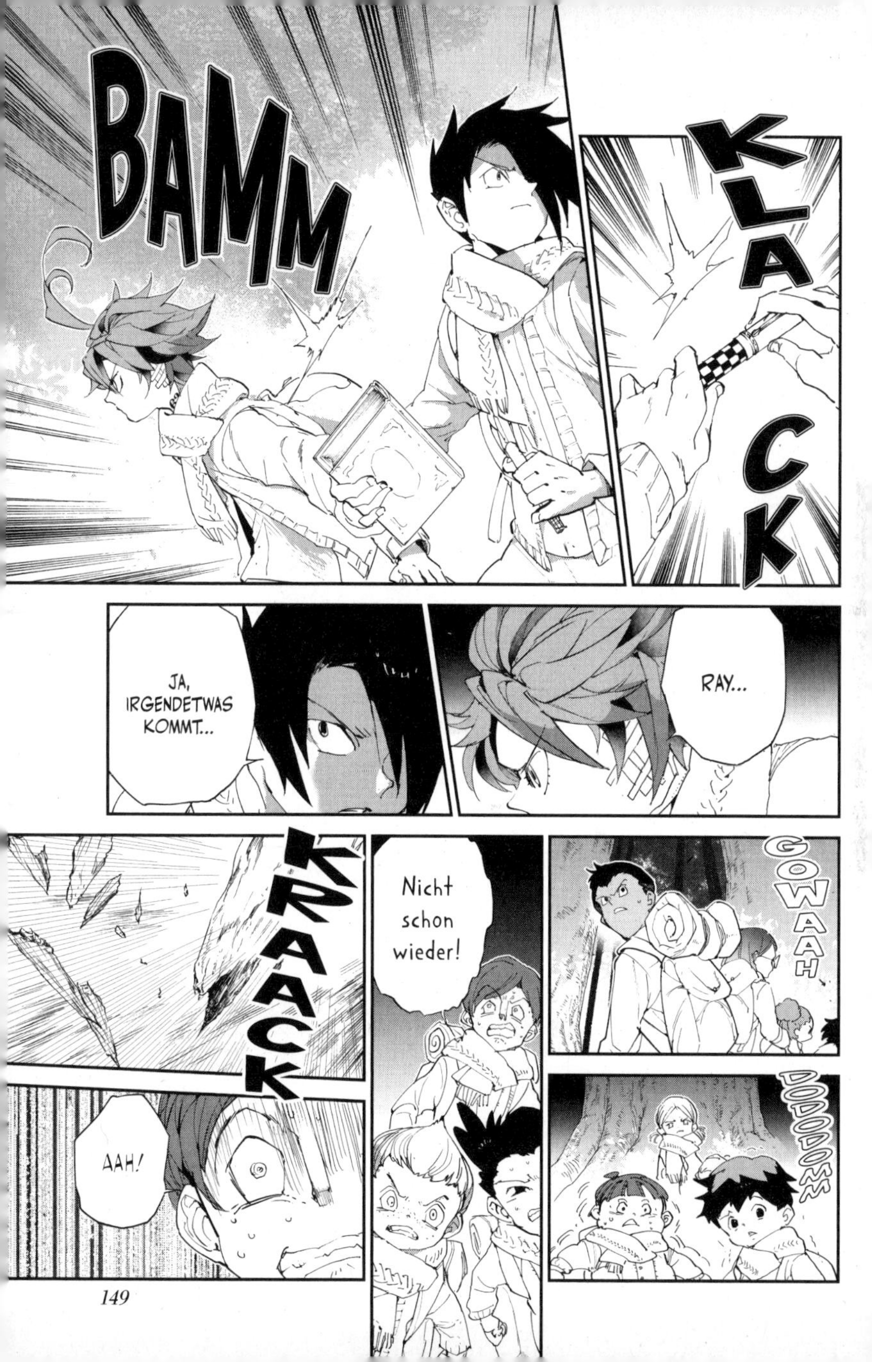
KLACK
BAMM
RAY...
JA, IRGENDETWAS KOMMT...
GOWAAH
DODODOMM
Nicht schon wieder!
KRAACK
AAH!

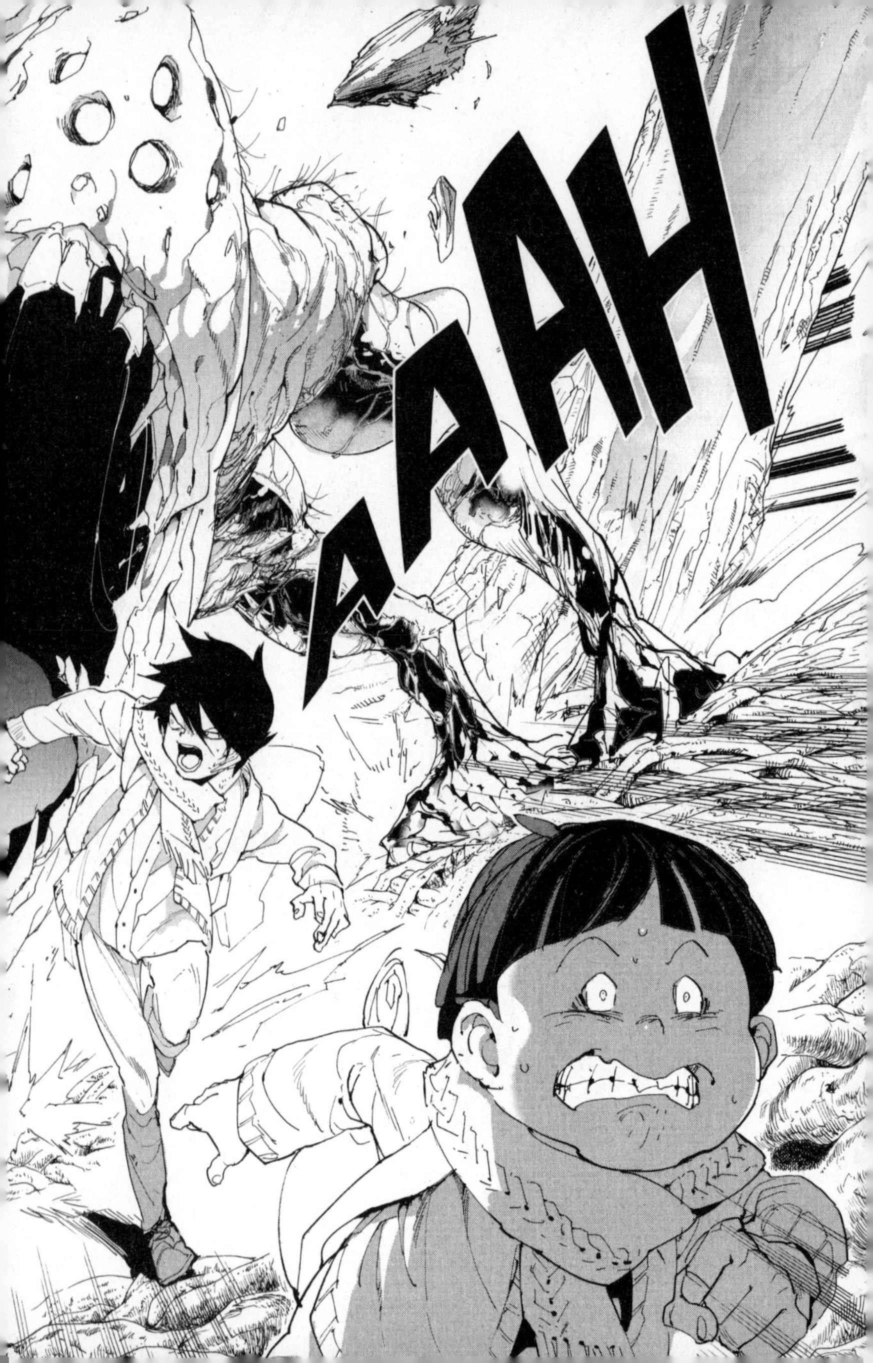
AAAH

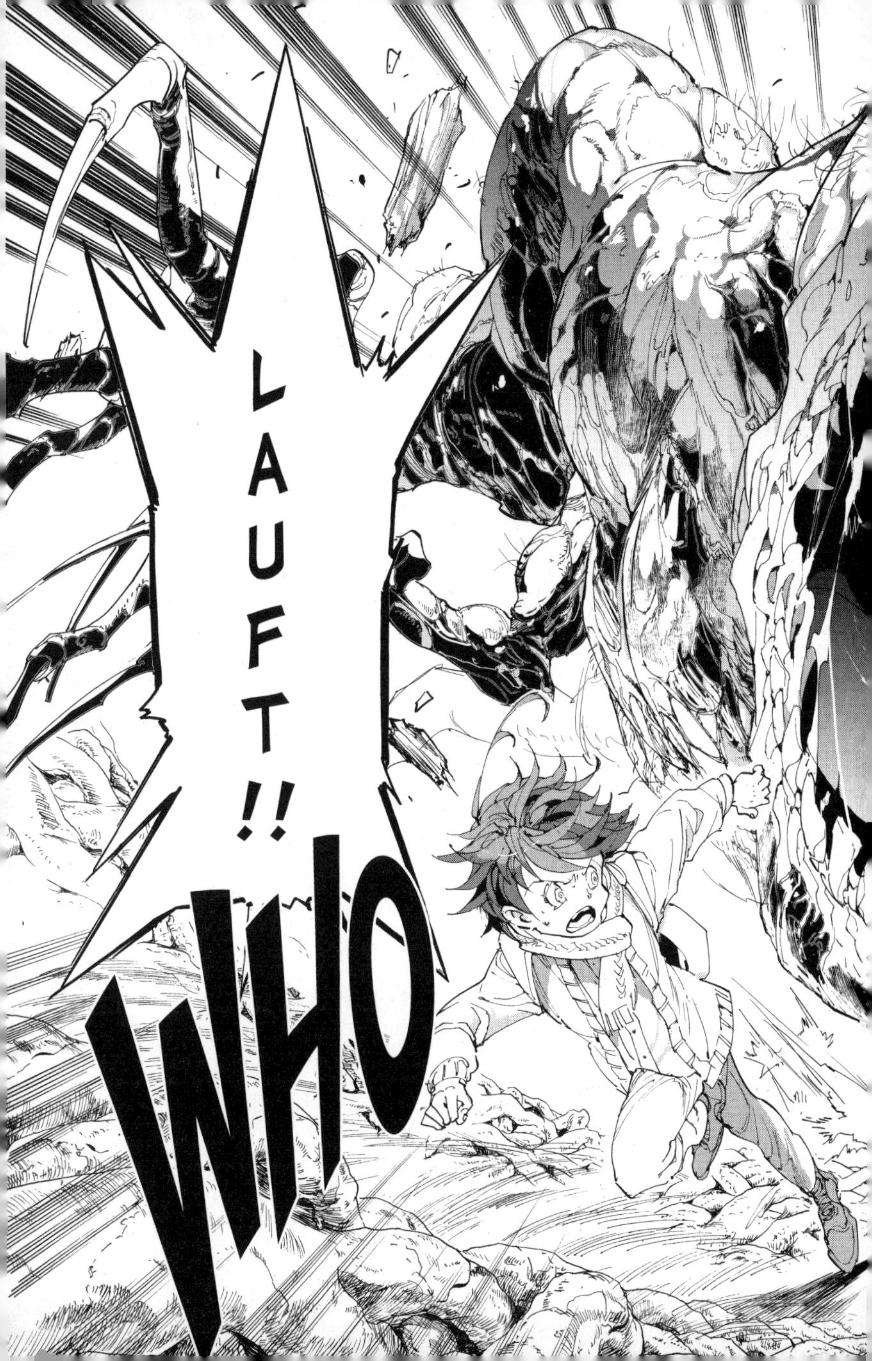
LAUFT!!
WHO

Verschwunden

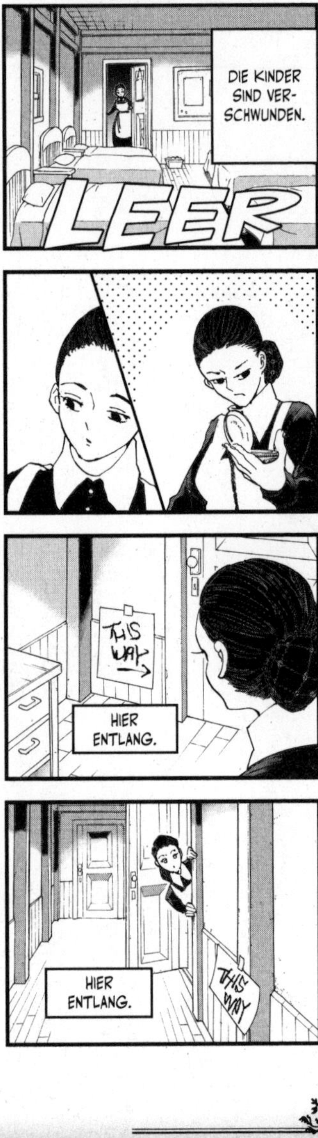

Such uns!

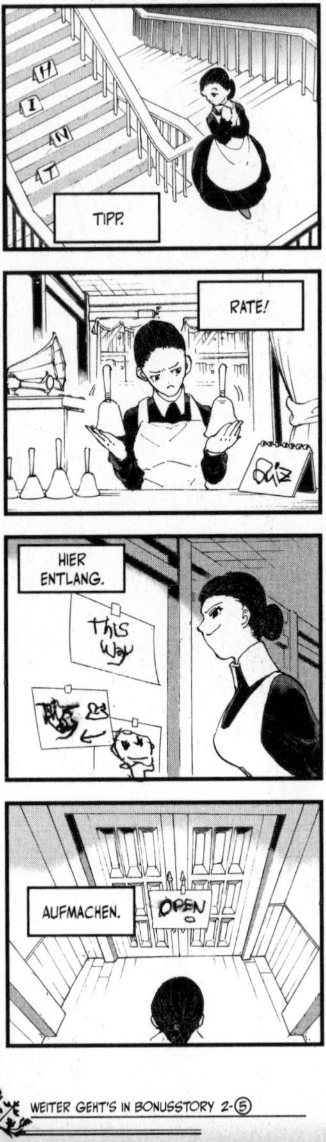

WEITER GEHT'S IN BONUSSTORY 2-⑤

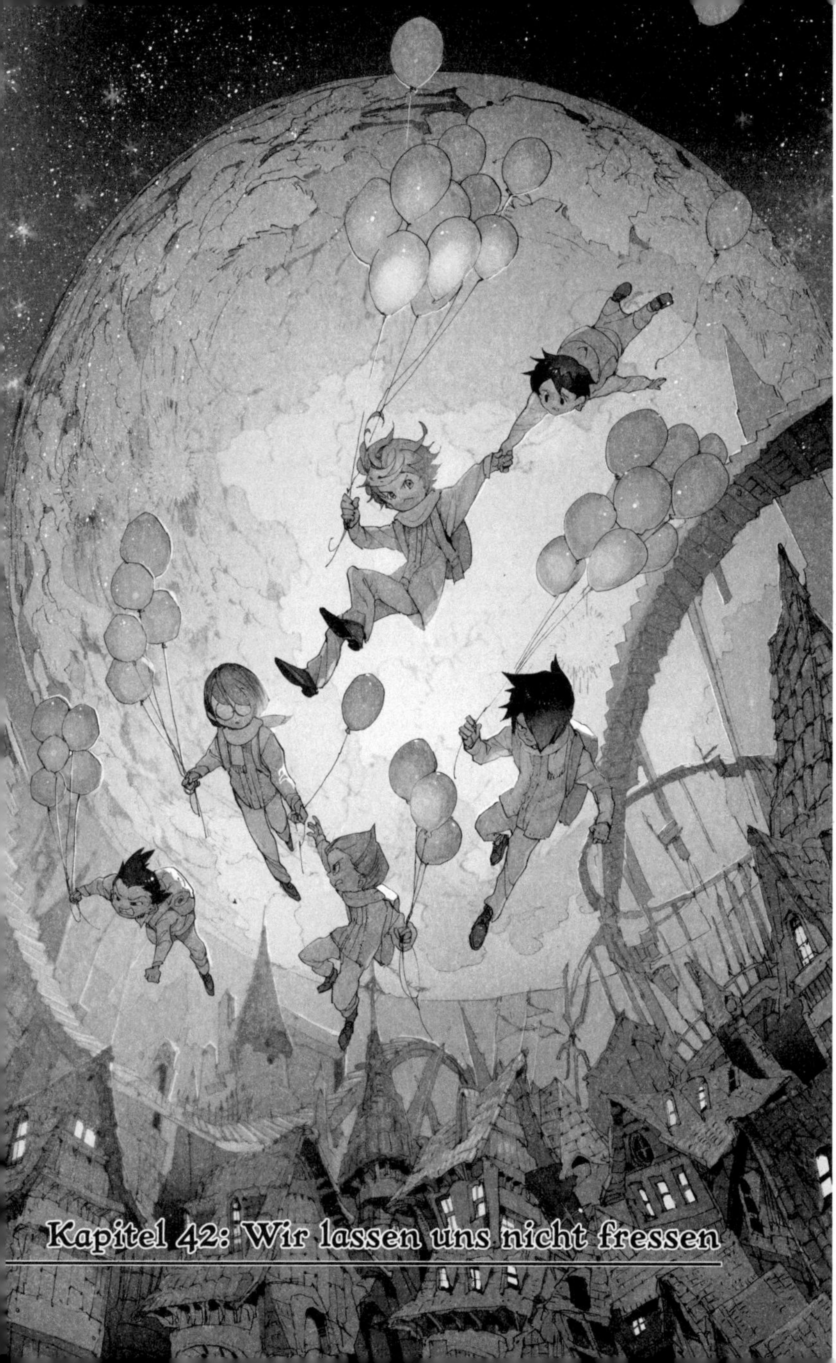

Kapitel 42: Wir lassen uns nicht fressen

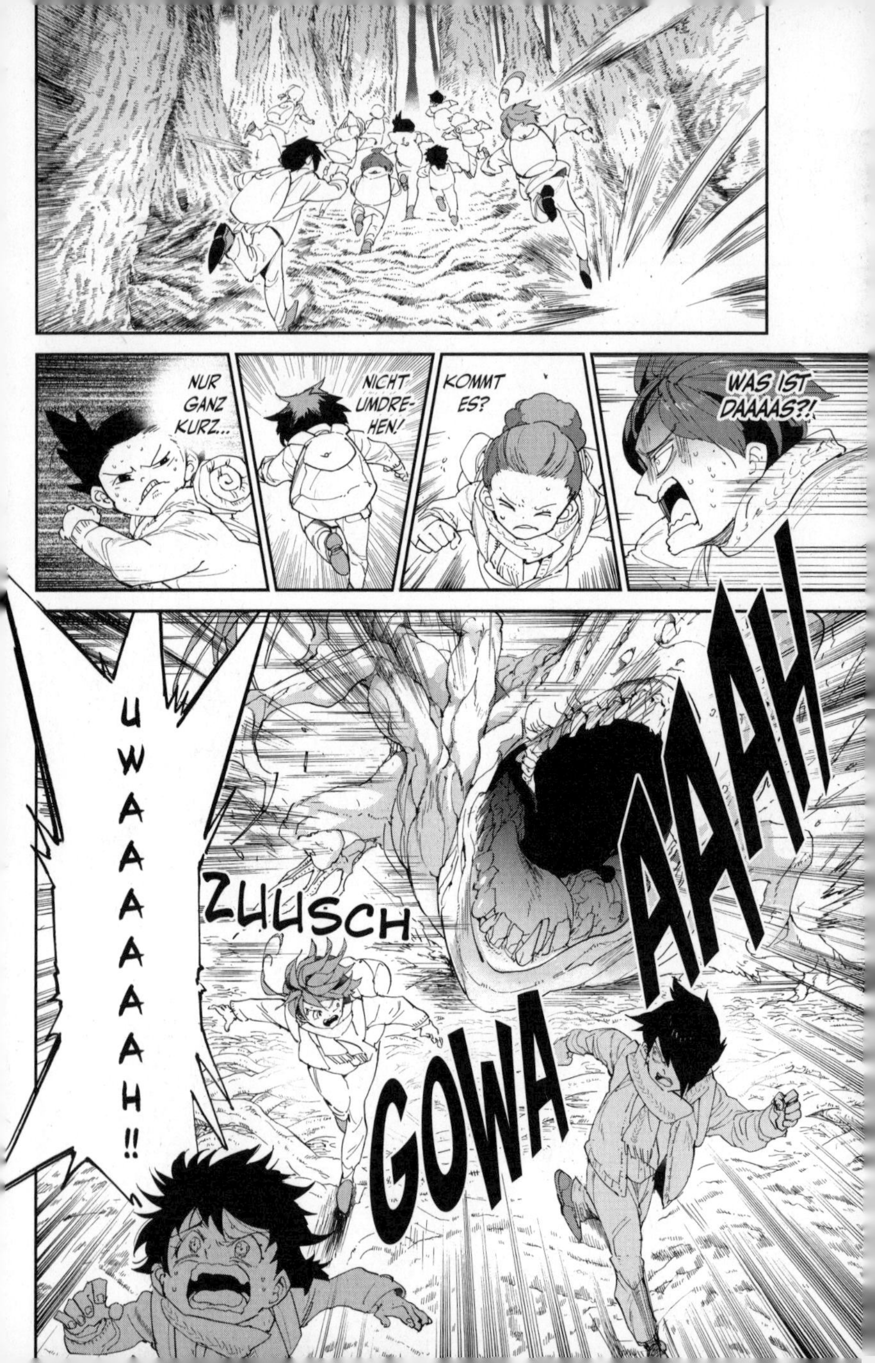
WAS IST DAAAAS?!
KOMMT ES?
NICHT UMDRE-HEN!
NUR GANZ KURZ...
AAAH!
GOWA
ZUUSCH
UWAAAAAAAH!!

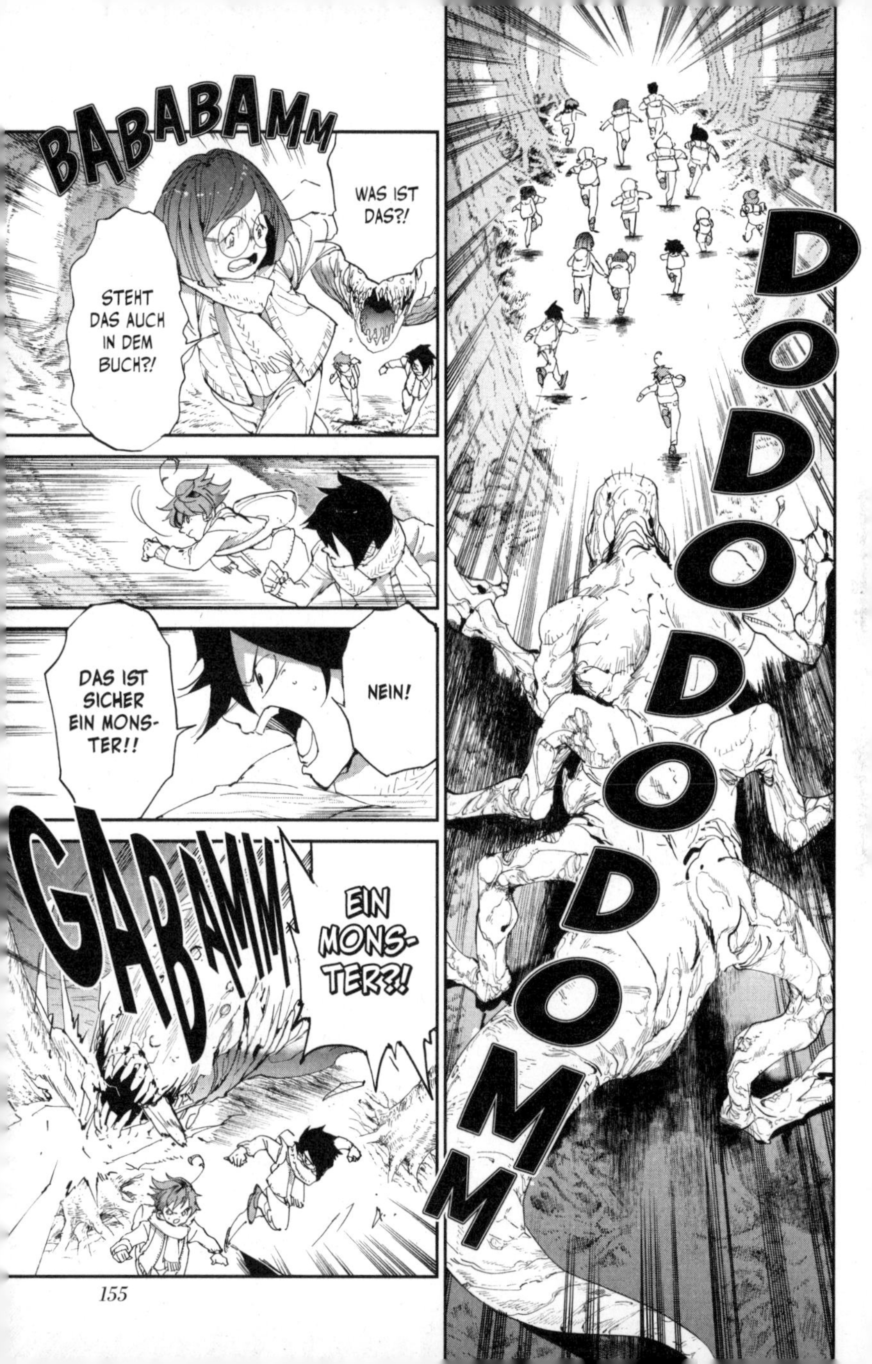
BABABAMM
WAS IST DAS?!
STEHT DAS AUCH IN DEM BUCH?!
NEIN!
DAS IST SICHER EIN MONSTER!!
GABAMM
EIN MONSTER?!
DODODODODOMMM

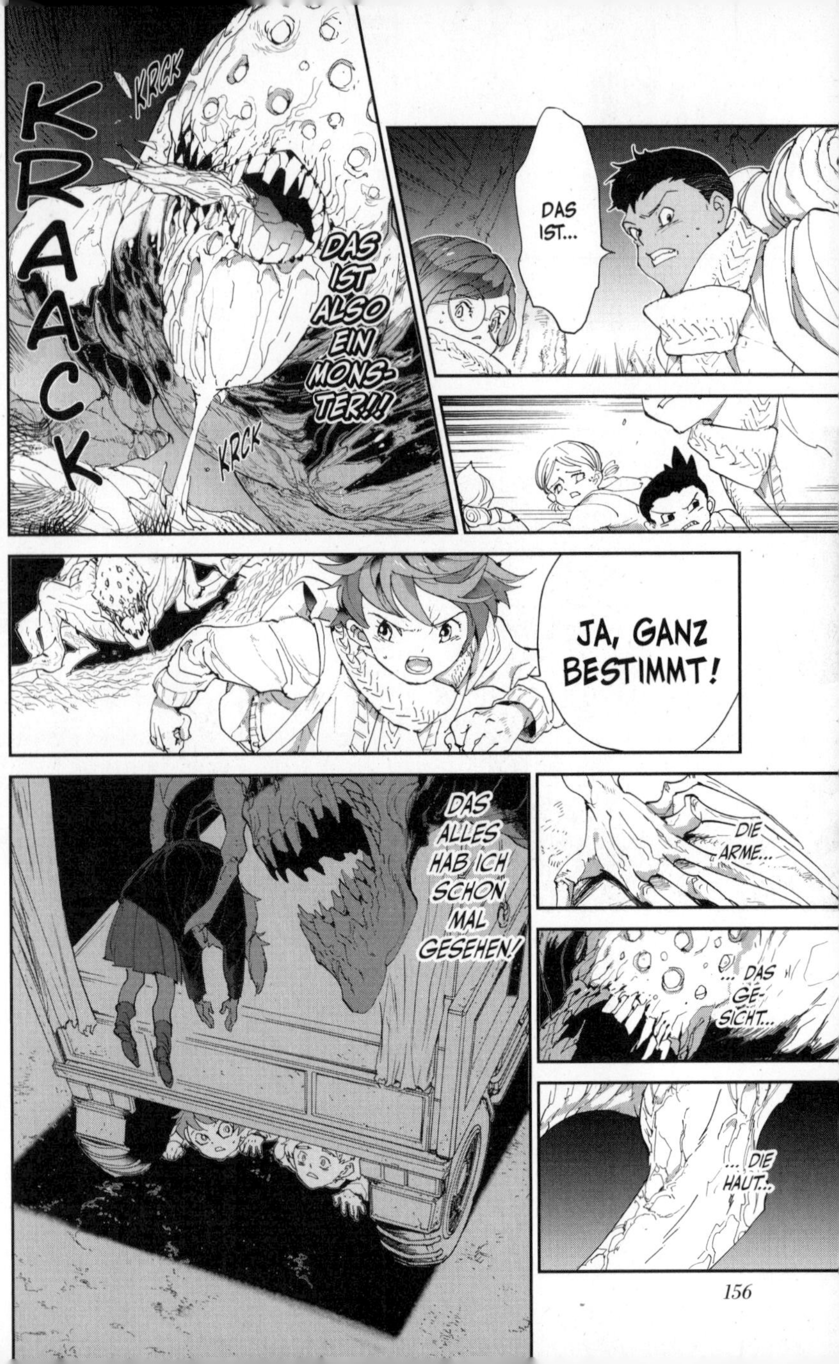
DAS IST...
KRACK
KRCK
DAS IST ALSO EIN MONSTER!!
KRCK
JA, GANZ BESTIMMT!
DIE ARME...
... DAS GESICHT...
... DIE HAUT...
DAS ALLES HAB ICH SCHON MAL GESEHEN!

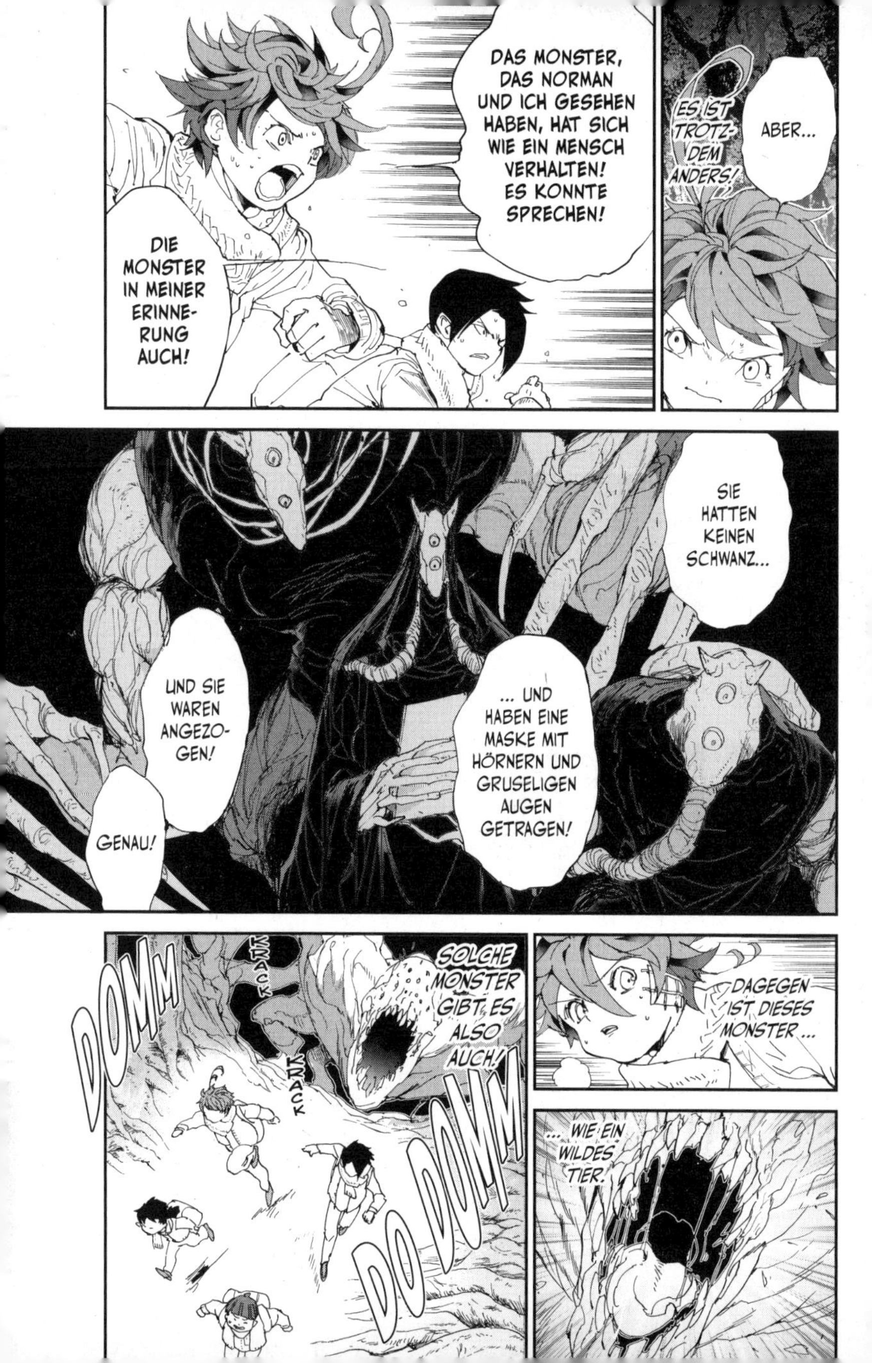
DAS MONSTER, DAS NORMAN UND ICH GESEHEN HABEN, HAT SICH WIE EIN MENSCH VERHALTEN! ES KONNTE SPRECHEN!
DIE MONSTER IN MEINER ERINNERUNG AUCH!
ABER...
ES IST TROTZDEM ANDERS!
SIE HATTEN KEINEN SCHWANZ...
... UND HABEN EINE MASKE MIT HÖRNERN UND GRUSELIGEN AUGEN GETRAGEN!
UND SIE WAREN ANGEZOGEN!
GENAU!
DAGEGEN IST DIESES MONSTER ...
... WIE EIN WILDES TIER.
SOLCHE MONSTER GIBT ES ALSO AUCH!
KRACK
KRACK
DOMM
DO DOMM

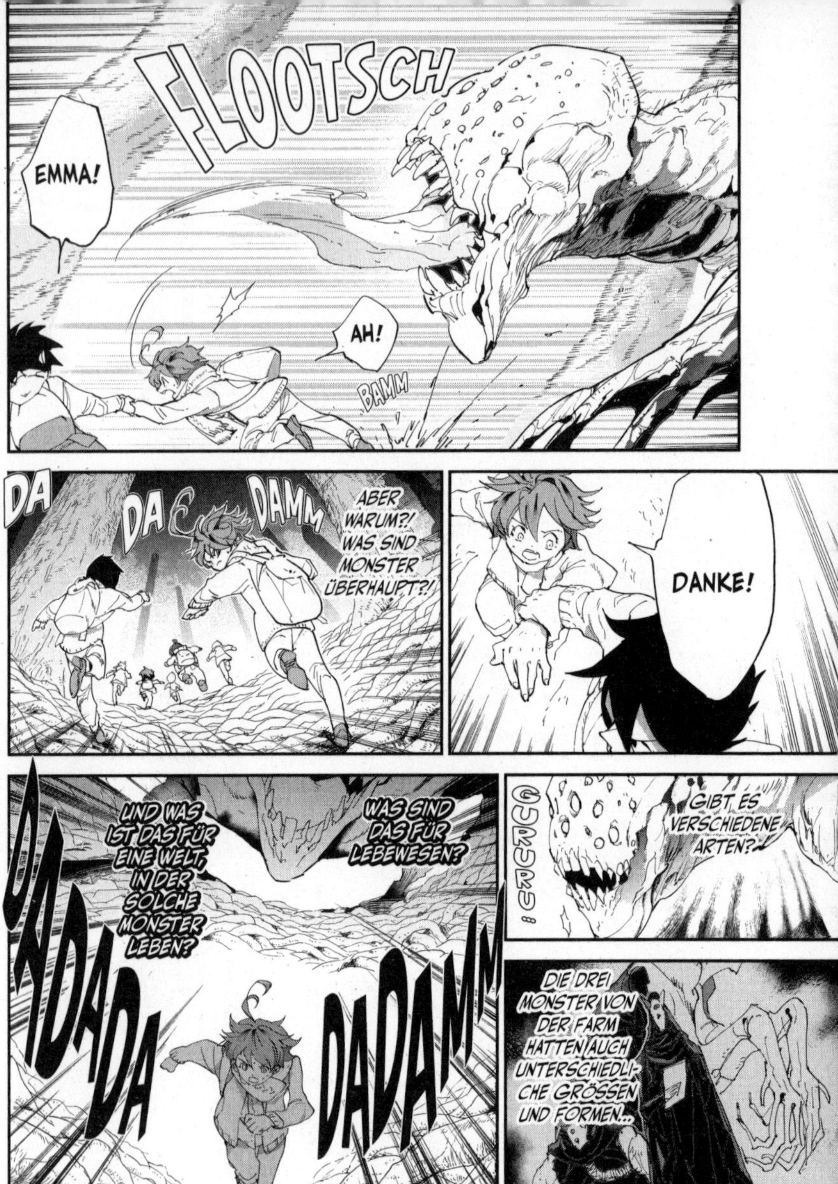
FLOOTSCH
EMMA!
AH!
BAMM
DANKE!
DA
DA
DAMM
ABER WARUM?! WAS SIND MONSTER ÜBERHAUPT?!
GURURU..
GIBT ES VERSCHIEDENE ARTEN?
DIE DREI MONSTER VON DER FARM HATTEN AUCH UNTERSCHIEDLICHE GRÖSSEN UND FORMEN...
WAS SIND DAS FÜR LEBEWESEN?
UND WAS IST DAS FÜR EINE WELT, IN DER SOLCHE MONSTER LEBEN?
DADADADA
DADAMM

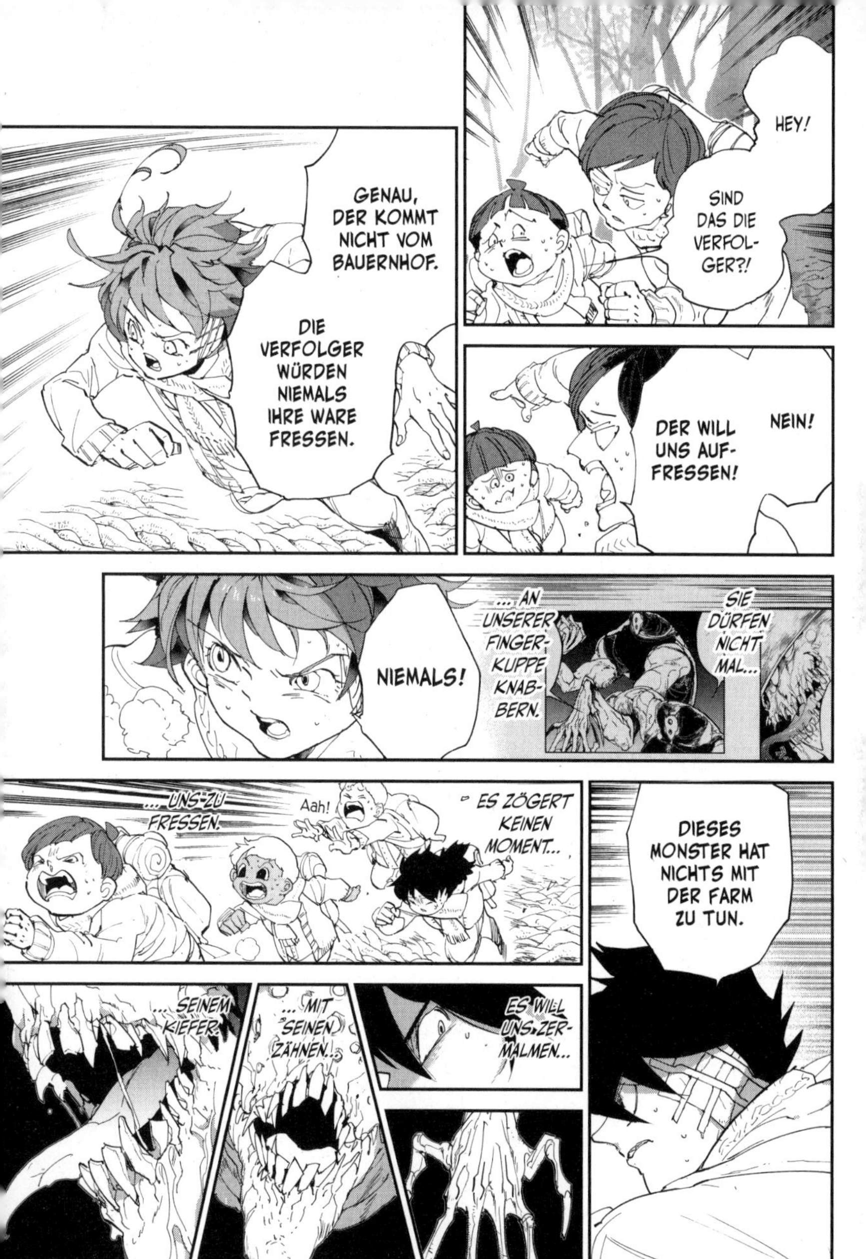
HEY!
SIND DAS DIE VERFOLGER?!
NEIN!
DER WILL UNS AUFFRESSEN!
GENAU, DER KOMMT NICHT VOM BAUERNHOF.
DIE VERFOLGER WÜRDEN NIEMALS IHRE WARE FRESSEN.
SIE DÜRFEN NICHT MAL...
... AN UNSERER FINGERKUPPE KNABBERN.
NIEMALS!
DIESES MONSTER HAT NICHTS MIT DER FARM ZU TUN.
ES ZÖGERT KEINEN MOMENT...
Aah!
... UNS ZU FRESSEN.
ES WILL UNS ZERMALMEN...
... MIT SEINEN ZÄHNEN...
... SEINEM KIEFER.

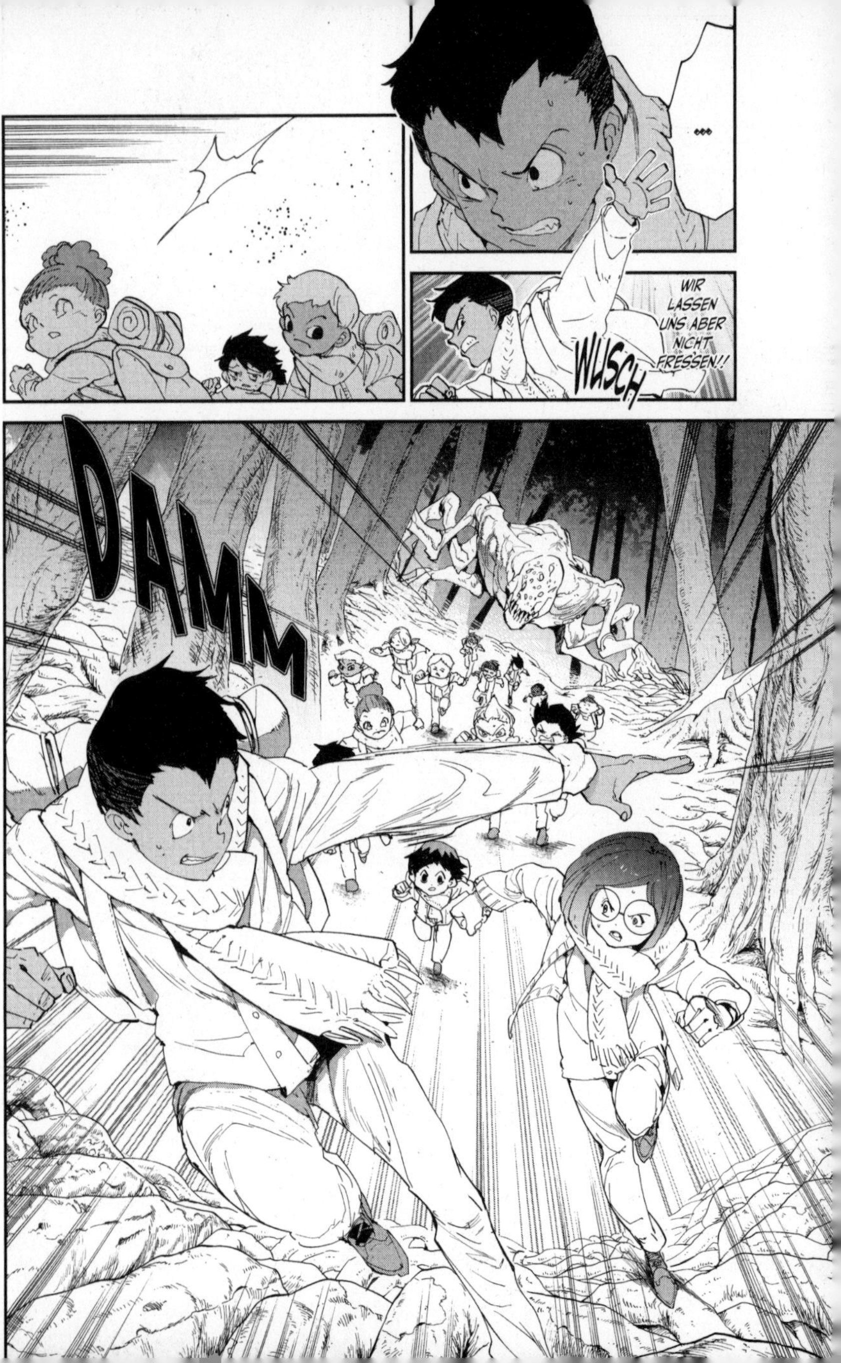
...
WIR LASSEN UNS ABER NICHT FRESSEN!!
WUSCH
DAMM

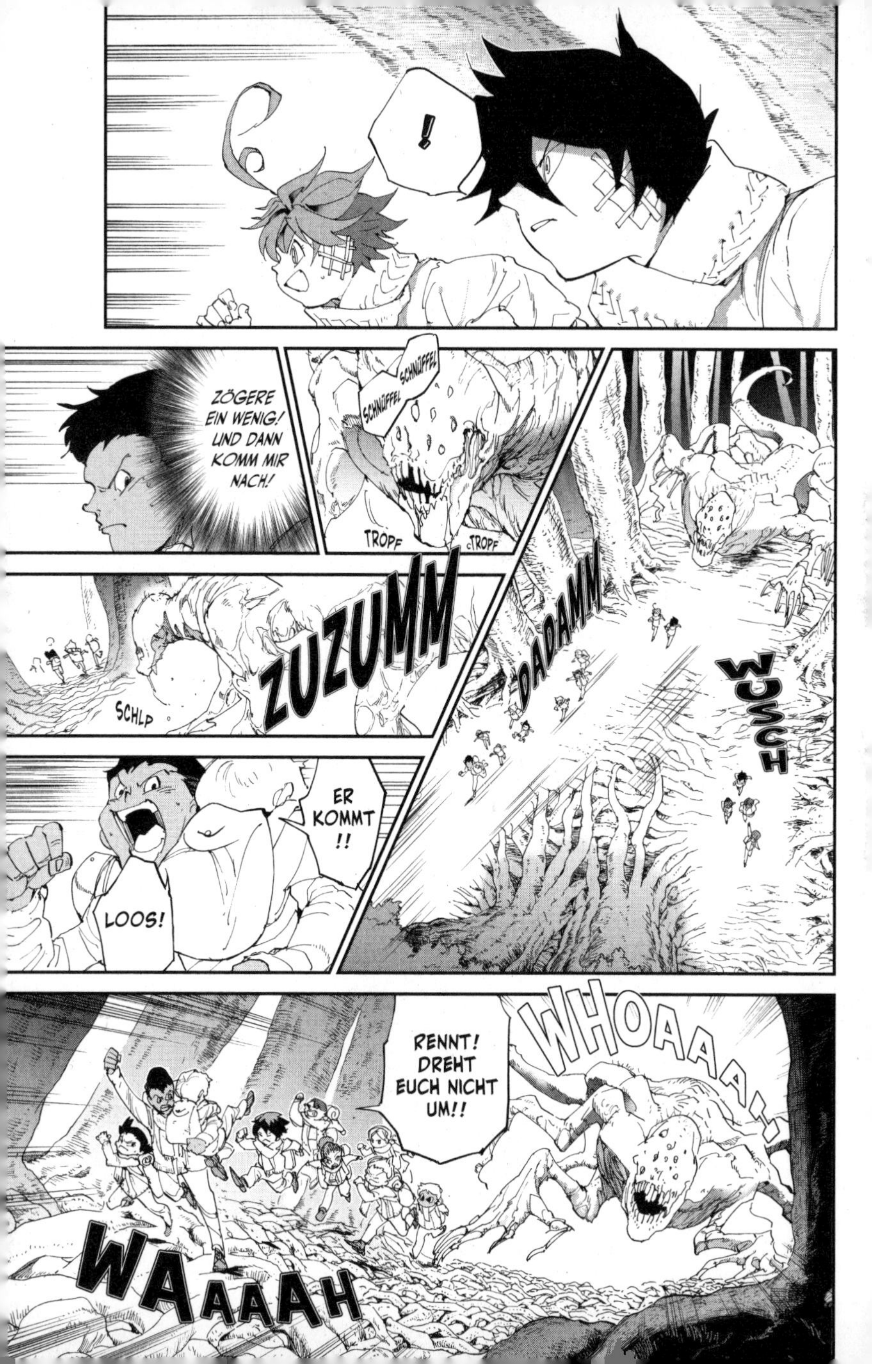
!
SCHNÜFFEL
SCHNÜFFEL
ZÖGERE EIN WENIG! UND DANN KOMM MIR NACH!
TROPF
TROPF
DADAMM
ZUZUMM
SCHLP
WUSCH
ER KOMMT!!
LOOS!
WHOAAAAH
RENNT! DREHT EUCH NICHT UM!!
WAAAAH

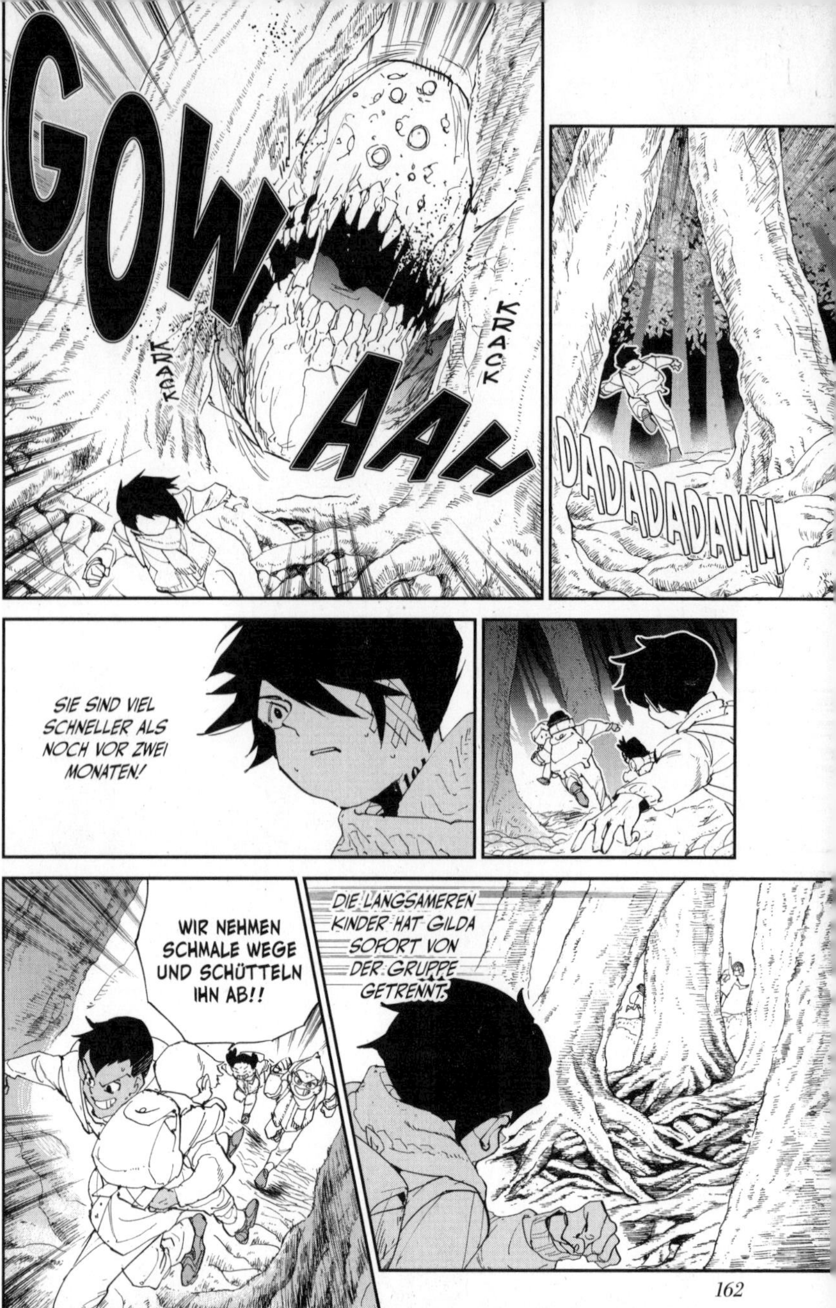
DADADADAMM
GOW AAH
KRACK
KRACK
SIE SIND VIEL SCHNELLER ALS NOCH VOR ZWEI MONATEN!
DIE LANGSAMEREN KINDER HAT GILDA SOFORT VON DER GRUPPE GETRENNT.
WIR NEHMEN SCHMALE WEGE UND SCHÜTTELN IHN AB!!

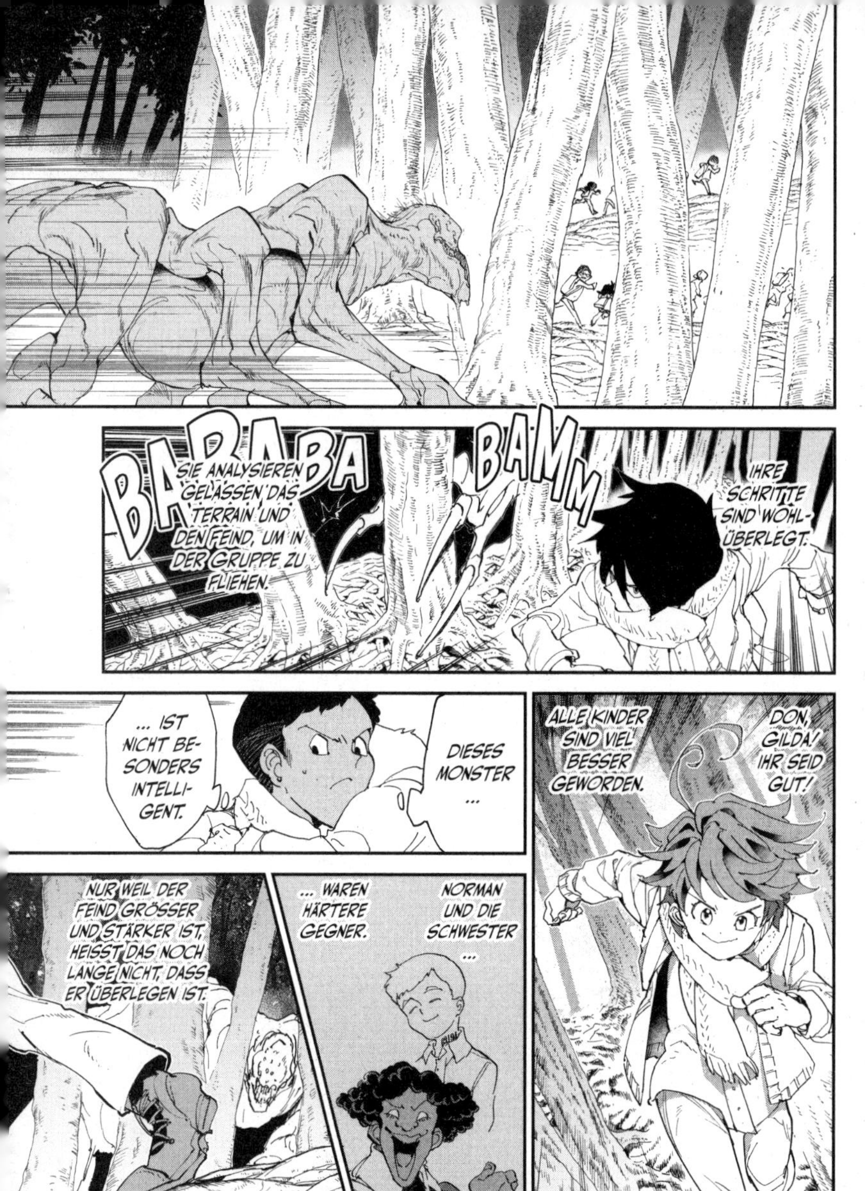
IHRE SCHRITTE SIND WOHL-ÜBERLEGT.
BAMM
BARABABA
SIE ANALYSIEREN GELASSEN DAS TERRAIN UND DEN FEIND, UM IN DER GRUPPE ZU FLIEHEN.
DON, GILDA! IHR SEID GUT!
ALLE KINDER SIND VIEL BESSER GEWORDEN.
DIESES MONSTER ...
... IST NICHT BE-SONDERS INTELLI-GENT.
NORMAN UND DIE SCHWESTER ...
... WAREN HÄRTERE GEGNER.
NUR WEIL DER FEIND GRÖSSER UND STÄRKER IST, HEISST DAS NOCH LANGE NICHT, DASS ER ÜBERLEGEN IST.

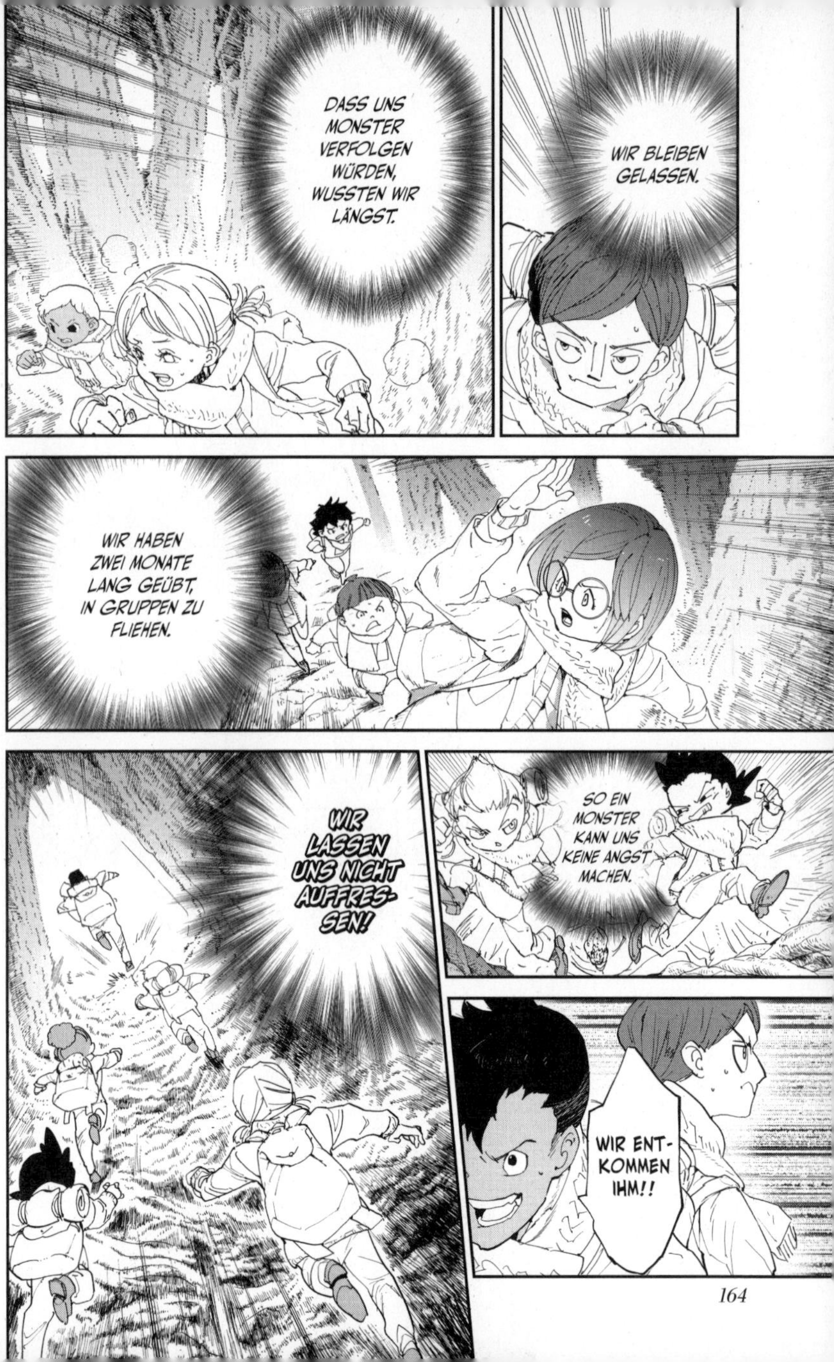
WIR BLEIBEN GELASSEN.
DASS UNS MONSTER VERFOLGEN WÜRDEN, WUSSTEN WIR LÄNGST.
WIR HABEN ZWEI MONATE LANG GEÜBT, IN GRUPPEN ZU FLIEHEN.
SO EIN MONSTER KANN UNS KEINE ANGST MACHEN.
WIR LASSEN UNS NICHT AUFFRES-SEN!
WIR ENT-KOMMEN IHM!!

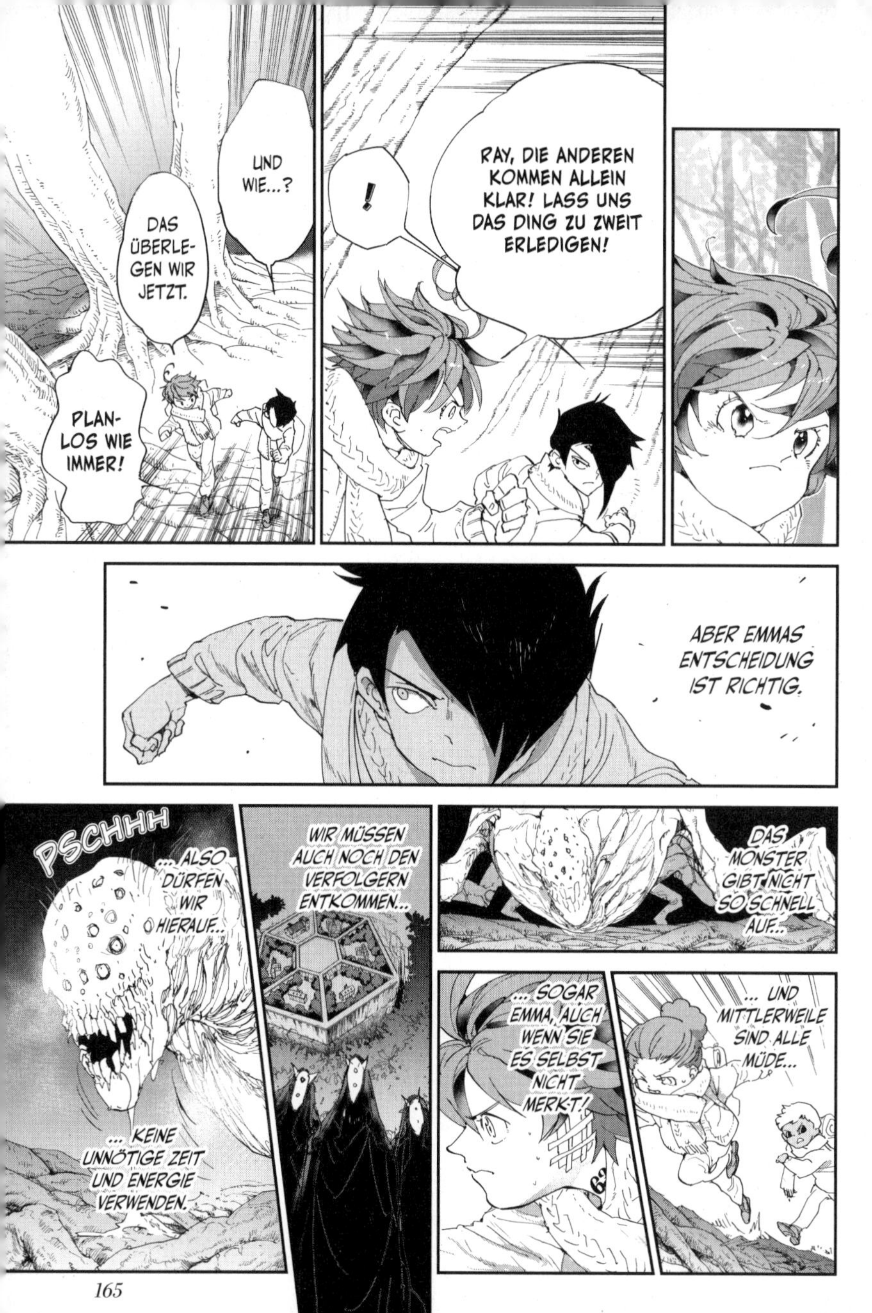
!
RAY, DIE ANDEREN KOMMEN ALLEIN KLAR! LASS UNS DAS DING ZU ZWEIT ERLEDIGEN!
UND WIE...?
DAS ÜBERLEGEN WIR JETZT.
PLANLOS WIE IMMER!
ABER EMMAS ENTSCHEIDUNG IST RICHTIG.
DAS MONSTER GIBT NICHT SO SCHNELL AUF...
WIR MÜSSEN AUCH NOCH DEN VERFOLGERN ENTKOMMEN...
PSCHHH
... ALSO DÜRFEN WIR HIERAUF...
... KEINE UNNÖTIGE ZEIT UND ENERGIE VERWENDEN.
... UND MITTLERWEILE SIND ALLE MÜDE...
... SOGAR EMMA, AUCH WENN SIE ES SELBST NICHT MERKT!

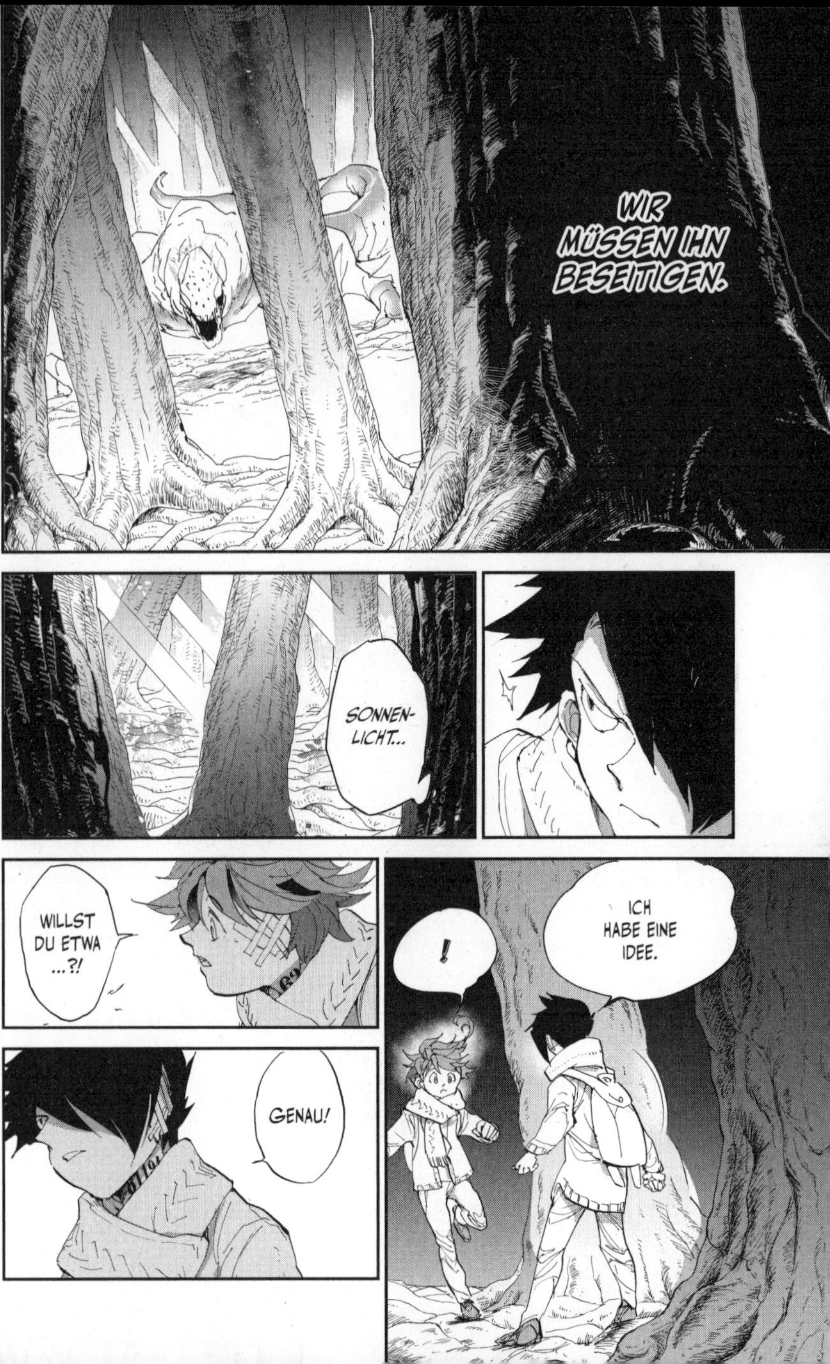

WIR MÜSSEN IHN BESEITIGEN.
SONNEN-LICHT...
ICH HABE EINE IDEE.
!
WILLST DU ETWA ...?!
GENAU!

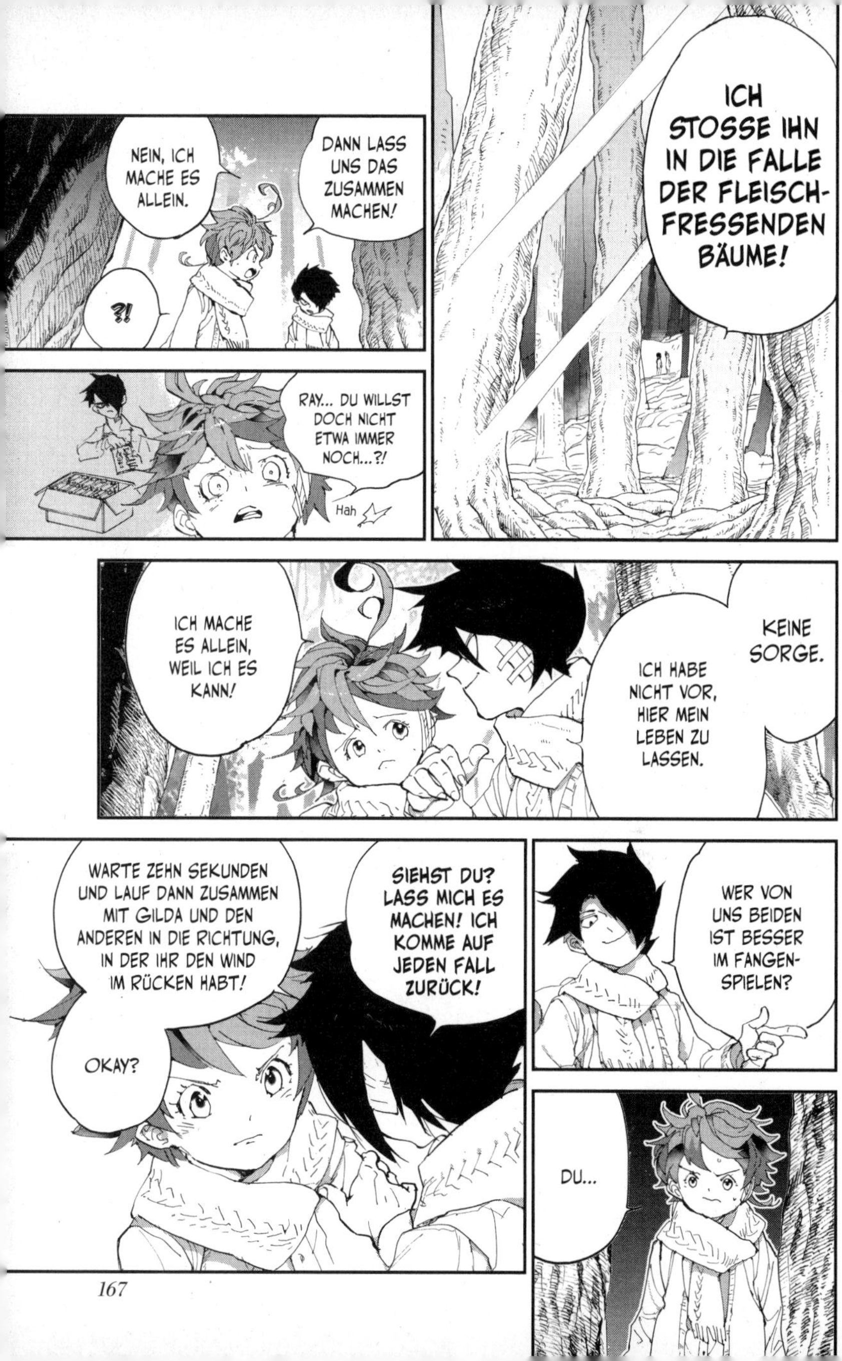
ICH STOSSE IHN IN DIE FALLE DER FLEISCH-FRESSENDEN BÄUME!
DANN LASS UNS DAS ZUSAMMEN MACHEN!
NEIN, ICH MACHE ES ALLEIN.
?!
RAY... DU WILLST DOCH NICHT ETWA IMMER NOCH...?!
Hah
KEINE SORGE.
ICH HABE NICHT VOR, HIER MEIN LEBEN ZU LASSEN.
ICH MACHE ES ALLEIN, WEIL ICH ES KANN!
WER VON UNS BEIDEN IST BESSER IM FANGEN-SPIELEN?
DU...
SIEHST DU? LASS MICH ES MACHEN! ICH KOMME AUF JEDEN FALL ZURÜCK!
WARTE ZEHN SEKUNDEN UND LAUF DANN ZUSAMMEN MIT GILDA UND DEN ANDEREN IN DIE RICHTUNG, IN DER IHR DEN WIND IM RÜCKEN HABT!
OKAY?

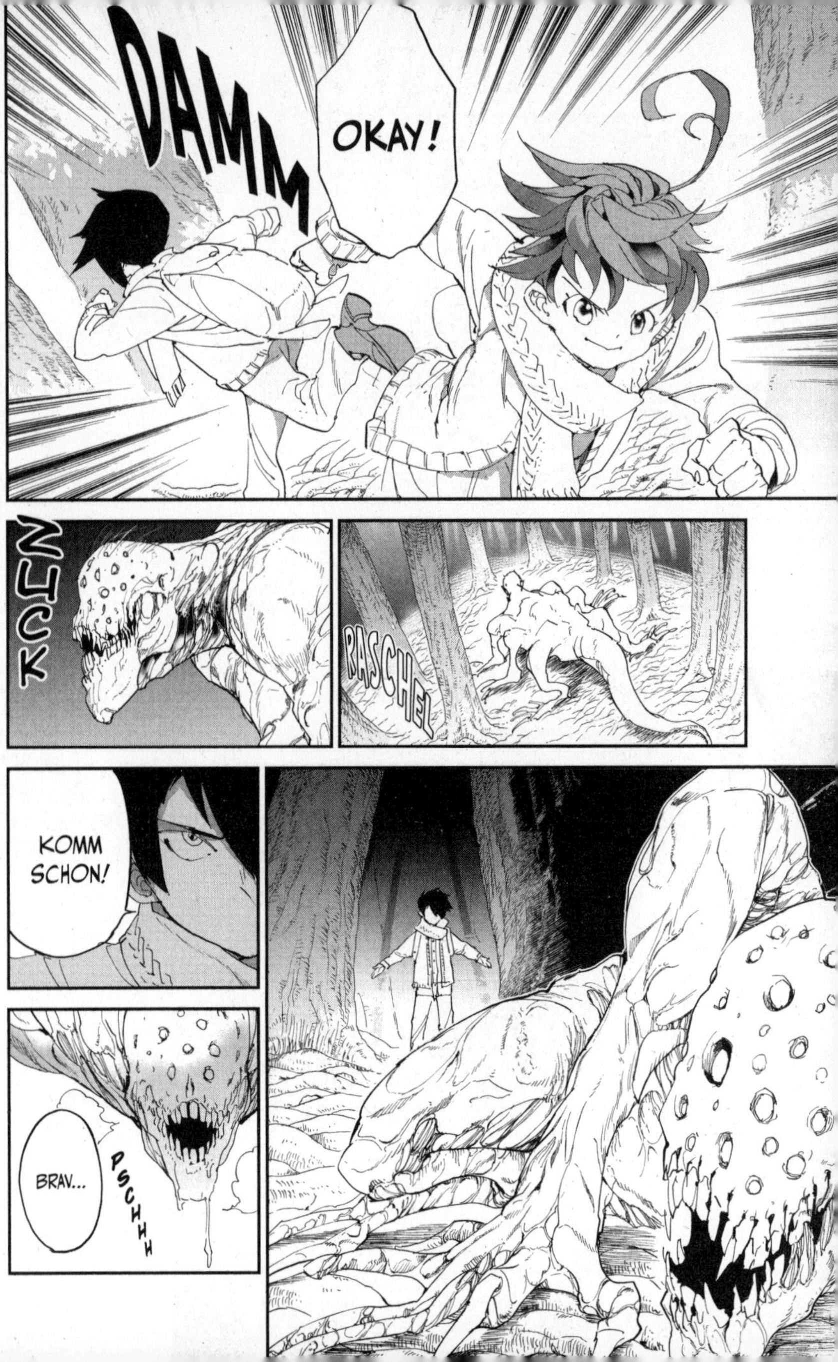

OKAY!
DAMM
ZUCK
RASCHEL
KOMM SCHON!
BRAV...
PSCHHH

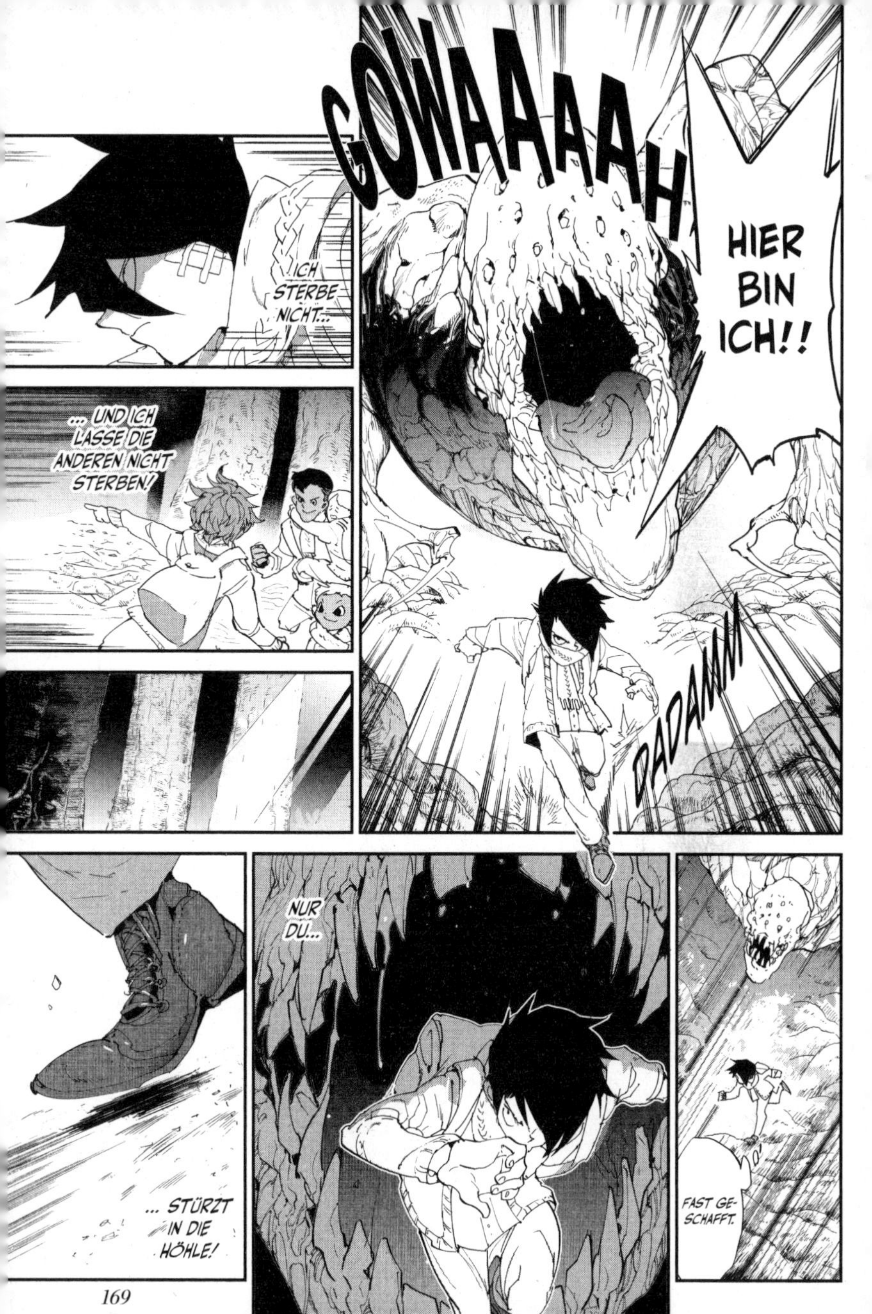
GOWAAAAAH
HIER BIN ICH!!
ICH STERBE NICHT...
... UND ICH LASSE DIE ANDEREN NICHT STERBEN!
DADAMM
FAST GE-SCHAFFT.
NUR DU...
... STÜRZT IN DIE HÖHLE!

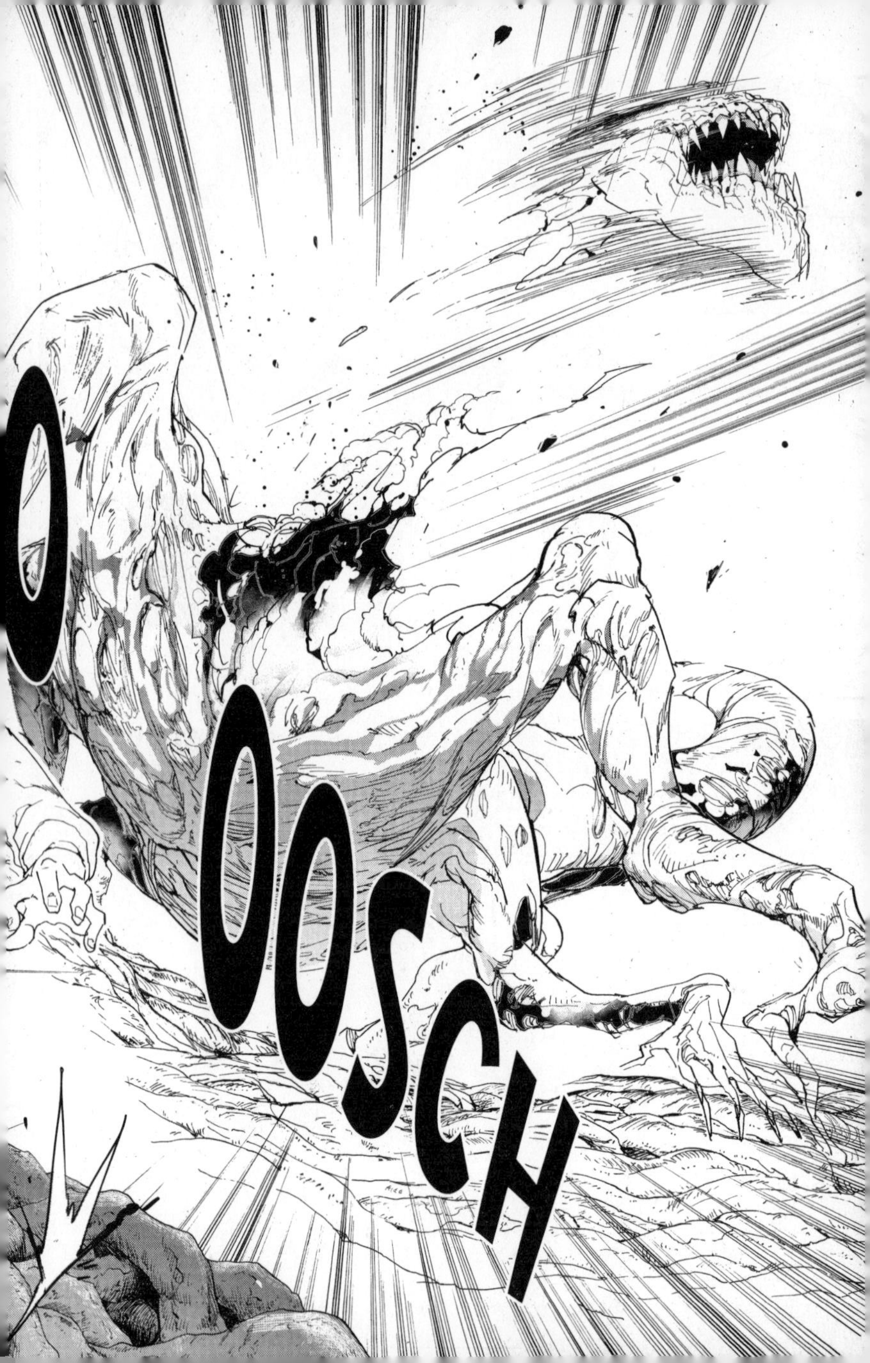
OOOSCH

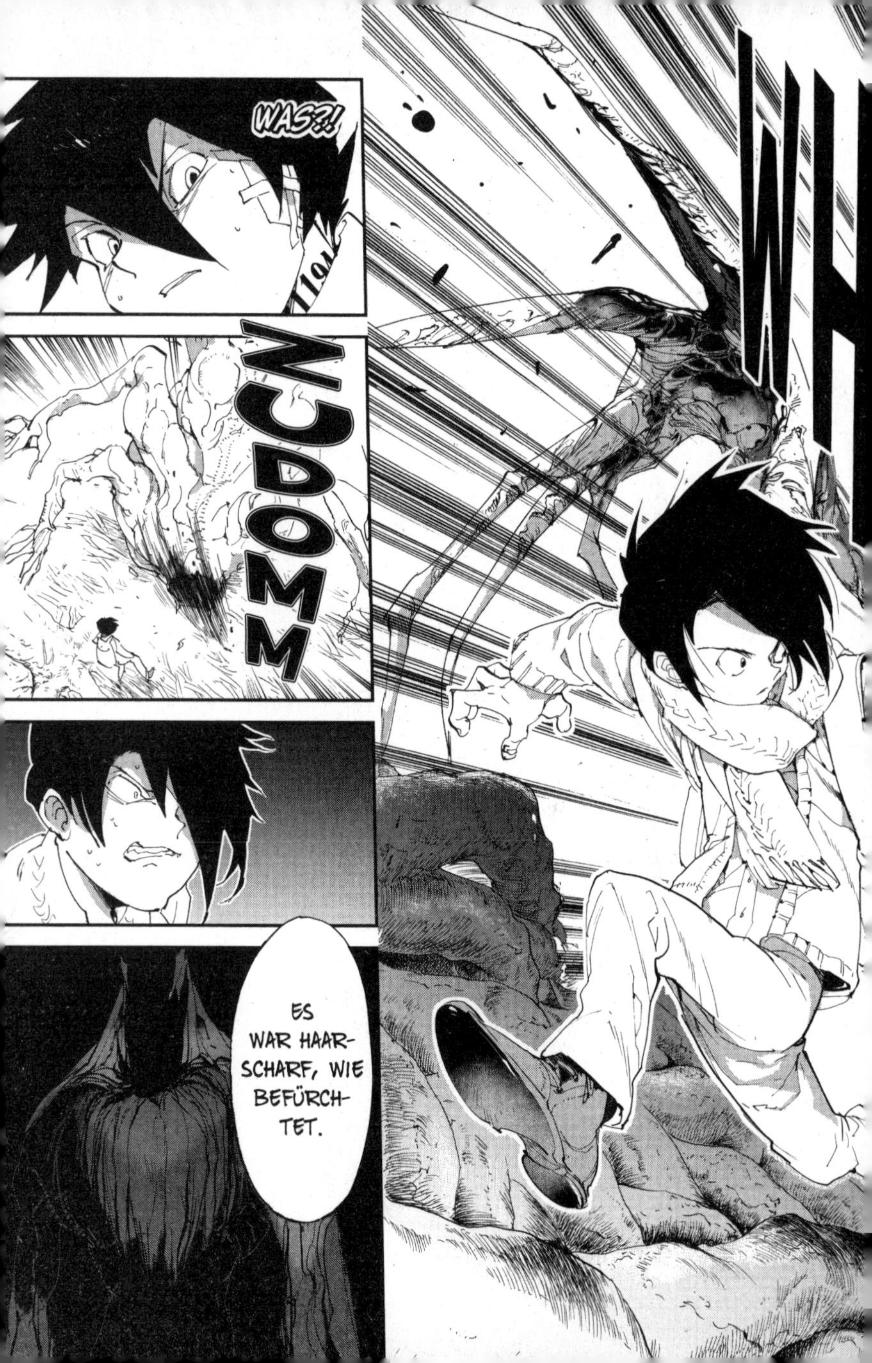
WH
WAS?!
WUDOMM
ES WAR HAAR-SCHARF, WIE BEFÜRCH-TET.

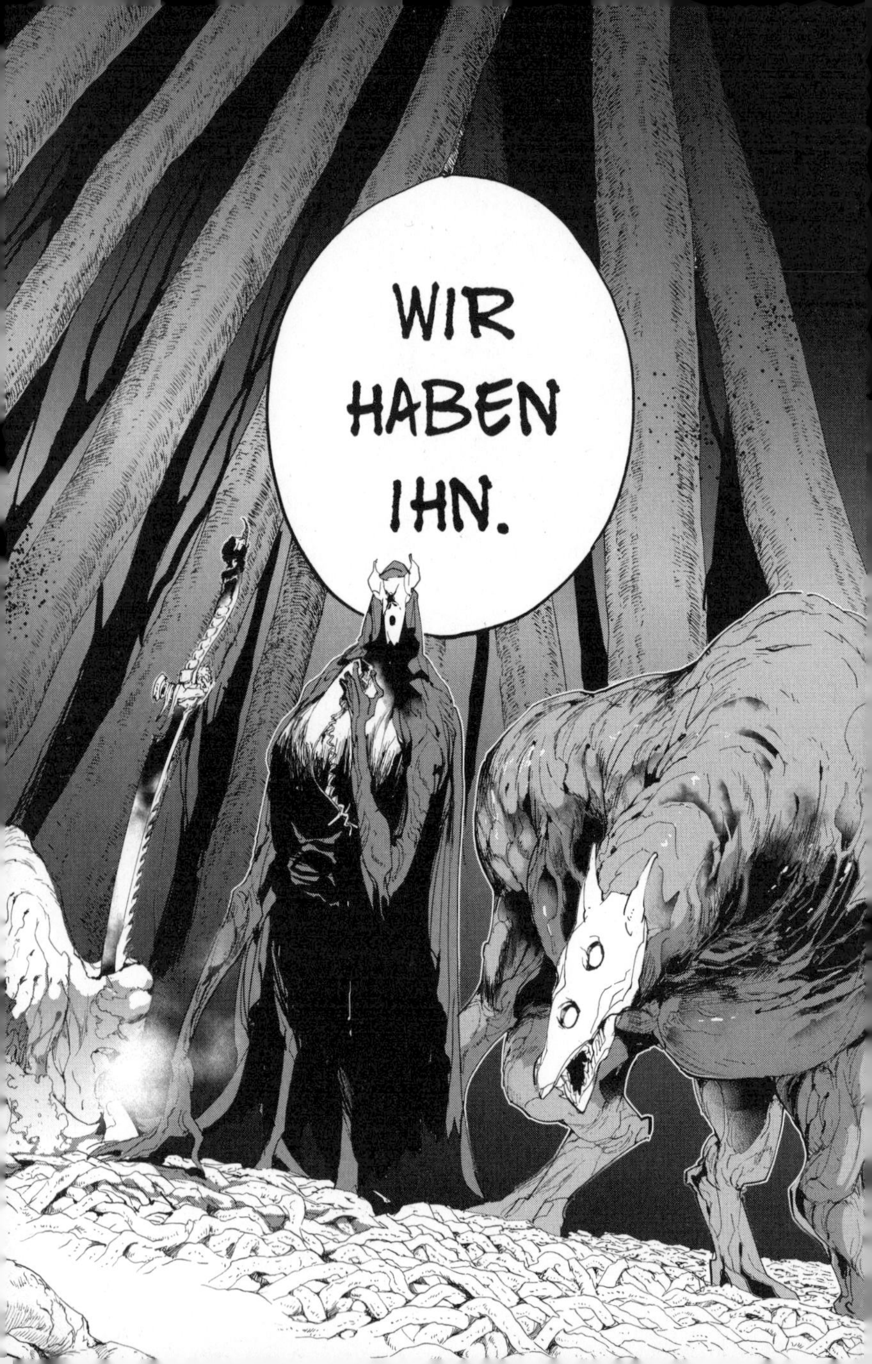
WIR HABEN IHN.

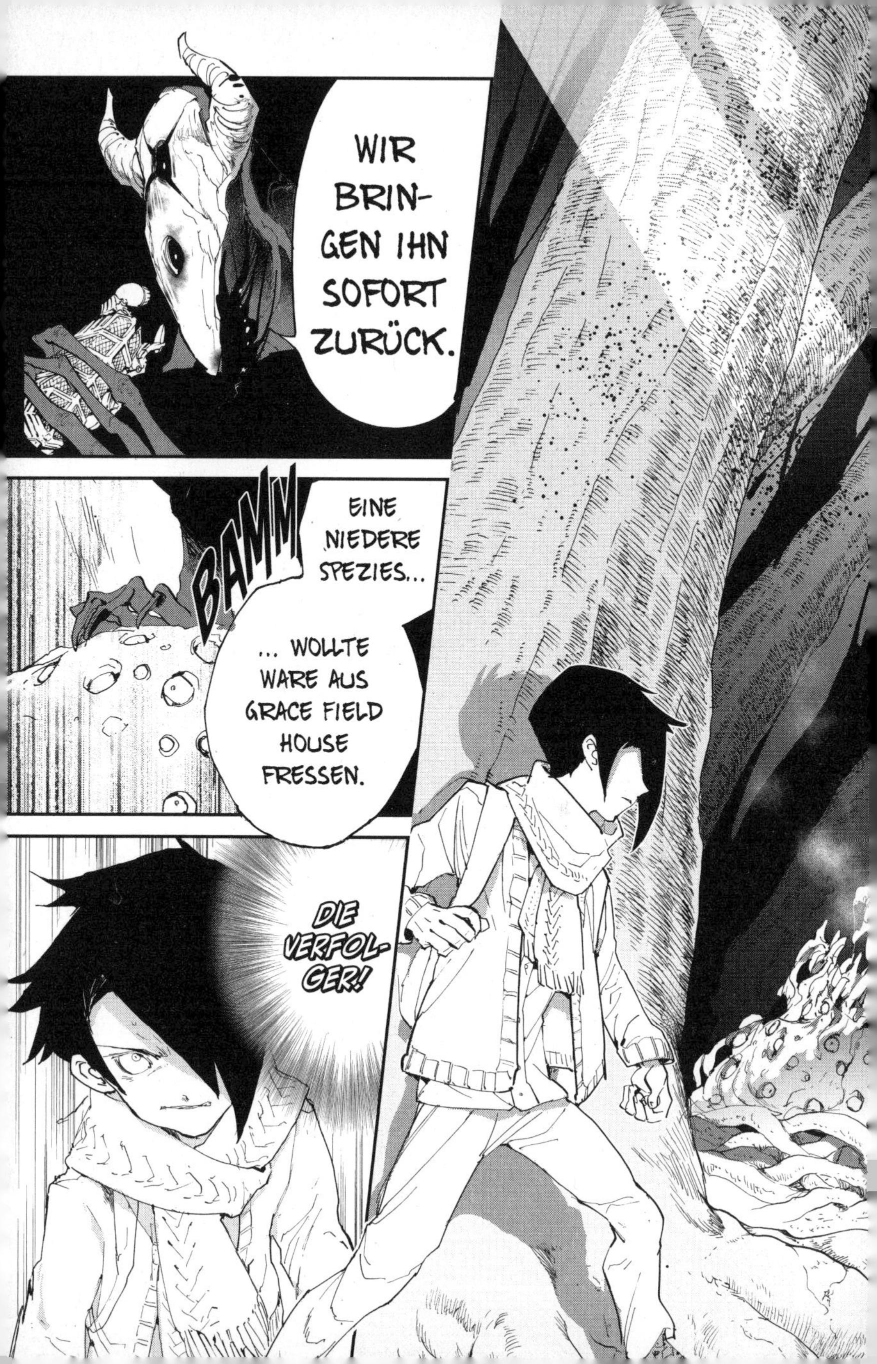

WIR BRIN-GEN IHN SOFORT ZURÜCK.
BAMM
EINE NIEDERE SPEZIES...
... WOLLTE WARE AUS GRACE FIELD HOUSE FRESSEN.
DIE VERFOL-GER!

Bonusstory 2~⑤

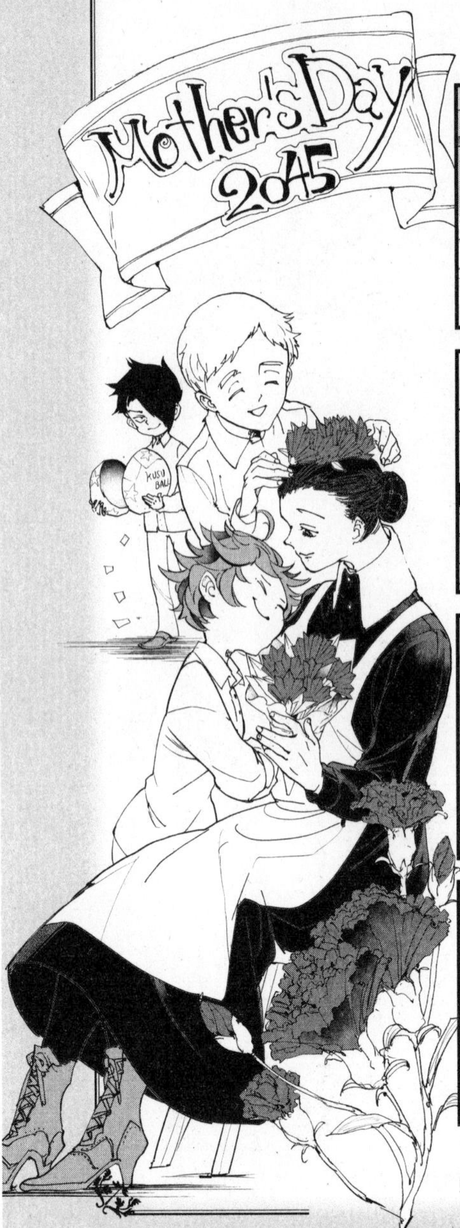

Wir haben dich lieb

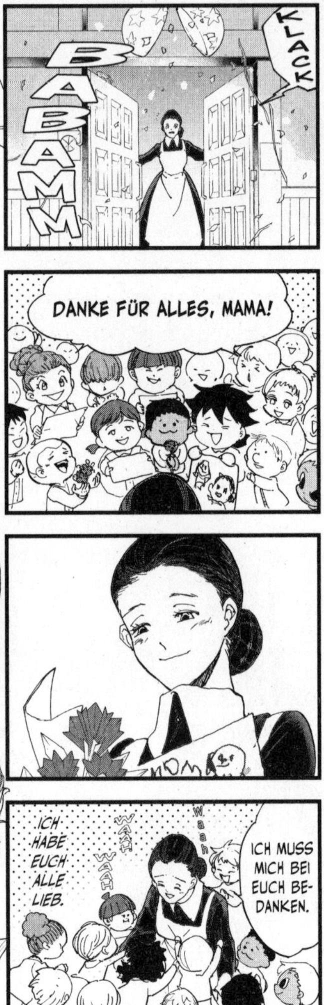

BONUSSTORY 2 ... ENDE

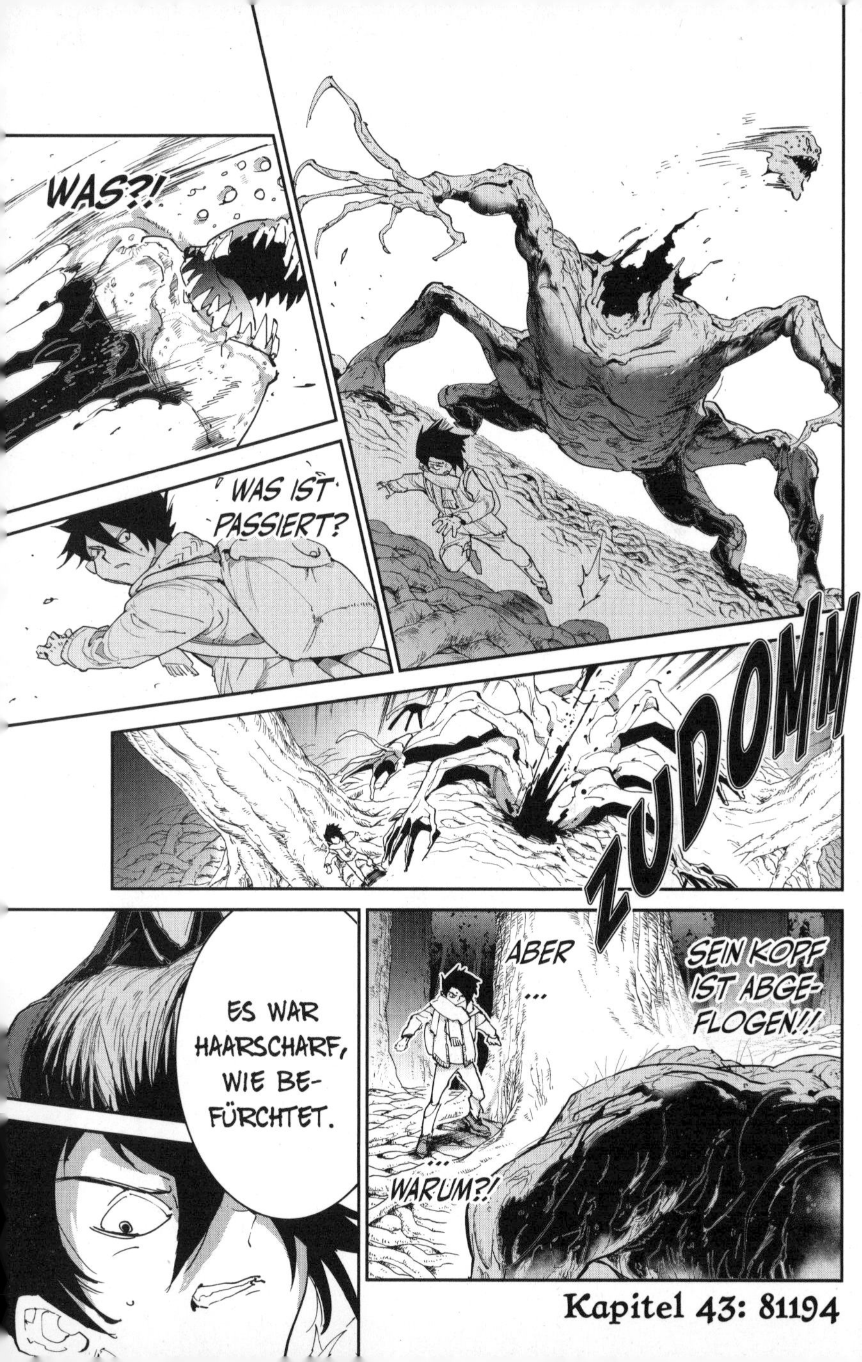

Kapitel 43: 81194

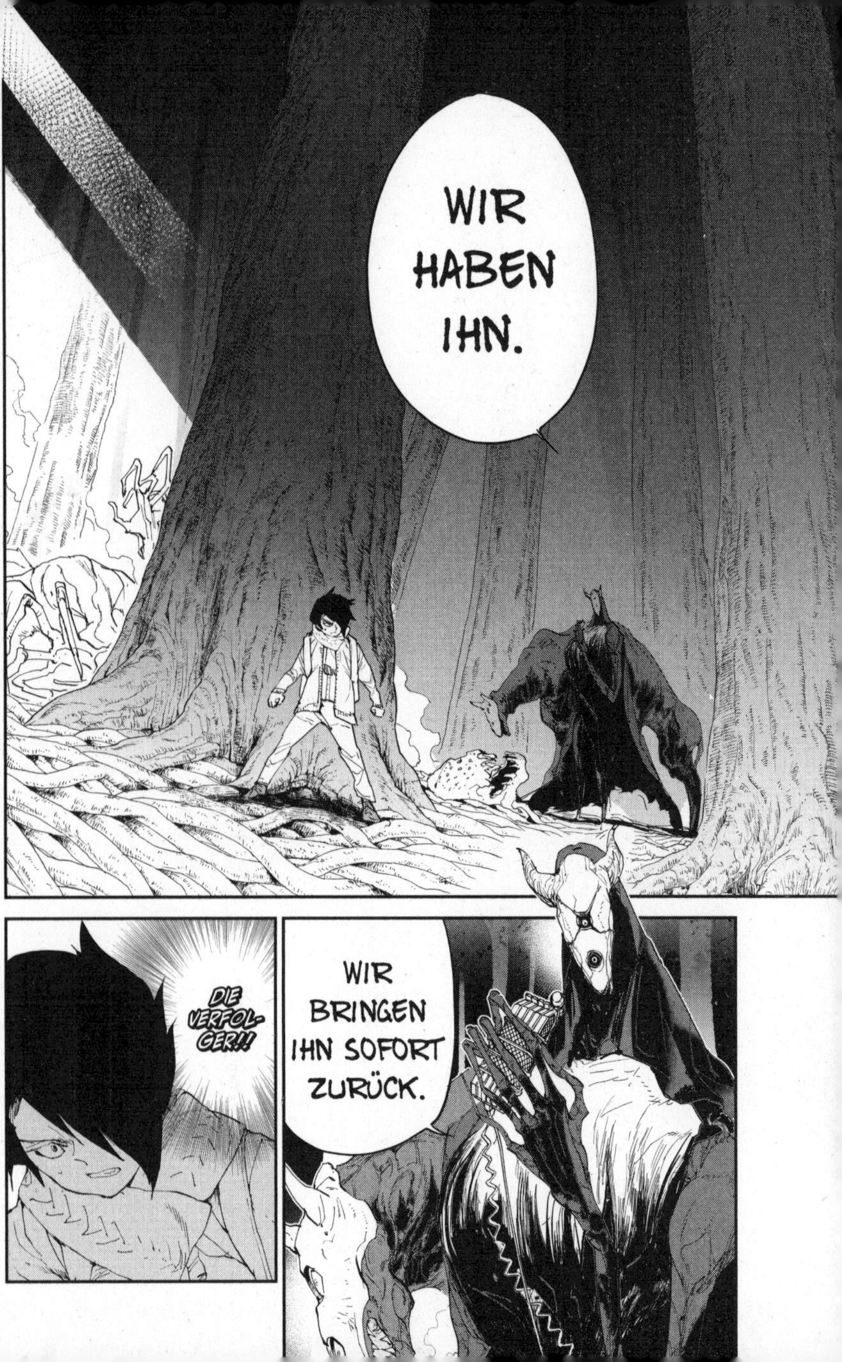
WIR HABEN IHN.
WIR BRINGEN IHN SOFORT ZURÜCK.
DIE VERFOLGER!!

Kapitel 43: 81194

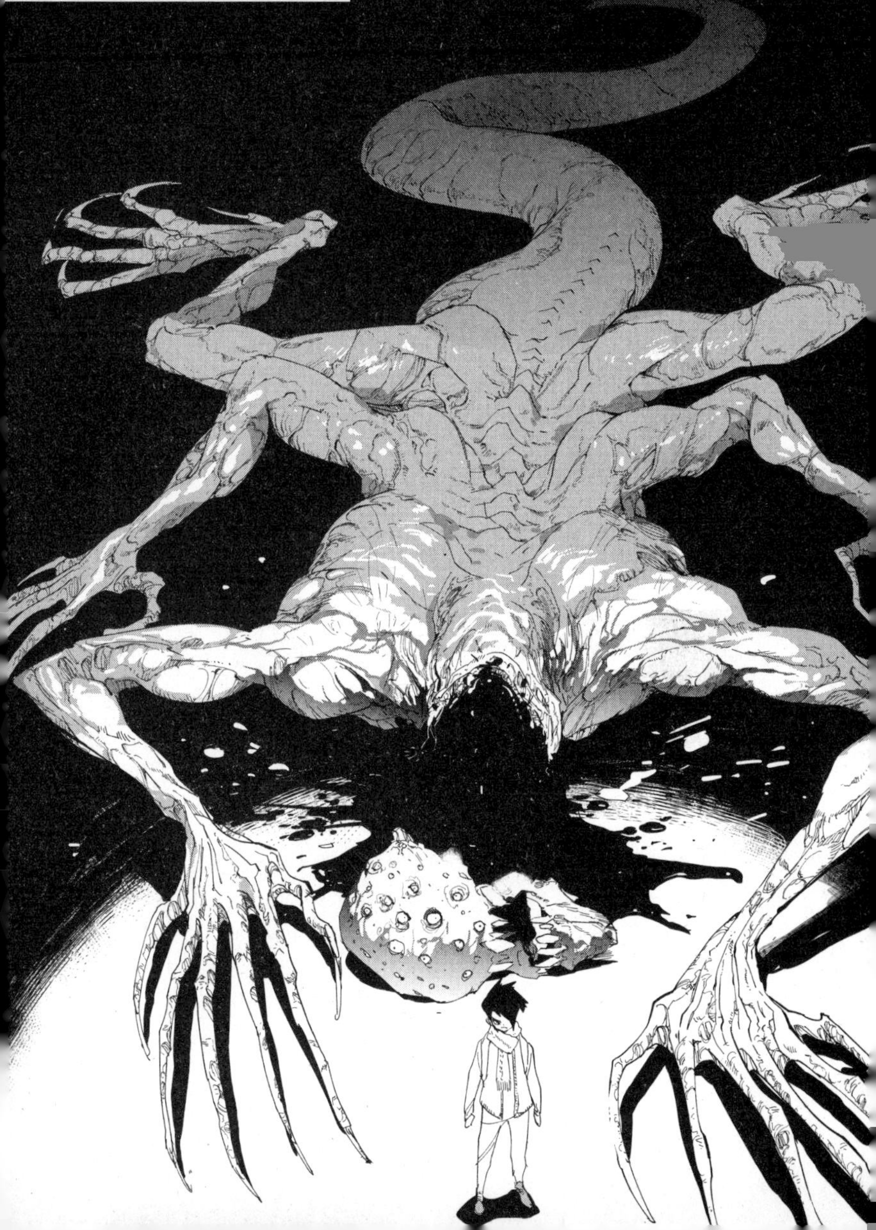

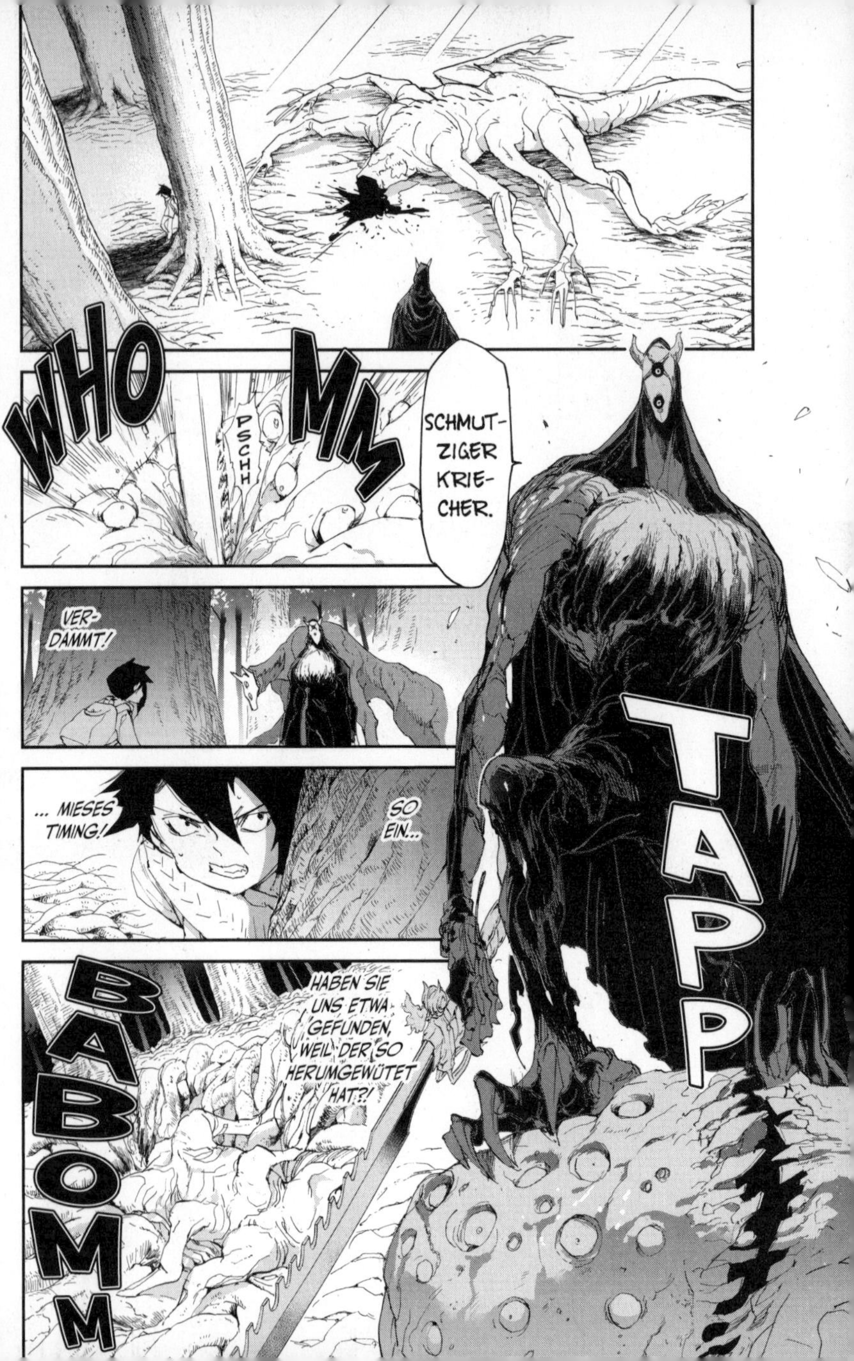

WHOMM
PSCHH
SCHMUTZIGER KRIECHER.
VERDAMMT!
SO EIN...
... MIESES TIMING!
TAPP
HABEN SIE UNS ETWA GEFUNDEN, WEIL DER SO HERUMGEWÜTET HAT?!
BABOMM

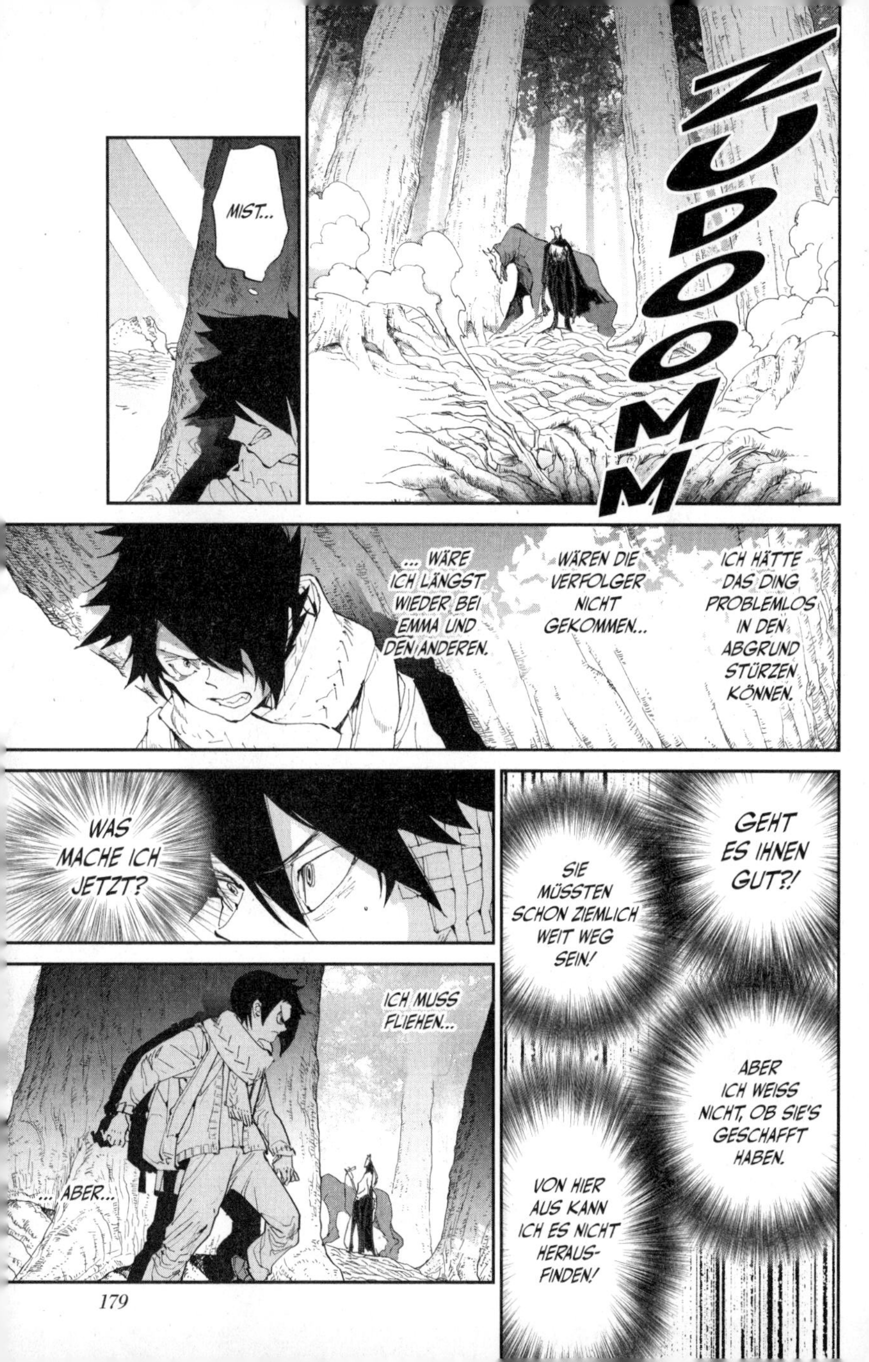
ZUDOOMM
MIST...
ICH HÄTTE DAS DING PROBLEMLOS IN DEN ABGRUND STÜRZEN KÖNNEN.
WÄREN DIE VERFOLGER NICHT GEKOMMEN...
... WÄRE ICH LÄNGST WIEDER BEI EMMA UND DEN ANDEREN.
GEHT ES IHNEN GUT?!
SIE MÜSSTEN SCHON ZIEMLICH WEIT WEG SEIN!
ABER ICH WEISS NICHT, OB SIE'S GESCHAFFT HABEN.
VON HIER AUS KANN ICH ES NICHT HERAUS-FINDEN!
WAS MACHE ICH JETZT?
ICH MUSS FLIEHEN...
... ABER...

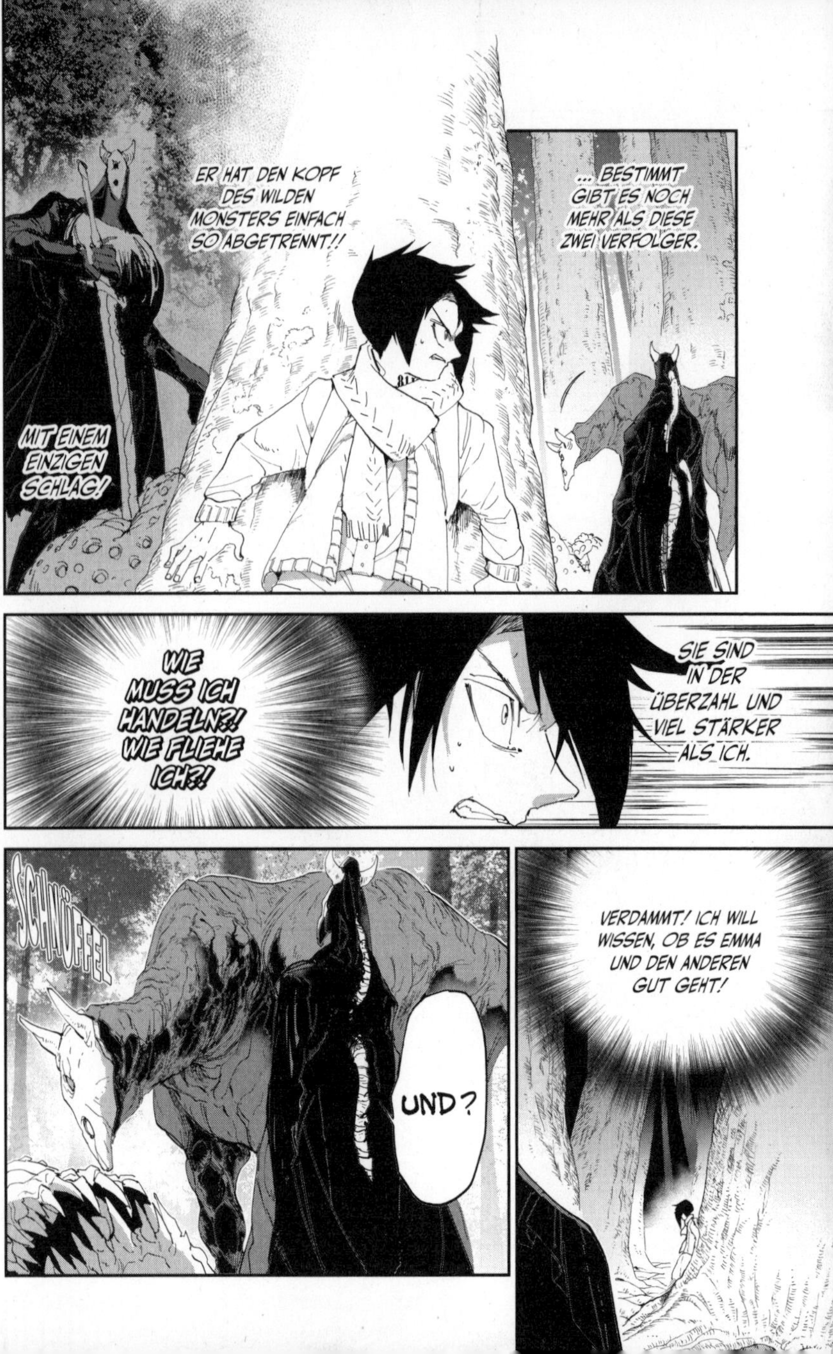
ER HAT DEN KOPF DES WILDEN MONSTERS EINFACH SO ABGETRENNT!!
MIT EINEM EINZIGEN SCHLAG!
... BESTIMMT GIBT ES NOCH MEHR ALS DIESE ZWEI VERFOLGER.
SIE SIND IN DER ÜBERZAHL UND VIEL STÄRKER ALS ICH.
WIE MUSS ICH HANDELN?! WIE FLIEHE ICH?!
VERDAMMT! ICH WILL WISSEN, OB ES EMMA UND DEN ANDEREN GUT GEHT!
SCHNÜFFEL
UND?

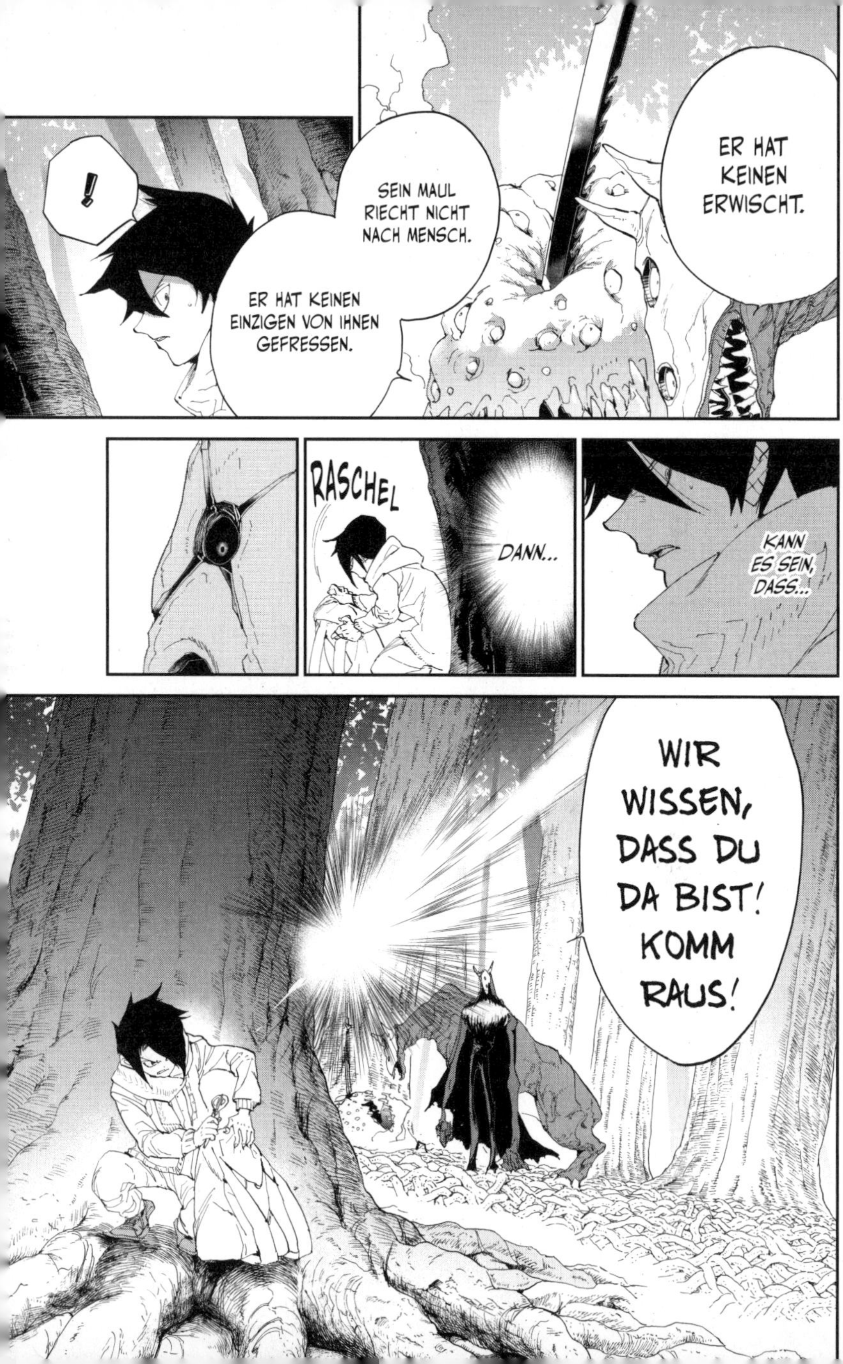

ER HAT KEINEN ERWISCHT.
SEIN MAUL RIECHT NICHT NACH MENSCH.
ER HAT KEINEN EINZIGEN VON IHNEN GEFRESSEN.
!
KANN ES SEIN, DASS...
DANN...
RASCHEL
WIR WISSEN, DASS DU DA BIST! KOMM RAUS!

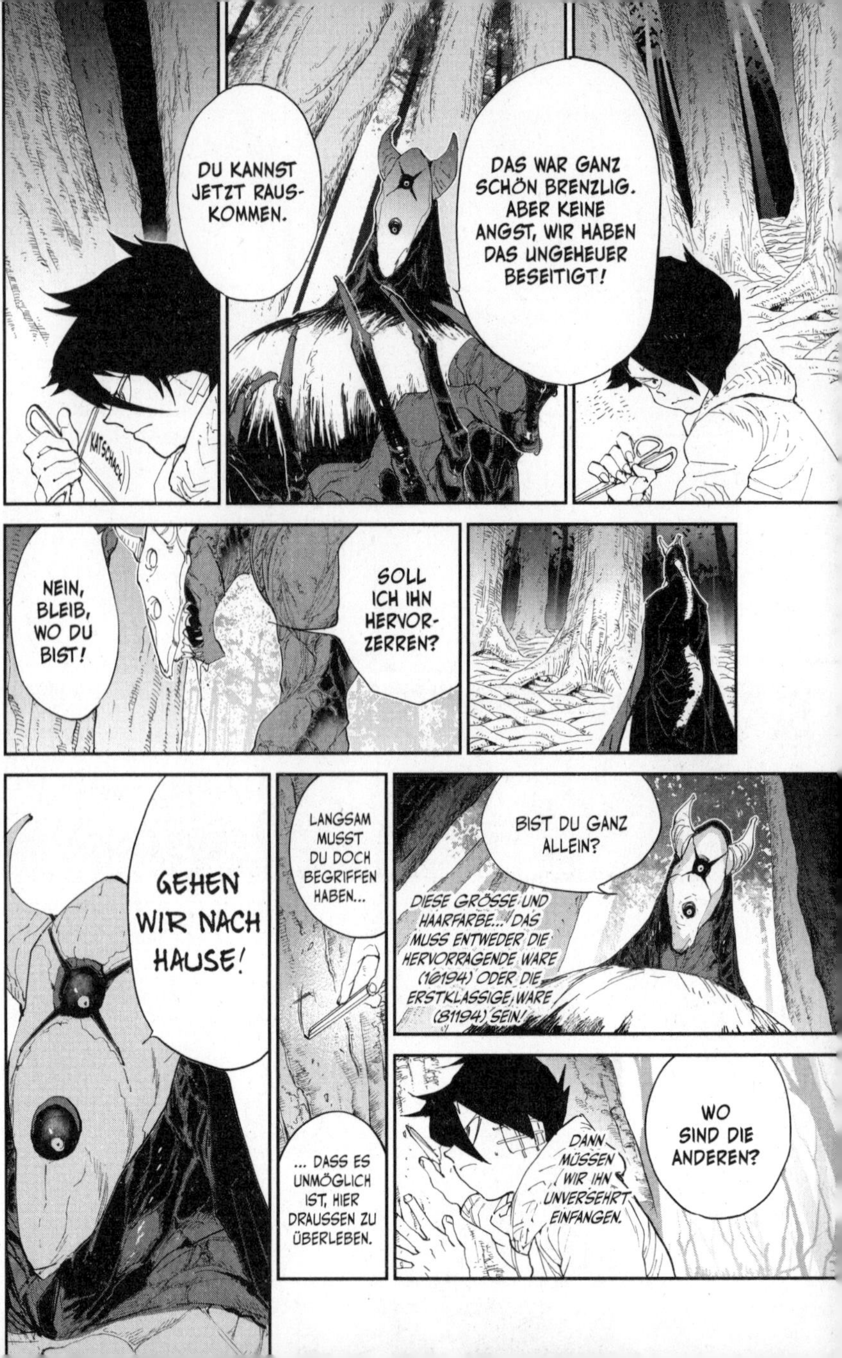
DAS WAR GANZ SCHÖN BRENZLIG. ABER KEINE ANGST, WIR HABEN DAS UNGEHEUER BESEITIGT!
DU KANNST JETZT RAUS-KOMMEN.
KATSCHACK
SOLL ICH IHN HERVOR-ZERREN?
NEIN, BLEIB, WO DU BIST!
BIST DU GANZ ALLEIN?
DIESE GRÖSSE UND HAARFARBE... DAS MUSS ENTWEDER DIE HERVORRAGENDE WARE (16194) ODER DIE ERSTKLASSIGE WARE (81194) SEIN!
WO SIND DIE ANDEREN?
DANN MÜSSEN WIR IHN UNVERSEHRT EINFANGEN.
LANGSAM MUSST DU DOCH BEGRIFFEN HABEN...
... DASS ES UNMÖGLICH IST, HIER DRAUSSEN ZU ÜBERLEBEN.
GEHEN WIR NACH HAUSE!

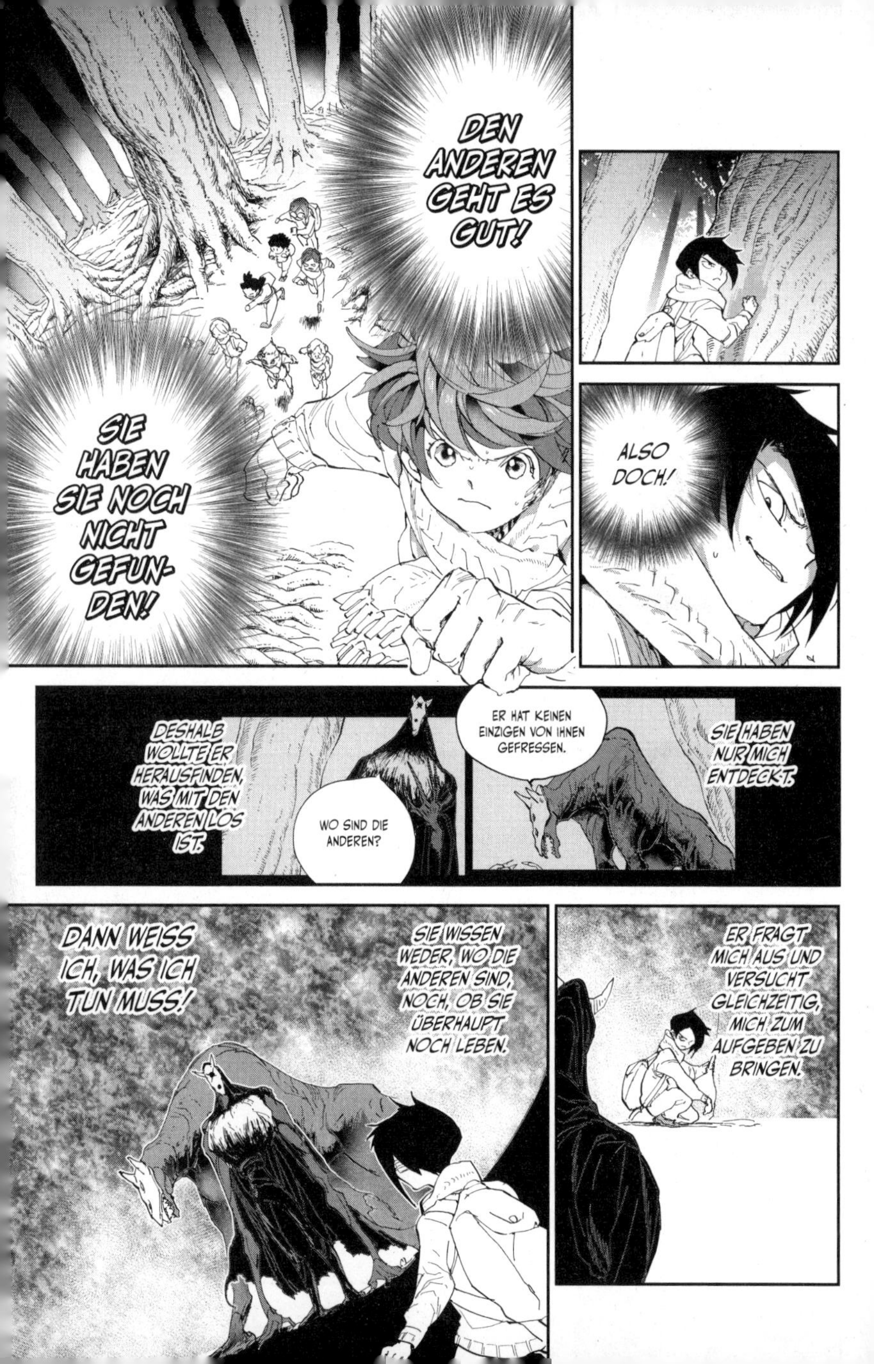
DEN ANDEREN GEHT ES GUT!
SIE HABEN SIE NOCH NICHT GEFUN-DEN!
ALSO DOCH!
SIE HABEN NUR MICH ENTDECKT.
ER HAT KEINEN EINZIGEN VON IHNEN GEFRESSEN.
WO SIND DIE ANDEREN?
DESHALB WOLLTE ER HERAUSFINDEN, WAS MIT DEN ANDEREN LOS IST.
ER FRAGT MICH AUS UND VERSUCHT GLEICHZEITIG, MICH ZUM AUFGEBEN ZU BRINGEN.
SIE WISSEN WEDER, WO DIE ANDEREN SIND, NOCH, OB SIE ÜBERHAUPT NOCH LEBEN.
DANN WEISS ICH, WAS ICH TUN MUSS!

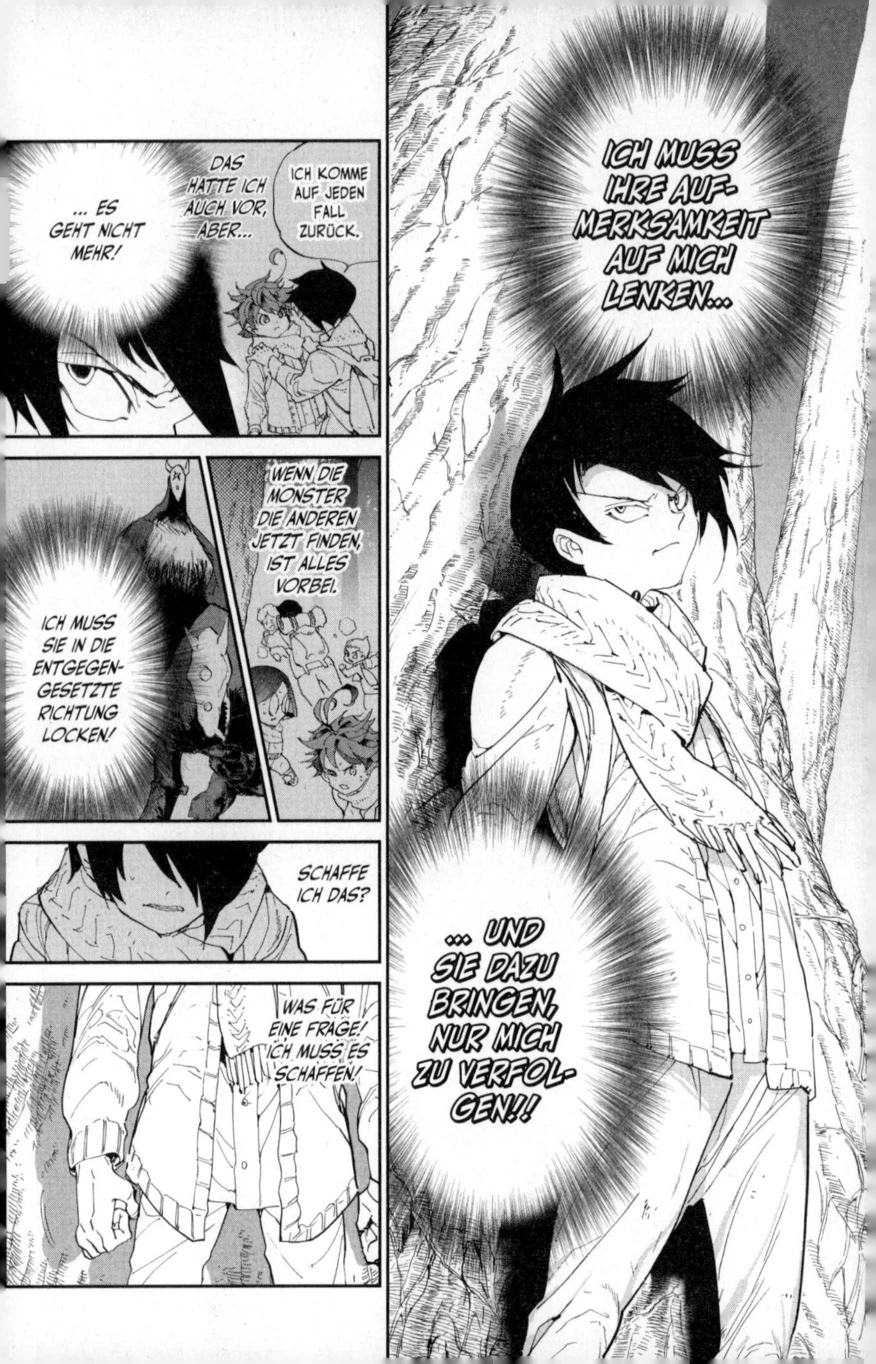
ICH KOMME AUF JEDEN FALL ZURÜCK.
DAS HATTE ICH AUCH VOR, ABER...
... ES GEHT NICHT MEHR!
WENN DIE MONSTER DIE ANDEREN JETZT FINDEN, IST ALLES VORBEI.
ICH MUSS SIE IN DIE ENTGEGEN-GESETZTE RICHTUNG LOCKEN!
SCHAFFE ICH DAS?
WAS FÜR EINE FRAGE! ICH MUSS ES SCHAFFEN!
ICH MUSS IHRE AUF-MERKSAMKEIT AUF MICH LENKEN...
... UND SIE DAZU BRINGEN, NUR MICH ZU VERFOL-GEN!!

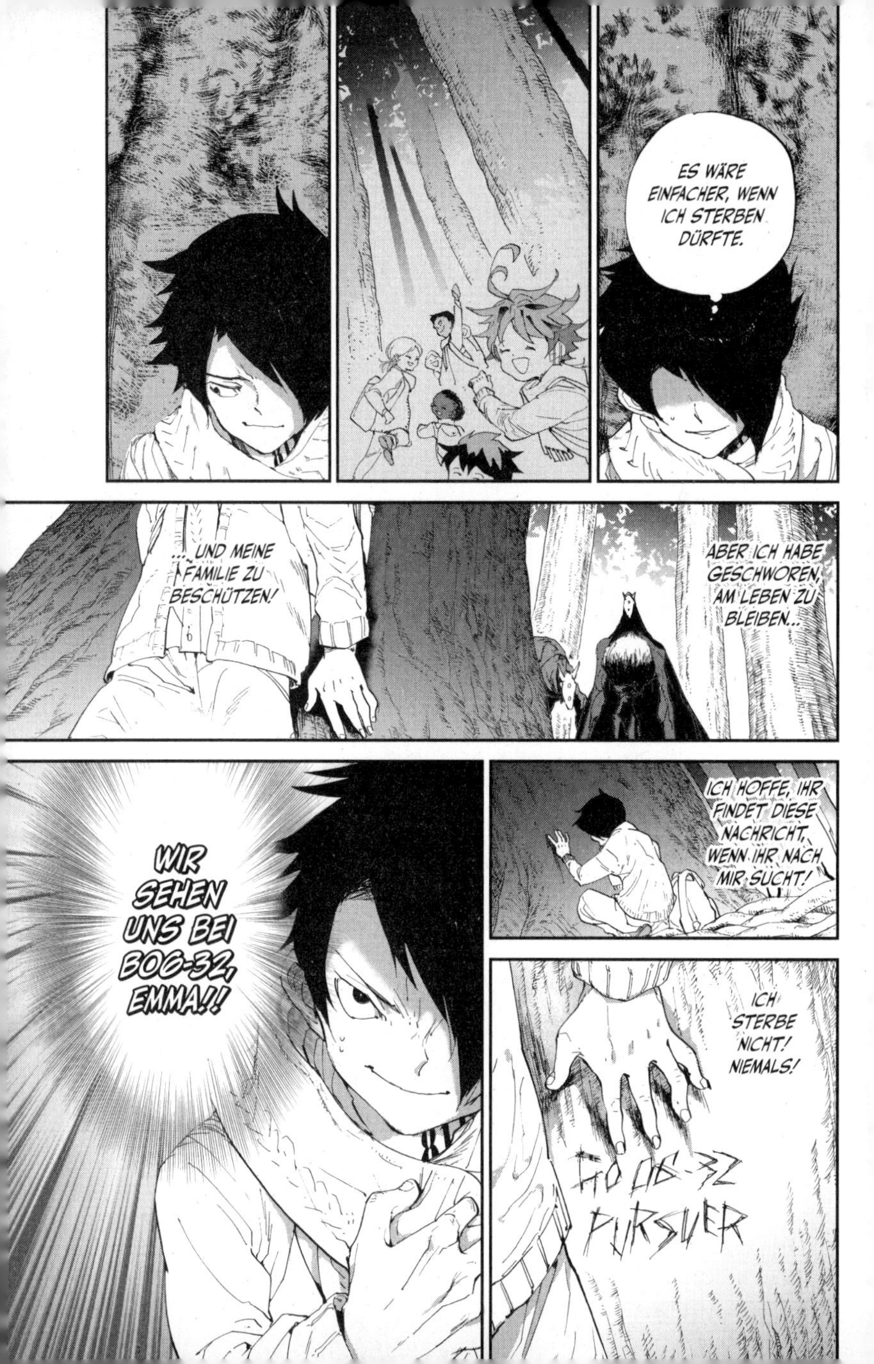
ES WÄRE EINFACHER, WENN ICH STERBEN DÜRFTE.
ABER ICH HABE GESCHWOREN, AM LEBEN ZU BLEIBEN...
... UND MEINE FAMILIE ZU BESCHÜTZEN!
ICH HOFFE, IHR FINDET DIESE NACHRICHT, WENN IHR NACH MIR SUCHT!
ICH STERBE NICHT! NIEMALS!
GO 06-32 PURSUER
WIR SEHEN UNS BEI B06-32, EMMA!!

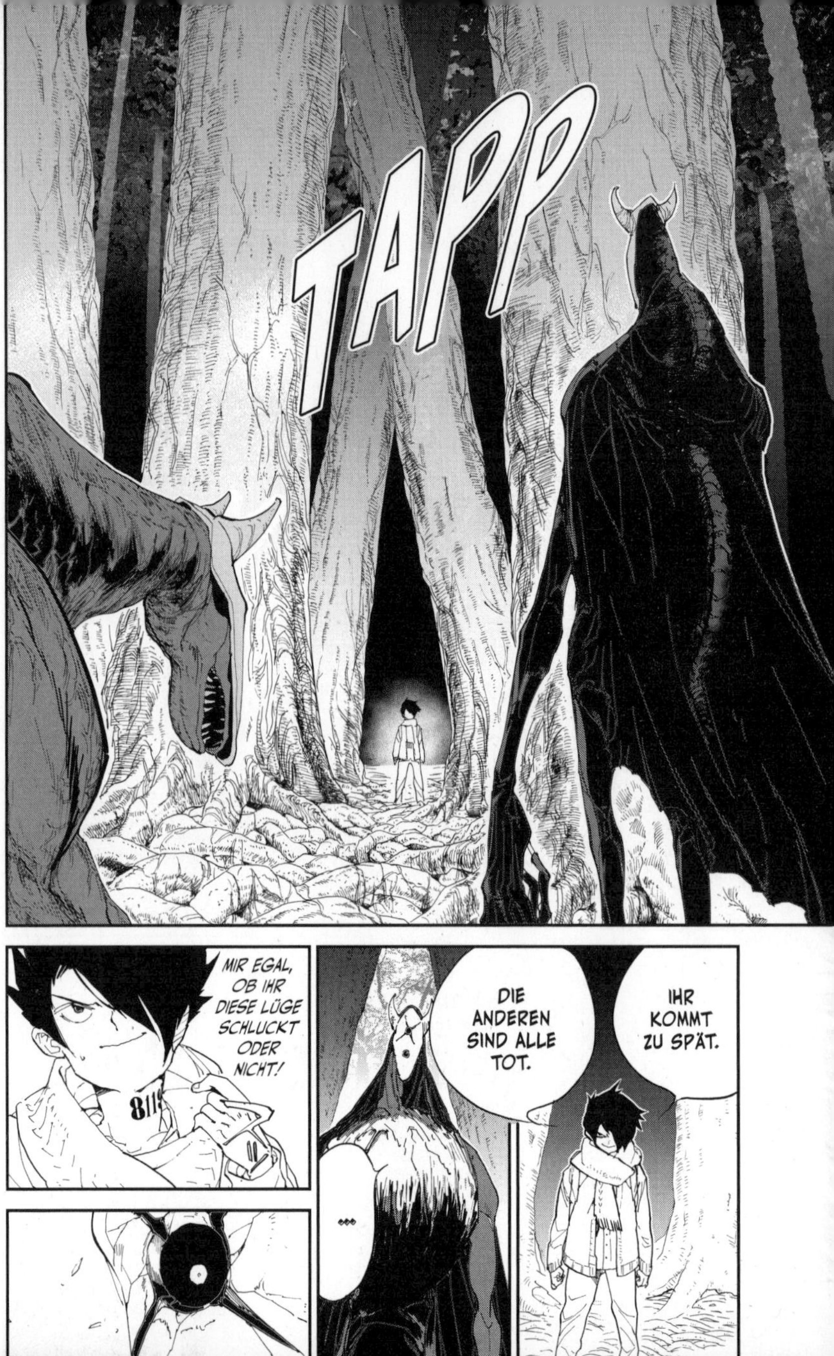
TAPP
IHR KOMMT ZU SPÄT.
DIE ANDEREN SIND ALLE TOT.
...
MIR EGAL, OB IHR DIESE LÜGE SCHLUCKT ODER NICHT!
8119

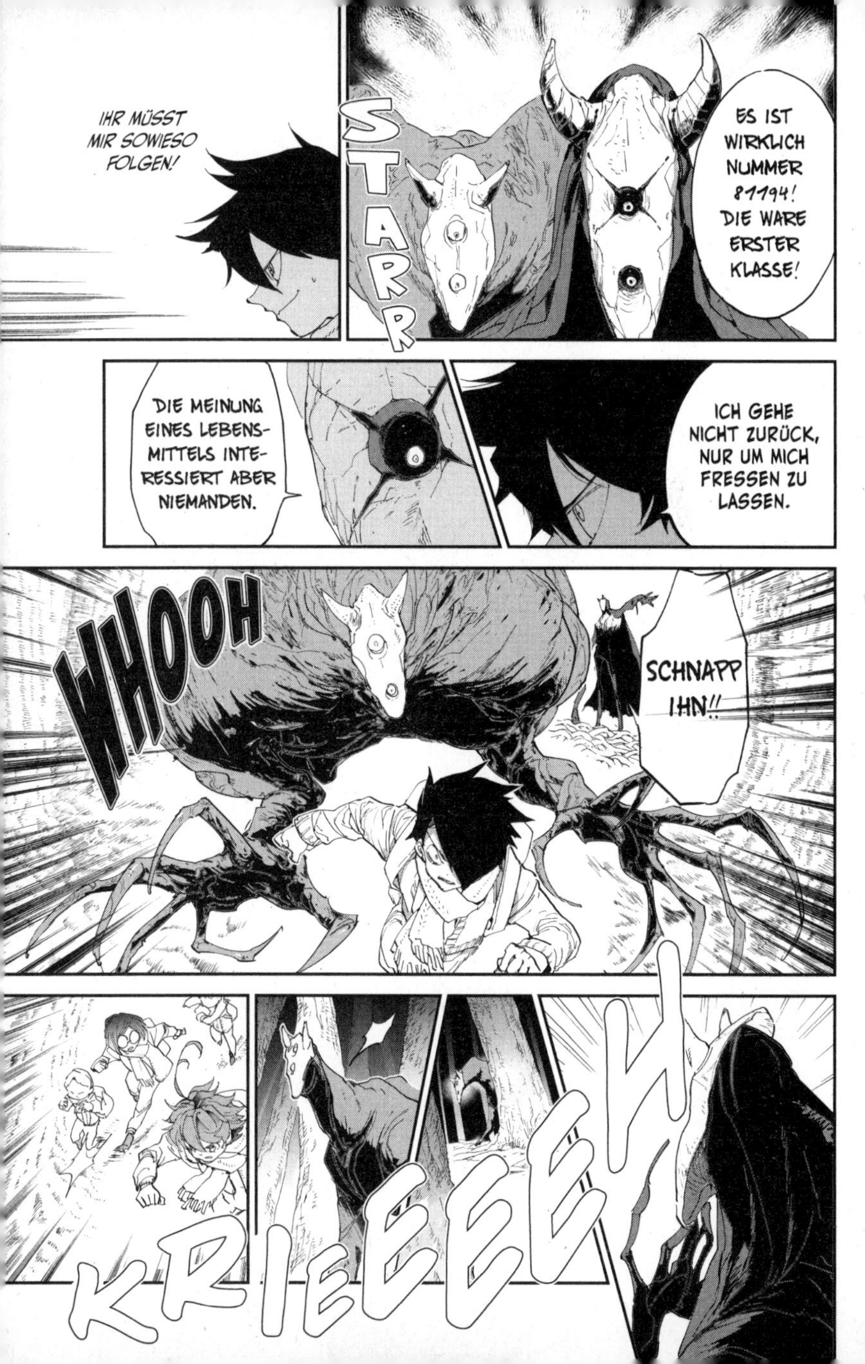
ES IST WIRKLICH NUMMER 81194! DIE WARE ERSTER KLASSE!
STARR
IHR MÜSST MIR SOWIESO FOLGEN!
ICH GEHE NICHT ZURÜCK, NUR UM MICH FRESSEN ZU LASSEN.
DIE MEINUNG EINES LEBENSMITTELS INTERESSIERT ABER NIEMANDEN.
SCHNAPP IHN!!
WHOOH
KRIEEEEH

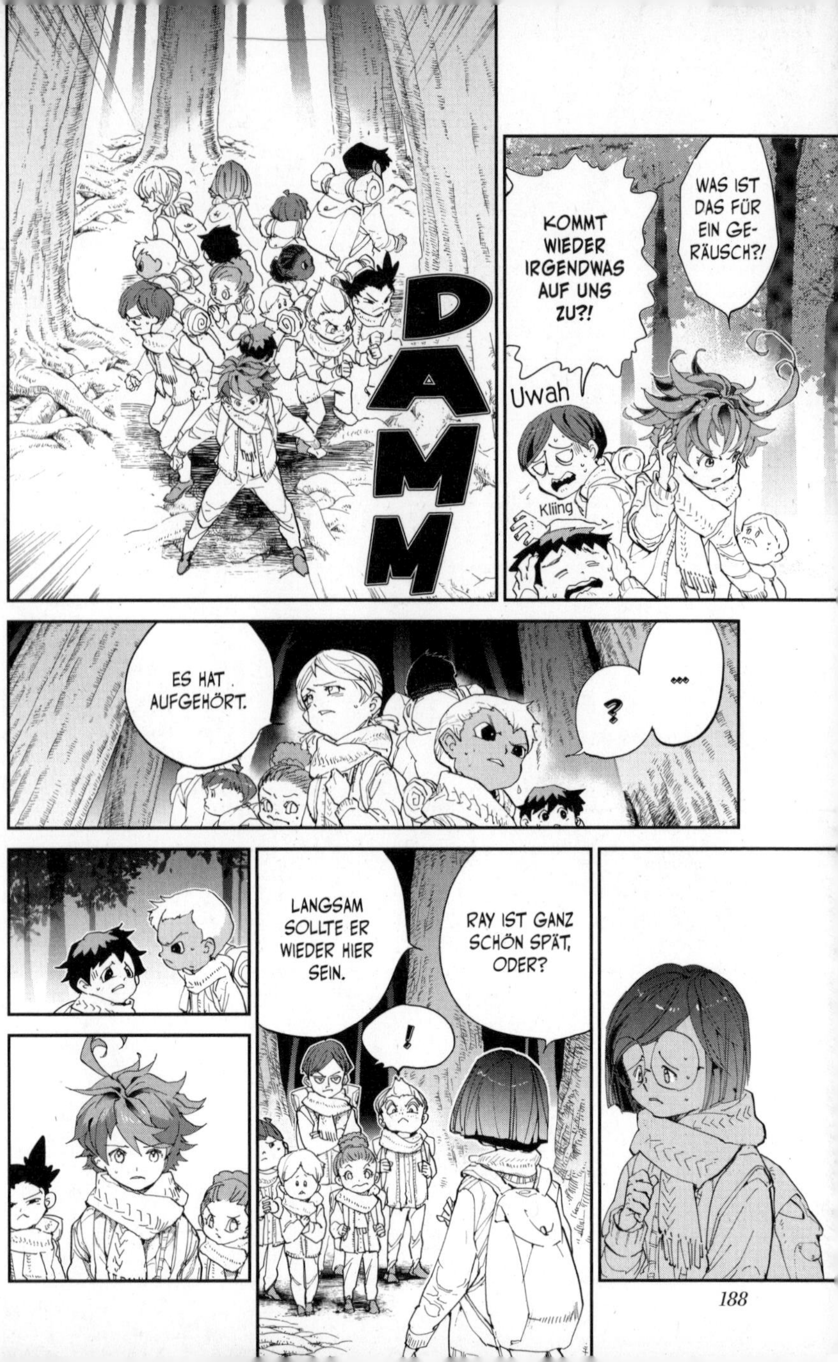
WAS IST DAS FÜR EIN GERÄUSCH?!
KOMMT WIEDER IRGENDWAS AUF UNS ZU?!
Uwah
Kliing
DAMM
...
?
ES HAT AUFGEHÖRT.
RAY IST GANZ SCHÖN SPÄT, ODER?
LANGSAM SOLLTE ER WIEDER HIER SEIN.
!

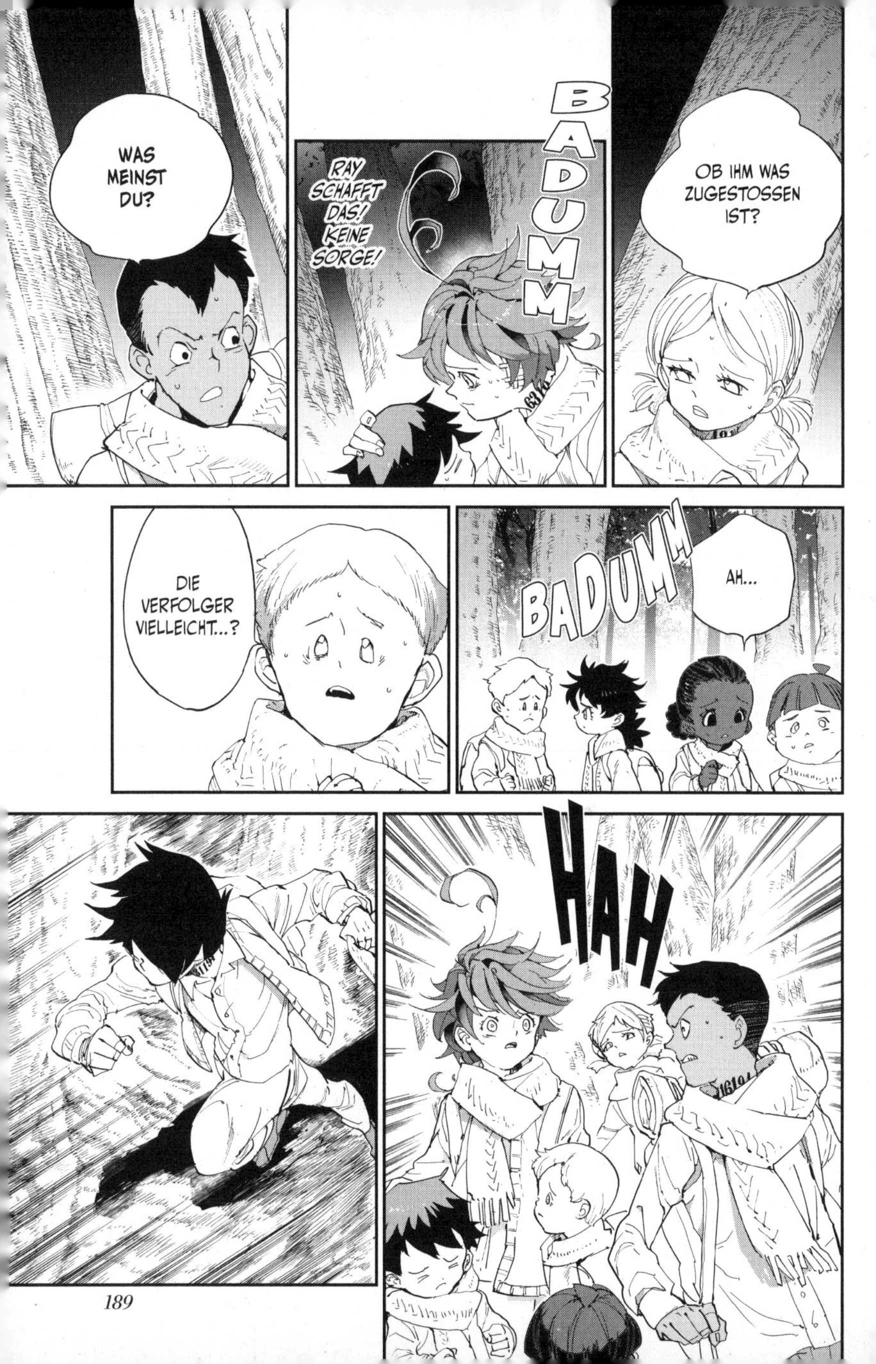
OB IHM WAS ZUGESTOSSEN IST?
BADUMM
RAY SCHAFFT DAS! KEINE SORGE!
WAS MEINST DU?
AH...
BADUMM
DIE VERFOLGER VIELLEICHT...?
HAH

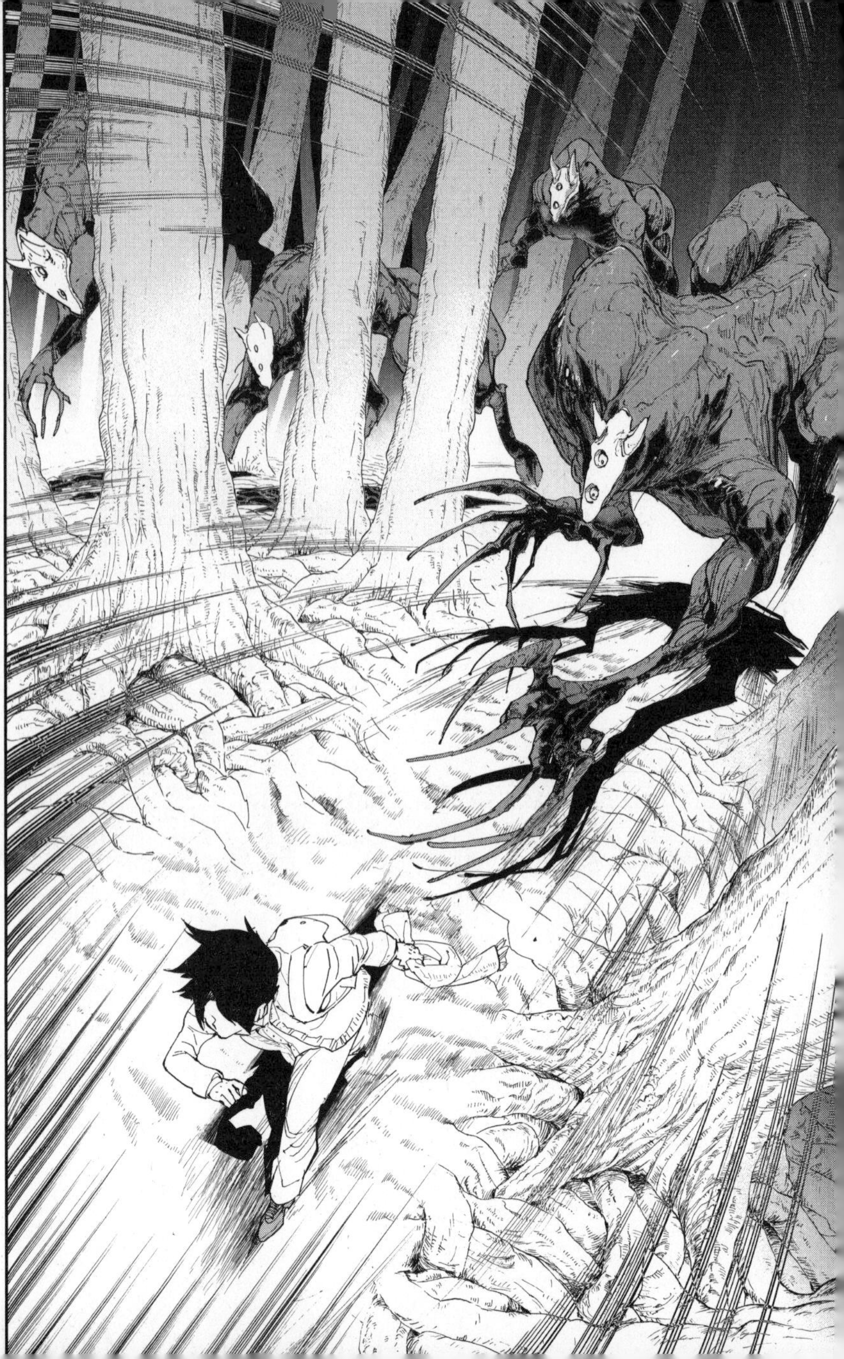

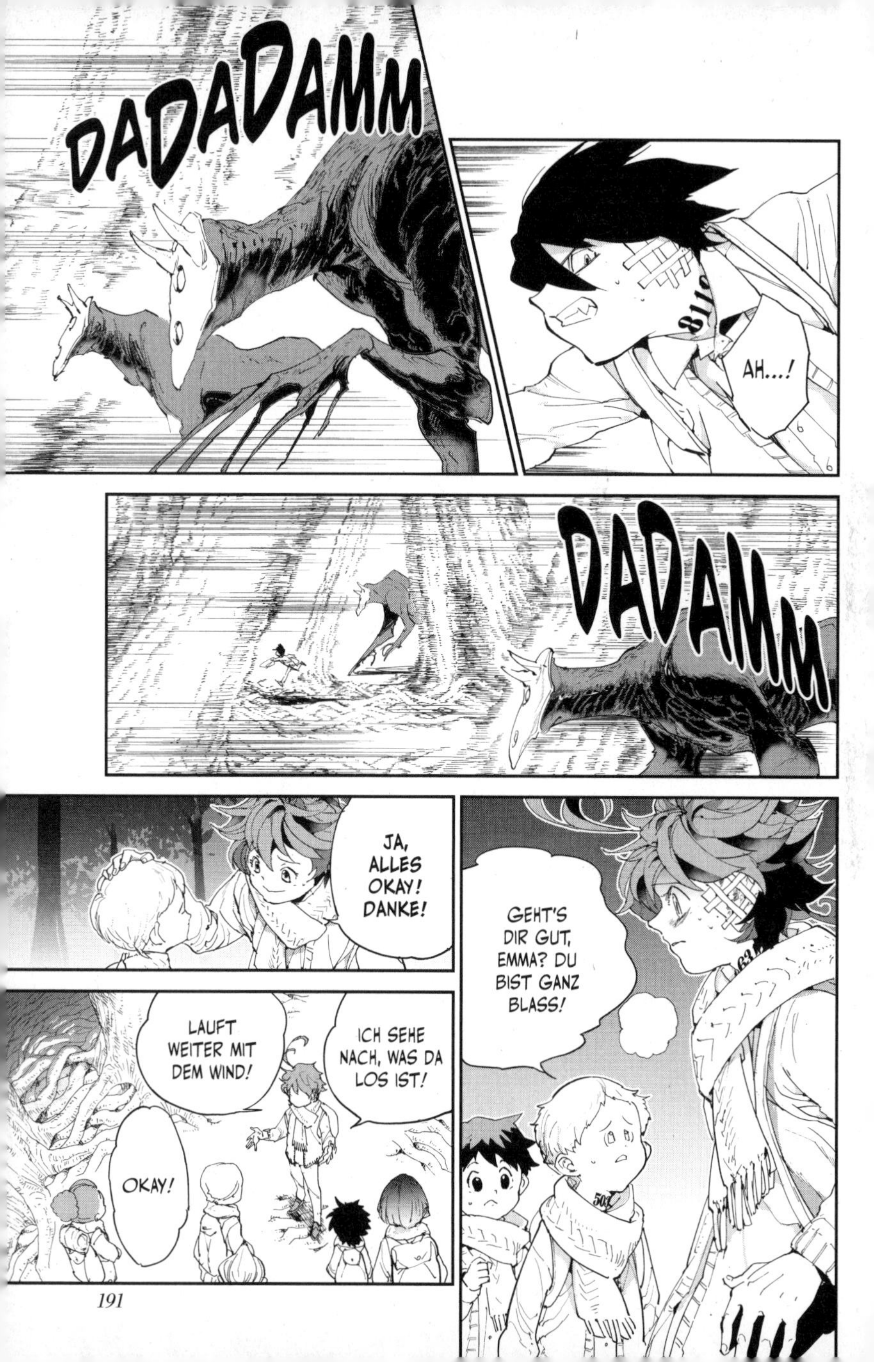
DADADAMM
AH...!
DADAMM
JA, ALLES OKAY! DANKE!
GEHT'S DIR GUT, EMMA? DU BIST GANZ BLASS!
ICH SEHE NACH, WAS DA LOS IST!
LAUFT WEITER MIT DEM WIND!
OKAY!

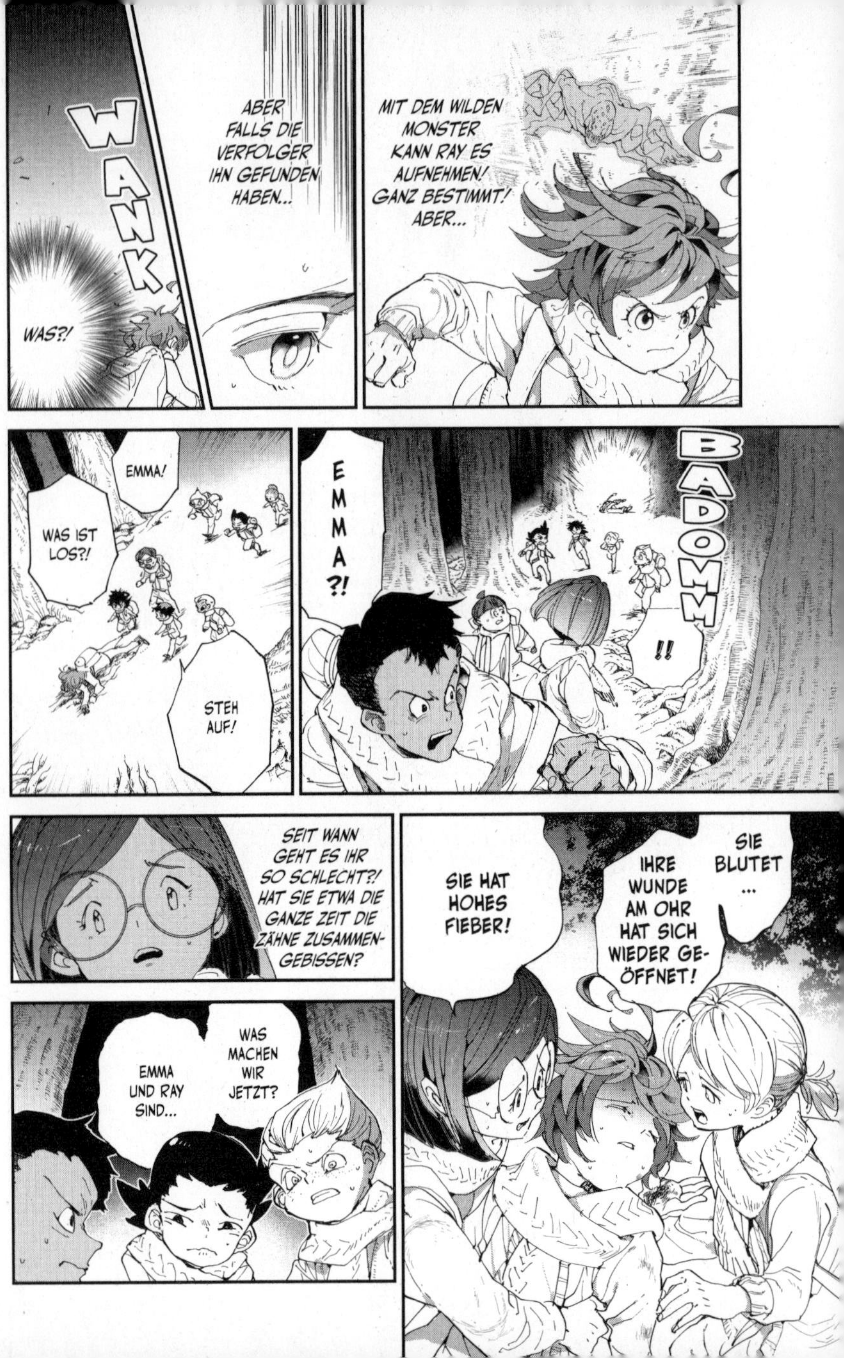
MIT DEM WILDEN MONSTER KANN RAY ES AUFNEHMEN! GANZ BESTIMMT! ABER...
ABER FALLS DIE VERFOLGER IHN GEFUNDEN HABEN...
WANK
WAS?!
BADOMM
!!
EMMA?!
EMMA!
WAS IST LOS?!
STEH AUF!
SIE BLUTET ...
IHRE WUNDE AM OHR HAT SICH WIEDER GE-ÖFFNET!
SIE HAT HOHES FIEBER!
SEIT WANN GEHT ES IHR SO SCHLECHT?! HAT SIE ETWA DIE GANZE ZEIT DIE ZÄHNE ZUSAMMEN-GEBISSEN?
WAS MACHEN WIR JETZT?
EMMA UND RAY SIND...

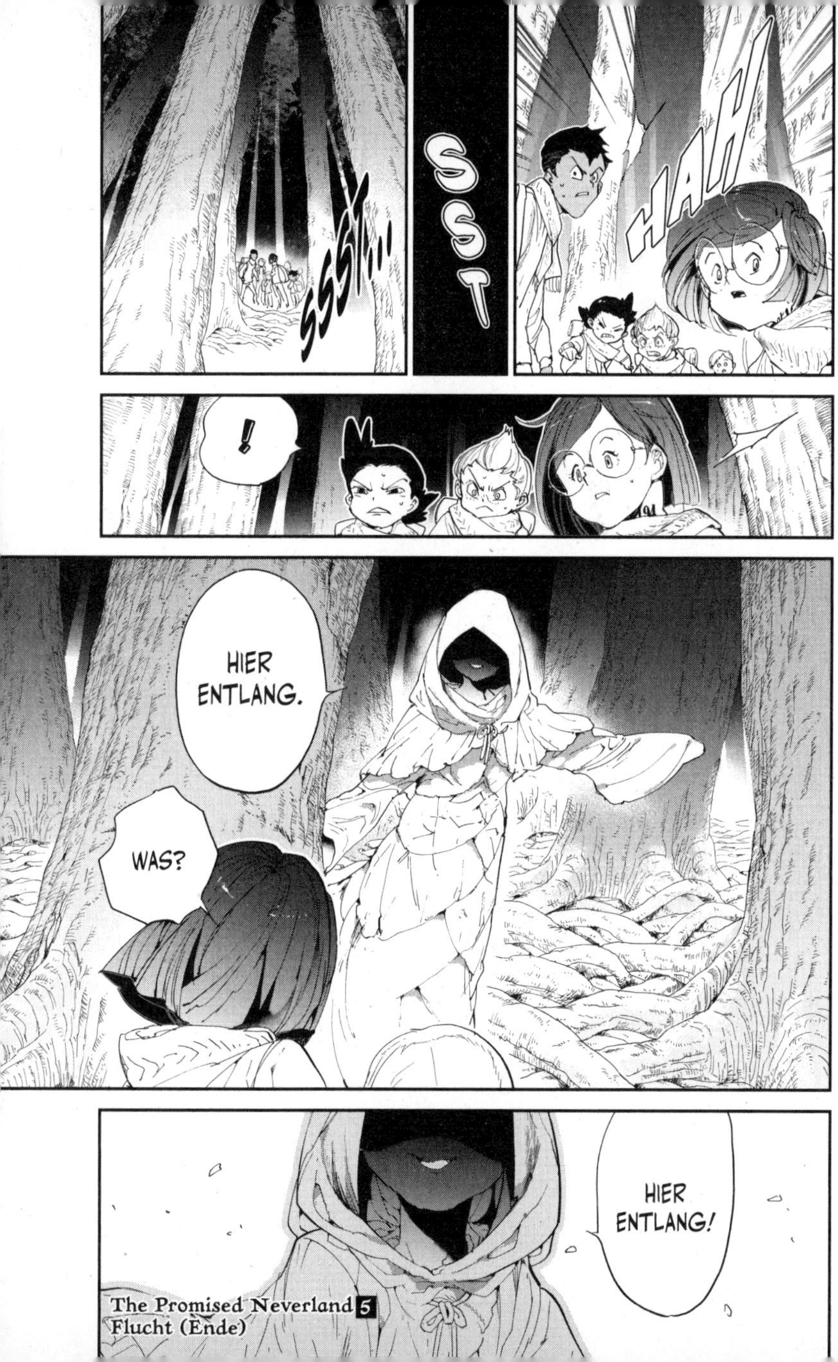

The Promised Neverland 5
Flucht (Ende)

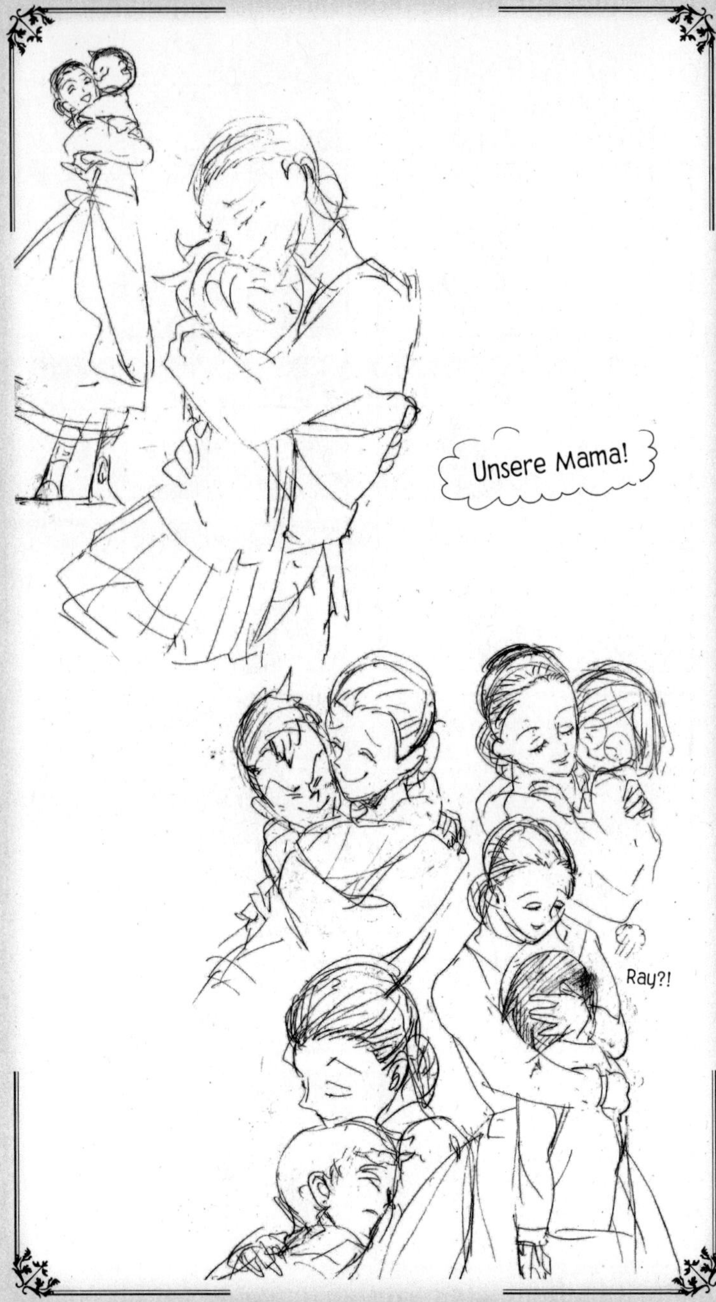
Unsere Mama!
Ray?!

Bonusstory 3

Die Schwester auf Wolke sieben

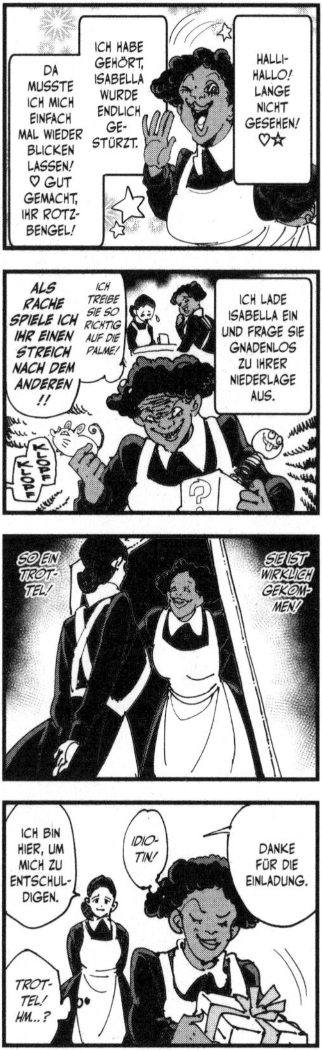

Isabella und Krone

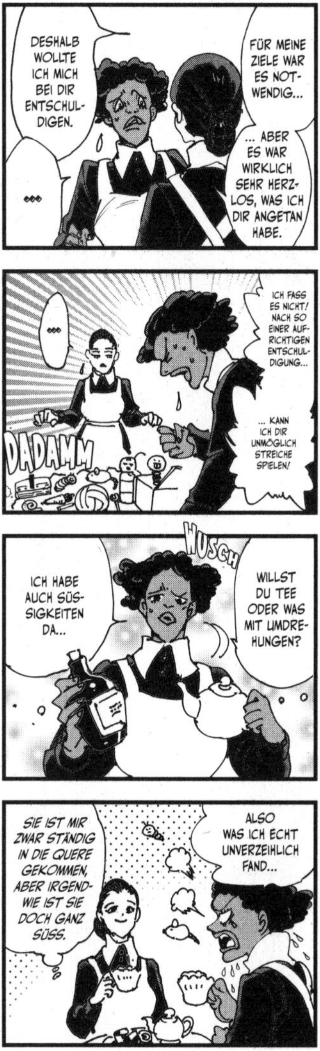

BONUSSTORY 3 ... ENDE

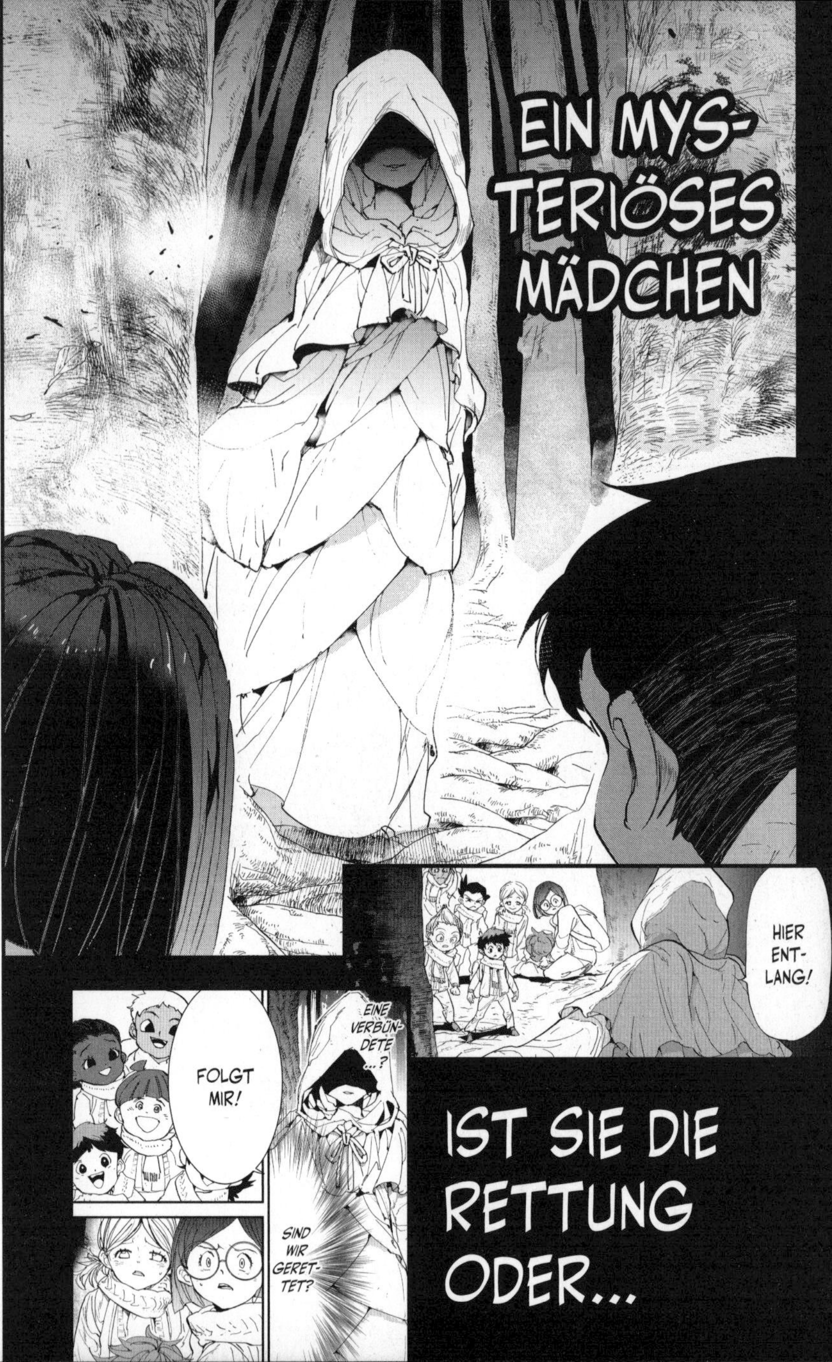
EIN MYS-
TERIÖSES
MÄDCHEN
HIER
ENT-
LANG!
EINE
VERBÜN-
DETE
...?
FOLGT
MIR!
SIND
WIR
GERET-
TET?
IST SIE DIE
RETTUNG
ODER...

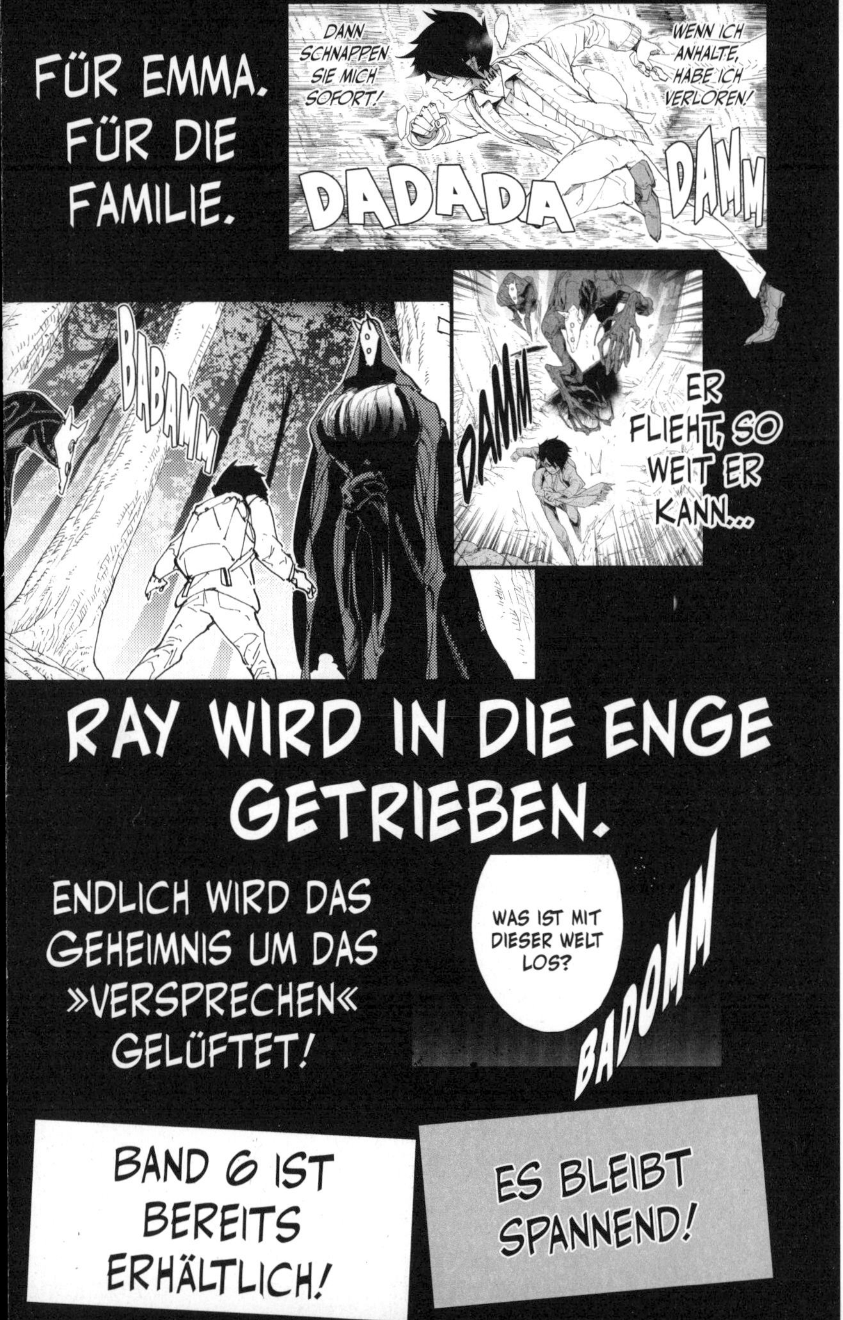
FÜR EMMA. FÜR DIE FAMILIE.
WENN ICH ANHALTE, HABE ICH VERLOREN!
DANN SCHNAPPEN SIE MICH SOFORT!
DAMM
DADADA
ER FLIEHT, SO WEIT ER KANN...
DAMM
BABAMM
RAY WIRD IN DIE ENGE GETRIEBEN.
ENDLICH WIRD DAS GEHEIMNIS UM DAS »VERSPRECHEN« GELÜFTET!
WAS IST MIT DIESER WELT LOS?
BADOMM
BAND 6 IST BEREITS ERHÄLTLICH!
ES BLEIBT SPANNEND!

CARLSEN MANGA! CHECKLIST

BARFUSS DURCH HIROSHIMA

von Keiji Nakazawa
€ 12,00 (D) / € 12,40 (A)
O Band 2
€ 14,00 (D) / € 14,40 (A)
O Band 1, 3 bis 4

BARRAGE

von Kohei Horikoshi
€ 6,99 (D) / € 7,20 (A)
O Band 1 bis 2
In 2 Bänden abgeschlossen

BATTLE ANGEL ALITA – PERFECT EDITION

von Yukito Kishiro
€ 19,99 (D) / € 20,60 (A)
O Band 1 bis 3
€ 24,99 (D) / € 25,70 (A)
O Band 4
In 4 Bänden abgeschlossen
€ 29,99 (D) / € 30,90 (A)
O Band 4 im Schuber
€ 89,99 (D) / € 92,60 (A)
O Band 1-4 im Schuber

BATTLE ANGEL ALITA – LAST ORDER PERFECT EDITION

von Yukito Kishiro
€ 14,99 (D) / € 15,50 (A)
O 1 bis 3, 5 bis 9
€ 19,99 (D) / € 20,60 (A)
O Band 10
O Band 11 06/21
O Band 12 09/21
€ 16,99 (D) / € 17,50 (A)
O Band 4
In 12 Bänden abgeschlossen
€ 25,00 (D) / € 25,70 (A)
O Band 12 im Schuber mit Extra 09/21
€ 90,00 (D) / € 92,60 (A)
O Bände 1 bis 6 im Schuber mit Extra
€ 99,00 (D) / € 103,20 (A)
O Bände 7 bis 12 im Schuber mit Extra 09/21

BATTLE ANGEL ALITA – MARS CHRONICLE

von Yukito Kishiro
€ 6,95 (D) / € 7,20 (A)
O Band 1 bis 3, 5-6
O Band 7 07/21
€ 10,00 (D) / € 10,30 (A)
O Band 4
Bislang 6 Bände in Japan

ATTACK ON TITAN – DELUXE

von Hajime Isayama
€ 25,00 (D) / € 25,70 (A)
O Band 1 bis 8

ATTACK ON TITAN – INSIDE

von Hajime Isayama
€ 12,90 (D) / € 13,30 (A)
O Einzelband

ATTACK ON TITAN – LOST GIRLS

von Isayama, Seko & Fuji
€ 6,99 (D) / € 7,20 (A)
O Band 1 & 2
In 2 Bänden abgeschlossen

ATTACK ON TITAN – LOST GIRLS (Nippon Novel)

von Hiroshi Seko
€ 9,95 (D) / € 10,30 (A)
O Einzelband

ATTACK ON TITAN – NO REGRETS

von Hajime Isayama
€ 6,95 (D) / € 7,20 (A)
O Band 1 & 2
In 2 Bänden abgeschlossen

ATTACK ON TITAN – NO REGRETS FULL COLOR EDITION

von Hajime Isayama
€ 14,99 (D) / € 15,50 (A)
O Band 1 & 2
In 2 Bänden abgeschlossen

ATTACK ON TITAN – OUTSIDE

von Hajime Isayama
€ 12,90 (D) / € 13,30 (A)
O Einzelband

ATTACK ON TITAN – SHORT PLAY

von Isayama & hounori
€ 8,99 (D) / € 9,30 (A)
O Einzelband

ANONYMOUS NOISE

von Ryoko Fukuyama
€ 5,00 (D) / € 6,20 (A)
O Band 1
€ 6,99 (D) / € 7,20 (A)
O Band 2 bis 17
O Band 18 06/21
In 18 Bänden abgeschlossen

ARTE

von Kei Ohkubo
€ 10,00 (D) / € 10,30 (A)
O Band 1 bis 6
O Band 7 07/21
O Band 8 09/21
Bislang 13 Bände in Japan

ASSASSINATION CLASSROOM

von Yusei Matsui
€ 6,50 (D) / € 6,70 (A)
O Band 1 bis 21
In 21 Bänden abgeschlossen

ATTACK ON TITAN

von Hajime Isayama
€ 6,95 (D) / € 7,20 (A)
O Band 1 bis 32
O Band 33 09/21
In 34 Bänden abgeschlossen
€ 36,00 (D) / € 37,10 (A)
O Bände 1-5 im Schuber
O Bände 6-10 im Schuber
O Bände 11-15 im Schuber
O Bände 16-20 im Schuber
O Bände 21-25 im Schuber
O Bände 26-30 im Schuber

ATTACK ON TITAN – ANSWERS

von Hajime Isayama
€ 12,90 (D) / € 13,30 (A)
O Einzelband

ATTACK ON TITAN – BEFORE THE FALL

von Hajime Isayama
€ 6,95 (D) / € 7,20 (A)
O Band 1 bis 17
In 17 Bänden abgeschlossen

ATTACK ON TITAN CHARACTER GUIDE

von Hajime Isayama
€ 12,90 (D) / € 13,30 (A)
O Einzelband

12 JAHRE

von Nao Maita
€ 5,99 (D) / € 6,20 (A)
O Band 1 bis 14
€ 6,99 (D) / € 7,20 (A)
O Band 15 08/21
In 20 Bänden abgeschlossen

ABE SADA

von Kazuo Kamimura
€ 14,99 (D) / € 15,50 (A)
O Band 1 & 2
In 2 Bänden abgeschlossen

ACID TOWN

von Kyugo
€ 7,95 (D) / € 8,20 (A))
O Band 6
Bislang 6 Bände in Japan

AKIRA – ORIGINAL EDITION

von Katsuhiro Otomo
€ 19,90 (D) / € 20,50 (A)
O Band 1 bis 3
€ 22,90 (D) / € 23,60 (A)
O Band 4 bis 6
In 6 Bänden abgeschlossen

ALICE IN MURDERLAND

von Kaori Yuki
€ 7,95 (D) / € 8,20 (A)
O Band 1 bis 11
In 11 Bänden abgeschlossen

ALISIK

von Helge Vogt & Hubertus Rufledt
€ 8,99 (D) / € 9,30 (A)
O Band 1
€ 7,99 (D) / € 8,30 (A)
O Band 2 bis 4
In 4 Bänden abgeschlossen

ALPHA^2 – NEUEDITION

von Kamineo & Kamoi
€ 14,00 (D) / € 14,40 (A)
O Einzelband

ALPI - THE SOUL SENDER

von Rona
€ 7,00 (D) / € 7,20 (A)
O Band 1 07/21
Bislang 4 Bände in Japan

CARLSEN MANGA! CHECKLIST

DOUBT GESAMTAUSGABE
von Yoshiki Tonogai
€ 30,00 (D) / € 30,90 (A)
O **Sammelschuber** 07/21

DRAGON BALL
von Akira Toriyama
€ 6,50 (D) / € 6,70 (A)
O **Band 1 bis 42**
In 42 Bänden abgeschlossen

DRAGON BALL MASSIV
von Akira Toriyama
€ 5,00 (D) / € 5,20 (A)
O **Band 1**
€ 10,00 (D) / € 10,30 (A)
O **Band 2 bis 11**
O **Band 12** 07/21
O **Band 13** 09/21

DRAGON BALL SD
von Akira Toriyama (Original Story) & Naho Ohishi
€ 7,95 (D) / € 8,20 (A)
O **Band 1 bis 6**
Bislang 7 Bände in Japan

DRAGON BALL SIDE STORIES
von Akira Toriyama & dragongarow LEE
€ 5,00 (D) / € 5,20 (A)
O **Yamchu**

DRAGON BALL SUPER
von Toriyama & Toyotarou
€ 6,50 (D) / € 6,70 (A)
O **Band 1 bis 11**
O **Band 12** 06/21
€ 9,99 (D) / € 10,30 (A)
O **Band 5 im Schuber**
O **Band 10 im Schuber**
€ 29,99 (D) / € 30,90 (A)
O **Bände 1-5 im Schuber**
O **Bände 6-10 im Schuber**
Bislang 14 Bände in Japan

DREAMIN' SUN
von Ichigo Takano
€ 6,99 (D) / € 7,20 (A)
O **Band 1 bis 9**
€ 8,99 (D) / € 9,20 (A)
O **Band 10**
In 10 Bänden abgeschlossen

COYOTE
von Ranmaru Zariya
€ 7,99 (D) / € 8,30 (A)
O **Band 1 bis 3**
Bislang 3 Bände in Japan

CROSS ACCOUNT
von Tsunehiro Date
€ 6,99 (D) / € 7,20 (A)
O **Band 1 bis 4**
In 4 Bänden abgeschlossen

DEAD COMPANY
von Yoshiki Tonogai
€ 7,00 (D) / € 7,20 (A)
O **Band 1** 07/21
In 3 Bänden abgeschlossen

DEFENSE DEVIL
von Youn In-Wan & Yang Kyung-Il
€ 5,95 (D) / € 6,20 (A)
O **Band 1 bis 10**
In 10 Bänden abgeschlossen

DEPTH OF FIELD
von Enjo
€ 8,00 (D) / € 8,30 (A)
O **Band 1 & 2**
In 2 Bänden abgeschlossen

DEVILS & REALIST
von Utako Yukihiro & Madoka Takadono
€ 6,95 (D) / € 7,20 (A)
O **Band 11 bis 13**
€ 7,95 (D) / € 8,20 (A)
O **Band 14**
€ 8,95 (D) / € 9,20 (A)
O **Band 15**
In 15 Bänden abgeschlossen

DIALOGE MIT MIR SELBST
von Kabi Nagata
€ 18,00 (D) / € 18,50 (A)
O **Band 1 b& 2**
In 2 Bänden abgeschlossen

DIE STADT DER BESONDEREN KINDER
von Ransom Riggs & Cassandra Jean
€ 14,90 (D) / € 15,40 (A)
O **Einzelband**

BLACK LAGOON
von Rei Hiroe
€ 6,95 (D) / € 7,20 (A)
O **Band 4**
€ 7,95 (D) / € 8,20 (A)
O **Band 1-3, 5-8, 10-11**
€ 8,95 (D) / € 9,20 (A)
O **Band 9**
Bislang 11 Bände in Japan

BLOOM INTO YOU
von Nio Naketani
€ 6,99 (D) / € 7,20 (A)
O **Band 1 bis 7**
€ 7,99 (D) / € 8,30 (A)
O **Band 8**
In 8 Bänden abgeschlossen

BLUE FLAG
von Kaito
€ 7,99 (D) / € 8,30 (A)
O **Band 1 bis 7**
In 7 Bänden abgeschlossen

BLUE GIANT
von Shinichi Ishizuka
€ 8,00 (D) / € 8,30 (A)
O **Band 1** 09/21
In 10 Bänden abgeschlossen

BLUE GIANT SUPREME
von Shinichi Ishizuka
€ 8,00 (D) / € 8,30 (A)
O **Band 1 bis 5**
O **Band 6** 08/21
In 11 Bänden abgeschlossen

BORUTO – NARUTO THE NEXT GENERATION
von Kishimoto & Kodachi
€ 6,50 (D) / € 6,70 (A)
O **Band 1 bis 10**
O **Band 11** 07/21
Bislang 13 Bände in Japan

BUDDHA
von Osamu Tezuka
€ 22,90 (D) / € 23,60 (A)
O **Band 1 bis 10**
In 10 Bänden abgeschlossen

CHIISAKOBEE
von Minetaro Mochizuki
€ 14,90 (D) / € 15,40 (A)
O **Band 1 bis 4**
In 4 Bänden abgeschlossen

BECOMING A GIRL ONE DAY
von Akane Ogura
€ 5,99 (D) / € 6,20 (A)
O **Band 1 bis 4**
In 4 Bänden abgeschlossen

BECOMING A GIRL ONE DAY – ANOTHER
von Akane Ogura
€ 5,99 (D) / € 6,20 (A)
O **Band 1 bis 4**
In 4 Bänden abgeschlossen

BILLY BAT
von Naoki Urasawa & Takashi Nagasaki
€ 8,95 (D) / € 9,20 (A)
O **Band 4-7, 12-16**
€ 12,00 (D) / € 12,40 (A)
O **Band 1-3, 8-11, 17-20**
In 20 Bänden abgeschlossen

BL IS MAGIC!
von Oroken
€ 9,99 (D) / € 10,30 (A)
O **Band 1 bis 3**
In 4 Bänden abgeschlossen
O **BL is magic! Special: Extra Spells** 08/21

BL METAMORPHOSEN – GEHEIMNIS EINER FREUNDSCHAFT
von Kaori Tsurutani
€ 8,00 (D)/ € 8,30 (A)
O **Band 1 bis 3**
O **Band 4** 09/21
In 5 Bänden abgeschlossen

BLACK BUTLER
von Yana Toboso
€ 6,95 (D) / € 7,20 (A)
O **Band 1 bis 29**
O **Band 30** 07/21
€ 10,00 (D)/ € 10,30 (A)
O **Band 30 Limitierte Ausgabe mit Extra** 07/21
€ 14,90 (D) / € 15,40 (A)
O **Character Guide**
Bislang 29 Bände in Japan

CARLSEN MANGA! CHECKLIST

GELIEBTER AFFE

von Yoshihiro Tatsumi
€ 19,90 (D) / € 20,50 (A)
O Einzelband

GHOSTLY THINGS

von Ushio Shirotori
€ 7,00 (D) / € 7,20 (A)
O Band 1
O Band 2 07/21
In 4 Bänden abgeschlossen

HARU x KIYO

von Akira Ozaki
€ 5,00 (D) / € 5,20 (A)
O Band 1
€ 7,00 (D)/ €7,20 (A)
O Band 2 bis 9
In 9 Bänden abgeschlossen

HE'S MY VAMPIRE

von Aya Shouoto
€ 6,95 (D) / € 7,20 (A)
O Band 1 bis 10
In 10 Bänden abgeschlossen

HITOTSUBANA

von Minami
€ 8,00 (D) / € 8,30 (A)
O Band 1 bis 7
In 7 Bänden abgeschlossen

HOW TO DRAW MANGA

von Hikaru Hayashi u. a.
€ 9,95 (D) / € 10,30 (A)
O Manga-Charaktere in Bewegung
€ 16,90 (D) / € 17,40 (A)
O Ninja und Samurai
€ 17,90 (D) / € 18,40 (A)
O Manga-Figuren entwickeln
€ 19,90 (D) / € 20,50 (A)
O Manga-Skizzen zeichnen
O Character Design – Tipps und Tricks
O Manga aus der richtigen Perspektive
O Oberflächen und Strukturen
O Manga-Figuren in ihrer Umwelt
O Perfekte Proportionen im Manga
O Grundlagen der Manga-Kunst
€ 24,90 (D) / € 25,60 (A)
O Kolorieren mit Copic-Stiften
O Kolorieren mit Aquarellbuntstiften

FOLGE DEN WOLKEN NACH NORD-NORDWEST

von Aki Irie
€ 12,00 (D) / € 12,40 (A)
O Band 1 bis 4
Bislang 5 Bände in Japan

FOOD WARS – SHOKUGEKI NO SOMA

von Tsukuda & Saeki
€ 6,99 (D) / € 7,20 (A)
O Band 1 bis 31
O Band 32 06/21
O Band 33 08/21
In 36 Bänden abgeschlossen
€ 69,90 (D) / € 71,80 (A)
O Bände 1-10 im Schuber
O Bände 11-20 im Schuber
O Bände 21-30 im Schuber

FRUIT BASKET PEARLS

von Natuski Takaya
€ 11,00 (D) / € 11,40 (A)
O Band 1
O Band 2 06/21
O Band 3 08/21
In 12 Bänden abgeschlossen

GAMMA DRACONIS

von Eldo Yoshimizu & Benoist Simmat
€ 16,00 (D) / € 16,50 (A)
O Einzelband 07/21

GANGSTA.

von Kohske
€ 7,95 (D) / € 8,20 (A)
O Band 1 bis 8
Bislang 8 Bände in Japan

GANGSTA: CURSED.

von Kohske & Kamo
€ 7,99 (D) / € 8,30 (A)
O Band 1 bis 5
Bislang 5 Bände in Japan

GEGEN DEN STROM

von Yoshihiro Tatsumi
€ 44,00 (D) / € 44,60 (A)
O Einzelband

FAIRY TAIL+

von Hiro Mashima
€ 8,95 (D) / € 9,20 (A)
O Einzelband

FAIRY TAIL – HAPPY'S ADVENTURE

von Hiro Mashima & Kenshiro Sakamoto
€ 7,00 (D) / € 7,20 (A)
O Band 1 bis 4
O Band 5 08/21
In 8 Bänden abgeschlossen

FAIRY TAIL S

von Hiro Mashima
€ 6,99 (D) / € 7,20 (A)
O Band 1 & 2
In 2 Bänden abgeschlossen

FAIRY TAIL SIDE STORIES

von Hiro Mashima & Kyota Shibano
€ 6,99 (D) / € 7,20 (A)
O Band 1 bis 3
In 3 Bänden abgeschlossen

FAIRY TALE BATTLE ROYALE

von Soraho Ina
€ 7,00 (D) / € 7,20 (A)
O Band 1 bis 4
Bislang 4 Bände in Japan

FINAL FANTASY – LOST STRANGER

von Hazuki Minase & Itsuki Kameya
€ 12,99 (D) / € 13,40 (A)
O Band 1 bis 5
Bislang 6 Bände in Japan

FINAL FANTASY – OFFICIAL MEMORIAL ULTIMANIA BOOK

von Takatoshi Shiozawa
€ 39,99 (D) / € 41,20 (A)
O VII - IX
In 3 Bänden abgeschlossen

FOCUS 10

von Martina Peters
€ 6,99 (D) / € 7,20 (A)
O Band 1 bis 9
O Band 10 09/21
In 10 Bänden abgeschlossen

DR. STONE

von Inagaki & BOICHI
€ 7,00 (D) / € 7,20 (A)
O Band 1 bis 11
O Band 12 06/21
O Band 13 08/21
Bislang 19 Bände in Japan

DR. STONE REBOOT: BYAKUYA

von Inagaki & BOICHI
€ 7,00 (D) / € 7,20 (A)
O Einzelband 07/21

EDENS ZERO

von Hiro Mashima
€ 7,00 (D)/ €7,20 (A)
O Band 1 bis 9
O Band 10 07/21
€ 10,00 (D) / € 10,30 (A)
O Band 7 - limitierte Ausgabe
Bislang 13 Bände in Japan

EXISTENZEN UND ANDERE ABGRÜNDE

von Yoshihiro Tatsumi
€ 19,90 (D) / € 20,50 (A)
O Einzelband

FAIRY GIRLS

von Hiro Mashima
€ 6,99 (D) / € 7,20 (A)
O Band 1 bis 4
In 4 Bänden abgeschlossen

FAIRY TAIL

von Hiro Mashima
€ 6,50 (D) / € 6,70 (A)
O Band 1 bis 63
€ 9,99 (D) / € 10,30 (A)
O Band 60 limitiert
In 63 Bänden abgeschlossen

FAIRY TAIL ARTBOOKS

von Hiro Mashima
€ 19,95 (D) / € 20,60 (A)
O Fantasia
O Harvest

FAIRY TAIL – 100 YEARS QUEST

von Hiro Mashima & Atsuo Ueda
€ 7,00 (D) / € 7,20 (A)
O Band 1 bis 5
O Band 6 06/21
O Band 7 09/21
Bislang 10 Bände in Japan

CARLSEN MANGA! CHECKLIST

LIBERI-PROJEKT, DAS

von Tamasaburo
€ 6,95 (D) / € 7,20 (A)
O **Band 1 bis 3**
In 3 Bänden abgeschlossen

LIEBHABER, DER

von Kan Takahama
€ 22,00 (D) / € 22,70 (A)
O **Einzelband**

LITTLE WITCH ACADEMIA

von Sato & Yoshinari
€ 6,99 (D) / € 7,20 (A)
O **Band 1 bis 3**
In 3 Bänden abgeschlossen

LIQUOR & CIGARETTE

von Ranmaru Zariya
€ 8,00 (D) / € 8,30 (A)
O **Einzelband**

LUDWIG REVOLUTION GESAMTAUSGABE

von Kaori Yuki
€ 30,00 (D) / € 30,90 (A)
O **Sammelschuber** 09/21

LUPUS IN FABULA

von Kamineo
€ 7,95 (D) / € 8,20 (A)
O **Band 1 bis 3**
In 3 Bänden abgeschlossen

MACHIMAHO – MAGICAL GIRL BY ACCIDENT

von Souryu
€ 7,99 (D) / € 8,30 (A)
O **Band 1 bis 7**
O **Band 8** 07/21
Bislang 9 Bände in Japan

MAGUS OF THE LIBRARY

von Mitsu Izumi
€ 12,00 (D) / € 12,40 (A)
O **Band 1 & 4**
€ 14,00 (D) / € 14,40 (A)
O **Band 2**
€ 16,00 (D) / € 16,50 (A)
O **Band 3**
Bislang 5 Bände in Japan

KAMISAMA DARLING

von Kyoko Aiba
€ 6,99 (D) / € 7,20 (A)
O **Band 1 bis 8**
In 8 Bänden abgeschlossen

KATSURA & TORIYAMA SHORT STORIES

von Akira Toriyama
& Masakazu Katsura
€ 6,95 (D) / € 7,20 (A)
O **Einzelband**

KILLING BITES

von Shinya Murata
& Kazasa Sumita
€ 7,95 (D) / € 8,20 (A)
O **Band 1-3, 5-14**
€ 10,00 (D) / € 10,30 (A)
O **Band 4**
Bislang 17 Bände in Japan

KIMI NI NARE – FINDE DICH SELBST

von Ichigo Takano
€ 7,00 (D) / € 7,20 (A)
O **Einzelband** 07/21

KLEINE KATZE CHI

von Konami Kanata
€ 9,95 (D) / € 10,30 (A)
O **Band 1 bis 11**
€ 12,00 (D) / € 12,40 (A)
O **Band 12**
In 12 Bänden abgeschlossen

KOROSENSEI QUEST!

von Yusei Matsui &
Kizuku Watanabe
€ 6,50 (D) / € 6,70 (A)
O **Band 1 bis 5**
In 5 Bänden abgeschlossen

LADY SNOWBLOOD (NEUEDITION)

von Kazuo Koike
& Kazuo Kamimura
€ 19,99 (D) / € 20,60 (A)
O **Band 1 & 2**
€ 16,99 (D) / € 17,50 (A)
O **Band 3**
In 3 Bänden abgeschlossen

LETZTE REISE DER SCHMETTERLINGE, DIE

von Kan Takahama
€ 14,90 (D) / € 15,40 (A)
O **Einzelband**

IM – GREAT PRIEST IMHOTEP

von Makoto Morishita
€ 6,99 (D) / € 7,20 (A)
O **Band 1 bis 10**
€ 7,99 (D) / € 8,30 (A)
O **Band 11**
In 11 Bänden abgeschlossen

IN THIS CORNER OF THE WORLD

von Fumiyo Kouno
€ 12,99 (D) / € 13,40 (A)
O **Band 1 bis 3**
In 3 Bänden abgeschlossen

ITO, JUNJI

von Shinya Murata
& Kazasa Sumita
€ 24,00 (D) / € 24,70 (A)
O **Gyo Deluxe**
O **Shiver** 07/21
€ 28,00 (D) / € 28,80 (A)
O **Uzumaki Deluxe**

JAPANISCH FÜR MANGA-FANS

von Thora Kerner
& Jin Baron
€ 16,00 (D) / € 16,50 (A)
O **Sammelband**

JUDGE

von Yoshiki Tonogai
€ 7,95 (D) / € 8,20 (A)
O **Band 1 bis 5**
€ 8,95 (D) / € 9,20 (A)
O **Band 6**
In 6 Bänden abgeschlossen

JUMPING

von Asahi Tsutsui
€ 7,00 (D) / € 7,20 (A)
O **Band 1 bis 4**
In 4 Bänden abgeschlossen

JUNJO ROMANTICA

von Shungiku Nakamura
€ 6,95 (D) / € 7,20 (A)
O **Band 9, 11-12, 19-22**
O **Band 23** 06/21
€ 10,00 (D) / € 10,30 (A)
O **Band 1-8, 10,13-18**
Bislang 25 Bände in Japan

H.P. LOVECRAFT

von Gou Tanabe
€ 12,00 (D) / € 12,40 (A)
O **H.P. Lovecrafts Die Farbe aus dem All**
O **H.P. Lovecrafts Der Hund und andere Geschichten**
O **H.P. Lovecrafts Der leuchtende Trapezoeder**
€ 18,00 (D) / € 18,50 (A)
O **H.P. Lovecrafts Berge des Wahnsinns Band 1 bis 2**
O **H.P. Lovecrafts Cthulhus Ruf** 08/21
€ 22,00 (D) / € 22,70 (A)
O **H.P. Lovecrafts Der Schatten aus der Zeit**

HUNTER X HUNTER

von Yoshihiro Togashi
€ 6,95 (D) / € 7,20 (A)
O **Band 1 bis 36**
Bislang 36 Bände in Japan

I AM SHERLOCK

von TAKATA & Io
€ 7,00 (D)/ € 7,20 (A)
O **Band 1 bis 4**
In 4 Bänden abgeschlossen

I HAD THAT SAME DREAM AGAIN

von Yoru Sumino &
Izumi Kirihara
€ 7,00 (D) / € 7,20 (A)
O **Band 1 bis 3**
In 3 Bänden abgeschlossen

I HEAR THE SUNSPOT

von Yuki Fumino
€ 7,99 (D) / € 8,30 (A)
O **Band 1**
€ 9,99 (D) / € 10,30 (A)
O **Band 2**
Bisher 2 Bände in Japan

I HEAR THE SUNSPOT – LIMIT

von Yuki Fumino
€ 7,99 (D) / € 8,30 (A)
O **Band 1**
€ 8,99 (D) / € 9,30 (A)
O **Band 2**
€ 9,99 (D) / € 10,30 (A)
O **Band 3** 07/21
In 3 Bänden abgeschlossen

CARLSEN MANGA! CHECKLIST

NARUTO MASSIV

von Masashi Kishimoto
€ 5,00 (D) / € 5,20 (A)
O Band 1
€ 9,99 (D) / € 10,30 (A)
O Band 2 bis 24
In 24 Bänden abgeschlossen

NARUTO – THE MOVIE

von Masashi Kishimoto
€ 7,95 (D) / € 8,20 (A)
O Geheimmission im Land des ewigen Schnees Band 1 & 2
O Die Legende des Steins Gelel Band 1 & 2
O Sondermission im Land des Mondes 1 & 2

NARUTO – THE MOVIE: SHIPPUDEN

von Masashi Kishimoto
€ 12,95 (D) / € 13,40 (A)
O Naruto - The Movie: Shippuden
O Naruto - The Movie: Shippuden-Fesseln
O Naruto - The Movie: Shippuden - Die Erben des Willens des Feuers
O Naruto - The Movie: Shippuden - Lost Tower

NEON GENESIS EVANGELION

von Gainax & Yoshiyuki Sadamoto
€ 6,95 (D) / € 7,20 (A)
O Band 1 bis 14
In 14 Bänden abgeschlossen

NO EXIT

von Haruhi Seta
€ 6,99 (D) / € 7,20 (A)
O Band 1 bis 13
In 14 Bänden abgeschlossen

OKITENEMURU

von Hitori Renda
€ 7,99 (D) / € 8,20 (A)
O Band 9
In 9 Bänden abgeschlossen

OLD BOY

von Tsuchiya Garon & Minegishi Nobuaki
€ 12,00 (D) / € 12,40 (A)
O Band 1 bis 4
In 4 Bänden abgeschlossen

MURCIÉLAGO

von Yoshimura Kana
€ 7,99 (D) / € 8,30 (A)
O Band 1 bis 14
O Band 15 06/21
Bislang 17 Bände in Japan

MY HERO ACADEMIA

von Kohei Horikoshi
€ 6,99 (D) / € 7,20 (A)
O Band 1 bis 27
O Band 28 08/21
Bislang 30 Bände in Japan
€ 10,00 (D) / € 10,30 (A)
O My Hero Academia - Ultra Archive
€ 12,99 (D) / € 13,40 (A)
O My Hero Academia - Ultra Analysis

MY HERO ACADEMIA SMASH

von Kohei Horikoshi & Hirofumi Neda
€ 5,00 (D) / € 5,20 (A)
O Band 1 bis 5
Bislang 5 Bände in Japan

MY HERO ACADEMIA TEAM UP MISSION

von Kohei Horikoshi & Yoko Akiyama
€ 7,00 (D) / € 7,20 (A)
O Band 1
Bisher 2 Bände in Japan

MY ROOMMATE IS A CAT

von Tsunami Minatsuki & Asu Futatsuya
€ 7,00 (D) / € 7,20 (A)
O Band 1 bis 4
O Band 5 06/21
O Band 6 09/21
Bislang 7 Bände in Japan

MY SECRET WHICH I CANNOT TELL YOU

von Kyoko Aiba
€ 6,99 (D) / € 7,20 (A)
O Einzelband

NARUTO

von Masashi Kishimoto
€ 6,50 (D) / € 6,70 (A)
O Band 1 bis 72
In 72 Bänden abgeschlossen
O Der siebte Hokage und der scharlachrote Frühling

MERMAID PRINCE

von Kaori Ozaki
€ 8,00 (D) / € 8,30 (A)
O Einzelband

MOB PSYCHO 100

von ONE
€ 6,66 (D) / € 6,90 (A)
O Band 1 bis 15
€ 7,77 (D) / € 8,00 (A)
O Band 16
In 16 Bänden abgeschlossen

MONSTER – PERFECT EDITION

von Naoki Urasawa
€ 20,00 (D) / € 20,60 (A)
O Band 1 bis 8
€ 24,00 (D) / € 24,70 (A)
O Band 9 08/21
In 9 Bänden abgeschlossen

MORIARTY THE PATRIOT

von Takeuchi & Miyoshi
€ 9,99 (D) / € 10,30 (A)
O Band 1 bis 9
O Band 10 06/21
O Band 11 08/21
Bislang 13 Bände in Japan
€ 16,00 (D) / € 16,50 (A)
O Band 10 mit Extra – limitierte Auflage 06/21
€ 99,00 (D) / € 101,80 (A)
O Band 1 bis 10 im Sammelschuber – limitierte Auflage 06/21

MOTHER'S SPIRIT

von Enzo
€ 7,99 (D) / € 8,30 (A)
O Band 1 & 2
Bislang 2 Bände in Japan

MOTOKARE RETRY

von En Hanaya
€ 6,99 (D) / € 7,20 (A)
O Band 1 bis 7
In 7 Bänden abgeschlossen

MOVING FORWARD

von Nagamu Nanaji
€ 5,00 (D) / € 5,20 (A)
O Band 1
€ 7,00 (D) / € 7,20 (A)
O Band 2 bis 7
O Band 8 08/21
In 11 Bänden abgeschlossen

MAID-SAMA

von Hiro Fujiwara
€ 5,95 (D) / € 6,20 (A)
O Band 1 bis 18
In 18 Bänden abgeschlossen
O Maid-sama Marriage

MANGA LOVE STORY

von Katsu Aki
€ 6,95 (D) / € 7,20 (A)
O Band 70 bis 76
Bislang 81 Bände in Japan

MANGA-ZEICHENSTUDIO

von Kaneda Koubou u.a.
€ 19,90 (D) / € 20,50 (A)
O Hände und Füße
O Gesichter und Emotionen
O Manga Master Book
O Mädchen in coolen Posen
O Emotionen und Mimik ausdrucksstark zeichnen
O Manga Basics
O Figuren & Hintergründe
€ 20,00 (D) / € 20,60 (A)
O Charmante Charaktere
€ 24,90 (D) / € 25,60 (A)
O Spannende Geschichten erzählen

MANN MEINES BRUDERS, DER

von Gengoroh Tagame
€ 10,00 (D) / € 10,30 (A)
O Band 1 bis 4
In 4 Bänden abgeschlossen

MASHIMA HERO'S

von Hiro Mashima
€ 7,00 (D) / € 7,20 (A)
O Einzelband
€ 10,00 (D) / € 10,30 (A)
O Einzelband Limitierte Edition

MEINE LESBISCHE ERFAHRUNG MIT EINSAMKEIT

von Kabi Nagata
€ 15,00 (D) / € 15,50 (A)
O Einzelband

MELANCHOLISCHER MORGEN, EIN

von Shoko Hidaka
€ 9,95 (D) / € 10,30 (A)
O Band 8
In 8 Bänden abgeschlossen

CARLSEN MANGA! CHECKLIST

ROSEN BLOOD

von Kachiru Ichizue
€ 10,00 (D) / € 10,30 (A)
O **Band 1**
O **Band 2** 07/21
Bisher 3 Bände in Japan

RYUKO

von Eldo Yoshimizu
€ 14,99 (D) / € 15,50 (A)
O **Band 1 & 2**
In 2 Bänden abgeschlossen

SACRIFICE TO THE KING OF BEASTS

von Yu Tomofuji
€ 6,99 (D) / € 7,20 (A)
O **Band 1 bis 11**
O **Band 12** 06/21
O **Band 13** 09/21
In 15 Bänden abgeschlossen

SAKURA – I WANT TO EAT YOUR PANCREAS

von Yoru Sumino
€ 7,99 (D) / € 8,20 (A)
O **Band 1 & 2**
In 2 Bänden abgeschlossen

SAKURA DREAMS BUCH UND TERMIN-KALENDER 2022

von Melanie Schober
€ 10,00 (D) / € 10,10 (A)
O **Kalender** 06/21

SAMURAI8

von Masashi Kishimoto & Akira Okubo
€ 7,00 (D) / € 7,20 (A)
O **Band 1 bis 5**
In 5 Bänden abgeschlossen

SANTA MARIA HEARTLAND

von Rise Torio
€ 8,50 (D) / € 8,80 (A)
O **Einzelband**

SARABA, YOKI HI – SOLANGE WIR ZUSAMMEN SIND

von Yuki Akaneda
€ 7,00 (D) / € 7,20 (A)
O **Band 1**
O **Band 2** 08/21
Bisher 6 Bände in Japan

PLUTO: URASAWA X TEZUKA

von Tezuka, Urasawa & Nagasaki
€ 14,90 (D) / € 15,30 (A)
O **Band 1-3, 6-7**
€ 12,90 (D) / € 13,30 (A)
O **Band 4-5**
€ 16,90 (D) / € 17,40 (A)
O **Band 8**
In 8 Bänden abgeschlossen

POISON CITY

von Tetsuya Tsutsui
€ 7,99 (D) / € 8,30 (A)
O **Band 1 & 2**
In 2 Bänden abgeschlossen

PONE – POSUKA DEMIZU ARTBOOK

von Posuka Demizu
€ 20,00 (D) / € 20,60 (A)
O **Artbook**

Q (KU)

von Tatsuya Shihira
€ 7,99 (D) / € 8,30 (A)
O **Band 1 bis 3**
€ 8,99 (D) / € 9,30 (A)
O **Band 4**
In 4 Bänden abgeschlossen

REAKTOR 1F – EIN BERICHT AUS FUKUSHIMA

von Kazuto Tatsuta
€ 12,99 (D) / € 13,40 (A)
O **Band 1 bis 3**
In 3 Bänden abgeschlossen

RENTAL GIRLFRIEND

von Reiji Miyajima
€ 7,00 (D) / € 7,20 (A)
O **Band 1 bis 8**
O **Band 9** 07/21
O **Band 10** 09/21
Bislang 16 Bände in Japan

REQUIEM OF THE ROSE KING

von Aya Kanno
€ 9,99 (D) / € 10,30 (A)
O **Band 1 bis 12**
O **Band 13** 08/21
Bislang 14 Bände in Japan

OUR SUMMER HOLIDAY

von Kaori Ozaki
€ 7,99 (D) / € 8,30 (A)
O **Einzelband**

OVERLORD

von Maruyama & Miyama
€ 6,99 (D) / 7,20 (A)
O **Band 1 bis 12**
€ 7,99 (D) / € 8,30 (A)
O **Band 13**
O **Band 14** 09/21
Bislang 15 Bände in Japan

OVERLORD Official Comic À La Carte Anthology

von Kugane Maruyama, diverse
€ 7,00 (D) / € 7,20 (A)
O **Band 1 bis 3**
Bislang 3 Bände in Japan

PANDORAHEARTS

von Jun Mochizuki
€ 6,95 (D) / € 7,20 (A)
O **Band 1, 5-6, 10-15, 17, 19**
€ 7,95 (D) / € 8,20 (A)
O **Band 18**
€ 8,95 (D) / € 9,20 (A)
O **Band 22**
€ 10,00 (D) / € 10,30 (A)
O **Band 2-4, 7-9, 16, 20-21, 23**
€ 14,00 (D) / € 14,40 (A)
O **Band 24**
In 24 Bänden abgeschlossen

PERSONAL PARADISE NEUEDITION

von Melanie Schober
€ 6,99 (D) / € 7,20 (A)
O **Band 1 bis 7**
O **Brave Brother 1.0 lim. Ausgabe mit Schuber**

PLEASE LOVE ME

von Aya Nakahara
€ 5,00 (D) / € 5,20 (A)
O **Band 1**
€ 7,00 (D) / € 7,20 (A)
O **Band 2 bis 8**
O **Band 9** 06/21
O **Band 10** 09/21
In 10 Bänden abgeschlossen

ONE PIECE

von Eiichiro Oda
€ 6,50 (D) / € 6,70 (A)
O **Band 1 bis 97**
O **Band 98** 09/21
Bislang 99 Bände in Japan

ONE PIECE: FLUCH DES HEILIGEN SCHWERTS

von Eiichiro Oda
€ 7,95 (D) / € 8,20 (A)
O **Band 1 & 2**
In 2 Bänden abgeschlossen

ONE PIECE PARTY

von Andoh & Oda
€ 6,50 (D) / € 6,70 (A)
O **Band 1 bis 6**
Bislang 6 Bände in Japan

ONE PIECE – SANJIS LECKERE PIRATENREZEPTE

von Eiichiro Oda
€ 24,90 (D) / € 25,60 (A)
O **Kochbuch**

ONE PIECE QUIZ BOOK

von Eiichiro Oda
€ 14,00 (D) / € 14,40 (A)
O **Einzelband**

ONE PIECE Z

von Eiichiro Oda
€ 9,95 (D) / € 10,20 (A)
O **Band 1 & 2**
In 2 Bänden abgeschlossen

ONE WEEK FRIENDS

von Matcha Hazuki
€ 6,99 (D) / € 7,20 (A)
O **Band 1 bis 7**
In 7 Bänden abgeschlossen

OPUS

von Satoshi Kon
€ 14,90 (D) / € 15,40 (A)
O **Band 1 & 2**
In 2 Bänden abgeschlossen

ORANGE

von Ichigo Takano
€ 7,99 (D) / € 8,30 (A)
O **Band 1 bis 6**
Bislang 6 Bände in Japan

CARLSEN MANGA! CHECKLIST

SUPER DRAGON BALL HEROES UNIVERSE MISSION

von Yoshitaka Nagayama
€ 6,50 (D) / € 6,70 (A)
O **Band 1**
O **Band 2** [08/21]
Bislang 2 Bände in Japan

TAKANE UND HANA

von Yuki Shiwasu
€ 5,00 (D) / € 5,20 (A)
O **Band 1**
€ 6,99 (D) / € 7,20 (A)
O **Band 2 bis 14**
O **Band 15** [07/21]
In 18 Bänden abgeschlossen

TANIGUCHI, JIRO

von Jiro Taniguchi
€ 12,90 (D) / € 13,30 (A)
O **Der Gourmet 2**
€ 14,90 (D) / € 15,40 (A)
O **Der Gourmet**
€ 16,00 (D) / € 16,50 (A)
O **Der Kartograph**
O **Die Schrift des Windes**
€ 16,90 (D) / € 17,40 (A)
O **Ihr Name war Tomoji**
€ 20,00 (D) / € 20,60 (A)
O **Im Jahrtausendwald**
€ 22,00 (D) / € 22,70 (A)
O **Unruhige Geister und stille Gefährten**
€ 25,00 (D) / € 25,70 (A)
O **Der spazierende Mann (erw. Neuausgabe)**
€ 28,00 (D) / € 28,80 (A)
O **Der Himmel ist blau, die Erde ist weiß – Gesamtausgabe**

TEMPEST CURSE

von Martina Peters
€ 6,95 (D) / € 7,20 (A)
O **Band 1 bis 3**
In 3 Bänden abeschlossen

THE ART OF SPLATOON

von Nintendo
€ 40,00 (D) / € 41,20 (A)
O **Artbook**

THE BOOK OF LIST - GRIMM'S MAGICAL ITEMS

von Izuco Fujiya
€ 6,95 (D) / € 7,20 (A)
O **Band 1 bis 5**
€ 8,95 (D) / € 9,20 (A)
O **Band 6**
In 6 Bänden abeschlossen

SOUL EATER MASSIV

von Atsushi Ohkubo
€ 5,00 (D) / € 5,20 (A)
O **Band 1**
€ 8,00 (D) / € 8,30 (A)
O **Band 2 bis 4**
O **Band 5** [06/21]
O **Band 6** [08/21]
In 12 Bänden abgeschlossen

SOUL EATER GUIDE BOOK

von Atsushi Ohkubo
€ 8,95 (D) / € 9,20 (A)
O **Einzelband**

SOUL EATER SOUL ART

von Atsushi Ohkubo
€ 24,90 (D) / € 25,60 (A)
O **Band 2**

SPLATOON

von Sankichi Hinodeya
€ 6,99 (D) / € 7,20 (A)
O **Band 1 bis 10**
O **Band 11** [07/21]
Bislang 13 Bände in Japan

STILLE WASSER

von Kan Takahama
€ 16,90 (D) / € 17,40 (A)
O **Einzelband**

SUNNY

von Taiyo Matsumoto
€ 16,00 (D) / € 16,50 (A)
O **Band 1 & 2**
O **Band 3** [07/21]
In 6 Bänden abgeschlossen

SÜSSE KATZE CHI: CHI'S SWEET ADVENTURES

von Konami Kanata & Kinoko Natsume
€ 8,00 (D) / € 8,30 (A)
O **Band 1 bis 4**
In 4 Bänden abgeschlossen

SUPER DRAGON BALL HEROES

von Yoshitaka Nagayama
€ 6,50 (D) / € 6,70 (A)
O **Band 1 bis 3**
Bislang 3 Bände in Japan

SHERLOCK

von Jay, Gatiss & Moffat
€ 12,99 (D) / € 13,40 (A)
O **Band 1, 2 und 4**
€ 14,99 (D) / € 15,50 (A)
O **Band 3**
€ 39,99 (D) / € 41,20 (A)
O **Band 1 bis 3 im Schuber**
Bislang 4 Bände in Japan

SHIBA – EIN HUND ZUM VERLIEBEN

von Mayumi Muroyama
€ 7,00 (D) / € 7,20 (A)
O **Einzelband**

SHIKIGAMI

von Yasaiko Midorihana
€ 10,00 (D) / € 10,30 (A)
O **Einzelband**

SKETCH EVERY DAY

von Simone Grünewald
€ 20,00 (D) / € 20,60 (A)
O **Zeichenbuch**

SKIP BEAT!

von Yoshiki Nakamura
€ 6,95 (D) / € 7,20 (A)
O **Band 1-8, 10-17, 19-21, 24-33, 35-37, 41-45**
€ 8,00 (D) / € 8,30 (A)
O **Band 9, 18, 22-23, 34, 38-40**
Bislang 45 Bände in Japan

SKULL PARTY

von Melanie Schober
€ 6,95 (D) / € 7,20 (A)
O **Band 1 bis 4**
In 4 Bänden abgeschlossen

SNACK WORLD

von Level-5, & sho.t
€ 7,00 (D) / € 7,20 (A)
O **Band 1 & 2**
In 2 Bänden abgeschlossen

SOUL EATER

von Atsushi Ohkubo
€ 6,50 (D) / € 6,70 (A)
O **Band 2, 4, 6-11, 13-18 & 24**
€ 7,95 (D) / € 8,20 (A)
O **Band 25**
In 25 Bänden abgeschlossen

SCHATTENARIE

von Zofia Garden & Anne Delseit
€ 6,95 (D) / € 7,20 (A)
O **Band 1 & 2**
In 2 Bänden abgeschlossen

SCHNEEBALLEN

von Inga Steinmetz
€ 12,00 (D) / € 12,40 (A)
O **Schneeballens Fall**
€ 14,00 (D) / € 14,40 (A)
O **Schneeballen – Verliebt in Japan**

SCHOKOHEXE, DIE

von Rino Mizuho
€ 6,50 (D) / € 6,70 (A)
O **Band 1-3, 5-7, 10-17**
O **Band 18** [07/21]
€ 10,00 (D) / € 10,30 (A)
O **Band 4, 8-9**
Bislang 20 Bände in Japan

SEARCH AND DESTROY

von Osamu Tezuka & Atsushi Kaneko
€ 15,00 (D) / € 15,50 (A)
O **Band 1 & 2**
€ 18,00 (D) / € 18,50 (A)
O **Band 3** [09/21]
In 3 Bänden abgeschlossen

SEKAIICHI HATSUKOI

von Shungiku Nakamura
€ 6,95 (D) / € 7,20 (A)
O **Band 1, 3, 8-12**
€ 10,00 (D) / € 10,30 (A)
O **Band 2-7**
€ 6,95 (D / € 7,20 (A)
O **Band 13** [06/21]
Bislang 15 Bände in Japan

SEVEN DEADLY SINS

von Suzuki Nakaba
€ 6,50 (D) / € 6,70 (A)
O **Band 1 bis 37**
O **Band 38** [07/21]
O **Band 39** [09/21]
In 41 Bänden abgeschlossen

CARLSEN MANGA! CHECKLIST

YAMADA-KUN AND THE SEVEN WITCHES

von Miki Yoshikawa
€ 5,95 (D) / € 6,20 (A)
O Band 1-5, 7-8, 10-17, 19-28
€ 10,00 (D) / € 10,30 (A)
O Band 6, 9, 18
In 28 Bänden abgeschlossen

YOKOHAMA STATION FABLE

von Gonbe Shinkawa & Yuba Isukari
€ 8,00 (D) / € 8,30 (A)
O Band 1 06/21
In 3 Bänden abgeschlossen

YUNAS REISE ZUM ICH ODER MY SEX CHANGE EXPERIENCEE

von Yuna Hirasawa
€ 10,00 (D) / € 10,30 (A)
O Einzelband 08/21

ZWEI ESPRESSO

von Kan Takahama
€ 12,90 (D) / € 13,30 (A)
O Einzelband

ZOMBIE 100 - BUCKET LIST OF DEAD

von Makoto Yukimura
€ 7,00 (D) / € 7,20 (A)
O Band 1
O Band 2 08/21
Bisher 7 Bände in Japan

VIGILANTE – MY HERO ACADEMIA ILLEGALS

von Horikoshi, Furuhashi & Court
€ 6,99 (D) / € 7,20 (A)
O Band 1 bis 8
O Band 9 06/21
Bislang 11 Bände in Japan

VINLAND SAGA

von Makoto Yukimura
€ 7,95 (D) / € 8,20 (A)
O Band 1 bis 23
O Band 24 09/21
Bislang 25 Bände in Japan

WALKINDER, DIE

von Abi Umeda
€ 6,99 (D) / € 7,20 (A)
O Band 1 bis 14
O Band 15 07/21
Bislang 18 Bände in Japan

WEEKLY SHONEN HITMAN

von Kouji Seo
€ 7,00 (D) / € 7,20 (A)
O Band 1 bis 3
O Band 4 06/21
O Band 5 08/21
Bislang 13 Bände in Japan

WER BIST DU ZUR BLAUEN STUNDE

von Yuhki Kamatani
€ 10,00 (D) / € 10,30 (A)
O Band 1 bis 3
€ 12,00 (D) / € 12,40 (A)
O Band 4
In 4 Bänden abgeschlossen

WET MOON

von Atsushi Kaneko
€ 19,90 (D) / € 20,50 (A)
O Band 1 & 2
€ 24,90 (D) / € 25,60 (A)
O Band 3
In 3 Bänden abgeschlossen

YAKUZA GOES HAUSMANN

von Kousuke Oono
€ 7,50 (D) / € 7,80 (A)
O Band 1 bis 4
O Band 5 06/21
Bislang 6 Bände in Japan

3/11 – TAGEBUCH NACH FUKUSHIMA

von Yuko Ichimura & Tim Rittmann
€ 12,90 (D) / € 13,30 (A)
O Einzelband

TO THE ABANDONED SACRED BEASTS

von Maybe
€ 6,99 (D) / € 7,20 (A)
O Band 1 bis 9
€ 7,99 (D) / € 8,30 (A)
O Band 10
O Band 11 09/21
Bislang 12 Bände in Japan

TORIYAMA SHORT STORIES

von Akira Toriyama
€ 5,95 (D) / € 6,20 (A)
O Band 2 bis 4, 7
€ 6,95 (D) / € 7,20 (A)
O Band 6
€ 7,95 (D) / € 8,20 (A)
O Band 5
Bislang 8 Bände in Japan

TRIAGE X

von Shouji Sato
€ 6,95 (D) / € 7,20 (A)
O Band 1 bis 5
€ 7,95 (D) / € 8,20 (A)
O Band 6 bis 20
O Band 21 09/21
Bislang 22 Bände in Japan

UNLUCKY YOUNG MEN

von Fujiwara & Otsuka
€ 19,90 (D) / € 20,50 (A)
O Band 1 & 2
In 2 Bänden abgeschlossen

UNSERE FARBEN

von Gengoroh Tagame
€ 10,00 (D) / € 10,30 (A)
O Band 1 & 2
O Band 3 06/21
In 3 Bänden abgeschlossen

VAMPIRE KNIGHT – MEMORIES

von Matsuri Hino
€ 6,99 (D) / € 7,20 (A)
O Band 1 bis 5
Bislang 6 Bände in Japan

THE CASE STUDY OF VANITAS

von Jun Mochizuki
€ 7,99 (D) / € 8,30 (A)
O Band 1 bis 8
Bislang 9 Bände in Japan

THE DEMON PRINCE

von Aya Shouoto
€ 6,95 (D) / € 7,20 (A)
O Band 1 bis 16
In 16 Bänden abgeschlossen

THE GOLDEN SHEEP

von Kaori Ozaki
€(D) 8,00 / €(A) 8,30
O Band 1 bis 3
In 3 Bänden abgeschlossen

THE HEROIC LEGEND OF ARSLAN

von Yoshiki Tanaka
€ 6,99 (D) / € 7,20 (A)
O Band 1 bis 12
O Band 13 09/21
Bislang 13 Bände in Japan
€ 7,50 (D) / € 7,80 (A)
O Doppelpack 1+2

THE KILLER INSIDE

von Hajime Inoryu & Shota Ito
€ 7,50 (D) / € 7,80 (A)
O Band 1 08/21
Bislang 9 Bände in Japan

THE PROMISED NEVERLAND

von Shirai & Demizu
€ 6,99 (D) / € 7,20 (A)
O Band 1 bis 17
O Band 18 06/21
O Band 19 09/21
In 20 Bänden abgeschlossen

THE ROYAL TUTOR

von Higasa Akai
€ 6,99 (D) / € 7,20 (A)
O Band 1 bis 13
O Band 14 09/21
Bislang 16 Bände in Japan
€ 7,50 (D) / € 7,80 (A)
O Doppelpack 1+2

HALT.

»THE PROMISED NEVERLAND« ist eine japanische Serie, und in Japan wird von »hinten« nach »vorn« und von rechts nach links gelesen. Man muss diesen Manga also »hinten« aufschlagen und Seite für Seite nach »vorn« weiterblättern. Auch die Bilder auf jeder Seite und die Sprechblasen innerhalb der Bilder werden von rechts oben nach links unten gelesen, so wie in der Grafik gezeigt. Viel Spaß mit »THE PROMISED NEVERLAND«!

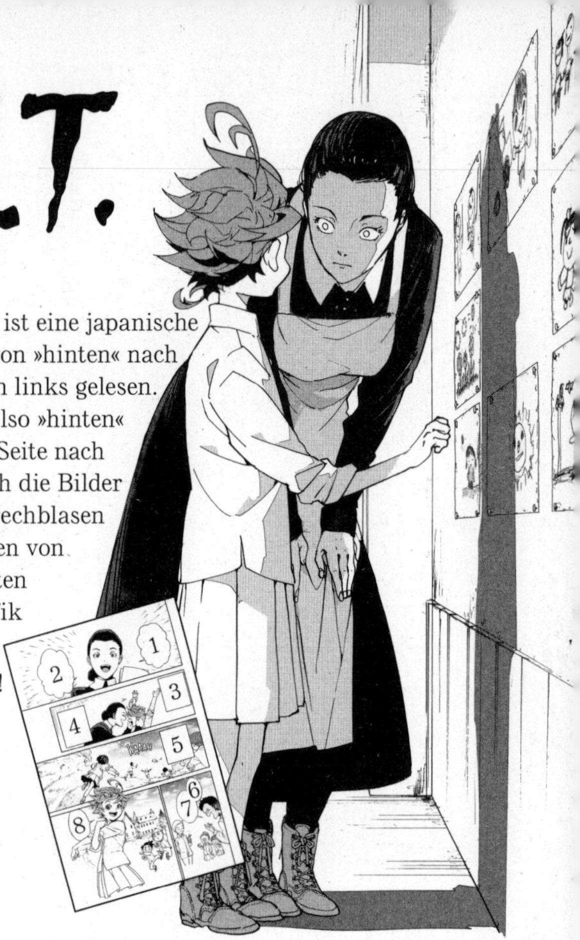

CARLSEN MANGA
Deutsche Ausgabe/German Edition

Völckersstraße 14-20, 22765 Hamburg
Aus dem Japanischen von Luise Steggewentz

Redaktion: Philipp Nakata · Textbearbeitung: Steffi Korda
Herstellung: Tobias Hametner
 · ISBN: 978-3-551-73918-6